크리스토퍼 라이트는 이 책에서 이 땅의 모든 그리스도인에게 필수적으로 주어진 선교적 사명에 대해 설명한다. 그리고 우리의 삶의 초점이 과연 여기에 맞추어져 있는지 성경적으로 묻는다. 성경을 하나님의 말씀으로 믿는 그리스도인은 "당신이 이 땅에 존재하는 목적이 무엇인가?"라는 질문에 답해야 한다. 그리고 이 질문에 답하기 위해서라도 이 책을 읽어야 한다.

유병국, WEC 국제 선교 동원 디렉터

이 책을 통해 라이트는, 성경이 하나님의 선교적 계시이므로 선교적 관점이 없는 신학은 온전한 신학이 아니고 신학적 기초가 부실한 선교 행위도 문제임을 밝힘으로써, 교회의 선교와 성경신학의 해묵은 분리를 뛰어넘는 진정한 통합의 길을 제시한다. 세계 선교의 실천가, 학자, 지도자, 후원자 모두 함께 읽고 반추해야 할 필독서로 추천한다.

정민영, 국제위클리프 부대표

성경은 하나님과 하나님의 백성들이 하나님의 목적을 성취해 가는 거대한 이야기다. 따라서 진정한 하나님의 백성이 되었다는 증거는 결국 하나님의 목적에 참여하는 것을 통해 드러난다. 또한 하나님의 목적에 참여하기 위해서는 하나님의 성품에도 참여해야 한다. 이를 위해 이 책은 우리가 무엇을 위해 구원받았는가를 명쾌하게 드러낸다.

한철호, 선교한국 파트너스 상임위원장

이 책은 매우 읽기 쉽다. 당신이 선교라는 주제를 발견하리라고 기대하지 않았을 법한 성경 구절들에서 선교를 탐구하기에 참신하고 흥미진진하다. 세상 속에서 교회의 활동을 위한 신학적 토대에 관심을 가지고 있기에 매우 실제적이다. 세상에 대한 하나님의 선교 이야기의 핵심을 다룸으로써 교회의 사역을 형성하는 틀을 제시하기에 놀라울 정도로 적실하다. 또 우리의 매일의 삶이 우리의 선교적 소명에서 비롯된 활동이 되어야 함을 보여 준다는 점에서 너무도 현실적이다.

하워드 마샬, 애버딘 대학교 신약학 명예교수

「하나님 백성의 선교」에서 라이트는, 하나님의 거시적 계획이 어떻게 하나님의 백성, 즉 교회의 목적을 알려 주는지 보여 준다. 이 책은 세상에서 진행되는 하나님의 일에 참여하는 데 헌신한 이들의 연구와 사역에 활기를 불어넣을 뿐 아니라 초점을 바로잡아 줄 것이다.

존 골딩게이, 풀러 신학교 구약학 교수

로잔 운동은 유명한 금언을 만들어 냈다. '온 교회는 온전한 복음을 온 세상에 전해야 한다.' 라이트는 우리에게 창조, 구속, 새 창조와 연결된 온전한 선교 과제를 위한 온전한 신학을 지닌 온전한 성경을 준다. 요점은 우리가 어디로 가고 있는지, 그리고 그 이유는 무엇인지 알아야 한다는 것이다. 이 책은 매우 친절하게, 신구약 성경을 충분히 사용해서, 우리를 그곳으로 데려간다.

대럴 보크, 댈러스 신학교 신약학 연구교수

세상 속에서 하나님의 선교를 성취하기 위해 하나님의 모든 백성에게 주어진 특권에 대한 만화경 같은 성경적 개관이다. 크리스토퍼 라이트는 하나님과 그 백성의 선교라는 주제가 성경 전체의 정교한 태피스트리를 관통하는 중요하고 명백한 가닥이라는 점을 나타낸다. 그와 동시에 세계 모든 지역에서뿐만 아니라 사회 모든 영역에서 그리스도와 그분의 나라를 증거하는 것이 온 교회의 책임이라는 점을 강력히 천명한다.

린지 브라운, 세계 복음화 로잔 운동 국제 책임자

하나님 백성의 선교

IVP(InterVarsity Press)는
캠퍼스와 세상 속의 하나님 나라 운동을 지향하는
IVF(InterVarsity Christian Fellowship)의 출판부로서
생각하는 그리스도인을 위한 문서 운동을 실천합니다.

Originally published in the U.S.A. under the title: **The Mission of God's People**
Copyright ⓒ 2010 by Langham Partnership International
Translation copyright ⓒ 2012 by Christopher J. H. Wright
Translated by Hwa Ryong Han
Published by permission of Zondervan, Grand Rapids, Michigan, U.S.A.
through arrangement of rMaeng2, Seoul, Republic of Korea.

All rights reserved.

This Korean Edition Copyright ⓒ 2012 by Korea InterVarsity Press, Seoul,
Republic of Korea.

이 한국어판의 저작권은 알맹2 에이전시를 통하여
Zondervan Corporation, LLC와 독점 계약한 IVP에 있습니다.
신 저작권법에 의하여 한국 내에서 보호받는
저작물이므로 무단 전재와 무단 복제를 금합니다.

하나님 백성의 선교

크리스토퍼 라이트 | 한화룡 옮김

차례

머리말　　8
서론　　11

1부. 인생 최대의 물음
1. 우리는 누구이며 무엇을 위해 여기에 있는가　　17

2부. 우리가 찾은 대답들
2. 자신이 속한 그 이야기를 아는 백성　　33
3. 창조세계를 돌보는 백성　　55
4. 열방에 복이 되는 백성　　79
5. 하나님의 도를 행하는 백성　　109
6. 구속적 삶을 살도록 구속받은 백성　　131
7. 세상을 향해 하나님을 대표하는 백성　　159
8. 다른 사람들을 하나님께로 끌어들이는 백성　　183

막간　　215

9. 살아 계신 한 분 하나님과 구세주를 아는 백성　　219
10. 살아 계신 하나님을 증거하는 백성　　239
11. 그리스도의 복음을 선포하는 백성　　265
12. 보내고 보냄받는 백성　　299
13. 공적 광장에서 살아가는 백성　　331
14. 찬송하고 기도하는 백성　　365

3부. 적실성에 대한 검토
15. 이제까지의 여정과 앞으로의 여정　　397

주　　432
성구 찾아보기　　447
주제 찾아보기　　461

머리말

"그렇다면 이 책은 「하나님의 선교」의 축약판인가요?"
이 책을 쓰면서 이런 말을 자주 들었다. 그때마다 나는 그렇지 않다고 설명해야 했다. 이 자리를 빌려 다시 한 번 설명하고 싶다. 실제로 몇 년 전에 나는 「하나님의 선교」[1]를 출간했다. 그리고 그 책이 상당히 두꺼운 것도 사실이다. 하지만 그 책과 이 책 사이에는 상대적 크기 이상의 많은 차이점이 있다.

「하나님의 선교」에서는 성경 전체에 대한 선교적 해석학을 주장했다. 내 관심은 그리스도인들이 성경 전체를 하나님의 선교의 관점에서 읽는 것이 가능하고 올바른지, 그리고 그렇게 성경을 읽을 때 무슨 일이 일어나는지 묻는 것이었다. 그 책의 주장은 성경의 모든 위대한 부분, 성경 이야기의 모든 위대한 사건, 성경적 신앙의 모든 위대한 교리가 성경의 중심인물(살아 계신 하나님과 창조세계 전체를 향한 그분의 원대한 계획 및 목적)과 일관성이 있다는 것이었다. 하나님의 선교는 창조에서 새 창조까지 성경 전체를 통합해 준다. 그 책은 이 책을 위한 기초였던 셈이다.

이 책에서 나는, 성경의 하나님이 구원 및 자신과의 언약 관계로 부르신 이들―교회, 곧 아브라함부터 요한계시록의 하나님 도성 주민에 이르는 하나님의 백성―을 대신해서, "그래서 어떻게 해야 하는가?"라는 질문을 던진다. 우리는 누구이며, 무엇을 위해 여기에 있는가? 성경이 역사의 모든 세대를 관통하는 하나님의 웅대한 선교를 제시한다면, 그것은 우리 자신을 포함한 각 세대에서 이루어지는 하나님 **백성**의 선교에 대해 무엇을 말하는가? **우리의** 선교는 무엇인가?

이처럼 특별히 교회의 선교에 초점을 맞추는 것은, 일반적으로 선교와 관련된다고 할 수 있는 모든 성경적 교리를 하나하나 살펴보지는 않겠다는 의미다. 예를 들어, 성육신의 본질, 속죄, 부활의 위대한 진리, 심판, 하나님의 주권적 섭리, 삼위일체 등은 넓은 의미의 선교신학에서 엄청난 함의를 지닌다. 하지만 나는, 우리의 성경신학 작업에서 살펴볼 본문들을 논의하는 가운데 자연스럽게 나오는 경우 외에는, 그 교리들 전부에 대해 애써 말하려 하지 않았다.

이 책의 주된 관심사는 다음 질문을 하는 것이다. "신구약에 걸쳐 성경 전체는 하나님의 백성이 존재하는 이유에 대해, 그들이 세상에서 무엇이 되어야 하고 무엇을 해야 하는지에 대해 무어라 말하는가?" 하나님 백성의 선교는 무엇인가?

이제 성경신학 책에서 흔히 기대하듯이 성경을 탐구해 갈 것이다. 지면 관계상 이어지는 장들에서 언급되는 성경 구절들을 전부 게재하기란 불가능하므로 심층 연구를 하게 될 핵심 구절만 게재할 것이다. 따라서 이 책은 가까이에 성경을 펼쳐 놓고 읽어야 한다. 종종 읽기를 잠시 멈추고 성경 구절들을 찾아 읽어 보라. 괜찮다면, 사도 바울에게서 배울 때조차 "이것이 그러한가 하여 날마다 성경을 상고"한 베뢰아 사람들을 본받으라(행 17:11).

하나님의 이름에 대해 간단히 언급하고자 한다. 대부분의 경우 이 책에서는 영어 번역본의 전통을 따라 구약의 하나님 이름으로 '주/주님'(the Lord 또는 the LORD)을 썼다. 하지만 이 하나님이 계시된 인격적인 이름(한 분이요 살아 계신 참 하나님이신 그분을 다른 모든 소위 신들과 구별 짓는)을 가지셨다는 점을 강조할 필요가 있을 때는 네 글자로 된 히브리어 이름, '야웨'(YHWH)를 사용했다. 일반적으로 '야웨'(Yahweh)라고 읽게 되었지만, 그 이름을 어떻게 발음했는지 분명하게 아는 사람은 없다.

이어지는 글에서 살펴볼 본문 중 많은 부분은 내가 전에 설교했던 본문이다. 따라서 종종 그때의 설교 분위기가 본문을 해설하고 적용하는 데 그대로 남아 있다. 하지만 구태여 감추려 하지 않았다. 이 책이 목사와 설교자들에게 도움이 되기를 희망하기 때문이기도 하고, 기회가 될 때마다 선교에 대해, 특히 구약에서의 선교에 대해 설교하는 것이 내가 열정적으로 행하는 사역 중 하나이기 때문이다.

나의 책 「하나님의 선교」를 출간한 IVP가 그 책의 주요 부분을 인용할 수 있도록 허락해 준 것에도 감사를 표한다.

마지막으로, 막내딸 수잔나는 크고 작은 여러 교회의 '선교 주일'에 초청받은 나와 아내 리즈를 따라 다니면서, 내가 선교에 대해 설교하는 것을 어느 누구보다 많이 들었다. 나중에 딸아이는 들었던 설교들 가운데 일부를 그대로 흉내 내곤 했다. 나는 이 책이 그리운 지난날의 흉내를 떠올리는 것 이상의 일을 하게 되리라 믿는다. 또한 딸아이가 남편 에드먼드와 함께한 그리스도에 대한 선교적 헌신을 발전시켜 가리라 믿는다. 몇 주 전에 집필을 끝내는 바람에 결혼 선물로 주기에는 너무 늦어 버린 이 책을, 그 두 사람에게 사랑과 기도를 담아 헌정한다.

2009년 10월
크리스토퍼 라이트

서론

교리에 대해―200년과 2000년 사이에 있었던 어떤 교리에 대해―생각해 보라. 거기에 역사적 신앙고백들을 곱하라. 교파적 차이들로 나누라. 이단의 의심을 더하라. 그리고 처음에 생각했던 교리를 빼라. 그러면 남는 것은 무엇일까? 신학과 선교가 공통으로 지닌 부분이 남아야 하는데, 아마도 보통 그리스도인들의 생각 속에는 그 분량이 얼마 되지 않을 것이다.

신학은 결국 모두 머릿속에서 이루어진다. 성찰, 논쟁, 가르침, 신조, 신앙고백 등. 우리는 신학을 생각할 때 사상을 보관해 놓은 **도서관**을 떠올린다. 반면에 선교 혹은 선교 사역은 **행동하는 것**이다. 실제적이고, 역동적이고, 결과를 만들어 내는 것이다. 우리는 사람들이 가서 놀라운 일을 하는 선교 **현장**을 생각한다. 신학과 선교는 공통점이 많지 않은 것처럼 보일 뿐만 아니라, 신학에 관심을 갖는 사람들은 선교에 거의 관심을 갖지 않거나, 선교에 관심을 갖는 사람들은 신학에 거의 관심을 갖지 않는다는 인상을 받기 쉽다.

나는 선교사 부부의 아들로 태어나 케임브리지 대학교에서 신학을 공부했다. 그러나 그리스도인으로 열심이 넘쳤던 젊은 시절에는 신학과 선교가 거의 관련이 없는 것처럼 보였다. 내가 케임브리지에서 신학을 공부하던 때는 그 둘이 분명 아무런 연관이 없었다. (내가 기억하는 한) 당시 그곳에서 '선교학'은 언급조차 되지 않던 단어였다. 선교 사역을 후원하고 기도하는 데 관심이 있던 그리스도인 친구들 대부분은 매주 성경공부를 하는 것 외에는 신학에 관심을 갖지 않았다. 그리고 당시 신학부는 분명 선교에 관심이 없었다.

신학은 온통 하나님과 관련된 것처럼 보인다. 신학은 하나님, 하나님의 성품과 행동, 하나님이 세상 및 인간 사회와 맺고 있는 관계, 과거와 현재와 미래에 대한 하나님의 개입 등에 대해 사람들이(대부분 작고한) 생각하고 기록한 것들을 뒤적거리며 조사하는 일이다. 하지만 선교는 다행히도, 살아 있는 우리와 관련된 것이며, 또한 우리가(또는 적어도 우리 중 일부가) 하나님을 조금이나마 돕기 위해 세상에서 해야 한다고 여기는 일과 관련이 있다. 선교는 하나님이 건너시기 어려울 것 같은 낯선 문화와 오지의 장벽들을 극복하도록 하나님을 도와드리는 일처럼 보인다.

신학자들은 자신의 이론이 선교 현장에서 나온 사실들이나 선교의 실제적인 어려움으로부터 제기된 도전적인 질문들 때문에 혼탁해지는 것을 좋아하지 않을 수 있다. 이에 대한 반발로 선교를 실천하는 사람들은 그리스도께서 맡기신 일에 열심을 다하는 자신의 절박한 헌신이 '학'(-ology)으로 끝나는 난해한 단어들에 고개를 처박고 몰두하느라 지연되는 것을 원치 않을 수 있다.

그 결과 신학은 선교로부터의 입력과 출력 없이 진행되는 반면, 선교는 신학의 안내나 평가 없이 진행될 위험이 있다.

나는 그 광대한 질문—"신학과 선교는 어떤 관계가 있는가?"—에 답하는 데 이 책이 도움이 되기를 희망한다. 또한 '성경신학'으로 알려진 신학 분과를 염두에 두고, 정경의 다양한 책들 속에서 다양한 방식으로 표현되기는 하지만 성경 전체를 관통하는 통합적이고 광범위한 신학적 주제들을 담으려 할 것이다.

당신이 주로 선교에 관심이 있는지(그리고 선교와 신학이 어떤 관계가 있는지 궁금해 하는지), 아니면 주로 성경신학에 관심이 있는지(그리고 선교가 그 영역에 포함될 수 있다는 생각에 약간 당황해 하는지. 선교는 성경 **다음**에 오는 것 아닌가? 선교는 설교학, 목회학, 전도학 등과 함께 **실천** 신학 분야에 속하는 것 아닌가?) 모르겠다. 어느 쪽이든, 당신이 이 책을 읽고 나서 그런 문제들에 대해 만족스러운 대답을 얻게 되기를, 또한 성경신학과 선교가 서로 완벽하게 관련된다는 점을 이해하게 되기를 희망한다.

신학은 교회의 선교와 관련 없는 신학이 되지 않도록 해야 한다. 신학은 교회의 선교 속에서 생산되어야 하며, 교회의 선교에 영감을 불어넣고 선교의 틀을 제공해야 한다. 교회의 선교는 성경의 토양에 깊이 신학적 뿌리를 내리고 수행되어야 한다.

선교적 영향력을 끼치지 못하는 신학은 신학이 아니다. 신학적 기초가 없는 선교는 선교가 아니다.

이것이 이 평범한 글을 쓰는 나의 비전이다.

1부
인생 최대의 물음

1장

우리는 누구이며 무엇을 위해 여기에 있는가

선교인가, 선교 사역인가

"하나님 백성의 선교"(The Mission of God's People)라는 제목을 보면 우선 떠오르는 질문이 있다. 개념 정의와 관련된 문제인데, "'선교'(mission)라는 단어를 듣거나 볼 때 어떤 생각이 떠오르는가?" 우리에게는 '선교 사역'(missions)이라는 말이 더 익숙할 것 같다. 이 말은 보통 우리가 익히 알고 있는 교회의 타문화권 선교 사역을 생각나게 한다. 우리는 선교회, 전도 및 교회 개척, 장단기 선교사, 로잔 운동 같은 여러 기관과 개인들이 모인 국제적 조직을 떠올린다.

하나님의 보내심

앞서 언급한 이미지들은 모두 보내고 보냄받는다는 개념을 공통으로 지니고 있다. 물론 **선교**(mission)라는 단어의 라틴어 어근에 그런 의미가 담겨 있는 것은 사실이며 따라서 매우 적절하다고 할 수 있다. 그리고 매우 성경적이다. 성경은 '하나님으로부터 사명을 받은' 수많은 사람을 보내시는 하나님을 분명히 보여 준다. 사도행전의 선교 운동은 그 하나님의 뜻에 순종해 바울과 바나바를 최초의 선교 여행에 파송하는 교회와 함께 시작된다.

하지만 선교의 핵심에 보내고 보냄받는다는 의미가 있음을 인정하더라도 여전히 한 가지 문제가 남는다. "무슨 일을 하도록 보냄받는 것인가?" 성경은 하나님이 많은 사람을 보내셨다고 말한다. 그러나 그 사람들이 보냄받은 일들은 놀랍도록 다양하고 범위가 넓다. 다음 이야기들에서 '보냄'이라는 말이 사용된다. 요셉은 (처음에는 몰랐으나) 기아에 허덕이는 생명들을 구하는 지위에 있도록 보냄받았다(창 45:7). 모세는 (처음에는 마지못해 했으나) 억압과 착취로부터 사람들을 구출하도록 보냄받았다(출 3:10). 엘리야는 국제 정치의 향배에 영향을 끼치도록 보냄받았다(왕상 19:15-18). 예레미야는 하나님의 말씀을 선포하도록 보냄받았다(렘 1:7). 예수님은 이사야의 말을 인용해, 자신이 복음을 전하고, 자유를 전파하며, 눈먼 자의 눈을 뜨게 하고, 억눌린 자를 자유롭게 하도록 보냄받았다고 주장하셨다(눅 4:16-19; 참고 사 61:1).

제자들은 구원하고 치유하는 하나님의 통치 능력을 선포하고 나타내 보이도록 보냄받았다(마 10:5-8). 사도인 그들은 제자 삼고, 세례를 주고, 가르치는 일을 하도록 보냄받았다(마 28:18-20). 예수님은 하나님이 자신을 보내신 것과 똑같은 방식으로 그들을 세상에 보내셨는데, 이는 많은 흥미로운 질문과 도전을 제기한다(요 17:18; 20:21). 바울과 바나바는 기아에 허덕이는 사람들을 구제하도록 보냄받았다(행 11:27-30). 나중에 그들은 전도와 교회 개척을 하도록 보냄받았다(행 13:1-3). 디도는 신뢰할 만큼 투명하게 재정을 관리 하도록 보냄받았다(고후 8:16-24). 나중에 그는 유능하게 교회를 관리 하도록 보냄받았다(딛 1:5). 아볼로는 교회 양육을 하는 전문적인 성경 교사로 보냄받았다(행 18:27-28). 그리고 수많은 익명의 형제자매들이 복음의 진리를 전하는 순회 교사로 보냄받았다(요삼 5-8절).

이처럼 보내고 보냄받는다는 개념이 선교의 핵심이라는 점에 동의하더라도, 하나님이 사람들을 보내서 행하게 하셨다고 성경이 인정하는 활동들은 구제 사역, 정의를 위한 활동, 설교, 전도, 가르침, 치유, 관리 등을 포함해 무척 다양하다. 하지만 '선교 사역'이나 '선교사'라는 말을 사용할 때, 우리는 주로 전도 활동을 생각하는 경향이 있다. 이 점에 대해 우리의 성경신학은 어떻게 말할까? 이 문제에 대해서는 12장에서 좀더 살펴볼 것이다.

하나님의 목적

'선교'라는 단어는 흔히 목적이나 목표 지향이란 의미를 지닌 말로도 쓰인다. 일반 사회에서도 사람들은 '공동의 사명'(corporate mission)을 지닌 조직들에 대해 이야기하고, 그 조직의 사명은 간결한 '사명 진술서'(mission statement)로 요약될 수 있다. 그렇다면 "하나님 백성의 선교(mission, 사명)는 무엇인가?"라는 질문을 던지는 것은 사실상 "하나님의 백성이라 하는 이들은 실제로 어떤 목적을 위해 존재하는가? 무엇을 위해 여기에 있는가?"라고 묻는 것이나 다름없다.

그러나 그 질문에 답하기 위해서는 한 걸음 뒤로 물러나 이렇게 물어야 한다. "도대체 그것은 누구의 선교인가?" 물론 그 답은 하나님의 선교여야 한다. 하나님 자신이 사명(mission)을 갖고 계신다. 하나님은 자신의 창조세계 전체를 향한 목적과 목표를 갖고 계신다. 바울은 이것을 "하나님의 모든 경륜(계획)"이라고 했다(행 20:27, 새번역; 참고. 엡 1:9-10). 그리고 그 신적 사명의 일환으로, 하나님은 하나님과 함께 그 사명을 성취할 한 백성을 창조하셨다. **우리의 모든 사명**(선교)은 하나님의 앞선 사명(선교)으로부터 나온다. 그리고 앞으로 살펴보겠지만, 그 사명은 참으로 광범위하다. "선교는 하나님의 마음으로부터 생겨나서, 그분의 마음에서 우리의 마음으로 전달되는 것이다. 선교는 세계적인 하나님의 세계적인 백성이 세계적으로 활동하는 것이다."[1]

> 하나님은 자신의 교회를 위해 세상에 선교를 두신 것이 아니라, 자신의 선교를 위해 교회를 두셨다. 선교가 교회를 위해 시작된 것이 아니다. 교회가 선교, 곧 하나님의 선교를 위해 시작된 것이다.[2]

단수와 복수

이처럼 폭넓게 정의를 내리고 나면, **선교**(mission)라는 범주 아래에 다양한 **선교 사역**(missions)을 포함시킬 수 있다. 유사한 다른 인간 활동을 살펴보는 방법으로 선교(단수)와 선교 사역(복수)의 차이를 쉽게 설명할 수 있을 것이다.

예컨대 우리는 포괄적인 개념을 염두에 두고 **과학**(science, 단수)이란 단어를 사용한다. 과학은 발견, 실험, 설명을 시도하는 것을 말한다. 그것은 방법, 정신(에토스), 가치 체계, 과학적 조사를 좌우하는 특정한 패러다임, 특정한 종류의 믿음, 그리고 일종의 강력한 헌신을 말한다. 과학은 인간의 삶과 문명의 한 차원이다.

그러나 **과학 활동**(sciences, 복수)이라는 것도 있다. 과학이라는 단어를 복수로 사용할 때는 과학적 목표, 방법, 기준, 통제를 포함한 매우 광범위한 활동 일체를 말하는 것이다. 물리학(physical sciences)이 있는데, 이는 자연계와 우주를 탐구하는 여러 세부 분야로 다시 나뉜다. 사회과학(social sciences), 생명과학(life sciences)이 있고, 경제학(the sciences of economics)이 있다. 그리고 통계학도 있다. 단, 공상과학(science fiction)으로까지 새나가지는 말자.

요점은, 과학(science)이 과학 활동(sciences)으로 분류할 수 있는 다수의 인간 활동 전체를 아우르는 총칭이라는 것이다. 마땅히 과학으로 분류할 수 있는 수많은 활동이 있다. 그리고 때때로 과학자들은 이러저러한 특정 활동이 '진짜 과학'이라고 주장한다. 그러나 (바울의 몸 비유에 나오는 몸의 지체들처럼) 어떤 적법한 과학이 다른 과학을 향해 "너는 물리학이 아니니까 진짜 과학이 아니다"라고 말할 수는 없다. 또한 어떤 적법한 과학이 "나는 물리학이 아니니까 과학계에 속하지 않는다"라고 말할 수도 없다. 폭넓게 이해되는 보편적 개념이 있으며, 그 개념을 실제 생활에 구현하는 다양한 방법이 있는 것이다.

예술(art)과 예술 활동(the arts), 스포츠(sport)와 스포츠 활동(sports)과 관련해서도 비슷한 유추를 해 볼 수 있다. 온갖 종류의 예술적 활동과 스포츠 활동이 있으나, 우리는 예술이나 스포츠 같은 총칭에 그 다양한 활동을 포함시킨다.

따라서 내가 '선교'(mission)를 말할 때는 창조세계 전체를 위한 웅대한 목적 아래서 행하시는 하나님의 모든 일과 그 목적에 따라 행하도록 하나님이 우리에게 명령하시는 모든 일을 염두에 둔 것이다. 과학이란 단어와 마찬가지로, 선교는 개념적인 용어이며 넓고 포괄적인 단어다. 그리고 '선교적'(missional)이라는 단어도 '과학적'(scientific)이라는 단어처럼 폭넓은 의미로 사용될 수 있다. 또한 나는 '선교사'라는 단어도 '과학자'라는 단어만큼이나 폭넓은 가능성을 지닌 단어로 사용해야 한다고 제안하고 싶다. 과학자라는 단어처럼, 선교사도 그가 하는 일을 일방적으로 추정하거나 상상하기보다는 그가 실제 하는 일로 그 의미를 채워야 하는 단어다.

그러나 '선교 사역'(missions)에 대해 이야기할 때는, 하나님의 백성이 관여할 수 있는 수많은 활동을 염두에 둔 것이다. 하나님의 백성은 그 활동들을 통해 하나님의 선교에 참여하게 된다. 나는 수많은 종류의 과학이 있는 것처럼 수많은 종류의 선교 사역이 있다고 생각한다. 실제로 내 생각보다 훨씬 많은 선교 사역이 존재할 것이다. 또한 같은 방법으로, 하나님이 그분의 교회 전체에 맡기신 여러 선교 사역 가운데 한 종류의 선교가 우월의식에 빠져 다른 종류의 선교를 무시한다거나, 혹은 열등의식에 빠져 스스로 '진짜 선교'가 아니라고 과소평가하는 것은 부적절하다. 몸의 비유는 여기서도 매우 적절하다.

그것이 바로 '선교'라는 말을 타문화권에 선교사를 파송해 전도하는 구체적인 일에 국한시키려는 "모든 것이 선교라면, 그 어느 것도 선교가 아니다"라는 말을 내가 싫어하는 이유다. 오히려 "모든 것이 선교라면…모든 것이 선교다"라고 말하는 것이 더 성경적이다. 분명 모든 것이 타문화권 전도를 수행하는 선교는 아니다. 하지만 그리스도인과 기독 교회의 모든 존재와 말과 행동은, 하나님의 세상에서 하나님의 선교에 의도적으로 참여한다는 점에서 선교적이어야 한다.

선교에 대한 다음과 같은 정의를 들어 봤을 것이다. "세계 복음화는 온 교회가 온전한 복음을 온 세계에 전할 것을 요구한다." 이는 로잔 언약에서 나온 말이다.[3] 아주 호소력이 있는 구호인데, 실제로는 훨씬 오래전부터 사용되던 표현이다.[4] 이 구호의 세 어구는 각각 우리에게 여러 가지 질문을 제기한다. 그것은 우리의 성경신학이 선교에 대해—반드시 이 특정한 순서대로 진술할 필요는 없지만—진술해야 할 몇 가지 사안을 정리하는 데 유용한 틀을 제공해 준다.

온 세상

하나님의 선교 목표인 온 세상

도저히 이해하거나 통제할 수 없는 일들이 일어날 때 우리는 "도대체 세상이 어떻게 된 거지?"라고 묻는다. 이는 하나님 백성의 선교에 대해 생각할 때도 물어야 할 좋은 질문이다. 그 질문은 궁극적으로 하나님의 손에 놓여 있는 미래를 가리키기 때문이다. 앞에서 말한 것처럼, 우리의 선교는 하나님의 선교에서 나오며, 하나님의 선교는 그분의 세상 전체—진실로 하나님의 창조세계 전체—를 위한 것이다.

그러므로 먼저 우리는 하나님의 선교라는 원대한 흐름 속에서 우리 자신을 살펴보아야 한다. 그리고 우리 자신의 선교 목표(장기 목표, 당면한 목표)가 하나님의 선교 목표와 일치하도록 해야 한다. 이를 위해 우리는 자신이 그 일부가 되는 이야기, 과거와 미래를 전부 아우른다고 성경이 증언하는 그 원대한 이야기에 대해 알아야 한다.

그러나 선교를 열망하는 교회 가운데, 그리고 나름대로 열심히 사역하는 선교 단체 가운데 얼마나 많은 교회와 선교 단체가 잠시 멈춰 서서 이 원대한 이야기에 대해 생각해 보는가? "그 이야기는 어디에서 와서, 성경 전체에서 (소수의 선교 관련 구절이 아니라) 어떤 모양을 취하고, 어디로 가는가?" 우리의 선교 활동이 그 이야기와 단절되거나 거기서 벗어난다면, 우리는 이렇게 질문해야 한다. "우리가 하는 선교는 누구의 선교인가? 우리는 누구의 뜻을 따르고 있는가?"

그러므로 2부에서 다룰 첫 번째 과제는, 우리가 하나님이 선교를 맡은 하나님의 백성이라는 정체성을 가질 때 그 일부가 되는 이야기에 주의를 기울임으로써, 우리에게 필요한 방향 감각을 얻는 것이다. 이는 2장에서 집중적으로 살펴볼 주제다.

우리의 선교 영역인 온 세상

우리는 하나님의 선교가 창조세계 전체를 포함한다는 사실을 성경에서 발견하게 될 것이다. 그런데 그 진리는 우리가 이 세상에서 행하는 선교와 관련해 우리를 어디로 이끄는가? 특히, 우리에게 맡겨진 창조세계의 일부인 지구를 다룰 때 그 진리는 어떤 의미를 갖는가? 우리가 지구의 자원을 사용함에 있어 선한 청지기가 되어야 한다는 것은 그리스도인들이(그리고 더 많은 사람이) 대체로 인정하는 바다. 그러나 적당히 책임지는 생활 방식을 넘어 **선교적** 책임을 갖고 있는가? 우리는 인류가 직면한 생태학적 도전에 대해 잘 안다. 또한 사람들이 주장하는 엄청난 양의 사실과 무시무시한 예상 속에서, 그것들 가운데 객관적 현실은 얼마나 되고 매체가 꾸며내거나 정치적으로 교묘하게 조작된 것은 얼마나 되는지 알지 못한 채 혼란스러워 한다. 인류가 엄청난 세계적 문제에 직면하고 있음을 의심하는 사람은 아무도 없지만, 장차 그 문제를 헤쳐 나갈 최선의 방법에 대해서는 의견이 상당히 다르다.

하지만 이것이 기독교 선교의 의제가 되어야 하는 사안인가? 성경신학은 이 문제를 다루는 데 어떤 도움이 되는가? 적어도 하나님의 선교 목표가 성경 이야기의 절정에서 우리가 기대하는 새 창조세계라면, 그 이야기에서 선교는 현 상태의 창조세계에 대한 우리의 반응과 관련해 중요한 위치를 차지한다고 말할 수 있을 것이다. 하지만 전통적으로 기독교계는 선교라는 개념을 인간의 필요에 국한시켜 이해해 왔다. 그렇다면 생태학적 관심과 활동은 성경적으로 정당한 선교적 관심사인가, 아니면 단순히 세상 사람들이 제기한 시대적 문제인가? 우리는 3장에서 이 질문에 대해 살펴볼 것이다.

우리의 선교 무대인 온 세상

'선교 사역'(missionary work)은 어디에서 시작해서 어디에서 끝나는가? 우리는 습관적으로 구분하는 사고방식을 갖고 있어서 곧잘 세계를 각각 다른 영역으로 나누곤 한다. '선교'라는 단어는 종종 '선교지'(mission field)라는 개념과 함께 사용되는데, 일반적으로 '가까운 국내가 아니라 먼 외국'을 의미한다. 그동안 서양인들은 세계를 이런 식으로 바라보았다. 하지만 현재 많은 선교사를 파송하고 있는 세계의 다른 곳에서도 그렇게 바라본다. 물론 그 문제를 진지하게 생각해 본다면, 모든 곳이 선교지라는 사실을 곧 알 수 있을 것이다. 당신이 사는 동네를 포함해서, 예수 그리스도의 복음을 모르거나 거부하는 곳은 어느 곳이나 선교지다.

또 한 가지 마찬가지로 해로운 오류는 이른바 성속의 구분인데, 여기서 '선교'는 당연히 성스러운 영역에 속한다. 그러므로 선교는 특별히 파송된 그리스도인들이 충분한 '후원'을 받아서 전임으로 일하는 어떤 것이거나, (매우 많은 수의) 그리스도인들이 생계를 위해 일하는 시간을 아껴서 짬짬이 하는 어떤 것이다. 이를테면, 휴가 때 '선교 여행'을 가거나 주말에 '교회 선교'에 참여하는 것이다.

그러나 삶의 남은 부분은 어떠한가? '세계'의 남은 부분—일의 세계, 공적 영역, 사업, 교육, 정치, 의료, 스포츠 세계 등—은 어떠한가? 그 세계는 어떤 점에서 하나님 백성의 선교 무대이며, 그와 같은 선교는 무엇으로 이루어지는가? 그 세계에서 전도하는 것만이 선교인가, 아니면 우리의 일 자체가 하나님의 선교에 참여하는 것이 될 수 있는가?

> 교회는 세상 끝까지 그리고 땅 끝까지 가는 순례자의 무리로 보여야만 한다.
> 레슬리 뉴비긴[5]

질문을 좀더 밀고 들어가 보자. 하나님의 백성은 일반 사회에 전도 외에 어떤 책임을 갖고 있는가? 우리는 열방에 복의 근원이 되라는, 성읍의 평안을 구하라는, 세상의 소금과 빛이라는, (바울과 베드로가 가장 흔히 사용한 표현 중 하나로) 선을 행하라는 성경 구절들을 어떻게 해석하는가? 이러한 개념들은 선교적 성경신학에서 중요한가?

이것은 이미 많이 들어 본 복음전도와 사회적 행동의 관계에 대한 진부한 논의처럼 들릴지 모른다. 그러나 나는 이어지는 장들에서 성경신학을 연구하는 가운데 전통적으로 언급되는 양분화 및 우선순위 논쟁을 넘어서고자 한다. 내가 보기에 그런 논쟁은 하나님이 하나로 묶으신 것을 왜곡하고 분리시킬 뿐이다.

그러므로 '온 세상'이라는 간단한 표현조차도 우리에게 온갖 종류의 문제를 제기한다. 그것은 지리적이지만(온 땅) 또한 생태적이고 경제적이며 사회적이고 정치적이다. 그리고 우리는 성경이 '세상 끝'에 대해서도 말하고 있음을 기억한다. 하지만 그것은 끝이라기보다는 새로운 시작이다. 그러므로 '온 세상'은 공간은 물론 시간도 포함한다. 교회는 둘 다와 관련되어야 한다. 우리는 땅 끝까지 보냄을 받는다. 그리고 우리는 세상 끝까지 간다.

온 교회

하나님의 백성은 누구인가

이 책의 제목은 '하나님 백성의 선교'다. 부제로 '교회의 선교'라는 말을 사용할 수는 없었을까? 물론 가능하다. 그러나 우리가 성경적 교회론을 바로 정립할 때에만 가능하다. 그리고 그 일은 아마 쉽지 않을 것이다. 많은 그리스도인은 '교회'라는 단어를 접하면 오순절에 탄생한 사도행전의 교회를 연상한다. 그러나 그런 인식은 타당한가? 하나님의 백성은 언제 어디서 존재하게 되었으며, 어떤 이유로 존재하게 되었는가? 이 백성의 존재와 선교는 하나님이 그분의 세상 안에서 그 세상을 위해 행하시는 그분의 선교와 어떤 관계가 있는가? 이 백성의 선교는 언제 시작되었으며, 언제 어떻게 끝날 것인가?

달리 표현하면, 신약에서 교회의 선교(우리는 대부분 그것에 대해 이야기할 수 있다. 적어도 우리는 대위임령이라 하는 것을 잘 알고 있고 또 그것이 어느 복음서 끝에 나온다는 사실을 희미하게나마 기억하고 있기 때문이다)는 구약 이스라엘의 정체성 및 역사와 어떤 관계가 있는가? 이스라엘은 '사명'(mission)을 갖고 있었는가? 만일 그렇다면, 그 사명은 무엇이었는가? 모세, 이사야, 예레미야처럼 잘 알려진 몇몇

'소명 이야기'(선교적 설교에 매우 유용한) 그리고 자신의 성공에 당황하고 화가 난 한 불량 선교사(요나)의 예를 제외한다면, 구약 성경은 기독교 선교와 어떤 관련성이 있는가?

당신은 선교 주일에 구약 성경을 본문으로 한 설교를 얼마나 많이 들어 보았는가? 만일 이 책을 읽는 당신이 목사라면, 당신은 구약 성경을 본문으로 한 선교적 설교를 얼마나 많이 해 보았는가? 그 대답이 "아주 많이"라면, 나는 당신으로부터 의견을 교환해 보자는 말을 듣고 싶다. 나는 가는 곳마다 의견을 교환해 보려고 노력한다. 그러나 그 대답이 "아주 조금"이거나 "거의 없다"라면, 이렇게 질문하고 싶다. 하나님 백성의 선교에 대한 **성경신학**을 구성할 때 우리는 언제 어디에서 시작하는가? 그리고 만일 우리가 구약 성경을 포함시킨다면 어떤 일이 일어나겠는가?

그러므로 성경 전체가 말하는 '하나님의 백성'이 정확히 누구인지, 그리고 어떤 의미에서 그들이 사명(mission)을 가진 백성인지(그리고 항상 그래 왔는지) 주의 깊게 생각할 필요가 있다. 그것이 이어지는 장들에서 내가 구약 본문들을 많이 해설하는 이유다. 어쨌든 신약의 교회는 세계 선교의 과제를 수행할 때 실제로 신약 성경을 갖고 있지 않았다. 그들이 행하는 것이 '성경적'이라고(우리도 그렇게 말할 것이다) 그들을 안심시킨 신학적 가정과 기대뿐 아니라 그들의 선교 활동을 촉진하고 정당화한 것은 바로 구약 성경이었다.

우리는 어떤 종류의 백성인가

당신의 우편배달부는 어떤 사람인가? 그 질문은 기능적인 수준에서는 별로 중요하지 않다. 당신의 주소에 우편물을 배달하는 사람이 누구이든 간에 그는 분명 자신이 해야 할 일이 있다. 요점은 그 사람이 그 일을 확실히 하도록 하는 것이지, 그 사람의 도덕성에 대해서는 걱정할 필요가 없다는 것이다. 그 사람은 전날 밤에 아내를 속였을지도 모른다. 하지만 당신이 다음날 아침 우편물을 받는 한, 그 메시지가 당신에게 전달되는 한, 그 사실은 (당신에게) 문제가 되지 않는다.

유감스럽게도, "온 교회가 온 세상에 온전한 복음을 **전할**"이라는 표현은 교회를 단순히 메시지를 전하는 기구로 만들어 버릴 위험을 안고 있다. 중요한 것은 '과업을 완수하는 것'이며, 가능한 한 더 빨리 그 일을 해내면 더 좋은 것이다. 슬프게도 이와 같은 인상을 강화하는 선교 전략 및 미사여구들이 있다.

이와 매우 대조적으로 성경은 하나님의 백성이라고 주장하는 이들이 어떤 종류의 사람인지에 대해 큰 관심을 갖고 있다. 우리의 선교가 좋은 소식을 나누는 것이라면, 우리는 좋은 소식의 사람이 될 필요가 있다. 우리가 변화의 복음을 전하려면, 우리는 그 변화가 어떤 것인지 증거를 보여 줄 필요가 있다. 그러므로 '온 교회'라는 표현을 사용할 때 우리가 던져야 할 다양한 질문들이 있다. 바로 진실성, 정의, 연합과 포용, 그리스도를 닮는 것과 밀접히 관련 있는 질문이다. 성경적 단어로는 '거룩함'인데, 이는 우리의 개인적 성화의 일부인 것처럼 우리의 선교적 정체성의 일부이기도 하다.

그러나 이런 식으로 **선교**를 이해하면서 **윤리**를 포함시켜야 하는가? 그것은 "행위로 말미암은 의"와 율법주의로 인도하지 않는가? 우리는 사람들을 오로지 **믿음**에 이르도록 이끌어야 하지 않는가? 우리는 이 일에서 어려움을 느낄지 모르나, 사도 바울은 그 둘을 자연스럽게 통합시켰다. 그는 자신의 인생 사명(mission)이 모든 열방을 "믿음의 순종"으로 이끄는 것이라고 했다. 복음은 단지 믿어야 하는 것이 아니라 (바울에 따르면) 순종해야 하는 것이다. 이런 관점에서 우리는 몇몇 흥미로운 본문들을 찾아보고 진지하게 살펴볼 것이다. 5-8장에서 우리는 하나님 백성 선교의 윤리적 차원을 강조하는 여러 가지 성경 본문을 탐구할 것이다.

우리 선교의 우선순위와 한계는 무엇인가

한 우편배달부가 당신의 집에 우편물을 배달한다. 그것은 그의 삶에서 주요한 기능이다. 그의 업무는 우편물을 배달하는 것이다. 물론 시간이 있으면 그가 막힌 하수도를 고치는 당신을 도와줄 수도 있다. 쓰레기 버리는 일을 도와줄 수도 있다. 또는 당신이 외출 중이라면 고양이에게 먹이를 줄 수도 있다.

그는 어린이 책에 나오는 우편배달부 팻처럼 여러 가지 소소한 방법으로 지역 사회의 필요를 채우는 일을 할 수 있다. 그러나 그것이 그의 '진짜 일'은 아니다. 그리고 어떤 사람은 그가 '부차적인' 일에 고용주의 시간을 낭비하고 있다고 비난할지도 모른다. 그는 자신이 하도록 보냄받은 일에 충실해야 하며 가능한 한 빠르고 효율적으로 그 일을 해내야 한다.

그렇다면 교회의 선교와 관련하여 또 한 가지 질문이 떠오른다. 교회의 선교는 정확히 무엇인가? 다른 모든 것을 부차적인 것으로—그것이 아무리 바람직하고 도움이 된다 할지라도—만드는 우선적인 것이 있는가? 다시 한 번 복음전도와 사회적 활동 간에 드러났던 분열이 표면화된다.

교회의 선교는 **일차적으로** 복음의 메시지를 전달하는 것인가? 그 경우에 언어적 요소가 정말로 중요한 전부인가? 아니면 교회의 선교는 삶과 행동으로 그 메시지를 구현하는 것을 포함하는가? 때때로 이 문제는 **선포**(proclamation)와 **현존**(presence) 간의 긴장으로 나타난다. 또는 **말**(words)과 **행위**(works) 간의 긴장으로 나타나기도 한다. 다음 몇 장에서 우리는 교회가 **말해야** 할 것과 교회가 **되어야** 할 것의 통합에 대해 살펴볼 것이다.

> 내가 아는 어느 의료 선교사 부부는 아프리카의 한 시골에서 수년 동안 병원을 운영하고 있었다. 그러다가 호주의 파송 교회로부터 그들이 '부차적인 선교사'로 재분류되었다는 연락을 받았다. (병원에서 직원과 환자들 가운데서 실제로 전도 사역의 열매가 많이 맺히고 있었지만) 그들이 전도와 교회 개척에 직접 관여하지 않았기 때문이다. 이 일로 인해 그들은 크게 상심하고 말았다. 하지만 그와 같은 '분류'는 성경적으로 정당했는가?

온전한 복음

당신의 복음은 얼마나 큰가

이 질문은 앞서 언급한 질문들과 분명히 연결되어 있다. 우리 선교의 핵심을 이루는 복음은 정확히 무엇인가? 그것은 하나님이 세상의 구속을 위해 예수 그리스도를 통해 하신 일에 관한 좋은 소식이다. 그러나 하나님의 구속 규모와 범위는 얼마만한가? 성경은 아주 일찍부터 하나님을 "구속자"로 묘사한다.[6] 하나님에 대해 그렇게 말했던 이들에게 구속자라는 말은 무슨 의미를 지녔는가? 그리고 그 말은 구속받은 자들에게 무슨 의미를 지니는가? 구속은 어떤 종류의 경험이며, 구속받은 자들은 어떤 종류의 삶을 살아야 하는가? 이것은 6장에서 탐구할 주제다.

'복음'과 같은 단어가 지닌 위험 가운데 하나는, 우리 모두 그것을 (당연히) 너무 사랑하여 (또 당연히) 매우 열정적으로 나누기 원한다는 것이다. 그래서 우리는 시간을 들여서 복음의 성경적 내용을 충분히 탐구하지 않는다. 예를 들어, 누가 그 단어를 만들어 냈는가? 예수님과 바울은 무슨 의미로 그 단어를 사용했는가? 앞서 말한 것처럼, 예수님과 바울에게는 신약 성경이 없었다. 그렇다면 구약에서 '복음'을 찾아내셨는가?

그리고 (앞으로 살펴볼 것처럼) 복음의 근원이 구약으로 거슬러 올라간다면, 그것은 실제로 좋은 소식이 무엇인지 이해하는 데 어떤 도움이 되는가? 다시 한 번 우리는 복음을 개인적인 죄 문제에 대한 해결책과 천국 문을 통과하게 해주는 전자카드 정도로 축소시키려는 경향을 성경이 어떻게 교정해 주는지 발견하게 될 것이다. 또한 그와 같이 축소된 메시지를 그리스도 안에서 행하시는 하나님의 우주적 통치와 관련 있는 메시지로 교체해 주는 것도 보게 될 것이다. 그 통치는 궁극적으로 하나님의 우주에서 악을 제거할 것이다(물론 우리의 개인적인 죄 문제도 해결할 것이다).

다른 이름은 없다

그러나 결국 가장 중요한 것은, 선교는 충성의 문제다. 대사는 그가 대표하는 정부에 완전한 충성을 나타내야 한다. 진실한 전달자는 자신의 의견이 아니라 자신을 보낸 이가 말한 것을 신실하게 전달할 것이다.

그러므로 **하나님** 백성의 선교는 **하나님**에 대한 헌신으로 시작하고 끝나야 한다. 우리는 바로 그분의 선교에 함께하도록 부름받았다. 그러나 그것은 결국 하나님을 **아는** 것, 하나님의 계시와 구원의 경험으로부터 하나님을 깊이 아는 것에 달려 있다. 그렇다면 우리가 **알아야** 하고 마지막까지 충성을 바쳐야 하는 것은 정확히 무엇인가? 신구약 성경에서 하나님의 백성은 유일하신 하나님—구약에서 야웨로 계시되고, 신약에서는 성육신하신 나사렛 예수의 삶으로 우리 가운데 들어오시는 그분—께 타협 없는 절대적 충성을 바치도록 부름받는다.

하나님 백성의 선교는 하나님의 유일성에서 나오며, 그것은 그리스도의 유일성 안에서 우리에게 최고로 계시되었다. 이것이 우리 선교의 **근원**이며(자신의 이름으로 우리를 세상에 보내시는 분이 그리스도이시기 때문이다), 또한 우리 선교의 **내용**이다[우리의 모든 말과 행동은 주님이 하나님이시기에 다른 신은 없으며, 모든 이름 위에 뛰어난 이름을 예수님이 받으셨고, "천하 사람 중에 구원을 받을 만한 다른 이름을 우리에게 주신 일이 없"(행 4:12)다는 진리를 증거하는 것이기 때문이다].

2부에서 하나님 백성의 선교에 대한 성경신학과 관련된 중요한 본문과 주제들을 살펴볼 때, 이 질문과 문제를 다룰 것이다. 이미 말한 것처럼, 우리는 이런 질문들을 살펴보기 위해 앞서 사용했던 것과 똑같은 순서를 따르지는 않을 것이다. 이 작업은 조직신학이 아니라 성경신학이기 때문이다. 신구약 성경의 수많은 본문을 살펴보고 주해와 해설을 하는 과정에서 이처럼 광범위한 질문에 대한 답을 발견하기를 희망한다. 또한 몇몇 질문은 아예 성경 자체의 더 폭넓은 관점에 흡수되어 사라지기를 바란다.

2부
우리가 찾은 대답들

2장
자신이 속한 그 이야기를 아는 백성

세계 선교와 성경 이야기

그러면 어디에서 시작할까? 기독교 선교를 주제로 하는 수많은 책(과 설교)은 대위임령에서 시작한다. 그것은 예수님이 승천하시기 전에 모든 족속을 제자 삼으라고 제자들을 세상에 보내시면서 마지막으로 하신 말씀이다. 거기서 시작하는 것은, 신약이 예수님과 그분의 추종자들, 그리고 바울과 초기 그리스도인들에 대해 이야기하는 것과 비슷하기 때문에 자연스러운 일이다. 당신이 예수님을 찾기 위해 어떤 복음서를 읽든, 선교와 직면하게 된다. 그리고 사도행전과 서신서들에서 그것은 더욱 두드러지게 드러난다.

마태복음에서 예수님은 제자들에게 세상에 나가서 제자를 삼고 세례를 베풀라고 가르치신다. 누가복음에서 예수님은 자신을 따르는 이들에게 예루살렘과 유대와 땅 끝까지 가라고 명령하신다. 또한 요한복음에서 예수님은 "아버지께서 나를 보내신 것처럼 나도 너희를 보내노라"고 말씀하신다. 사도행전의 이야기는 초기 그리스도인들의 선교 이야기**이다**. 그리고…바울 서신은 바울뿐만 아니라 다른 많은 그리스도인들이 알려진 세계를 돌아다니면서 사람들에게 "또 다른 왕, 예수"에 대해 말하는 것이 자신들의 임무라고 믿었다는 사실을 분명히 말한다.

이와 같이 세계 선교는 초기 기독교 실천의 제일가며 가장 분명한 모습이다.[1]

우리는 그 이유가 무엇인지 물어야 한다. 기독교를 맨 처음부터 선교적 신앙으로 만든 것은 무엇이었는가? 무엇이 예수님의 처음 추종자들로 하여금 세상에 나가 예수님에 대해 그토록 열정적으로, 용기 있게, 거침없이 말하도록 했는가?

어쩌면 당신은 예수님이 그들에게 그렇게 명령했기 때문이라고 대답할지도 모른다. 그들은 대위임령을 받았다. 그것은 순종의 문제였다. 우리가 방금 언급한 마태복음, 누가복음, 요한복음의 말미에 나오는 말씀에 비추어 볼 때, 그것은 맞는 말이다. 하지만 우리는 교회의 선교가 여러 해 동안 진행된 후에야 복음서가 기록되었다는 사실을 기억해야 한다. 다시 말해, 예수님의 말씀을 기록한 문서는 그들의 손에 없었다.

> 기독교는 마술에 의해 퍼져 나가지 않았다. 당시 세계가 기독교를 받아들일 준비가 되어 있었다고 말하는 사람이 간혹 있다. 스토아주의는 너무 오만하고 딱딱했으며, 대중적인 이교주의는 형이상학적으로 신뢰할 수 없었고 도덕적으로 파산했으며, 신비 종교들은 어둡고 음산했으며, 유대교는 율법에 얽매이고 내향적이었다. 그리고 기독교는 모든 사람이 묻던 문제들에 대한 위대한 대답으로 등장했다. 이런 식의 설명에 일말의 진실이 없는 것은 아니나, 역사적으로 볼 때 정확하지 않다. 기독교는 교만한 이방인들을 향해, 로마제국에 의해 처형당한 유대의 한 시골사람에게 충성을 바치고 고문과 죽음을 당할 각오를 하라고 주장했다. 기독교는 인종적 경계를 넘어서는 사랑을 지지했다. 기독교는 성적 부도덕과 어린이 유기 및 이방인 세계가 당연시 여겼던 다른 많은 것들을 엄격히 금했다. 보통 이방인이 그리스도인이 되기로 선택하는 것은 쉽거나 자연스러운 일이 아니었다.
>
> 톰 라이트[2]

그러나 초대 그리스도인들이 이처럼 대위임령에 단순히 순종한 것이 선교의 주요 이유라면, 신약 어디에도 그것이 언급되지 않는다는 사실은 놀라운 일이다. 여기서 내 말을 오해하지 말기 바란다. 나는 결코 대위임령이 없었다고 말하는 것이 아니다. 다만 그것이 사도행전 1장 이후 신약에서 교회의 선교적 확장의 분명한 동인으로 언급되지 않았음을 말하는 것뿐이다.

또 어떤 사람들은 당시 세계가 기독교 복음을 받아들일 준비가 되어 있었을 뿐이라고 주장한다. 그래서 복음 메시지가 들불처럼 퍼져 나가면서 다른 철학과 세계관이 실패한 공백을 매웠다는 것이다. 그러나 이것은 약간의 진실을 담고 있을 뿐 불충분한 설명이다. 기독교 메시지가 다른 종교와 철학들이 대답할 수 없던 문제들에 대한 해답을 갖고 있었던 것은 사실이다. 그렇다고 해서 멸시받던 기독교 종파에 가입하는 것이 몹시 매력적이었다는 말은 아니다. 사람들에게 회심하라고 말하는 것은 그들에게 심각하고 값비싼 대가를 치를 것을 정면으로 요구하는 것이었다.

그렇다면 예수님의 최초 추종자들(그들은 유대인이었다)이 세상을 자신들의 선교지로 품게 만든 것은 무엇이었는가?

그 이야기 알기

나는 "그들은 유대인이었다"라는 말을 덧붙였는데, 그것이 해답을 찾는 열쇠이기 때문이다. 즉, 최초의 신자들은 **자신이 속한 그 이야기를 알았다**. 그들은 자신들의 성경을 알고 있었기에 그 이야기를 알고 있었다. 그들은 유대인이었다. 그들은 그 이야기를 매우 잘 알고 있었다. 그들은 그 이야기가 나사렛 예수 안에서 결정적인 순간에 이르렀음을 이해했다. 그리고 그들은 그 이야기의 남은 부분이 무엇을 요구하는지도 알았다.

실제로, 최초의 선교 여행들로 인해 갑작스럽게 '이교도' 회심자들이 교회로 들어오기 시작하고(이제부터 그들을 이방인 또는 비유대 출신 사람들이라고 부르자), 이로 인해 유대인 그리스도인들에게 커다란 신학적 문제가 발생하자, 그들은 그 문제를 어떻게 해결했는가? 그들은 예루살렘에서 최초의 기독교 공의회를 열었다. 사도행전 15장에 그 사건이 기록되어 있다. 여담이지만, 최초의 기독교 공의회가 매우 성공적인 기독교 선교로 인해 야기된 문제들을 해결하기 위해 소집되었음은 주목할 가치가 있다. 모든 교회 위원회, 협의회, 대회, 회의가 이 같은 이유 때문에 모인다면 얼마나 좋겠는가!

그 문제는 예수님의 명령을 언급함으로써 해결되지 **않았다**. 사람들은 베드로가 서서 비판자들에게 "이보게, 친구들. **예수님은 우리에게** 가서 열방을 제자 삼으라고 **말씀하셨다네**. 그리고 그것이 바울과 바나바가 하고 있는 일이네. 그러니 이제 그만 하게"라고 말하는 모습을 생각할지 모른다. 그러나 야고보는 구약의 예언서를 언급함으로써 그 문제를 해결한다. 그는 아모스 9장을 인용하면서, 예언자가 내다본 것이 지금 일어나고 있다고 확언한다. 다윗의 집이 회복되고 이방 나라들이 돌아와 주님의 이름으로 일컬어지고 있다. 이는 그 이야기가 가리켰던 일이며, 지금 일어나고 있는 일이다.

또한 사도행전 13장에 기록된 비시디아 안디옥의 바울을 보라. 비시디아 안디옥은 이방인의 도시였다. 그러나 바울은 그가 평소 하던 대로 안식일에 유대인 회당으로 갔다. 거기서 무슨 일을 했는가? 바울은 그들에게 예수님에 대해 말하기 전에 그들 자신의 이야기(구약 이야기)를 말하고 좋은 소식, 곧 "우리도 조상들에게 주신 약속을 너희에게 전파하노니 곧 하나님이 예수를 일으키사 우리 자녀들에게 이 약속을 이루게 하셨다"(행 13:32-33)는 말씀을 덧붙였다. 그 이야기는 예수님께로, 십자가에 못 박히고 부활하신 메시아에게로 이끌었다.

그러나 그 이야기는 더 나아갔다. 유대인 중 일부가 그 메시지를 거부하고 이방인 중 "하나님을 경외하는 자들"(유대 신앙으로 회심한 자들)이 그 메시지를 받아들였을 때, 바울은 그들에 대한 선교적 호소를 정당화하기 위해 그들에게 해당되는 구약의 구절을 언급했다. 바울은 이사야 49:6을 인용하면서 자기 자신과 동료 선교사들에게 그 구절을 적용한다.

주께서 이같이 **우리에게** 명하시되 내가 너를 이방의 빛으로 삼아 너로 땅 끝까지 구원하게 하리라 하셨느니라. 이방인들이 듣고 기뻐하여 하나님의 말씀을 찬송하

며 영생을 주시기로 작정된 자는 다 믿더라. (행 13:47-48; 저자 강조)

다시 한 번 바울은 "**예수님이** 우리에게 이 좋은 소식을 너희 이방인들에게 전하라고 명령하셨다"고 쉽게 말해 버릴 수도 있었다. 심지어 그는 자신이 다메섹으로 가는 길에 개인적으로 부활하신 그리스도를 만나 회심하고 보냄받는 과정에서 받은 특정한 선교적 명령을 언급할 수도 있었다. 그러나 그 대신 바울은 성경과 성경이 말하는 이야기, 필연적으로 열방에 전파될 복음으로 이끄는 이야기를 가리킨다. 그리고 바울은 예언자 아모스의 말씀 중 "앞으로 이루어질 이야기"에 해당하는 부분을 자신이 주님에게서 받은 명령과 연관시켰다.

사실 예수님도 이것을 대위임령의 근거로 삼으셨다. 누가는 예수님이 부활하신 후에 제자들에게 어떻게 명령을 내리셨는지 그 장면을 자세히 묘사한다. 놀라운 점은 누가가(물론 예수님도) (구약) 성경의 이해를 크게 강조했다는 사실이다. 누가복음 24장은 부활하신 예수님의 첫째 날을 묘사한다. 예수님은 그날을 어떻게 보내셨는가? 성경을 가르치며 보내셨다. 여담이지만, 구약을 가르치는 교사로 인생 대부분을 보낸 나는 예수님이 부활하신 당일 오후와 저녁에 구약을 체계적으로 가르치셨다는 사실에 마음이 놓인다.

이제 그 두 번의 강의에 대해 간단히 언급하려고 한다! 사실상 두 개의 '부활 강의'가 있었고, 그 두 강의는 미묘하게 달랐기 때문이다.

메시아와 선교
첫 번째 강의는 엠마오 도상의 두 제자에게 하신 말씀이다. 그들은 예수님이 이루실 것으로 기대했던 이스라엘의 구속이 일어나지 않자 크게 실망했었다. 예수님은 구약 정경 전체를 들어서(*"모세와 모든 예언자의 글로"*) 그 모든 것이 어떻게 메시아이신 그분을 가리키며, 그분의 죽음과 부활이 실상 어떻게 하나님이 이스라엘에게 하신 약속을 이루는 방법이 되는지 설명하셨다(눅 24:13-27). 첫 번째 강의는 **지금까지의 그 이야기를 이해시키기 위해** 구약을 살펴보았다. 그 이야기는 이야기의 요점, 목표, 목적지가 되시는 예수님 자신에게로 이끄는 이야기였다.

그러나 그날 저녁에 예수님은 예루살렘에 있는 나머지 제자들과 함께 두 번째로 구약을 살펴보셨다. 예수님이 그렇게 하신 것은 제자들이 구약을 모르기 때문이 아니라(그들은 구약의 상당 부분을 암기하고 있었을 것이다), 구약이 이끄는 곳을 이해하도록 돕기 위해서였다.

또 이르시되 내가 너희와 함께 있을 때에 너희에게 말한 바 곧 모세의 율법과 선지자의 글과 시편에 나를 가리켜 기록된 모든 것이 이루어져야 하리라 한 말이 이것이라 하시고 이에 그들의 마음을 열어 성경을 깨닫게 하시고 또 이르시되 이같이 그리스도가 고난을 받고 제삼 일에 죽은 자 가운데서 살아날 것과 **또 그의 이름으로 죄사함을 받게 하는 회개가 예루살렘에서 시작하여 모든 족속에게 전파될 것이** 기록되었으니 너희는 이 모든 일의 증인이라. (눅 24:44-48; 저자 강조)

이번에 예수님은 **거기에서부터 그 이야기를 이해시키기 위해** 구약을 개관하신다. 그들이 막 시작하려는 이야기의 부분, 곧 예수님의 죽음과 부활의 구원하시는 능력을 열방에 증거하는 부분 말이다. 다시 말해, 예수님께 "기록되었으니"라는 말은 성경의 **메시아적** 의미는 물론이고 그것의 **선교적** 의의를 나타내는 표현이었다. 구약은 예수님께로 이끌 뿐만 아니라 열방 선교로 이끄는 이야기를 전해 준다.

예수님은 자신의 삶—그분의 고난, 죽음, 부활—의 방향이 성경에 의해 어떻게 통제받는지 종종 말씀하셨다. 여기서 예수님은 그것을 교회의 계속되는 선교로까지 확대하셨다. 성경은 똑같이 위대한 이야기의 모든 부분을 보여 주는 것이다. 이는 대위임령이 예수님이 나중에 생각해 내신 것이 아님을 의미한다. 예수님이 승천하시고 나서 제자들이 만들어 낸 것도 아님을 뜻한다. 그것은 부활하신 주님이신 예수님 자신의 권위에만 의존한 것이 아니었다(물론 마태복음이 분명히 하는 것처럼, 그것은 부활하신 예수님의 권위에 의해 충분히 보증된다).

성경이 말하는 것처럼, 그것은 그 이야기의 필연적인 결과였다. 즉, 그것은 메시아로 이끌고, 이어서 열방 선교로 이끈다.

세계 선교에 대해 말하면서, 예수님이 그것을 명령하셨다고 말할 수 있다. 성경이 세계 선교를 명령하기 때문이다. 예수님도 그 이야기를 알고 계셨다. 어떤 의미에서는 예수님이 그 이야기를 쓰셨기 때문에 그렇다고 말할 수도 있다.

그 이야기를 전체로 보기

이 책에서 우리는 '교회의 선교를 위한 성경신학'을 추구하고 있다. 우리가 예수님과 바울보다 어떤 더 나은 예를 따를 수 있겠는가? 우리는 성경의 전체 이야기에 주의를 기울이면서 우리의 선교를 그 모든 것에 비추어 바라볼 필요가 있다.

> "그냥 행동하라"(Just do it)는 구호는 나이키사에서부터 어떤 형태의 기독교 선교의 슬로건이 될 만큼 널리 사용되는 것 같다. 나는 "그냥 가라!"(Just go!)는 슬로건을 내건 대규모 선교동원 대회에 참석한 적이 있다. 나의 첫 번째 반응은 "그냥 머물러라"였다. 예수님조차도 제자들에게 "가라"고 말씀하시기 전에 3년을 훈련하는 일에 투자하셨다. 그리고 그 시간조차도 제자들이 예수님 자신의 정체성에 비추어 성경을 보는 관점을 근본적으로 재형성하기에 부족했다. 또 성경 이야기가 예수님 자신과 이스라엘 및 세상의 미래와 관련하여 어디로 이끌어 가는지 이해하기에도 부족했다. 복음주의 그리스도인들의 성경 읽기와 지식 수준이 부끄러울 정도로 낮다는 이야기가 들리는 요즈음, 우리에게 그와 같은 훈련이 얼마나 더 필요한지 모른다.

참으로 우리는 다음과 같은 질문을 자신에게 던져 볼 필요가 있다. 당신은 실제로 성경 이야기를 얼마나 잘 알고 있는가? 예수님과 바울이 구약 성경을 훤히 알았던 이들과 그것을 되풀이해서 검토하는 것이 적합하다고 보았다면, 우리는 얼마나 더 성경 전체의 내용을 알 필요가 있겠는가? 유감스럽게도, 세계 선교에 큰 열심을 갖고 있는 그리스도인들조차도 성경적 계시의 원대한 전망에 대해 심히 무지할 뿐만 아니라, 성경이 말하는 이야기와 그 이야기가 만들어 내는 세계관, 그리고 그 세계관이 우리에게 부과하는 요구 및 그 세계관이 우리 앞에 제시하는 소망으로 우리의 모든 사고와 행위가 형성될 때까지 이런 본문들을 깊이 연구하는 노력을 꾸준히 하지 못한다. 어떤 사람들은 대위임령과 성령의 능력만 있으면 된다고 주장한다. 성경의 가르침이나 성경신학은 긴급한 과제를 수행해야 하는 이들의 발목을 붙잡을 뿐이라고 한다. 당신이 이 책을 읽고 있고 그런 태도를 갖고 있지 않다는 사실이 내게 얼마나 큰 위로가 되는지 모른다.

나는 성경 이야기를 요점별로 나누어서 선 위에 표시해 보는 것이 유익하다고 생각한다. 성경 이야기의 네 가지 주요 부분은 창조, 타락, 역사 속의 구속, 새 창조다. 물론 역사 속의 구속 안에는 성경 이야기 중 단연코 가장 큰 부분이 들어가 있기에 더 세분할 필요가 있다.

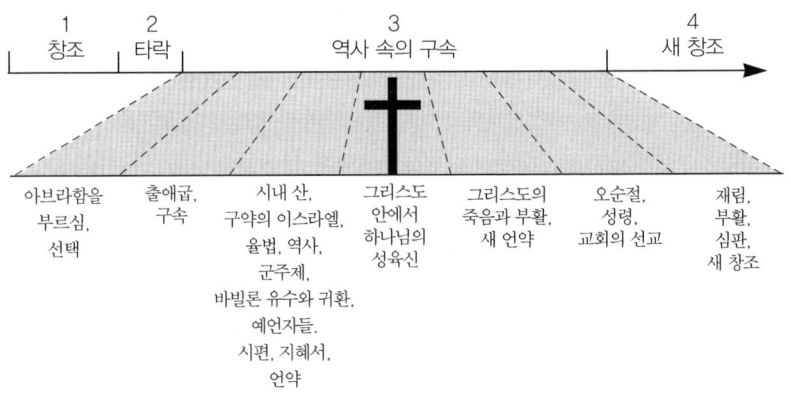

1. 창조

성경은 창세기 3장에서 시작하는 것이 아니다(혹은 계 20장으로 끝나는 것이 아니다). 성경의 메시지와 선교에 대한 설명을 들으면 그렇게 생각할 수 있다. 다시 말해, 성경은 단순히 우리의 죄 문제에 대한 해결책이나 심판 날에 살아남는 방법과 관련된 이야기가 아니다. 성경은 창조에서 시작해서 새 창조로 끝난다. 따라서 우리의 선교적 성경신학 역시 이 위대한 시작과 끝을 진지하게 고려할 필요가 있다.

창조 이야기는 기본적인 기독교 세계관을 위한 기초 강령 두 개를 제공한다. 창조 이야기가 모든 철학과 종교가 다른 방식으로 대답하는 가장 근본적인 두 가지 질문에 대답하기 때문이다. 우리는 **어디에** 있는가? 그리고 우리는 **누구**인가? 다시 말하면 첫째, 우리가 속해 있는 이 우주는 무엇인가? 우주는 어디서 비롯되었고, 존재하는 이유는 무엇이며, 실재하기는 한 것인가? 그 다음에 둘째, 인간이 된다는 것은 무슨 의미인가? 우리는 신인가, 아니면 단순히 나머지 동물보다 조금 더 발달된 동물일 뿐인가? 인생은 어떤 가치와 의미, 목적이 있는가?

이러한 문제들에 대해 성경이 제공하는 대답들은 하나님의 형상으로 지음 받은 우리와 같은 인간들 가운데서 이루어지는, 하나님 세계에서의 선교를 이해하는 데 깊은 함의를 지닌다.

2. 타락

창조주 하나님에 대한 인간의 불순종과 반역은 처참한 결과를 가져왔다(창 3-11장). 악과 죄가 하나님 창조세계의 모든 면과 인간성과 지상에서의 삶의 모든 차원에 끼어든다. **육체적으로** 우리는 하나님의 저주 아래 있는 물리적 환경에서 살다가 부패와 죽음을 당하고 만다. **지적으로** 우리는 우리가 지닌 합리성의 엄청난 능력을 자신의 악을 설명하고 변명하고 '정상화하는 데' 사용한다. **사회적으로** 모든 인간관계(성적, 부모적, 가족적, 사회적, 인종적, 국제적)는 분열된다. 그 영향은 수평적으로 모든 인간 문화에 침투해서 공고해지고 또 수직적으로 역사를 통해 축적되어 간다. 그리고 **영적으로** 우리는 하나님으로부터 소외되며, 그분의 선하심과 권위를 부인한다. 로마서 1:18-32은 창세기 3장의 열매를 분석하면서 이러한 차원들을 모두 개관한다.

만일 이같이 대단히 심각한 현실에 대해 좋은 소식이 있다면, 그것은 무척 큰 것이어야 한다. 영광스러운 진실은, 성경은 우리에게 죄가 만들어 낸 문제의 모든 차원을 다루는 복음을 준다는 것이다. 하나님의 선교는 그분의 창조세계 전체에서 악한 모든 것을 완전히 멸하는 것이다. 그러므로 우리의 선교 역시 성경 전체가 우리에게 주는 복음만큼 그 범위가 포괄적이어야 한다.

3. 구속

하나님은 그분의 창조세계를 포기하거나 멸망시키는 것이 아니라 구속하기로 선택하셨다. 그리고 아브라함의 부르심으로부터 그리스도의 재림에 이르는 사람과 사건들을 통해 역사 안에서 그 일을 하기로 결정하셨다. 이 원대한 이야기의 모든 부분이 전체 이야기에 독특하게 기여하지만, 이 선 위에 표시된 부분들 전체를 하나의 근본적인 통일체, 곧 하나님의 단일하고 위대한 구원 행위로 볼 필요가 있다. 나는 성경 구속 이야기의 이 부분에 나타난 구약과 신약 간의 통일성이, 새 창조 시에 구속받은 인류가 모세의 노래와 어린양의 노래를 부르는 것으로 요한계시록이 묘사하는 이유라고 생각한다(계 15:3). 이 통일성이 구약은 구원 계획 A(실패)이고, 신약은 구원 계획 B(성공)라고 오해하는 데서 우리를 구해 줄 것이다. 그런 오해는 성경 이야기를 심각하게 왜곡한다. 그러나 그 같은 함정에 빠지지 않으면서도, 구약과 신약에서 그 이야기의 두 주요 부분을 찾아낼 수 있다.

구약

이야기가 창세기 11장에 이를 무렵, 인류는 두 가지 거대한 문제에 직면한다. 하나는 모든 인간의 마음이 죄로 가득한 것이고, 다른 하나는 열방이 분열되어 혼란에 빠진 것이다. 하나님의 구속 계획은 두 가지 문제를 모두 해결했다.

아브라함을 부르시면서 하나님은 궁극적으로 인간의 죄 문제를 해결할 뿐만 아니라 분열된 열방을 치유할 역사적 동력을 작동시키셨다.

아브라함을 선택한 것은 분명 지상에 있는 열방에 복을 주기 위한 것이었다. 그러므로 하나님이 아브라함에게 주신 명령과 약속은 최초의 대위임령이라 할 수 있다. "가라.…복이 될지라.…땅의 모든 족속이 너로 말미암아 복을 얻을 것이라"(창 12:1-3). 이같이 하나님의 계획은 아브라함의 백성인 이스라엘을 통해 인류의 문제—죄와 분열—를 해결하는 것이었다.

출애굽은 구속자로 활동하시는 하나님에 대한 구약의 핵심 모델을 제공한다. 출애굽은 하나님이 구속하실 때 그 구속이 어떤 모습인지를 보여 준다. 그것은 하나님의 신실하심과 정의, 사랑을 동시에 나타내는 행동이다. 이제 야웨로 계시된 이 하나님의 구속받은 백성이 되었음을 아는 백성은, 구속받고 자신이 속한 사회에서 구속적으로 산다는 것이 무슨 의미인지 열방 앞에 보여 주는 하나의 모델이 되라는 요청을 받는다.

하나님은 시내 산에서 열방을 내다보며 이스라엘과 언약을 맺으시면서, 하나님을 대표하고(제사장으로) 구별된 존재가 되라고(거룩하라고) 이스라엘을 부르셨다. 하나님은 그들에게 은혜의 선물로 율법을 주셨다. 하지만 하나님의 구원을 얻도록 율법을 주신 것은 아니었는데, 이미 그들이 구속을 받았기 때문이다. 율법을 주신 것은 그들을 하나님을 나타내는 백성으로, 열방의 빛으로 빚기 위해서였다.

하지만 이스라엘의 역사가 전진해 가면서, 가나안 땅에 정착해서 사사 시대와 군주 시대를 거치면서, 이스라엘이 하나님의 구원의 은혜에 반응하여 그분의 율법 기준에 따라 살아갈 수 없을 뿐만 아니라 그렇게 살려고도 하지 않는다는 사실이 점차 분명해졌다. 실제로 그들은 열방과 다를 바가 없었다. 바울이 매우 분명하게 인식한 것처럼, 율법 자체는 이스라엘이 나머지 열방만큼이나 하나님의 구원을 필요로 한다는 사실을 드러냈다. 아무런 차이가 없었다. 모든 사람이 죄를 범했다. 주의 종 이스라엘은 열방의 빛이 되도록 부름받았으나, 하나님의 일을 깨닫지 못하고 하나님의 말씀을 듣지 않는 실패한 종이 되었다. 그들에게도 하나님의 구원이 필요했다.

그럼에도 구약은 예언자들을 통해 계속해서 미래를 가리키며 주장하기를, 하나님이 열방에 복을 주시고 온 세계를 구원하리라는 약속을 지키실 것이며, 이스라엘을 통해 그 일을 하실 것이라고 한다. 다시 말해, 하나님은 역사적 이스라엘의 실패를 예상하셨다. 그러나 그것은 **하나님의** 계획이 실패했음을 의미하는 것이 아니었다. 하나님이 항상 의도하신 대로, 그것은 하나님의 주권적 목적의 신비 속에서 땅 끝까지 구원이 이르게 할 것이다. 하지만 구약의 이스라엘이 신실하지 못한 것으로 판명난다면, 이제 그 일은 어떻게 이루어질 수 있을까?

신약

신약은 우리에게 예언자들이 미래를 향해 가리킨 대답을 제시한다. 그들의 메시아로 이스라엘을 구현하실 분, 이스라엘은 반역하였으나 신실하실 분, 죽기까지 순종하실 분, 자신의 죽음과 부활을 통해 이스라엘을 회복시킬 뿐만 아니라 약속된 구원을 땅 끝까지 가져가실 분 말이다.

그래서 성경의 줄거리는 "때가 차매 하나님이 그 아들을 보내사 여자에게서 나게 하시"(갈 4:4)는 것으로 이어진다. 그리스도 안에서 이루어진 하나님의 성육신은 우리의 선교신학에 두 가지 새로운 요인을 제공한다. 하나는 도래한 하나님 나라이고, 다른 하나는 성육신의 모델 및 원리다.

예수 안에서 하나님의 통치는 이전에 경험하지 못한 방식으로 인간 역사 속으로 들어왔다. 하지만 그 통치에 대한 기대와 그 통치의 윤리적 함의는 철저히 구약에 근거하고 있다. 예수님의 말씀과 행위에 나타난 하나님 나라의 역동적인 활동과 그분의 제자들의 선교는 삶과 가치와 우선순위를 변화시켰으며, 타락한 사회의 권력 구조에 급진적인 도전을 제기했다. 가이사나 그의 어떤 후계자가 아니라 "예수님이 주님이시다"라고 말하는 것은 그 자체가 주요한 선교적 명령이다. 누가는 로마에 있는 바울을 다음과 같이 묘사함으로써 가장 선교적인 방식으로 자신의 두 번째 책을 마무리한다. "**하나님의 나라**

를 전파하며 주 예수 그리스도에 관한 모든 것을 담대하게 거침없이 가르치더라"(행 28:31; 저자 강조).

그러나 예수님의 비유가 강조하는 것처럼, 하나님은 그분의 통치를 은밀하고 겸손하게 시작하셨다. 즉, 자신이 직접 세상에 들어와 그 모든 한계와 좌절을 해결하시기로 한 것이다. 그것은 세상과 그 모든 문제를 껴안고 씨름하는 그분의 추종자들에게 예수님이 부과하신 방식이었다. 그분이 "아버지께서 나를 세상에 보내신 것같이 나도 그들을 세상에 보내었고"(요 17:18; 참고 20:21)라고 기도하셨던 것처럼 말이다.

예수님의 십자가와 부활은 우리를 역사 속 구속 이야기의 중심점으로 인도한다. 우주에 있는 죄와 악의 모든 차원과 그것들의 파괴적인 영향에 대한 하나님의 답이 여기에 있다. 복음은 마침내 보편적으로 드러나고 정당성이 입증될 완성된 승리를 우리에게 선사한다. 우리가 타락의 영향을 분석할 때 마땅히 급진적이었다면, 그러한 영향을 반전시킬 뿐 아니라 궁극적으로는 파괴해 버릴 십자가와 부활의 모든 방법을 이해할 때도 마찬가지로 급진적이고 포괄적이어야 한다. 십자가는 하나님 백성의 선교의 모든 차원에서 중심이어야 한다. 친구들에게 전도하는 것에서부터 창조세계를 돌보는 생태학적 관심에 이르기까지, 그리고 그 둘 사이에 있는 모든 일에서 중심이 되어야 한다.

출애굽 구속이 구약의 이스라엘을 언약 백성으로 만들어 내었듯이, 부활절 구속은 오순절 성령이라는 종말론적 선물을 만들어 내고 교회를 탄생시켰다. 예수님을 따르는 이들의 공동체인 교회가 오순절에 탄생하기는 했지만, 그 뿌리는 아브라함 이후의 하나님 백성에게로 거슬러 올라간다. 아브라함의 후손을 통해 열방이 복을 받을 것이라는 이스라엘의 소망이 다국적으로 성취된 것이 바로 교회이기 때문이다. 그리스도 안에서 그리스도를 통해, 이방인을 포함할 만큼 이스라엘이 **확장됨**으로써(이스라엘을 포기하고 이방인을 선택한 것이 아님을 주의하여 보라.) 아브라함에게 주어진 약속이 성취되었고, 창세기 3장의 문제(인간의 타락과 죄)뿐만 아니라 창세기 11장의 문제(인종의 분열과 혼란)까지 해결하려는 하나님의 목적이 완성된 것이다. 그래서 교회를 본질상 복음의 **일부**

로 인식하는 것은 매우 중요하다. 모든 인종 출신의 화해된 죄인들로 이루어진 공동체인 교회가 복음의 변화시키는 능력을 나타내 보이기 때문이다.

이야기의 이 부분에 등장하는 두 가지 실재는 우리의 선교신학이 어떠해야 하는지 가르쳐 준다. 첫째는 예수님의 삶과 사역에 동력을 공급하셨을 뿐만 아니라 죽은 자 가운데서 그분을 일으켜 세우신 것과 같은 변화의 능력을 하나님의 백성에게 주시는 성령의 존재이고, 둘째는 회개와 그리스도에 대한 믿음으로 하나님의 나라에 반응하고 그 나라에 들어가 변화되고 변화시키는 화해와 축복의 공동체로 세상 속에서 살고자 애쓰는 이들의 선교적 공동체인 교회의 존재다.

4. 새 창조

그리스도의 다시 오심은 우리가 역사 속의 구속이라 일컬었던 성경 이야기의 한 부분에 대해 대단원의 막을 내릴 뿐만 아니라, 그 이야기의 요점—하나님의 모든 창조세계의 구속과 갱신—이 궁극적으로 완성되기 시작했음을 알리는 것이다.

물론 성경은 이야기의 이 절정 부분에 심판의 실재를 포함시킨다. 심판의 날은 이스라엘이 '야웨의 날'에 대해 피상적으로 낙관하던 것을 아모스가 단호하게 뒤집어 놓은 것에서 시작해 하나님의 심판석에 대한 예수님과 바울과 베드로의 경고를 거쳐 요한계시록의 전율할 환상에 이르기까지 성경이 경고하는 바다. 심판의 실재는 어떤 관점에서 보면 복음의 **일부**다. 악이 최종 발언권을 갖지 못하며 궁극적으로 하나님에 의해 파멸될 것이라는 좋은 소식이기 때문이다. 다른 관점에서 보면, 심판은 복음이 우리와 타락한 세계를 위해 영원토록 좋은 소식이 되도록 만드는 하나님의 진노에 관한 나쁜 소식이다.

> 우리 아이들은 지금은 다 자란 성인이 되었다. 최근에(그들이 우리에게 말해도 괜찮다고 생각해서) 그들은 우리에게 어린 시절 즐겨했던 한 놀이에 대해

말했다. 아이들은 아내가 부엌이나 정원에 있거나 내가 일하러 나갔을 때, 거실에 가서 자신들이 부모에게 허락받을 수 없다고 생각하는 모든 것을 했다. 소파에 올라가 뛰기, 베개 던지기 등을 하다가 한 명이 "엄마 오신다"하고 외치면 모두 자리에 앉아 조용히 해야 했는데, 마지막에 앉는 사람이 '쫓겨나는' 게임이었다. '엄마가 오시면' 심판의 때가 올 때처럼 기쁨이나 슬픔이 있을 것이기 때문이다. 그들은 분명히 '엄마 오신다' 게임을 하면서 놀자고 말했을 것이다.

시편 96편의 마지막 절에 따르면, 모든 창조물이 거듭해서 "하나님이 오신다"고 외친다. 그리고 그것을 생각하면서 기쁨의 시를 노래한다. 왜냐하면 '엄마 오신다'가 어린아이 같은 두려움이나 기쁨(엄마가 문을 열었을 때 무엇을 보냐에 따라)의 문제라면, 사물을 영원히 바로잡기 위해 '하나님이 오신다'는 사실은 모든 피조물에게, 엄청난 기쁨을 가져오는 문제이기 때문이다.

그러나 성경은 심판 날로 끝나지 않는다. 정화하는 심판의 불과 하나님의 선한 목적에 반하는 악한 모든 것을 파멸시키는 것을 넘어서, 의와 평화가 거하는 새 하늘과 새 땅이 펼쳐진다. 모든 나라에서 구속받은 자신의 백성과 함께 하나님이 그곳에 거하실 것이기 때문이다.

이런 식으로 우리의 성경적 선교신학을 이야기의 끝까지 이해할 때, 성경적 신앙과 희망이 생겨난다. 그것은 세상에서 이루어지는 모든 기독교적 활동을 특징짓는 억제할 수 없는 낙관론이다. 하나님 백성의 선교는 그리스도의 명령에 의해서만 앞으로 나아가는 것이 아니라 하나님의 약속에 의해서도 앞으로 추동된다.

보라, 하나님의 장막이 사람들과 함께 있으매 하나님이 그들과 함께 계시리니 그들은 하나님의 백성이 되고 하나님은 친히 그들과 함께 계셔서 모든 눈물을 그 눈에서 닦아 주시니 다시는 사망이 없고 애통하는 것이나 곡하는 것이나 아픈 것이 다시 있지 아니하리니 처음 것들이 다 지나갔음이러라. 보좌에 앉으신 이가 이르시되 보라, 내가 만물을 새롭게 하노라 하시고. (계 21:3-5)

그러니까 이것이 성경 이야기의 좌표로, 하나님 백성의 선교를 형성하며 활기를 북돋운다. 이것이 예수님의 초기 추종자들이 알고 있던 이야기였다. 그들은 이 이야기를 신뢰했고 그 안에서 자신들이 담당할 역할이 있다는 점을 확신했기에 세상에 나가서 선교를 했던 것이다. 이것이 우리가 반드시 알아야 할 이야기, 우리가 그 일부를 이루고 있는 이야기다. 선교는 그 원대한 이야기 안에서 하나님과 함께하는 것, 하나님이 보장하신 이야기의 절정에 이를 때까지 함께하는 것이기 때문이다.

> 우리는 그 이야기를 믿음으로써 행동하게 되고 하나님의 구원 운동을 따라가게 된다. 우리는 그 이야기 안에 사는 법을 배운다. 그래서 성경의 세계 안에서 우리의 포스트모더니즘적인 삶과 세계를 새로운 시각으로 바라보게 된다. 성경을 우리의 삶에 적합하게 만들려는 노력을 중단하고, 대신에 자신을 성경에 더 적합하게 만들려고 시도한다. 고대의 본문을 우리가 사는 현대 세계에 억지로 해석해 넣으려는 어설픈 시도를 포기하고, 대신에 우리가 사는 세계를 성경의 낯선 새로운 세계에 충돌시키고 성경의 세계로 정화시켜야 한다. 그 이야기를 믿음으로써 우리는 마음이 하나님의 규범적인 이야기에 의해 계속 새로워지도록 해야 한다.…예수님은 제자들에게 하나님이 언제든 그들의 사업에 복 주실 것이라는 믿음에서 벗어나 그들이 언제든 하나님의 사업에 참여할 수 있다는 믿음을 가지라고 촉구하신다. 하나님의 사업은 모든 곳에 지점을 두고 있는 다국적 기업이다!
>
> 필립 그린슬레이드[3]

이 이야기에 비추어 교회의 선교에 대한 성경신학을 생각할 때, 우리는 매우 중요한 점들을 깨닫게 된다.

- 창조는 우리에게 우리의 기본적인 가치와 원리를 제공한다.
- 타락은 저주받은 이 땅의 현실과 인간 및 사탄의 사악한 마수 속으로 우리를 떨어뜨린다.
- 구약은 우리에게 하나님의 구속 목적의 범위를 보여 주는데, 그것은 특정한 역사와 문화적 상황 속에서 진행되었다. 또한 구약은 하나님을 기쁘시게 하는(그리고 기쁘시게 하지 않는) 실제 반응의 종류를 놀라울 정도로 상세하게(율법, 이야기, 예언자들, 지혜서와 이스라엘의 예배를 통해) 보여 준다.
- 성육신은 몸부림치며 싸우는 우리 바로 옆으로 하나님을 모셔 온다. 그리고 우리에게 그리스도를 통해 하나님의 통치를 구현하고 대행하는 대리인이 될 것을 요구한다.
- 십자가와 부활은 우리에게 참된 화해와 사랑과 소망과 평화의 능력을 경험하고 공유하게 한다. 또한 도저히 구속받을 수 없는 상황 속에서도 하나님의 속죄와 구속의 사역을 추구하게 해준다.
- 성령은 교회 안에서 인도와 힘을 공급하심으로써 우리가 일상생활과 사회 속에서 참된 변화를 기대할 수 있게 한다. 그와 함께 기독교 선교에 있어서 단순히 개인적 차원을 넘어 공동체적 차원에 시선을 고정시키게 해준다.
- 새 창조의 원대한 희망은 현재 우리가 하는 모든 일에 가치와 의미를 부여한다. 주 안에서 우리의 수고는 헛되지 않기 때문이다. 또한 그 희망은 이미 드러난 미래의 모습으로 인해 현재에 대한 우리의 반응을 형성한다.

우리에게 주어진 세계 복음화 위임령은 성경 전체에 기록되어 있다. 그 명령은 **하나님의 창조**에서 발견된다. 이 창조 때문에 모든 사람은 하나님에 대해 책임이 있다. 또 **하나님의 성품**에서도 발견된다. 사람들에게 우호적이시고 사랑과 동정이 많으시며 어느 누구도 멸망하는 것을 원하지 않으시고 모든 사람

> 이 회개에 이르기를 원하시는 그 성품 말이다. 그리고 모든 민족이 아브라함의 자손을 통해 복을 받을 것이며 메시아의 유업이 될 것이라는 **하나님의 약속**에서도 발견된다. 이 명령은 이제 우주적 찬양을 받기 위해, 우주적 권세를 가지고 높아지신 **하나님의 그리스도** 안에서, 죄를 깨닫게 하시고 그리스도를 증거하며 교회가 복음전도를 하도록 촉구하시는 **하나님의 성령** 안에서, 그리고 그리스도께서 다시 오실 때까지 복음을 전하라는 명령을 받은 다국적이며 선교적인 공동체인 **하나님의 교회** 안에서 발견된다.
>
> 존 스토트[4)]

하나님의 선교

우리가 이제까지 개관한 이야기는 또 다른 각도에서 하나님의 선교로 볼 수 있다. 그것은 타락하고 죄악된 창조세계를 새 창조의 구속받은 세계로 만들어 가시는 하나님의 주권적인 사랑 이야기다.

하나님의 선교는 창세기 3장에 기록된 땅의 저주와 요한계시록 22장에 기록된 새 창조에서 그 저주가 종식되는 것 사이에 걸쳐 있다.

하나님의 선교는 창세기 11장에 기록된 하나님에 대한 반역으로 인해 분열되고 흩어진 열방의 불협화음으로부터 요한계시록 7장에 기록된 하나님을 예배하는 일로 연합하고 모여든 열방의 합창으로 인류를 이끄는 것이다.

다시 말해, 하나님의 선교는 바울이 에베소에서 여러 해를 보내면서 그 교회에 "하나님의 뜻을 다"(행 20:27) 가르쳤노라고 말했을 때 의미했던 것이다. 그것은 광대하고 포괄적인 우주적 구원 계획이다. 그리고 비유대인 청중에게 말할 때도 바울은 구원의 전 세계적 범위를 전하려고 애를 썼다(행 17장).

> 바울의 메시지가 포괄적이라는 점이 매우 인상적이다. 바울은 창조자요 유지자요 통치자요 아버지요 심판자로서 완전한 하나님을 선포했다. 이 모든 것이 복음의 일부다. 아니면 적어도 그것은 복음의 필수불가결한 배경이다. 많은 사람이 오늘날 복음을 거부한다. 복음이 잘못된 것이라고 인식하기 때문이 아니라 하찮은 것이라고 인식하기 때문이다. 사람들은 자신이 경험하는 모든 것을 설명해 줄 수 있는 통합된 세계관을 찾고 있다. 우리는 바울에게서 하나님에 대한 교리 없이 예수님에 대한 복음을 전할 수 없으며, 창조 없이 십자가를, 또는 심판 없이 구원을, 또는 정반대로 구원 없이 심판을 전할 수 없다는 것을 배운다. 오늘날의 세계는 더 큰 복음, 성경에 기록된 온전한 복음, 바울이 나중에 에베소에서 "하나님의 경륜"[the entire plan of God (NAB): 행 20:27]이라고 부른 것을 필요로 한다.
>
> 존 스토트 (사도행전 17장 바울의 아덴 설교에 대해)[5]

「하나님의 선교」[6]에서 나는 성경 전체를 선교적 해석학의 관점에서 읽을 수 있다는 점을 주장하면서, 그렇게 할 때 어떤 일이 일어나는지 몇 가지 차원을 탐구했다. 그 책에서 나는 유일신론(야웨와 예수님의 유일성), 우상숭배, 선택, 구속, 언약, 윤리, 생태학, 종말론과 같은 광범위한 성경적 주제들의 선교학적 차원을 더욱 깊이 검토한 바 있다.

이 책은 「하나님의 선교」의 상당한 주해 및 논증에 비추어 읽는 것이 필요하다. 물론 불가피하게 중복되는 부분이 있다(결국 우리는 똑같은 성경에 대해 이야기하고 있지 않은가!). 그러나 「하나님의 선교」에서 성경을 모든 창조와 역사 가운데 이루어지는 하나님의 선교에 대한 기록과 증언으로 보면서 성경 전체의 선교적 해석학에 대한 의견을 진술한 반면에, 이 책에서는 기본적으로 (조금!) 더 제한적인 문제에 대해 대답하려 한다. "**우리**는 무엇을 위해 여기에 있는가? 하나님의 세상에 살면서 하나님의 선교에 참여하는 하나님 **백성**의 선교는 무엇인가?"

요약

이 장을 시작하면서 우리는 최초의 그리스도인들이 불굴의 선교 마인드로 무장된 이유가 무엇인지 물었다. 어떠한 희생을 치르더라도 그들이 알던 세계의 구석구석에 예수 그리스도에 대한 좋은 소식을 전파하려고 결심한 이유가 무엇인지 물었다. 그리고 그 대답은, 우리가 살펴본 것처럼 그들이 성경 줄거리의 역동적인 취지를 분명하게 이해했기 때문이라는 것이다. 그들은 그 이야기를 하나님 자신의 선교에 대한 이야기로 보았다. 그리고 그들은 그 이야기에서 자신의 역할을 보았다. 그들은 "하나님의 동역자로"(고전 3:9) 그 이야기의 마지막 위대한 막에 참여하는 것이다.

이어지는 장들에서 나는, 앞에서 언급한 이야기의 개요를 따르고자 노력했다. 그러면서 다음과 같은 질문을 할 것이다. 성경 이야기의 이러저러한 부분에 비추어 볼 때 하나님의 백성은 자신의 선교를 수행하면서 어떤 도전과 책임에 직면하는가? 그래서 나는 하나님의 백성으로서 우리의 삶의 선교적 측면들을 나타내는 본문들을 선별했다. 그 본문들 외에도 우리의 목적에 도움이 되는 다른 본문들이 많이 있다. 하지만 나는 이 본문들이 적어도 두 가지 점을 보여 주기를 희망한다. 하나는 성경 전체에서 교회의 선교에 대한 성경 신학을 끌어낼 수 있으며 끌어내야 한다는 점이다. 또 하나는 그렇게 할 때 하나님 백성의 선교가 방대하고 다양하다는 사실이 분명해진다는 점이다.

생각해 볼 질문

1. 이 장을 읽기 전에, 구약 성경은 당신이 교회의 선교를 이해하는 데 얼마나 의미가 있었는가? 이 장의 내용이 당신의 견해에 어떤 영향을 주었는가?
2. 우리는 '복음'을 일련의 명제 또는 교리의 형태로 설명하는 경향이 있다. 이 장에서 요약한 대로, 성경 전체 이야기에 비추어서 어떻게 복음을 이야기 형태로 요약할 수 있는가?
3. (목사, 리더, 선교 위원회 등을 포함해서) 교회가 "우리가 참여하고 있는 그 이야

기"를 더 잘 이해함으로써 선교에 더 열심을 내도록 만들기 위해 당신은 어떤 제안을 할 수 있는가? 이 분야에서 더 나은 가르침을 제공한다면 우리의 선교 인식과 선교 헌신에 어떤 변화가 있을 것인가?

3장

창조세계를 돌보는 백성

어떤 사람들은 창세기에서 시작하는 것은 고사하고, 기독교 선교를 구약과 연관해서 이해하는 것조차 힘들어 한다. 그러나 우리는 정말로 성경이 시작하는 곳에서 시작해야 한다. 그렇게 하지 않으면, 성경이 어떻게 끝을 맺는가 하는 매우 중요한 사실을 간과하게 될 것이기 때문이다.

성경은 창조에서 시작해서 창조로 끝난다. 성경은 "태초에 하나님이 천지를 창조하시니라"는 말씀으로 시작한다(창 1:1). 그리고 마지막 위대한 환상은 "또 내가 새 하늘과 새 땅을 보니"라는 말로 시작한다(계 21:1). 문제는 일부 그리스도인들이 성경을 창세기 3장에서 시작해서 요한계시록 20장에서 끝나는 것으로 본다는 사실이다. 그들은 타락 이야기에서 죄에 대해 모든 것을 알며, 하나님이 그리스도를 통해 죄 문제를 해결하셨으며, 대심판의 날에 자신들이 안전할 것이라는 사실을 안다. 그들에게 창조 이야기는 구원 이야기의 배경에 지나지 않는다. 그리고 그들이 보기에 성경의 대절정은 죽은 다음에 천국에 가는 것을 말할 뿐이다(그런데 사실 성경의 마지막 장들은 우리가 어디에 가는지에 대해 아무 말도 하지 않는다. 다만 하나님이 이곳에 오시기를 간절히 기대할 뿐이다).

그러나 성경에서 처음과 끝을 떼어 버리면 마찬가지로 왜곡된 선교 개념이 생겨난다. 우리는 하나님의 유일한 관심과 우리의 관심 역시 사람들을 죄와 심판에서 구원하는 것이라고 상상할 것이다. 물론 성경이 그 문제에 엄청난 관심을 기울인다는 것은 의심할 여지가 없다. 또 그것이 하나님의 이름으로 수행하는 우리 선교의 핵심이 되어야 한다는 것도 확실하다. 그러나 그것이 이야기의 전부는 아니다. 그것은 성경의 전체 이야기가 아니며, 따라서 우리 선교의 전체 이야기가 되어서도 안 된다.

> 복음, 좋은 소식이 예수님의 탄생에서 시작하지 않는다는 사실을 재발견하도록 하자. 그것은 하나님이 예수님을 통해 만드신 좋은 땅에서 시작한다. 몹시 풍요로운 창조세계는 선하신 하나님의 놀라운 선물이라는 사실을 다시 경축하도록 하자.
>
> 데이브 북리스[1]

성경의 이야기는 우주를 창조하신 하나님이 악과 죄로 황폐해지는 우주를 보시고, 모든 창조세계를 완전히 구속하고 회복하기로 결심하셨으며, 나사렛 예수의 십자가와 부활을 통해 그것을 미리 성취하셨고, 그리스도께서 돌아오실 때 새 창조세계에서 영광스럽게 완성하실 것이라는 내용을 담고 있다. 원래의 창조와 새 창조라는 두 개의 큰 기둥 사이에서 성경은 창조에 대해 매우 많은 것을 말하고 있다.

사실, 창조는 성경신학의 주요 주제 중 하나다. 따라서 그동안 창조가 성경적 선교신학에서 중요한 위치를 차지하지 **못했다는** 것은 놀라운 일이다. 또 자신들이 범사에 '성경적'이라고 주장하기 좋아하는 많은 그리스도인의 선교신학과 실천에서 창조가 하찮은 위치를 차지하고 있다는 것도 놀랍고 슬픈 일이다.

그러므로 제일 먼저 창조세계를 돌보는 선교에 대해 살펴볼 것이다. 이는 창세기 1-2장에서 하나님이 지구상에 인류를 맨 처음 창조하셨을 때 주신 사명이다. 그 다음에는 구약 성경이 창조세계에 대해 또 무엇을 말하는지 살펴볼 텐데, 이 내용이 그 과제의 중요성을 강화시켜 줄 것이다. 그 후에 신약 성경으로 넘어가서 창조세계가 그리스도와 어떤 관련이 있는지 살펴볼 것이다.

결국 선교는 그리스도를 중심으로 이루어져야 한다. 그렇지 않은 선교는 전혀 성경적이지 않다. 마지막으로, 생태학적 관심과 활동을 하나님 백성의 선교의 아주 정당한 부분으로 볼 수 있는 몇 가지 이유를 밝힐 것이다.[2]

> 인간이 된다는 것은 하나님, 다른 사람, 그리고 세상과 올바른 관계를 맺는 것이다. 죄가 이런 관계들을 손상시키고 거의 파괴시켰지만, 완전한 인간이신 그리스도 안에서 그것들은 회복된다.…이러한 세 관계는 우리가 점차 그리스도의 형상으로 성장하면서 회복된다. 그리스도는 완전한 인간, 하나님의 형상으로 완전히 충만하신 한 분이기 때문에, 그분과 같이 될수록 우리는 더욱 인간이 되어 간다.…그리스도인의 삶이란 우리를 천사와 유사한, 초영적 존재로 변형시키는 것이 아니라 실제로 우리의 인간성을 회복시켜 나가는 것이다.
> 마이클 휘트머[3]

정복하고 다스리라—섬기고 보존하라: 창세기 1-2장

태초에 우리 모두가 하나님의 형상을 따라 인간으로 창조되었다는 사실부터 살펴보기로 하자. 잊기 쉬운 사실이지만, 우리는 그리스도인이 되기 전에 인간이었다. 우리가 그리스도인이 되었다고 해서 인간이기를 그만두는 것은 아니다(물론 그리스도인이 되고 나서 이상해지는 사람들이 있기는 하다). 그리고 하나님은 우리의 기독교에 대해서만큼이나 인간성에 대해서도 책임을 물으실 것이다. 우리에게 인간으로서 해야 할 것들을 명령하신 바 있기 때문이다. 우리가 그 책임에서 면제된다고 말하는 성경 본문이나 가르침은 없다. 그와 반대로, 하나님의 백성이 된다는 것은, 그래서 이미 구속받은 새로운 인류에 속한다는 것은, 하나님이 최초로 인류에게 주신 명령을 따라 살 의무를 우리에게 확실히 강화하고 심화시킨다.

창조세계의 왕: 창세기 1:26-28

하나님이 이르시되 우리의 형상을 따라 우리의 모양대로 우리가 사람을 만들고 그들로 바다의 물고기와 하늘의 새와 가축과 온 땅과 땅에 기는 모든 것을 다스리게 하자 하시고 하나님이 자기 형상 곧 하나님의 형상대로 사람을 창조하시되 남자와 여자를 창조하시고 하나님이 그들에게 복을 주시며 하나님이 그들에게 이르시되 생육하고 번성하여 땅에 충만하라. 땅을 정복하라. 바다의 물고기와 하늘의 새와 땅에 움직이는 모든 생물을 다스리라 하시니라.

성경에서 인간에 대해 최초로 언급한 말씀은 우리에 관한 두 가지 근본적인 사실, 매우 밀접하게 함께 놓여 있어서 분명히 연결된 것으로 보아야 하는 두 가지 사실을 진술한다. (1)하나님은 우리를 그분의 형상을 따라 만드셨다(남자와 여자 모두). (2)하나님은 우리가 창조세계를 통치하길 원하셨다. 통치권을 소유하는 것이 하나님의 형상을 **구성하는** 것이 아니라, 통치권을 행사하는 것이 곧 우리에게 통치할 수 있는 능력을 주고 통치할 수 있는 자격을 부여하는 하나님의 형상을 따라 지음받은 것이다. 우리는 이 땅에서 수행해야 할 사명을 갖고 있다. 하나님이 목적을 갖고 우리를 이 땅에 두셨기 때문이다.

그래서 하나님은 인류에게 이 땅을 채울 뿐만 아니라(이는 자신들의 서식지에 살고 있는 다른 피조물에게도 주신 명령이다), **땅을 정복하고** 나머지 피조물을 **다스리라고** 명령하신다. '카바스'(정복하라)와 '라다'(다스리라)는 강한 단어로, 다른 것들에게 뜻을 강요한다는 의미를 지니고 있다. 하지만 그 두 단어는 반드시 폭력이나 남용을 의미하는 것이 아니다(기독교를 비난하는 일부 사람들은 이 두 단어 때문에 생태학적 재앙이 초래되었으며, 또 이 두 단어가 우리에게 환경을 훼손하는 자유를 주는 것으로 본다. 하지만 그런 비난은 철저히 논박되었다).

"[땅을] 정복하라"는 단어는 농사짓는 과제를 의미할 것이다. 물론 지금은 인간의 독창성과 노력의 결과로 얻는 다른 많은 생산물을 포함한다.

"다스리라"는 단어는 더 독특하다. 그것은 다른 피조물을 다스리고 지배하는 인간의 책임을 묘사한다. 이 과제는 인간 외에 다른 종에게는 주어진 적이 없다. 이 말씀으로 하나님은 창조세계 전체를 다스리시는 하나님 자신의 왕적 권위를 인간의 손에 넘겨주신다. 고대의 왕과 황제들은(그리고 현대의 독재자들은) 자신이 다스리는 영토의 멀리 떨어진 구석에 자신의 형상을 세웠다. 이와 같은 커다란 조각상은 그 영토와 그 백성에 대한 자신의 주권을 선포했다. 그 형상은 왕의 권위를 나타냈다. 마찬가지로 하나님은 창조세계 내에 하나님의 형상으로 인류를 세우시고 인간에게 권위를 행사할 수 있는 권한을 부여하신다. 그러나 그것은 최종적으로 땅의 창조자이면서 소유자가 되시는 하나님께 속하는 권위다.

그렇지만 인간이 창조세계에서 왕의 역할을 수행해야 한다면, 하나님은 어떤 왕이신가? 하나님은 창조세계에서 그분의 왕권을 어떻게 행사하시는가? 하나님의 형상으로서 인간이 창조세계에서 왕으로 처신하는 것이 무엇을 의미하는지 말하기 위해 우리는 그 답을 알아야 한다.

시편 145편은 우리가 살펴보아야 할 한 지점이다. 그것은 "왕이신 나의 하나님"께 드리는 시로서, 모든 피조물에게 그분을 찬양할 것을 요청한다. 거기에서 우리는 창조세계를 다스리시는 하나님의 통치는 지혜, 능력, 은혜, 자비, 신실함, 관대함, 공급, 보호, 정의 및 사랑의 특징을 지니고 있음을 발견한다. **하나님**이 왕으로 행동하시는 것의 의미가 그런 것이라면, 하나님의 형상으로 지어진 우리가 하나님이 우리에게 맡기신 통치권을 행사하는 방식에도 그와 같은 특징들이 나타나야 한다. 우리는 창조세계를 다스리는 사명을 받지만, 하나님의 왕권의 특징과 가치를 나타내는 방식으로 그 일을 해야 한다.

따라서 나머지 피조물을 다스리는 인간의 통치는 하나님의 왕권을 반영하는 왕권 행사가 되어야 한다. 하나님의 형상은 교만하게 남용하도록 용인해주는 허가증이 아니라 하나님의 성품을 겸손하게 반영하려고 애쓸 때 본받아야 하는 모범이다.

> [하나님의 형상을] 이렇게 이해하면 우리가 지닌 인간 지상주의가 뒤집어진다. 우리가 통치권을 지니고 있다는 점에서 하나님을 닮는다면, 그 통치권을 행사하는 방식에 있어서도 "하나님을 본받는 자"(엡 5:1)가 되어야 하기 때문이다. 진실로 '이마고 데이'(*imago Dei*, 하나님의 형상)는 우리에게 땅을 마음대로 처리할 수 있는 권한을 주는 것이 아니라 오히려 우리를 제한한다. 우리는 폭군이 아니라 왕이 되어야 한다. 폭군이 되면 우리는 우리 안에 있는 하나님의 형상을 부인하고 파괴하기까지 한다.
>
> 휴 스패너[4]

창조세계의 종: 창세기 2:15

> 여호와 하나님이 그 사람을 이끌어 에덴동산에 두어 그것을 경작하며 지키게 하시고

여기에서 우리는 인간의 사명을 묘사하는 동사를 두 개 더 발견한다. 하나님은 자신이 만드신 인간을 이끌어서 자신이 만드신 지구 안에 있는 특별한 환경, 곧 에덴동산 가운데 두셨다. 그리고 단순한 과제를 주셨는데, **그것을 경작하며 지키게** 하셨다. 이것이 두 동사의 가장 단순한 의미다.

'아바드'라는 동사는 '섬기다'라는 의미를 가지고 있는데, 섬기는 과정에서 힘들게 일한다는 뜻을 함축한다. 그래서 대부분의 번역본이 이 절을 '일하다', '갈다' 또는 '경작하다'라는 뜻으로 번역하지만, 그 단어의 핵심 의미는 여전히 '섬기다'이다. 인간은 창조세계의 종이며, 종됨은 인간이 창조세계를 다스리는 왕권을 행사하는 방식이다.

'샤마르'라는 단어는 '어떤 것을 안전하게 지키다'라는 의미인데, 보호, 돌봄, 경계함의 뜻을 함축한다. 그것은 어떤 것을(또는 어떤 사람을) 헌신적으로 보살필 가치가 있는 것으로 진지하게 대한다는 의미다(따라서 도덕적인 의미에서, 율법을 연구하고 이해하고 순종함으로써, 주의 도를 지키는 것 또는 하나님의 율법을 지키는 것을

의미할 수 있다).

이와 같이 인간은 하나님이 창조하신 환경을 섬기고 돌보도록 그 가운데 배치된다. 이는 우리가 땅을 다스리는 요점이 우리 자신의 유익을 위함이 아니라 **땅**의 유익을 위함이라는 점을 분명히 한다. 물론, 성경에는 창조세계가 인간의 필요를 어떻게 채워 주는지 말하는 부분이 많다. 이 점에 대해서도 곧 살펴볼 것이다. 그러나 우선 여기에서 시작할 필요가 있다. 하나님은 우리를 창조하셔서 나머지 피조물을 섬기고 지키면서 다스리게 하셨다. 즉, 열심히 일해서 창조세계를 돌보고 그것의 최선의 이익을 보호하도록 하셨다.

창조세계를 다스리고 섬기는 것이 이 땅에서 인간의 첫 번째 사명이다. 그리고 하나님은 그 명령을 결코 폐지하지 않으셨다.

> 신약 성경에서 예수님이 우리에게 주신 대위임령은 하나님이 성경 첫 부분에서 우리에게 주신 바로 그 최초의 대위임령과 함께 보유되어야 한다. 창세기 1장에서 하나님이 인간에게 하신 최초의 말씀은, 하나님을 대신하여 물고기와 새와 다른 살아 움직이는 피조물을 다스리고 돌보라는 것이다. 이것은 인간이 된다는 것이 무엇을 의미하는지 보여 주는 보편적인 직무기술서라고도 할 수 있다. "우리는 왜 여기에 있는가?"라는 질문에 대한 궁극적인 대답은 "하나님을 예배하고 섬기기 위하여"가 되어야 한다. 그 예배와 섬김의 첫 번째 요소로 성경이 이야기하는 것은 바로 창조세계를 돌보는 것이다.
>
> 데이브 북리스[5]

구약 왕의 주요한 책임 중 하나는 약하고 힘없는 자들의 편에서 행하는 것이었다. 시편 72편은 하나님이 왕에게 정의를 부여하셔서 고통당하는 자들과 빈핍한 자들을 옹호할 수 있게 되기를 기도한다. 구약의 정의는 맹목적인 공명정대가 아니라 개입해서 일을 바로잡는 것이다. 그래서 부당한 취급을 받은 자가 정당한 대우를 받고, 억눌린 자가 구조되고, 힘없고 연약한 자가 자기 목소리를 내게 하는 것이다.

여기에 한 왕의 어머니가 왕에게 해준 도전적인 충고가 있다.

너는 말 못하는 자와 모든 고독한 자의 송사를 위하여 입을 열지니라. 너는 입을 열어 공의로 재판하여 곤고한 자와 궁핍한 자를 신원할지니라. (잠 31:8-9)

따라서 인간이 왕으로서 나머지 피조물을 다스리는 것, 왕 되신 하나님의 형상으로 행동하는 것은 비인간 피조물에 대해 성경적인 정의를 행하는 것을 의미한다. 그리고 정의를 행하는 것은 약하고 힘없는 자들에게 특별한 관심을 갖는 것을 포함해야 한다.

"너는 말 못하는 자를 위하여 입을 열지니라." 분명 이 말은 왕이 그의 신하를 위해 해야 하는 것뿐만 아니라, 인간이 비인간 피조물을 위해 해야 하는 것을 묘사한다. 소리 내지 못하는 자를 위해 말하는 것이 생태학적 활동, 여러 종과 그 서식지를 보호하는 일, 환경보호 활동 등에 관여하는 그리스도인들의 동기에서 매우 많은 부분을 차지한다. 실제로, 동물들에게 관심을 갖는 것은 의로운 사람의 한 특징이다(잠 12:10).

그렇다면 하나님의 백성으로서 우리 선교의 첫 번째 차원은 우리가 나머지 인류와 공유하는 사명으로, 하나님이 의도하신 대로 피조물을 섬기고 돌봄으로써 피조물을 다스리는 것이다.

하나님을 위해, 우리를 위해, 영원히

여러 해 동안 영국조류보호협회는 "새들을 위해, 사람을 위해, 영원히"라는 모토를 내걸었다. 그것은 산뜻하고 기억하기 쉬웠으며, 또 언제나 나에게 매우 성경적이라는 인상을 주었다. 한 가지 "하나님을 위해"라는 구절이 빠진 것을 제외하고 말이다.

구약 성경이 창조라는 주제를 발전시켜 나가는 것과 관련하여, 우리는 적어도 세 가지 점이 크게 강조되고 있음을 알 수 있다. 그 각각은 생태학적 선교에 대한 우리의 관심에 반영되어야 한다.

창조세계의 목표는 하나님의 영광이다

창조세계는 창조주 하나님의 찬양과 영광을 위해 존재한다. 피조물인 우리 인간 역시 같은 이유로 존재한다. 웨스트민스터 신앙고백 소요리문답이 진술하는 것처럼, "인간의 최고 목적은 하나님을 영화롭게 하고 영원토록 그분을 즐거워하는 것이다." 우리의 "최고 목적", 모든 인생의 주된 목표는 하나님께 영광을 돌리는 것이며, **그렇게 함으로써** 자신을 즐거워하는 것이다. 왜냐하면 우리가 하나님을 즐거워하기 때문이다.

그러나 이와 같이 하나님께 집중하는 인생의 목적(하나님을 영화롭게 하고 즐거워하는 것)이 우리를 나머지 피조물과 **다르게** 만드는 것은 아니다. 오히려 그것은 우리가 나머지 피조물과 **공유하는** 점이다. 그것은 모든 피조물의 "최고 목적"이다. 유일한 차이는 우리 **인간**은 독특하게 **인간적인** 방법으로 우리의 창조주를 영화롭게 해야 한다는 점이다. 우리는 하나님의 형상대로 지어진 유일한 피조물이다. 따라서 우리가 하나님께 돌리는 찬양과 영광은 그런 지위를 반영한다. 그러므로 인간으로서 우리는 마음과 손과 소리를 다해, 감정은 물론이고 이성을 동원해, 언어와 예술과 음악과 공예로 하나님을 찬양한다. 하나님의 형상으로 지음받은 우리는 하나님을 반영하는 모든 것으로 하나님을 찬양한다. 우리의 찬양은 명백하게 **인간적인** 찬양이다.

그러나 나머지 모든 피조물—생물과 무생물—은 이미 하나님을 찬양한다. 정말로 성경에서 피조물은 거듭해서 하나님을 찬양하라는 요청을 받는다! 시편 148편과 시편 전체의 마지막 행을 읽어 보라. "호흡이 있는 자마다 여호와를 찬양할지어다"(시 150:6; 참고 145:10, 21; 148). 하나님의 관대함을 받아 누리는 인간뿐만 아니라 비인간 피조물에게서 나오는 감사의 반응이 있다(예를 들어, 시 104:27-28).

> 이 감사의 반응은 피조물의 근본적인 특징으로, 지구의 모든 피조물(인간과 동물, 풍경, 바다와 산, 흙, 바람, 불과 비)이 공유하고 있는 것이다. 시편 기자는 만물에 피조물의 첫 번째 도덕적 의무를 부과한다. 그것은 창조주를 예배하고 찬양하는 것이다.···히브리 관점에서 인간과 우주는 도덕적 중요성을 갖고 있으며, 양자는 창조주께 도덕적 반응을 해야 할 의무가 있다. 그것은 하나님의 영광을 반영하고 하나님께 감사와 찬양, 예배를 돌려드리는 것이다(시 150편).
>
> 마이클 노스코트[6]

당신은 이 글을 읽고 당혹해할지도 모른다. 그렇다고 해서 믿지 못할 이유는 없다. 우리는 인간이기에, 오직 우리 인간성의 실체를 '안에서부터' 알고 있는데, 그것이 **우리에게** 의미하는 바는 하나님을 찬양하라는 것이다. 우리는 동물의 '마음'을 헤아릴 수 없으며, 나무나 산의 '존재'에 대해서는 더 말할 것도 없다. 우리는 창조주 하나님의 마음을 헤아릴 수 없으며, 하나님이 비인간 피조물과 어떻게 관계를 맺으시는지 이해할 수 없다. 그러나 성경은 우리에게 하나님이 그것들과 관계를 맺으실 뿐 아니라 그 모든 것으로부터 찬양과 영광을 받으신다고 말한다. 우리는 피조물이 창조주를 **어떻게** 찬양하는지 설명할 수 없을지도 모른다. 그러나 우리가 피조물의 불분명한 찬양이 **어떻게** 드려지는지 또는 참으로 하나님이 그 찬양을 **어떻게** 받으시는지 분명히 설명할 수 없다고 해서, 피조물이 하나님을 찬양한다는 **사실**을 부인해서는 안 된다. 성경 전체에 걸쳐 그 점을 매우 분명하게 확인하고 있기 때문이다.

그러므로 창조세계를 돌볼 때, 우리는 하나님께 영광을 돌리는 위대한 목적에 동참하는 것이다. 반대로 그렇게 하지 못하거나 피조물의 파괴, 오염, 낭비에 참여할 때, 우리는 하나님께 영광을 돌릴 수 있는 피조물의 능력을 한층 더 축소하는 것이다.

인간의 삶과 창조세계는 완전하게 결속되어 있다

인간과 땅의 밀접한 관련은 처음부터 분명하다. '사람'(총칭해서)을 뜻하는 히브리어는 '아담'이다. '지면' 또는 '흙'(그리고 때때로 온 땅)을 뜻하는 단어는 '아다마'이다. 따라서 우리는 정말로 땅의 먼지로 만들어진 '땅 피조물'이며, 다른 모든 피조물 및 이 땅 자체와 동일한 기본 '재료'(입자, 단백질, DNA, 광물 등)를 공유한다. 특히 물을 공유한다. "우리는 물에 의존하지 않는다. 우리는 물이다"는 영국조류보호협회에서 발간하는 잡지 최근호에 실린 한 기사의 첫 부분에 나오는 아주 매력적인 말이었다. 그 기사는 우리가 지구의 수자원에 대해 무엇을 하든지, 그것은 자신에게 하는 일이라고 주장했다.

이 같은 인간과 땅의 완전한 관계에 대해 구약 성경은 계속해서 두 가지 방식으로 강조한다.

땅은 우리에게 제공한다

첫째, 하나님은 식량과 생존을 위해 우리에게 땅의 자원들을 주셨다. 물론 이것은 모든 동물에게도 해당되는 말이다. 그러나 창세기 1:29-30과 9:3에서는 세상에서 주변에 있는 것을 먹어도 좋다는 명백한 허락이 인간에게 내린다.

땅은 우리에게 먹을 것을 준다. 그리고 입을 것을 준다. 또 우리에게 잘 곳도 준다. 풀에 대해 잠깐 생각해 보자. 아마 풀은 지구상에서 가장 풍성한 형태의 식물로, 모든 기후대에 다양하게 존재한다. 우리는 풀을 먹는다. 매일 풀만 먹는 방목 가축에게서 고기를 얻는다. 우유와 응유의 형태로 풀을 마신다. 풀을 입는다. 짐승의 털로 옷을 만들어 입고 가죽으로 신발을 만들어 신는다. 수많은 사람이 여전히 풀을 사용해서 초가집을 짓고 해와 비를 효과적으로 피한다. 풀을 엮어서 줄, 바구니, 마루깔개를 만든다. 우리가 아침마다 시리얼 그릇에 부어 먹는 영양분 많은 여러 곡물까지 이야기하지 않더라도, 풀은 인간에게 막대한 유익과 필요한 수많은 물자를 제공한다.

그러므로 마치 환경이 우리의 동정을 필요로 하는 수동적인 대상이라도 되는 양 우리가 어떻게 "환경을 돌보아야 하는가"에 대해 이야기하는 것은 다소 교만한 일이다. **오히려 환경이 우리를 돌본다.** 시편 65:9-13이 감사하면서 기분 좋게 기억하는 것처럼, 환경은 지구상에 사는 우리에게 날마다 하나님의 관대한 은총을 조용히 나누어 준다.

땅은 우리와 함께 고통을 겪는다
하지만, 둘째로 구약 성경은 인간이 땅에서 처신하는 방법과 땅 자체의 상태 간에 강한 도덕적 관련성(좋든 나쁘든)이 있다고 주장한다. 특별히 인간의 악함은 생태학적 스트레스를 만들어 낸다. 구약 시대 사람들은 인간의 행동과 생물학적 결과 간의 근본적인 과학적 연관성을 이해하지 못했을지 모르나, 그들은 그것을 관찰하고 신학적·윤리적 결론을 끌어낼 수 있었다.

호세아서는 사회악 목록 끝에 자연 질서에 나타난 우울한 증상을 덧붙이면서 이 같은 관련성에 대해 가장 직접적인 예를 제공한다.

> 이스라엘 자손들아, 여호와의 말씀을 들으라.
>   여호와께서 이 땅 주민과 논쟁하시나니
> 이 땅에는 진실도 없고 인애도 없고
>   하나님을 아는 지식도 없고
> 오직 저주와 속임과 살인과
>   도둑질과 간음뿐이요
> 포악하여
>   피가 피를 뒤이음이라.
> 그러므로 이 땅이 슬퍼하며
>   거기 사는 자와
> 들짐승과 공중에 나는 새가 다 쇠잔할 것이요
>   바다의 고기도 없어지리라. (호 4:1-3)

신명기 28장은 이스라엘 백성의 순종 또는 불순종이 어떻게 축복 또는 저주의 결과를 가져오는지 보여 주는데, 그 결과는 자연 질서 속에 나타난다. 예레미야 4:23-26은 창조세계의 선물들을 끔찍하게 뒤집어엎는 방식으로 임하는 하나님의 심판을 묘사한다.

그러므로 요점은 우리가 땅의 자연 환경으로부터 우리 자신을 추출할 수 없다는 것이다. 우리는 땅의 일부로 창조되었으며 땅을 돌보도록 창조되었다. 우리가 땅에서 좋든 나쁘든 무엇을 하든 간에, 인간의 삶과 땅위의 다른 모든 생명은 통합되어 있기에 생태학적 영향을 끼칠 것이다. 그것이 하나님이 땅을 만들어 놓으신 방법이며, 우리는 우리 행동의 결과를 거둔다. 탐욕스러운 인간은 고통받는 땅을 가져올 것이며, 고통받는 땅은 고통 받는 인간을 초래할 것이다.

하나님의 구속은 창조세계를 포함한다

잘 알고 있는 것처럼, 여러 세대 동안 우리가 부주의한 결과로 인해 전례가 없는 심각한 환경 위기가 초래되고 있다. 나는 이 문제에 대해 상세하게 다루지는 않겠다. 환경 문제는 이미 널리 알려져 있으며 점차 불안감을 주고(또한 혼란스러워지고) 있기 때문이다. 나는 예언자가 되어 끔찍한 예측을 하고 싶지도 않다. 우리는 미래를 알 수 없다. 또한 앞으로 하나님의 은혜와 인간의 독창성으로 인해 우리를 괴롭히는 최악의 시나리오들을 피할 수 있는 방법을 찾아낼 수도 있다.

하지만 구약 성경은 인간의 독창성이 아무리 위대할지라도 우리의 미래는 그것에 의존하지 않는다고 주장한다(물론 독창성 자체는 하나님이 우리 안에 창조하신 선물의 일부다). 우리는 저주받은 땅에 살지만(창 3장에 따르면), 우리는 또한 언약을 맺은 땅에 산다(창 9장에 따르면). 우리의 생존은 궁극적으로 우리가 아니라 홍수 후에 하나님 자신이 지구상에 있는 생명의 수단을 유지시키실 것이라고 노아에게 하신 약속에 달려 있다. 그것은 단순히 인간하고만 맺은 언약이 아니라 분명히 땅에 있는 모든 생명과 맺은 언약이다. 그러므로 우리의 탐욕과 파괴로 큰 스트레스를 받고 못쓰게 된 현재의 자연 질서 안에서도 하나님의 보존 의도를 찾아볼 수 있다.

그러나 그것을 넘어, 구약은 특별히 하나님의 구속적 계획의 비전에 창조세계를 포함시킨다. 하나님은 인류 열방에 복 주기 원하신다. 하나님 자신이 그렇게 하시겠다고 아브라함에게 약속하셨다. 이는 앞으로 우리가 살펴볼 이어지는 장들에 거듭 등장하는 주제다. 그러나 그 축복은 결코 지구상의 열방들을 어떤 다른 복된 거주지로 데려갈 것이라 예상되지 않는다. 오히려 그것은 창세기 1-2장에서 창조세계의 특징을 이루던 다양한 복의 상태로 최종적으로 구속되고 회복되는 **창조세계와 함께 창조세계 내에서** 백성의 축복이 될 것이다.

창조세계는 정말로 다른 어딘가에서 살도록 의도된 인간, 어느 날 그렇게 될 인간 삶의 일회용 배경이 **아니다**. 우리는 창조세계 **바깥으로** 구속받는 것이 아니라, 구속된 창조세계 자체의 **일부로서** 구속받는 것이다. 그것은 다시 하나님의 영광을 위해, 우리의 즐거움과 유익을 위해 완전하고 영원히 존재할 창조세계다.

이스라엘의 작사가들은 하나님이 만물을 바로잡으실 날을 고대하며 많은 시간을 보낸다. 하나님이 최종적으로 지구를 심판하러 오실 텐데, 이는 부정적인 측면만 있는 것이 아니다. (물론 회개하지 않은 악한 자는 최후의 심판을 받겠지만) 하나님은 억눌린 자를 옹호하고, 온전한 관계를 회복하고, 평화와 정의를 가져오실 것이다.

그러나 이스라엘 작사가들이 사람들만 생각하는 것은 아니다. 창조세계 전체가 절정에 이른 하나님의 구속으로부터 유익을 얻을 것이며 그 구속을 기뻐할 것이다. 시편 96편은 다가오는 하나님의 통치를 선포하면서 절정에 이른다. 그리고 그 통치가 창조세계에 끼치는 영향이 명백히 드러난다. 전체 창조 질서로부터 웅대한 '기쁨의 송가'가 울려 퍼진다.

모든 나라 가운데서 이르기를 여호와께서 다스리시니
세계가 굳게 서고 흔들리지 않으리라.

> 그가 만민을 공평하게 심판하시리라 할지로다.
> 하늘은 기뻐하고 땅은 즐거워하며
> 　바다와 거기에 충만한 것이 외치고
> 밭과 그 가운데에 있는 모든 것은 즐거워할지로다.
> 　그 때 숲의 모든 나무들이 여호와 앞에서 즐거이 노래하리니
> 그가 임하시되
> 　땅을 심판하러 임하실 것임이라.
> 그가 의로 세계를 심판하시며
> 　그의 진실하심으로 백성을 심판하시리로다. (시 96：10-13; 참고. 98：7-9).

예언자들은 모두 이 같은 열심을 품고 있다. 특히 이사야가 그렇다. 이사야 11：1-9은 미래에 오실 메시아 왕의 의로운 통치를 묘사하면서 창조 질서 내의 조화와 샬롬의 모습으로 끝을 맺는다. 이사야 35장 역시 하나님이 최종적으로 자신의 백성을 구속하실 때 창조세계 내의 변혁을 예상한다. 하지만 창조세계와 관련해서 구약 미래 환상의 절정은 이사야 65-66장에서 찾아볼 수 있다. "보라, 내가 새 하늘과 새 땅을 창조하나니"(사 65：17 – 말머리는 분사로, 단순히 미래에 일어날 일을 가리키는 것이 아니라 하나님이 이미 활발하게 행하고 계신 어떤 것을 시사한다)라는 말에 이어 그냥 전부 읽어야만 하는 놀라운 부분이 나온다.

> 보라, 내가 새 하늘과 새 땅을
> 　창조하나니
> 이전 것은 기억되거나
> 　마음에 생각나지 아니할 것이라.
> 너희는 내가 창조하는 것으로 말미암아
> 　영원히 기뻐하며 즐거워할지니라.
> 보라, 내가 예루살렘을 즐거운 성으로 창조하며
> 　그 백성을 기쁨으로 삼고

내가 예루살렘을 즐거워하며
　　나의 백성을 기뻐하리니
우는 소리와 부르짖는 소리가
　　그 가운데에서 다시는 들리지 아니할 것이며

거기는 날 수가 많지 못하여 죽는 어린이와
　　수한이 차지 못한 노인이 다시는 없을 것이라.
곧 백세에 죽는 자를 젊은이라 하겠고
　　백세가 못되어 죽는 자는 저주받은 자이리라.
그들이 가옥을 건축하고 그 안에 살겠고
　　포도나무를 심고 열매를 먹을 것이며
그들이 건축한 데에 타인이 살지 아니할 것이며
　　그들이 심은 것을 타인이 먹지 아니하리니
이는 내 백성의 수한이
　　나무의 수한과 같겠고
내가 택한 자가 그 손으로 일한 것을
　　길이 누릴 것이며
그들의 수고가 헛되지 않겠고
　　그들이 생산한 것이 재난을 당하지 아니하리니
그들은 여호와의 복된 자의 자손이요
　　그들의 후손도 그들과 같을 것임이라.
그들이 부르기 전에 내가 응답하겠고
　　그들이 말을 마치기 전에 내가 들을 것이며
이리와 어린 양이 함께 먹을 것이며
　　사자가 소처럼 짚을 먹을 것이며
　　뱀은 흙을 양식으로 삼을 것이니
나의 성산에서는

해함도 없겠고 상함도 없으리라.

여호와께서 말씀하시니라. (사 65:17-25)

이 감격스러운 비전은 하나님의 새 창조세계를 슬픔과 눈물이 없고, 풍성한 삶을 누리며, 일에 대한 만족이 보장되는 곳, 좌절된 노동의 저주가 없고, 안전하고 즐거운 환경으로 기술한다. 이것은 대부분의 뉴에이지적인 꿈을 무색하게 만드는 비전이다.

자연스럽게 이 비전은, 신약이 예수 그리스도께서 성취하신 구속에서 이러한 창조세계에 대한 원대한 희망이 어떻게 완성되는 것으로 보는지 알려 준다. 그러나 그것을 살펴보기 전에, 이제까지 살펴본 것을 간단히 요약해 보기로 하자.

땅을 창조하셨을 때, 하나님은 인간을 자신의 형상을 따라 창조하시고 그에게 자연세계를 돌보며 다스리는 분명한 사명을 주셨다. 그것은 하나님 자신의 왕권을 본받아 수행하는 과제였다. 인간의 이 사명은 결코 폐지되지 않았으며, 그리스도인들 역시 다른 혹은 더 나은 일을 해야 한다는 이유로 이 사명에서 면제되지 않았다.

우리는 창조세계를 다스리고 돌보는 과제에 참여함으로써, 피조물 자신이 창조주께 영광과 찬양을 돌리는 일에 참여한다. 그것은 창조세계가 하나님의 뜻에 따라 우리의 필요를 풍부하게 공급해 준다는 사실에 대한 적절한 반응인 것이다.

그러나 그렇게 할 때도, 우리는 우리의 죄, 탐욕, 폭력의 결과로 창조세계가 끔찍하게 고통당하고 훼손당하는 것을 의식한다. 그러므로 우리는 우리를 생태학적 선교로 **밀어붙이는** 창조세계의 원리를 되돌아 볼 뿐만 아니라 창조세계의 구속을 고대해야 한다. 그래야 주님 안에서 우리의 수고가 헛되지 않다는 확신과 소망을 가지고 **앞으로 나아갈 수 있다.**

그리스도에 의해, 그리스도를 위해, 그리스도를 통해

안도의 한숨과 약간 조급한 마음을 가지고 우리는 신약 성경으로 옮겨 간다. 결국 여기서 우리는 우리의 선교를 이끌어 가는 대위임령을 주신 그리스도, 우리의 선교에 권위를 부여하고 그것을 효과적으로 만드는 유일한 이름을 지니신 그리스도를 발견하게 된다. 그리고 우리의 마음이 그리스도를 향하면, 수많은 유명한 구절들이 눈에 들어온다. "아들을 낳으리니 이름을 예수라 하라. 이는 그가 자기 백성을 그들의 죄에서 구원할 자이심이라 하니라"(마 1:21). "그리스도 예수께서 죄인을 구원하시려고 세상에 임하셨다"(딤전 1:15). 죄인들을 구원하는 것이 예수님의 선교이며 십자가의 의미였다. 그렇다면 그것은 분명 우리 선교의 한도를 결정한다. 우리의 선교가 그리스도와 그분의 십자가의 구속 사역으로부터 나온다면, 창조는 그중 어디에 들어맞는가? 고래나 나무를 구원하는 것이 아니라, 죄인들을 구원하는 것이 우리가 집중해야 할 일은 아닌가?

그러나 다시 한 번 우리는 죄인들이 그리스도의 십자가를 통해 구원받는 것은 영광스러운 사실이지만, 그것은 실제로 온전한 복음이나 십자가의 온전한 성취가 아니라는 점을 강조해야 한다. 신약 성경에 따르면 그렇다.

만물이 십자가를 통해 화해되었다

'복음의 소망'에 대해 확정적인 진술을 하는 것 같은 한 구절에서, 바울이 그리스도의 사역에 대한 원대한 비전을 자세히 설명하는 것에 귀 기울여 보라. 그것은 매우 분명하게 그리고 조심스럽게 구성되어 있다.

> 그는 보이지 아니하는 하나님의 형상이시요 모든 피조물보다 먼저 나신 이시니 만물이 그에게서 창조되되 하늘과 땅에서 보이는 것들과 보이지 않는 것들과 혹은 왕권들이나 주권들이나 통치자들이나 권세들이나 만물이 다 그로 말미암고 그를 위하여 창조되었고 또한 그가 만물보다 먼저 계시고 만물이 그 안에 함께 섰으니

라. 그는 몸인 교회의 머리시라. 그가 근본이시요 죽은 자들 가운데서 먼저 나신 이시니 이는 친히 만물의 으뜸이 되려 하심이요 아버지께서는 모든 충만으로 예수 안에 거하게 하시고 그의 십자가의 피로 화평을 이루사 만물 곧 땅에 있는 것들이나 하늘에 있는 것들이 그로 말미암아 자기와 화목하게 되기를 기뻐하심이라.

전에 악한 행실로 멀리 떠나 마음으로 원수가 되었던 너희를 이제는 그의 육체의 죽음으로 말미암아 화목하게 하사 너희를 거룩하고 흠 없고 책망할 것이 없는 자로 그 앞에 세우고자 하셨으니 만일 너희가 믿음에 거하고 터 위에 굳게 서서 너희 들은 바 복음의 소망에서 흔들리지 아니하면 그리하리라. 이 복음은 천하 만민에게 전파된 바요 나 바울은 이 복음의 일꾼이 되었노라. (골 1:15-23)

이 놀라운 본문에는 우리가 주목해야 할 것들이 여러 가지 있다.

바울은 창조세계 전체에 대해 말한다. 그는 먼저 "모든 피조물"을 말하고(15절), 그 다음에 "하늘과 땅에 있는 것들"이라는 구절을 사용한다(16절). 바울은 분명 **창조된 우주 전체**에 대해 생각하고 있다.

바울은 **그리스도와 창조세계**를 가장 포괄적인 방식으로 관련시킨다. 물론 그리스도는 창조세계가 존재하기 전에도 하나님의 아들로 계셨다(17절). 그리스도는 우주의 창조 근원이시다(16절). 그리스도는 모든 피조물의 수혜자 혹은 상속자이시다["먼저 나신 이"(15절), "그를 위하여"(16절)]. 그리스도는 존재하는 창조세계를 유지시키신다(17절).

바울은 창조세계를 **십자가의 구원하는 능력** 가운데 포함시킨다. 그리스도는 창조세계를 구속하셨다(20절). 여기에서 십자가에서 흘리신 그리스도의 피가 **죄인**뿐만 아니라 **창조세계**를 하나님과 화해시키는 수단이라는 점을 깨닫는 것이 중요하다. 20절에서 화해되는 "만물"은 16절에서 창조된 "만물"과 똑같은 보편적인 의미를 지니고 있다.

여기서 바울의 논증 순서 역시 흥미로운 사실을 드러내는데, 이는 우리가 흔히 복음을 묘사하는 방식과 상반된다. 우리는 정반대에서 시작한다. 우리는 자신의 죄 문제를 다룰 필요가 있는 개인에서 시작하는 경향이 있다. 십자가는 그 개인적 문제에 대한 해결책이다. 그리하여 당신은 구원받고 천국에 갈 수 있다. 그 사이에, 천국에 가는 도중에 당신은 교제와 동료가 필요하다. 그것이 교회가 존재하는 이유다. 따라서 당신도 교회에 참여하는 것이 좋다. 이 세상에 대해 말하자면, 우리가 천국에 이를 때까지 우리는 그 속에서 살아야 한다. 그러나 우리는 세상에 너무 집착하지 않아야 한다, "하늘에 있는" 것만이 참으로 중요하기 때문이다.

개인 → 교회 → 세상 → 천국. 이것이 우리의 궤도인데, 이 안에는 이원론이 작동하고 있다.

그러나 바울의 복음은 정반대 방향으로 움직인다. 하나님은 매우 큰 계획을 갖고 계신다. 바울은 창조세계에서 시작한다. 그리고 그 세계를 창조주요 유지자이신 그리스도와 관련시킨다. 그러고 나서 교회로 넘어가는데(18절), 교회는 새 창조의 백성이 될 것이다. 왜냐하면 첫 창조의 먼저 나신 이가 되신 것처럼 새 창조의 먼저 나신 이가 되시는 그리스도 안에 그들이 있기 때문이다. 즉, 만물이 그리스도께 속하기 때문에 교회는 그리스도께 속한다. 또한 교회는 새 창조세계에서 등장할 하나님의 구속받은 백성을 기대하면서, 이 창조 가운데서 이미 구속받은 백성으로 있기 때문에 그리스도께 속한다. 이어서 모든 피조물과 교회에 대해 말하고 나서, 바울은 십자가의 화해 사역 가운데서 그들의 총체성을 요약한다(20절). 마지막으로 바울은 우주 전체를 위한 하나님의 원대한 계획의 개요를 말하고 그 안에서 십자가의 중심성을 강조하고 나서, 다음과 같은 말을 덧붙인다. "그렇다. 너희[21절의 처음에 나오는 '너희'는 강조형이다(우리말 성경에는 '너희'가 마지막에 나온다—역주)]도 이것의 일부가 된다! [에베소서 2:11-12에서 기술하는 것처럼] 이방인, 외인이었던 너희는 이제 모든 곳에 있는 모든 사람을 위한 이 복음을 믿음으로써 화해된 자에 속할 수 있다"('천하만민에게 전파된'이라고 번역된 23절은 REB와 ESV처럼, '천하만물에게 전파된'이라고 번역하는 편이 낫다. 바울은 창조된 지구 전체를 복음 선포의 영역으로 본다).

모든 창조세계를 위한 좋은 소식

복음에 대한 바울의 비전은 창조세계만큼이나 넓다. 그것은 바울이 그리스도의 화해 사역에 창조세계 전체를 포함시켜서 십자가를 이해하기 때문이다. 이제 우리의 선교는 이 복음에 근거하며, 이 복음의 길이와 너비, 깊이를 반영해야 한다. 그리고 그리스도의 십자가가 전체 창조세계를 위한 좋은 소식이라면, 우리의 선교도 전체 창조세계에 대해 좋은 소식이어야 하고 또 그 소식을 전하는 것을 포함해야 한다.[7]

따라서 우리가 창조세계를 돌봐야 하는 것은, 창조세계가 하나님에 의해 창조되었고 그것을 돌볼 명령을 우리가 받았다는 사실에 의해서만이 아니라, 창조세계가 그리스도에 의해 구속되었고 그리스도 안에서 완전히 회복될 것이라는 궁극적 운명을 가리키는 이정표를 우리가 세워야 한다는 사실에 의해서도 동기를 부여받는다. 하나님의 구속적 선교는 창조세계를 포함한다. 우리의 선교는 사람에게뿐만 아니라 창조세계에도 좋은 소식을 전하는 대행자로서 그 구속 사역에 참여하는 것을 포함한다.

신약 성경의 다른 부분들도 이 원대한 미래의 비전에 대해 말한다. 바울은 로마서 8장에서 창조세계의 구속을 우리 몸의 구속 및 부활과 연결시킨다. 이것은 매우 중요한 구절이다.

> 피조물이 고대하는 바는 하나님의 아들들이 나타나는 것이니 피조물이 허무한 데 굴복하는 것은 자기 뜻이 아니요 오직 굴복하게 하시는 이로 말미암음이라. 그 바라는 것은 피조물도 썩어짐의 종노릇 한 데서 해방되어 하나님의 자녀들의 영광의 자유에 이르는 것이니라.
>
> 피조물이 다 이제까지 함께 탄식하며 함께 고통을 겪고 있는 것을 우리가 아느니라. 그뿐 아니라 또한 우리 곧 성령의 처음 익은 열매를 받은 우리까지도 속으로 탄식하여 양자 될 것 곧 우리 몸의 속량을 기다리느니라. (롬 8:19-23)

베드로도 현 세계 질서 안에 있는 모든 악한 것을 파괴할 하나님의 심판을 넘어 구속받은 새로운 창조세계를 고대한다.

> 우리는 그의 약속대로 의가 있는 곳인 새 하늘과 새 땅을 바라보도다. (벧후 3:13)

불과 파괴의 언어는 창조세계 전체가 **없어져 버릴** 것을 뜻하지 않는다. 오히려 그 언어는 죄악이 가득한 세상이 홍수로 "파괴된" 방식을 묘사할 때 사용된 언어와 흡사하다(벧후 3:6-7). 홍수로 파괴된 것은 지구 전체가 아니라 죄와 반역의 세계였다. 마찬가지로, 최후의 심판으로 파괴될 것은 우주가 아니라 인간의 죄와 반역 및 그것이 초래한 대대적인 손상이다. 그것은 제거하고 정화하는 큰 불이 될 것이다. 그리하여 새로운 창조세계는 죄가 없고 의로 가득한 장소가 될 것이다. 하나님 자신이 거기서 자신의 구속받은 백성 가운데 거하실 것이기 때문이다(계 21:1-4).[8]

결론적으로, 창조된 인간으로서 우리의 사명은 하나님이 창조하신 지구를 돌보는 것이다. 그리고 그 사명은 구속받은 인간인 우리에게 강화되는데, 이는 우리가 창조세계의 구속 또한 고대하기 때문이다. 이와 같이 그리스도인으로서 우리의 생태학적 활동은 창조적 차원과 구속적 차원 둘 다를 지닌다. 생태학적 활동은 성경신학이 성경의 맨 처음부터 맨 마지막까지 창조세계를 향한 하나님의 목적에 관해 우리에게 가르치는 바에 대한 선교적 반응이다.

요약

앞에서 간략하게 창조에 관한 성경신학을 개관한 것이 그리스도인들이 창조세계를 돌보는 일에 앞장서야 한다고 말할 수 있는 이유를 충분히 제공했기를 바란다. 우리는 단지 타산적이거나 이기적인 근거보다는(우리는 무슨 일이든 하는 것이 좋다. 그렇지 않으면 모두 새까맣게 타거나 물에 빠져 죽을 것이다) 우리의 신앙과 세계관에서 나온 훨씬 심오한 근거에서 창조세계를 돌본다. 그리스도인들은 현재 일반적으로 '친환경적'이라고 공인된 방식으로 살려고 노력해야 한다. 에너지 낭비를 피하고, 탄소 발자국(온실 효과를 유발하는 이산화탄소의 배출량―편집자주)을 줄이고, 그냥 버리기보다는 재활용하고, 오염을 예방하고, 불필요한 파괴로부터 환경을 보호하는 정치적·경제적 계획을 후원해야 한다.

그러나 그 이상은 없을까? 생태학적 **선교**는 어떤가? 현 시점에서 어떤 사람은 피조물 돌보기, 생태학적 영역과 관련된 과학 조사, 서식지 보존 등과 같은 특별한 선교로 하나님의 부르심과 보내심을 받는다고 말하는 식으로 삶을 위한 성경신학을 적용하는 것은 과연 정당할까? 나는 물론 정당하다고 생각한다. 15장에서는 그 적실성에 대해 검토하며 몇 가지 이유를 밝힐 것이다.

생각해 볼 질문

1. 성경 이야기가 창조에서 새 창조로 전개된다면, 당신이 속한 교회의 선교 의제와 관련해, 온전히 성경적이어야 할 그 문제와 관련해 그것은 무슨 의미가 있는가?
2. 이 장은 예수님에 대한 당신의 이해를 풍요롭게 하는 데 어떻게 기여했는가? 특히 십자가와 부활을 통한 예수님의 업적의 의의 및 범위와 관련하여 말해 보라.
3. 교회의 선교에 지구 보호가 포함된다는 사실은 환경 문제에 관한 그리스도인과 교회의 책임에 대한 당신의 인식에 어떤 영향을 끼치는가?
4. 이러한 관점의 결과로 당신의 삶에 변화를 가져와야 하는 구체적인 행위나 관리 방식이 있는가?

4장

열방에 복이 되는 백성

성경에 나오는 가장 위대한 선교사는 누구인가? 어떤 사람들은 예수님이라고 말하겠지만, 아마 대부분의 사람은 바울이라고 대답할 것이다. 바울은 분명 '열방의 사도'로, 유대인과 이방인의 차이를 넘어 복음을 전파함으로써 세계 구석구석에 복음이 퍼져 나가는 운동을 시작한 사람으로 잘 알려져 있다.

바울은 자신의 선교사적 삶과 사역을 어떻게 이해했는가? 그는 무엇을 성취하려 했는가? 무엇이 그로 하여금 모든 구타와 위험에도 불구하고 선교 사역을 포기하지 않게 만들었는가?

열방 가운데서 믿음의 순종

바울은 그가 쓴 가장 위대한 서신의 처음과 끝에 나오는 한 구절에서 우리에게 말한다. 그는 사도로서 자신의 소명이 "그[그리스도]의 이름을 위하여 모든 이방인 중에서 믿어 순종하게 하나니"(롬 1:5; 16:26에서 반복)라고 말한다.

이 포부에는 아브라함의 메아리가 강하게 울려퍼진다. 왜냐하면 바울, 야고보, 히브리서 기자 모두가 증언하는 것처럼, 아브라함은 믿음과 순종의 모델이 된 구약 성경의 탁월한 인물이기 때문이다. 그리고 "모든 열방"의 지평선은 아브라함을 통해 땅의 모든 족속이 복을 받을 것이라고 아브라함에게 하신 하나님의 약속으로까지 거슬러 올라간다.

바울은 주목할 만한 위치에 놓인 이 구절을 통해 자신의 일생에 걸친 복음 사역은 육체적으로 아브라함에게서 유래한 나라를 만드는 것이 아니라 **모든** 열방에서 아브라함을 닮은 사람들로 이루어진 공동체를 만드는 것임을 시사한다. 분명 야심찬 목표이지만, 그것은 바울이 통찰한 바대로 아브라함에게 하신 하나님의 약속에 표현된 하나님의 선교에 깊이 뿌리를 내리고 있다.

그러나 이 구절에는 더 깊은 의미가 있다. 바울은 로마서 나머지 부분에서 자세히 설명할 칭의 교리를 예시하는 좋은 **모범**이 아브라함이라는 의미로 말한 것이 아니다. 아브라함에게 주신 하나님의 약속은 다른 어떤 것을 설명해 주는 임의적인 **사례**가 아니었다. 그 약속은 그 자체로 중요한 것으로, 세상 구원이라는 하나님 자신의 의제였다. 요컨대, 아브라함에게 주신 하나님의 약속은 복음이었다. 그것은 정말로 매우 좋은 소식이다.

그것이 바로 바울이 갈라디아서에서 아브라함에게 주신 하나님의 약속을 기술하는 방법이다.

> 하나님이 이방을 믿음으로 말미암아 의로 정하실 것을 성경이 미리 알고 먼저 아브라함에게 **복음**을 전하되 모든 이방인이 너로 말미암아 복을 받으리라 하였느니라. (갈 3:8, 저자 강조)

이와 같이 하나님 자신의 입에서 나온 복음, 곧 좋은 소식이란 하나님이 열방에 복 주시기를 원하며 아브라함과 그의 후손을 통해 그렇게 하실 것이라는 소식이다.

그렇다면 우리는 누구인가? 우리는 바울이 편지를 쓰고 있는 갈라디아 사람들과 같다. 우리가 이방인 나라에 속해 있고 이스라엘의 메시아요 세상의 구세주인 예수님을 믿었다면, 우리는 아브라함의 복에 들어간 것이다. 참으로 우리는 아브라함 백성의 일부가 되었다. 바울에 따르면, 그리스도 안에 있는 것은 아브라함 안에 있는 것이다. 당신이 인종적·사회적·성적으로 어떤 정체성을 갖고 있든지 상관없다.

너희는 유대인이나 헬라인이나 종이나 자유인이나 남자나 여자나 다 그리스도 예수 안에서 하나이니라. 너희가 그리스도의 것이면 곧 아브라함의 자손이요 약속대로 유업을 이을 자니라. (갈 3:28-29)

그런데 이것은 우리의 선교에 어떤 의미가 있는가? 우리가 지금 그리스도 안에 있고 그로 인해 또한 "아브라함 안에" 있는 하나님의 백성이라면, 그것은 우리가 누구이며 무엇을 위해 여기에 있는가 하는 문제를 이해하는 데 어떤 영향을 끼치는가? 먼저 하나님이 아브라함을 선택하신 일이 하나님 자신의 구속적 축복 선교를 시행하는 데 얼마나 중요한지 알 필요가 있다. 그러고 나서 구약 성경과 신약 성경을 통해 아브라함과 관련된 언급들을 살펴보고 그것이 실제로 성경신학의 주요 주제라는 사실을 알아야 한다. 마지막으로, 이 모든 것을 우리 자신의 선교를 실천하는 데 적용할 수 있다. 우리는 어떤 방식으로 아브라함의 믿음과 순종을 본받아서 선교를 실천해 나가는 백성이 되어야 하는가? 우리가 열방에 복을 전하도록 선택받은 백성이라는 사실은 무엇을 의미하는가?[1]

우선 지난 장과의 관련성을 살펴볼 필요가 있다. 거기서 우리는 창조에서 새 창조에 이르는 원대한 성경 이야기에 대해 설명했다. 하나님의 선한 창조 세계를 망가뜨리고 아브라함에게서 시작하는 하나님의 회복 프로젝트를 초래한 것은 바로 인간의 반역이었다. 그리고 여기서부터 시작되는 이야기는 새 창조의 길로 이끄는 첫걸음이다. 우리는 성경 이야기의 매우 중요한 시점에 서 있는 것이다.

창세기 1-11장의 암울한 맥락에서 살펴본 아브라함

흔히 아브라함 언약이라고 하는, 하나님이 아브라함에게 주신 위대한 약속은 창세기 12:1-3에 나온다. 하지만 창세기 12장은 창세기 1-11장 다음에 나온다. 이는 명백하지만 매우 중요한 점이다. 하나님이 아브라함에게 주시며 시작하는 약속의 요점이 이 장들의 어두워져 가는 배경에서 볼 때에만 분명해지기 때문이다.

창조를 다룬 원대한 처음 장들 이후로 성경 이야기는 창세기 3장에서 뭔가 잘못되어 간다. 거기서 하나님이 만드신 인간이 창조주에게 반역을 시도하고, 그분의 선의를 불신하고, 그분의 권위에 불순종하며, 그분이 그들의 자유를 위해 정해 놓은 경계선을 무시한다. 이로 인해 창조세계 안에 확립된 모든 관계가 철저히 깨진다. 인간들은 죄책감에 사로잡혀 두려운 나머지 하나님을 피해 숨어 버린다. 남자와 여자는 더 이상 수치와 비난 없이는 서로 마주할 수 없다. 땅은 하나님의 저주 아래 놓이며, 더 이상 인간의 손길에 제대로 반응하지 않는다.

그 다음에 이어지는 장들에서는(4-11장) 점차 커지는 인간의 죄에 상응하여 하나님의 은혜의 표시가 거듭해서 나타난다. 뱀의 머리는 상하게 될 것이다. 아담과 하와에게는 옷이 입혀진다. 가인은 보호를 받는다. 노아와 그의 가족은 구원을 받는다. 삶은 계속된다. 그리고 피조물은 언약 아래서 보존된다. 원대한 창조 프로젝트는 여전히 앞으로 진행하고 있으나, 인간의 죄의 무게에 눌려 절뚝거린다.

홍수 직후에 하나님은 피조물에게 하신 약속을 새롭게 하시고, 인간들은 다시 하나님의 복 아래 번성하여 땅에 충만하도록 보냄받는다(창 9:1). 하지만 그 이야기는 창세기 11장에서 다시 한 번 곤경에 빠진다. 시날 땅에 정착하여 도시를 건설하고 탑을 세우기로 결정한 이유는 교만(자신들을 위해 이름을 내기 원한 점에서)과 불안함(하나님의 의도하신 대로 온 땅에 흩어지기를 원치 않은 점에서) 때문인 듯하다. 바벨 이야기는 땅에서 하나님의 뜻을 거부하면서 하늘에 이르러 하는 사람들의 모습을 보여 준다.

그 결과 무질서한 분열이 일어난다. 창세기 3-11장은 삶의 모든 차원이 하나님의 목적이 지닌 원래의 선을 떠나 비극적으로 표류하고 있음을 보여 준다. 땅은 인간의 죄 때문에 저주를 받는다. 인간은 세대가 더해 감에 따라 악의 목록을 더해 간다. 질투, 분노, 살인, 복수, 폭력, 부패, 만취, 성적 문란, 교만. 사람들은 짐승을 죽여서 먹는다. 하나님이 허락하시기는 했지만, 그것이 창조주에게 기쁨을 주는 것은 절대 아니었다. 여자들은 출산의 선물과 함께 고난과 고통도 받는다. 남자들은 땅을 정복하는 일에서 성취감을 발견하지만, 땀과 좌절 역시 따른다. 남자와 여자는 성적으로 보완하고 친밀함을 누린다. 하지만 거기에는 육욕과 지배도 따른다. 인간 마음의 모든 성향은 변함없이 악하다. 과학 기술과 문화는 진보하지만, 악기와 농기구를 만드는 기술은 폭력적인 죽음을 낳는 무기도 만들어 낸다. 나라들은 풍성한 인종적·언어적·지리적 다양성을 경험하지만, 혼란·흩어짐·분쟁 등도 함께 경험한다.

하나님의 선교는 여기에서 어디로 갈 수 있는가? 하나님은 이제 무엇을 하실 수 있는가? 그것이 무엇이든, 광대한 구속적 의제를 붙잡고 씨름해야 할 것이다. 창세기 1-11장은 우주적 질문을 제기한다. 하나님은 그 질문에 대해 우주적 대답을 해주셔야 한다. 창세기 1-11장에서 생생하게 전개된 문제들은 사람들이 죽을 때 하늘나라에 가는 길을 발견하는 것만으로는 해결되지 않을 것이다. 그 저주가 제거되고 생명나무로 이르는 길이 열리려면, 죽음 자체가 멸망해야 한다. 하나님의 사랑과 능력은 개인의 죄뿐 아니라 국가 간의 분쟁과 갈등도 다루어야 한다. 또한 인간의 필요뿐 아니라 동물이 당하는 고통과 땅에 내린 저주도 다루어야 한다.

이 모든 것을 완수하기 위해 창세기 12장에서부터 요한계시록 21-22장까지 성경 이야기의 나머지 전체가 필요할 것이다. 성경신학은 이와 같이 문제와 해결책이 담긴 포괄적인 기간을 아우른다. 그러므로 우리의 선교적 성경신학 역시 그 기간을 제대로 다루어야 한다.

하나님은 이제 무엇을 하실 수 있는가? 하나님의 다음 계획은 오직 하나님만이 생각하실 수 있는 엄청난 일이다. 하나님은 바벨 땅의 한 나이 많고 자식 없는 부부를 보시고, 그들을 우주적 구속이라는 그분의 선교 전체의 발사대로 삼기로 하신다. 이 엄청난 계획이 드러났을 때, 하늘의 천군천사조차 숨을 들이쉬며 놀랐을 것이다. 창세기 1-11장을 읽은 사람이라면 모두 아는 바와 같이, 뱀의 악함과 인간의 반항으로 말미암아 하나님의 창조는 몹시 황폐해지고 말았다. 하나님은 어떻게 아브람과 사래를 통해 이런 엄청난 결과에 대한 대답을 주실 수 있을까? 하지만 하나님의 방법은 그 결과만큼이나 광범위하다.

아브람을 부르신 것은 인간의 악함, 나라 간의 분쟁, 그분의 피조물 전체가 망가져 신음하는 것에 대한 하나님의 대답의 시작이다. 그것이 하나님의 선교와 하나님 백성의 선교의 시작이다.

아브라함과 하나님의 놀라운 소식—열방을 위한 복

여호와께서 아브람에게 이르시되, "너는 너의 고향과 친척과 아버지의 집을 떠나 내가 네게 보여 줄 땅으로 가라.

내가 너로 큰 민족을 이루고
  네게 복을 주어
네 이름을 창대하게 하리니
  너는 복이 될지라.
너를 축복하는 자에게는 내가 복을 내리고
  너를 저주하는 자에게는 내가 저주하리니
땅의 모든 족속이
  너로 말미암아 복을 얻을 것이라" 하신지라. (창 12:1-3)

이 절들의 중심 주제가 무엇인지는 쉽게 알 수 있다. **복을 주다**와 **복**이라는 단어가 금실처럼 빛난다. 그 어근이 되는 이 단어(*barak*)는 이 세 절에서 사실상 다섯 번 나타난다. 그것은 갑작스럽고 놀라운 좋은 소식이다!

홍수 직후 하나님이 노아에게 주신 말씀을 제외하면, 우리는 하나님의 복이 창조세계 전체를 휩싸던 창세기 처음 장들 이후로 복에 대해 많이 듣지 못했다. 그 이야기는 죄와 반역으로 말미암아 갑자기 심판과 저주로 기울어져 버렸다. 그러나 이제 하나님은 창조 때 말씀하신 것처럼, 다시 복을 말씀하신다. 처음에는 아브라함에게, 하지만 또 그를 통해 지상의 모든 열방에게.

바울이 이 본문을 "먼저 전한 복음"(갈 3:8)이라고 읽은 것은 조금도 놀랍지 않다. 그것은 하나님의 영광스러운 놀라운 소식이다. 이전 장들에서 일어난 모든 일에도 불구하고, 하나님은 여전히 열방에 복 주기를 원하신다. 그리고 하나님은 아브라함을 통해 그 위대한 축복 선교를 시작하실 것이다.

그러나 '복'은 무엇을 의미하는가? 그리스도인인 우리는 재빨리 영적 유형의 복을 생각하면서, 에베소서 1:3 같은 구절을 불쑥 떠올린다. "찬송하리로다, 하나님 곧 우리 주 예수 그리스도의 아버지께서 그리스도 안에서 하늘에 속한 모든 신령한 복을 우리에게 주시되." 이와 같이 우리는 영적 복만이 하나님이 아브라함에게 주신 약속에 담겨 있다고 생각하고 싶은 유혹을 받을 수 있다. 물론 우리는 그 단어들을 더 넓고 풍성한 성경적 맥락에서 살펴보아야 한다. 그렇게 할 때 성경적인 '복' 개념에 여러 가지 다채롭고 상호보완적인 구성 요소들이 있음을 발견한다.

복과 창조세계의 선함

창세기 1장에 기록된 장엄한 창조 기사에서, 하나님의 복은 세 번 선포된다. 다섯째 날에 하나님은 물고기와 새에게 복을 주셨다. 여섯째 날에는 인간에게 복을 주셨다. 그리고 일곱째 날에는 안식일에 복을 주셨다. 처음 두 복 다음에는, 번성하여 바다와 땅에 충만하라는 명령이 나온다. 세 번째 복 다음에는 안식일을 규정하는 성화와 안식의 말씀이 이어진다.

그렇다면 성경의 맨 처음에 나오는 **복**은 한편으로는 생육함, 풍성함, 충만함을 누리는 것이고, 다른 한편으로는 창조주 하나님과의 거룩하고 조화로운 관계를 바탕으로 창조세계 안에서 안식을 누리는 것이다. 복의 첫 시작은 좋다. 우리는 창세기 9장의 하나님이 노아에게 주신 복의 말씀에서 동일한 주제를 발견한다(1-3, 9-17절).

따라서 창세기 12:1-3에서 언급하는 복의 말씀에는, 이제까지의 문맥에 비추어 볼 때 적어도 번성, 퍼져 나감, 채움, 풍성함이라는 개념이 반드시 포함되어야 한다. 이는 생명을 대단히 긍정하는 말씀이다. 이것이 바로 하나님이 인류 열방에게 원하시는 것이다.

하지만 이런 식의 복이 기계적으로 임하는 것은 결코 아니다. 복은 수직적이고 수평적인 관계 속에서 이루어진다. 즉, 복은 하나님과의 관계에 달려 있다. 그리고 복은 다른 인간과의 관계 속에서 나누어야 한다.

수직적인 면에서 볼 때, 복을 받은 이들은 자신들에게 복을 주시는 하나님을 알 뿐 아니라 그 하나님과 신실한 관계 속에서 살려고 한다. 족장들은 평생 동안 그들을 동반했던 복이 하나님과의 관계 때문인 것을 알았다. 눈이 멀고 나이가 든 야곱이 요셉의 두 아들을 축복할 때, 이 점을 인정한다. 야곱은 자신의 복이 어디서 오는지 알았다.

내 조부 아브라함과 아버지 이삭이 섬기던 하나님, 나의 출생으로부터 지금까지 나를 기르신 하나님, 나를 모든 환난에서 건지신 여호와의 사자께서 이 아이들에게 복을 주시오며. (창 48:15 -16)

한편 **수평적인 면에서 볼 때**, 복의 관계적 요소는 주위 사람들에게까지 뻗어 나간다. 창세기에는 하나님의 복을 받은 사람들과의 접촉을 통해 복을 받는 사람들의 경우가 서너 번 나온다. 아브라함의 가족이 받은 복을 이어받는 이들은 자신들이 다른 이들에게 복이 되어야 한다는 하나님의 목적을 성취하는 것으로 여겨진다.

- 라반은 야곱에게 내린 하나님의 복으로 풍성해진다(30:27-30).
- 보디발은 요셉으로 인해 복을 받는다(39:5).
- 바로는 야곱으로 인해 복을 받는다(47:7, 10).

이와 같이 아브라함의 복은 자기복제를 한다. 축복받는 사람들은 자신을 넘어서 복이 되라는 부름을 받는다. 그리고 이것이 아브라함의 복을 매우 완전하게 선교적으로 만드는 한 가지 특징이다. 우리가 자신을 그리스도를 믿음으로 아브라함의 축복에 들어온 사람으로 본다면(바울이 기록한 갈라디아서에 따르면, 우리는 마땅히 그렇게 보아야 한다), "복이 되라"는 아브라함의 약속 역시 우리의 약속이 되기 때문이다.

역사 속의 복과 희망

창세기 3-11장의 어두운 그림을 12장의 축복의 약속과 연결해서 볼 때, 그 뒤에 이어질 이야기가 두 가지 현실을 다 포함할 것이라는 점을 예상할 수 있다. 예수님이 같은 밭에서 자라는 밀과 가라지 비유에서 말씀하신 것처럼, 우리는 두 시나리오가 함께 펼쳐지는 모습을 보게 되리라는 것을 안다. 한편으로 우리는 역사가 악화되어 가는 인간 죄의 무대가 되리라는 것을 안다. 그러나 다른 한편으로 우리는 이제부터 하나님의 복의 발자국을 주시하면서 하나님이 아브라함의 허리에서 나올 민족을 통해 열방에 복 주신다 하신 광대한 약속을 어떻게 지키실지 기대할 것이다. 복은 역사적으로 전개되면서, 복이 없다면 어둡고 우울했을 이야기에 소망과 믿음을 불어넣을 것이다.

또한 이것은 복이 선교적일 것임을 의미한다. 땅에 있는 모든 열방이 하나님이 아브라함을 선택하신 사건을 통해 복을 받는 것이 바로 이 약속으로 말미암기 때문이다. 하나님의 이 선택은 하나님의 선교를 진행시키며, 이 선택으로부터 하나님 백성의 선교가 나온다.

가장 근본적인 차원에서, 구약 성경에서 이스라엘이라 한 이 백성은 누구였고 그들은 무엇을 위해 존재했는가? 하나님의 복을 열방에 전하는 하나님의 선교의 도구가 되기 위해였다.

그렇다면 우리는 누구이며 무엇을 위해 여기에 있는가? 같은 답이 주어져야 한다. 그리고 결국 보게 되겠지만, 신약 성경에서 그 답이 주어진다. 또 우리는 열방에 복을 전하는 통로가 되어야 한다. 선교의 역사는 하나님의 복이 퍼져 나가는 역사, 하나님이 아브라함에게 하신 약속을 지키시는 역사다.

복, 구원, 순종

하나님은 언약 관계 안에서 아브라함에게 복을 주겠다고 약속하셨다. 그리고 아브라함은 믿음과 순종으로 반응했다. 이것은 이스라엘에게도 해당되는 패턴이었다. 복은 자동적이거나 기계적인 것이 아니었다. 복은 하나님이 구속, 공급, 보호의 은혜 가운데 이미 이스라엘에게 행하신 모든 것에서 나왔다. 또한 복은 이스라엘이 하나님의 은혜에 언약적 순종으로 반응할 때만 나왔다. **구원의 복을 계속 누리기 위해서는 언약적 순종의 반응이 필요했다.**

> 복은 창조세계가 하나님의 도우심으로 풍성한 열매를 맺고 성장하며 번성하는 방식을 말한다. 복은 매우 포괄적인 의미에서 하나님의 창조세계를 위한 하나님의 목적이다. 인생이 창조세계의 좋은 것들을 누리고 땀 흘려 좋은 열매를 맺는 곳마다 하나님은 그분의 복을 쏟아 부으신다. 하나님이 베푸신 복에 대해 하나님을 찬양하는 정도에 따라 우리는 하나님이 인간의 번영을 위해 공급하시는 좋으신 창조주임을 알게 된다. 하나님의 복은 보편적이다. 그러나 복은 창조세계에 나타난 하나님의 선하심으로, 구원에 나타난 하나님의 선하심과 구별된다고 주장하는 사람들이 이따금 있는데, 그것은 사실이 아니다.…
>
> 구원 역시 하나님의 복이다. 구원은 자신의 창조세계를 위한 하나님의 선하신 목적, 창조세계에 이미 표현된 뜻의 성취이기 때문이다. 하지만 구원은 악이 하나님의 창조세계를 망가뜨림에도 불구하고 하나님의 목적이 성취됨을 뜻한다. 아브라함의 복은 하나님의 저주라는 대적과 싸우고 그것을 물리치도록 예정되었기 때문에 창조의 복을 넘어선다.…
>
> 하나님은 궁극적으로 저주를 물리치고 복을 내리겠다고 아브라함에게 약속하신다. 아브라함의 씨, 따로 부름받은 아브라함의 후손, 곧 메시아가 "우리를 위하여 저주를 받은 바 되사…그리스도 예수 안에서 아브라함의 복이 이방인에게 미치게 할"(갈 3:13-14) 때에 그렇게 된다. 이런 관점에서 바울은 열방이 복을 받을 것이라고 한 아브라함에게 주신 하나님의 약속을 복음이라고 부

> 를 수 있는 것이다.…
>
> 　복음이란 그리스도 예수 안에서 저주가 폐기처분되었고 자신의 창조세계에 복 주시려는 하나님의 창조 목적이 그 어떤 역전 가능성도 배제한 채 굳게 세워졌음을 뜻한다.
>
> 리처드 보캄[2]

　신명기는 이스라엘에게 "생명을 선택하라", 곧 하나님의 복을 계속 받아 누리라는 강력한 호소로 절정에 이른다(그들은 이미 하나님의 구속적 은혜를 받아 그 복을 누리고 있다). 그들은 그들의 하나님과 사랑하고 신뢰하고 순종하는 관계 가운데 살 때에만 하나님의 복을 받아 누릴 수 있다(신 30장). 이것은 물론 이스라엘이 하나님의 복이나 그분의 위대한 구원 행위들을 **받을 자격**이 항상 있었다거나 항상 그럴 수 있었다는 의미는 아니었다. 구약 성경에서 복이나 구원이 순종을 통해 **얻는** 것으로 나타났다고 생각하는 것(이것은 신 28:1-14을 잘못 읽는 방법이다)은 근본적인 실수다. 그와 반대로, 복은 **본질적으로** 하나님의 구원하시는 은혜에 의해 확립된 언약 관계에 기초한다. 그 패턴은 신명기 26장에 분명히 나타난다. 하나님의 최초의 구속적 복에 대해 이스라엘은 감사하며 기뻐했다(1-11절). 이것은 순종의 반응으로 이끈다(1-14절). 그리고 그것은 상호 언약적 헌신의 틀 가운데서(16-19절), 결과적으로는 추가로 복을 받아 누릴 수 있는 상황이 된다(15절).

> 우리는 인간 번영에 대한 성경적 환상이 있다는 사실과 성경이 하나님의 복에 대한 가르침에 물질적 복지(건강과 부)를 포함한다는 사실을 단언한다. 이에 대해서는 신구약 성경 전체에 걸쳐 더 연구하고 설명할 필요가 있다. 우리는 비성경적인 이원론에 사로잡혀 물질적인 것과 영적인 것으로 양분하지 말아야 한다.

> 하지만 우리는 영적 복지를 물질적 복지의 측면에서 측정할 수 있다거나, 부는 언제나 하나님의 복의 표시라는 비성경적인 생각을 거부한다(부는 억압, 사기, 부패로도 얻을 수 있다). 또한 우리는 가난이나 질병이나 요절은 언제나 하나님의 저주의 표시라거나, 믿음의 부족, 또는 인간의 저주라는 생각도 거부한다(성경은 그것이 항상 그렇다는 점을 명백히 부인하기 때문이다).
>
> 로잔신학 실행 그룹[3]

그렇다면 순종은 복의 영역 **안에 살면서** 그 복을 누리는 방법이다. 순종은 복을 **얻거나 받을 자격을 갖추는** 방법이 결코 아니다. 이스라엘은 이미 (출애굽에서) 하나님의 구속을 받았다. 그러므로 그들은 순종으로 구원을 얻을 수는 없었다. 구원은 이미 성취되었다. 하지만 그들이 구원의 유익을 계속 누리기 위해서는 순종이 필요했다. 그렇지 않으면 그들은 불순종으로 인해 하나님의 복의 영역 밖으로, 그 땅에서 쫓겨날 것이다.

언약 관계 안에서 복의 윤리적 차원은, 성경적인 복이 번영신학에서 볼 수 있는 패러디로 전락하지 않도록 보호하는 또 한 가지 특징이다. 복은 특별 처방된 투입물—기도, 믿음, 돈—에 대한 반응으로 기계적으로 조금씩 나누어 주는, 자동 반사적 반응이 아니다. 복은 당신을 위해 쌓아놓은 천상의 기적의 금고처럼, 요구하기만 하면 언제든 받을 수 있는 것이 아니다. 번영 복음에 대해서는 15장에서 더 살펴볼 것이다.

아브라함: 하나님의 선교와 우리의 선교

하나님의 보편적 선교: 모든 열방
창세기 10장과 11장 앞 부분은 열방에 초점을 맞춘다. 창세기 10장에서 열방은 명령받은 대로 땅을 채우기 위해 세상으로 흩어진다. 창세기 11장에서도 그들은 흩어진다. 그러나 자신들의 손으로 통일을 이루려는 교만한 시도를 좌절시키는 혼돈과 분열의 상태로 흩어진다. 그러므로 창세기 12장에 선포된 하나님의 원대한 약속과 계획은, 처음에는 한 사람과 연관되어 있지만, 열방을 염두에 두고 있다고 보는 것이 자연스럽고 적합하다. 창세기 12장에 기록된 아브라함에 대한 하나님의 약속은 창세기 10장과 11장에 기록된 열방의 문제에 대한 하나님의 해결책인 것이다.

아브라함 언약의 핵심은(문자적으로 비유적으로) "땅의 모든 족속이 너로 말미암아 복을 얻을 것이라"(창 12:3)는 것이다. 동사의 정확한 주해와 관련하여 약간의 논란이 있지만,[4] 하나님의 의도의 범위("땅의 모든 족속")에 대해서는 의심의 여지가 없다. 이 단어는 "모든 친족 집단"과 "모든 열방" 등 다양한 뜻을 나타내지만, 그 의도는 분명하고 단호하다.

실제로 이 약속은 창세기에서 다섯 번이나 반복될 만큼 매우 강조된다(12:3; 18:18; 22:18; 26:4; 28:14). 그것은 보편적인 목적을 고려하고 있다. 인류 전체가 하나님의 저주를 받고 있다면, 인류 전체가 하나님의 복을 받아야 한다. 그리고 바로 그 안에 하나님의 선교의 위대한 추진력과 하나님 백성의 선교가 있다.

성경신학의 관점에서 우리는 광대한 궤적을 그릴 수 있다. 구속적 복을 필요로 하던 창세기 10장의 "종족, 언어, 나라"로부터 새 창조에서 구속받은 인류를 이루게 될 "각 나라와 족속과 백성과 방언에서 아무도 능히 셀 수 없는 큰 무리"(계 7:9)에 이르는 궤적이다.

그러므로 아브라함 언약은 성경 전체에서 이야기를 통합시키는 중요한 가닥 중 하나다. 앞서 이야기한 것처럼, 바울이 그것을 "먼저 전한 복음"이라고 부른 것은 조금도 놀라운 일이 아니다. 창세기 3-11장에 비추어 볼 때 하나님이 땅의 모든 족속에게 복 주는 일에 헌신하셨다는 것보다 더한 "복음"—더 좋은 소식—이 어디 있겠는가?

하나님의 특정한 수단: 한 나라

그처럼 보편성으로 끝나는 이 본문은 독특한 특정성의 시작이 된다. 하나님은 한 사람 아브라함에게 말씀하시며, 한 나라—그의 후손—를 통해 인류에게 복을 주겠다고 약속하신다. 창세기 12:1-3에서 우리는 하나님의 선민이 되는 구약 이스라엘의 자의식의 근원을 본다. 다시 말해, 그들은 훗날 시내 산 언약의 형태로 강화될 하나님과의 관계를 위해 자신들이 하나님께 독특하게 선택된 백성이라는 사실을 믿었다. 그러나 이처럼 하나님이 한 사람과 한 백성을 선택하시는 사건이 모든 열방을 다루시는 전 세계적 맥락에서 일어난다는 사실을 깨닫는 것은 매우 중요하다. 열방은 창세기 10장과 11장에 기록된 이야기의 주요 초점이었다.

한 나라가 선택 받지만, 모든 열방이 그 선택의 수혜자가 된다. 성경신학에서 우리는 결국 그 한 나라가 한 사람, 메시아 예수에 의해 대표될 것이며, 그분을 통해 모든 열방에 하나님의 구속적 복이 임할 것임을 안다. 그것이 바로 갈라디아서 3장에서 바울이 그리스도와 복음 전파를 통한 하나님의 선교를 아브라함에게 주신 하나님 약속의 성취로 이해한 방식이었다.

선교를 위한 선택
이것은 성경적 선택 교리 전반을 이해하는 방식에 영향을 끼친다. 선택을 구원의 교리로만 말하려는 경향이 있다. 다시 말해, 선택받은 자들은 곧 구원받는 자들이라는 것이다. 그리고 나서 하나님이 어떤 사람은 선택해서 구원하시고 다른 사람은 구원하시지 않는 것이 공정한지 수세기에 걸쳐 온갖 논쟁을 벌인다. 아주 오래되었지만 여전히 강력한 그 논쟁에 나는 끼고 싶지 않다. 다만 여기서 꼭 지적하고 싶은 것은, 정말로 하나님이 어떤 사람을 선택하시고 부르시는 선택을 행동으로 옮기시는 첫 장면에서 아브라함과 그의 가족만 구원받는 것이 아니라 그가 축복을 받음으로써 **다른 사람들에게 복을 전하는 대행자**가 되어야 한다는 사실이다.

한 사람을 선택함은 나머지를 거부함이 아니라, 궁극적으로 그들을 위한 선택인 것이다. 그것은 마치 동굴에 갇힌 탐험가들이 한 사람을 선택해서 물에 잠긴 좁은 통로로 내보내 물 밖으로 나아가 도움을 청하게 하려는 것과 같다. 선택의 요점은 한 사람만 구조를 받는 것이 아니라 나머지 사람들이 구조받을 수 있도록 도우미와 장비를 가져오는 것이다. 이 같은 경우 '선택'은 많은 사람을 위해 한 사람을 도구적으로 선택한 것이다.

마찬가지로, 하나님이 이스라엘을 선택하신 것은 모든 열방을 위한 하나님의 선교에 도구로 쓰시기 위함이다. 구원의 계산을 위한 미적분학이 아니라 **선교**의 교리로 선택을 볼 필요가 있다. 우리가 선택받는 것, 하나님의 선택받은 사람들 가운데 속한 것에 대해 말한다면, 아브라함처럼 우리는 세계 열방이 아브라함의 복을 누리게 하려는 하나님의 계획을 위해 선택받는다고 말하는 것이 옳다(하나님이 그리스도를 통해 이스라엘을 구속하신 일의 결과에 대해 바울은 갈라디아서 3:14에서 정확히 그렇게 기술한다).

선교적 교회

그것은 한 사람 아브라함과 함께 시작되었다. 하지만 그 약속은 그와 그의 씨, 곧 그의 후손에게 주어졌다. **아브라함의 후손은 누구인가**? 바울은 이 점에 대해 매우 분명하게 말한다. 예수를 메시아요 구세주로 믿는 모든 나라의 사람들이 아브라함의 씨에 포함되며 아브라함에게 주어진 약속의 상속자다. 하나님이 약속하신 대로 아브라함은 열방의 아버지가 되었다. 예수 그리스도 안에서 그분을 통해 그렇게 되었다. 요컨대 아브라함은 "우리 모두의 아버지", 그의 믿음을 공유하는 우리 모두의 아버지다(롬 4:16-17). 그렇다면 교회—믿는 유대인과 이방인을 포함한 다국적 공동체—는 아브라함 안에서 하나님의 백성이 되도록 선택받고 부름받은 백성이다.

그러나 만일 그렇다면, 그리고 그 외에 다른 식으로 신약 성경을 읽을 수 없다면, 중요한 결론이 뒤따른다. 우리가 그리스도 안에 있으면, 우리는 아브라함의 복을 공유할 뿐만 아니라 **아브라함의 복을 확산시키는 사명을 받는다**. 창세기 12:2의 마지막 구절은 종종 앞에 나오는 구절들의 결과에 대한 진술, 즉 "네가 복이 되도록 하기 위해서다"로 번역되지만, 실제로는 히브리어 명령형 "복이 되어라"가 맞다. 내가 창세기 12:1-3의 구조를 살펴본 바에 따르면,

그것은 두 가지 근본적인 명령으로 이루어져 있다. 각 명령 다음에는 세 개의 종속절 또는 주해절이 나오고, 3절 마지막 행에서 절정에 이른다.

창세기 12:1-3의 개략적인 메시지는 다음과 같다.

가라…
너는 복이 될지라.…
땅의 모든 족속이 너로 말미암아 복을 얻을 것이라.

이것은 '대위임령'이 아닌가? 보통 마태복음 28장에서 '대위임령'으로 언급되는 것을 포함해서, 사실상 하나님의 선교의 전체 취지가 근거해 있는 기초가 아닌가? 그렇다면 이것은 선교는 물론 교회를 이해하는 데도 심각한 영향을 미친다.

창세기 12장에서 세계 구속의 위대한 계획을 착수하실 때, 그분은 개인들을 갑자기 하늘로 데리고 올라가는 것으로써가 아니라 축복의 공동체를 만드는 것으로써 그 일을 하기로 결정하셨다. 한 사람과 아이를 낳지 못하는 그의 아내로 시작해서, 기적적으로 그들을 여러 세대에 걸쳐 대가족으로 만들고, 이스라엘이라 하는 한 국가로, 그리고 그리스도를 통해 모든 열방 출신의 신자들로 이루어진 다국적 공동체를 만드셨다. 이 모든 것이 하나님이 자기 자신을 위한 한 백성을 만들어 가시는 이야기를 이룬다. **그러나 또한 그것은 다른 사람들을 위한 백성을 만들어 가는 이야기이기도 하다.** "땅의 모든 족속이 너로 말미암아 복을 얻을 것이라."

다시 말해서, 창세기 12:1-3의 선교적 취지는 또한 교회론적이다. **교회의 기원은 오순절이 아니라 아브라함에게로 거슬러 올라간다.** 우리가 사도행전에서 발견하는 선교적 충동은 갑작스럽게 일어난 변화가 아니라, 성경적 신앙과 역사의 논리가 작동한 결과였다. 예수님의 명령과 성령의 인도하심을 따라 교회는 땅 끝까지 나아가 선교를 했다. 교회는 아브라함의 축복을 받은 자로서 이제 그 축복을 전달하는 수단이 되어야 했다. 그것이 이야기가 역사하는 방법이었으며, 그들은 그 이야기에 자신들이 있다는 사실을 알았다.

그러므로 '선교적 교회'라는 개념은 전혀 새로운 개념이 아니다. 그것이 존재 이유를 상실한 제도화된 교회에 대한 반작용으로 인해 최근 특정한 문화적 형태를 띠고 나타난 것일 수는 있다. 그러나 참으로 우리가 성경신학에서 아브라함 이래로 열방에 하나님의 복을 전하는 수단이 되도록 선택받고 부름 받은 백성의 공동체를 교회로 이해한다면, 선교적인 교회가 되는 것 외에 다른 무엇이 될 수 있다는 말인가? 선교는 우리의 정체성이며 우리가 지금 이곳에 존재하는 이유다.

내 친구가 최근에 말한 것처럼, "'선교적 교회'에 대한 이 모든 이야기는 '여성인 여자'에 대해 이야기하는 것처럼 들린다. 선교적이 아니라면 교회는 교회가 아니다."

성경신학에 나타난 아브라함의 메아리

이 책은 성경신학을 시도한다. 따라서 매우 많은 비중을 두고 있는 주제가 구약 성경과 신약 성경의 다양한 성경 본문들에 의해 실제로 지지를 받고 있다는 사실을 보여 줄 필요가 있다. 다시 한 번 말하지만, 다음에 나오는 여러 본문과 다른 많은 본문에 대한 충분한 해설은 나의 책 「하나님의 선교」에서 찾아볼 수 있다(특히 6, 7, 14장을 읽으라). 그러나 가장 흥미로운 사실을 보여 주는 본문 몇 개를 선별해서 우리의 요점을 분명히 하는 것이 좋겠다. 시간을 들여서 이 본문들을 읽으라. 그러면 현 시점에서 우리의 선교에 대한 성경신학을 강화하는 데 큰 도움이 될 것이다.

이스라엘의 예배와 구원 앞으로 나아오는 열방

시편은 예배 가운데 상상의 날개를 펼치면서 이스라엘의 신앙을 노래하는 시다. 그 시들은 찬미, 고백, 감사, 찬양, 항변 가운데 하나님의 임재 속으로 날아올라갈 뿐만 아니라 땅 끝까지 날아가서 세계 열방을 그들의 비전 범위 안으로 데려온다. 하나님이 이스라엘 안에서 이스라엘을 통해 행하시는 것은 무엇이나 궁극적으로 열방에 영향을 끼쳐야 한다. 이스라엘이 존재하는 우선적인 이유가 그것이기 때문이다.

다음 구절들을 주의 깊게 읽으면서, 궁극적으로 이스라엘의 하나님 야웨를 예배하기 위해 나아오는 열방 혹은 하나님을 찬양하는 노래가 불려지는 장소가 되는 세계 모든 열방을 언급하는 가운데 나타난 아브라함 약속의 메아리를 주목해 보는 것은 가치 있는 일이다. 이 시들은 열방과 관련하여 이스라엘 신앙의 보편성이 발견되는 몇몇 시편이다. 그 가운데 일부는 분명히 아브라함 언약의 메아리를 나타낸다. 하지만 직접적으로 아브라함 언약을 언급하지 않는 곳에서조차 그 시들은 깊은 근원에서 이스라엘의 경계를 넘어 확대되는 하나님의 매우 중요한 축복 선교에 대한 강력한 메시지를 끌어온다.

- 시편 22:27-28
- 시편 47:9
- 시편 67편
- 시편 72:17
- 시편 86:9
- 시편 87편
- 시편 96편
- 시편 102:15, 21-22
- 시편 117편

역사서 기자들과 시편 기자들처럼, 예언자들도 대부분의 시간을 하나님과 관련된 이스라엘에 초점을 맞춘다. 그러나 그들의 비전이 열방과 땅 끝으로 확장될 때 그 결과는 때로 굉장히 놀랍다. 그리고 아브라함의 메아리가 분명하게 드러난다. 거듭 말하지만, 시간을 내서 다음 구절들을 읽으면서 예언자들의 비전이 지닌 보편성을 음미해 보라. 이 구절들은 신약 성경의 열방 선교

신학을 만들어 내는 본문들이다.

- 이사야 19:19-25(특히 24-25절)
- 이사야 45:22-23
- 이사야 56:3-8
- 이사야 60장
- 예레미야 4:1-2
- 아모스 9:11-12
- 스가랴 2:10-11

복음서에 나타난 아브라함

마태복음은 종종 유대인들을 위한 복음서로 설명된다. 그러나 마태는 아브라함의 백성인 유대인의 존재는 모든 열방을 위한 것이라는 점을 분명히 인식하고 있다. 마태는 아브라함으로 시작해서 모든 열방으로 끝내는 방식을 통해 이 점을 보여 준다.

누가 역시 예수님의 오심을 아브라함 약속의 성취로 보고, 그 약속이 이스라엘 및 모든 열방에 대해 갖는 관련성을 언급한다. 누가는 성경이 성취되었다는 언급으로 시작하고 끝을 맺는다(눅 1:55, 73; 2:29-32; 24:46-47).

그러나 누가는 또한 네 번에 걸쳐 짧지만 중요한 사건에서 아브라함의 이름을 직접 언급한다. 세 번은 누가복음에, 한 번은 사도행전에 나온다.

- 누가복음 13:10-16, 몸이 꼬부라진 여자
- 누가복음 16:19-31, 가난한 거지 나사로
- 누가복음 19:1-10, 세리 삭개오
- 사도행전 3:1-26, 성전의 절름발이 남자

이 이야기들이 공통적으로 담고 있는 내용은 각각의 이야기에서 배척되었던—귀신의 속박, 가난과 불의, 사회적 멸시, 심한 질병 등으로 인해—누군가가 구원의 복을 받게 된다는 것이다. 등장 인물들 가운데 이방인은 한 사람도 없다(누가는 이방인들에 대해서도 할 말이 많이 있지만 말이다). 그러나 그 이야기들은 아브라함의 복을 받는 것에 수반되는 치유하고 변화시키고 회복시키시는 하나님의 능력을 나타낸다.

> 마태는 자신의 복음서 초두에서는 예수님을 아브라함의 후손으로 밝히고, 복음서 말미에서는 예수님이 제자들에게 모든 민족을 제자로 삼으라는 명령을 내리시는 것으로 편집하면서 예수님에 대한 이야기 전체를 그 사이에 끼워 놓는다. 마태가 소개하는 예수님의 계보는 누가처럼(3:38) 아담이나 다윗으로 시작하지 않고 아브라함으로 시작한다(1:1-2). 만일 다윗으로 시작했더라면 메시아 예수님을 다윗의 자손으로 묘사하기에 충분했을 것이다. 그리고 이것은 분명 마태복음의 중요한 주제다. 그러나 마태가 보기에 예수님은 유대인의 메시아이자 이방인의 메시아다. 예수님은, 하나님의 축복을 마침내 열방에 이르게 할 통로 역할을 하는 아브라함의 후손이다.
>
> 리처드 보캄[5]

바울의 복음에 나타난 아브라함

아브라함이 바울의 복음 이해에서 가장 중요한—예수 그리스도 다음으로—인물이라고 말하는 것은 과장이 아니다. 하나님이 그리스도 안에서 성취하신 것은 하나님이 아브라함에게 주신 약속, 곧 **땅의** 모든 열방이 복을 받게 될 것이라는 약속과 다름없기 때문이다. 그와 같은 보편적 희망은 수세기 동안 (바울이 표현대로) 비밀이었다. 그 내용이 결국 **무엇**인가 하는 면에서 비밀이었던 것이 아니라(그 내용은 본문 자체에 분명히 드러나 있었다), 그것이 도대체 **어떻게** 성취될 것인가 하는 면에서 비밀이었던 것이다. 바울은 그 비밀이 이제 그리스도의 복음을 통해 계시되었다고 말한다. 그리스도는 그것을 그분의 십자가와 부활 안에서 성취하셨다(엡 3:4-6).

그러므로 우리가 이 장 처음에서 본 것처럼, 바울의 개인적 선교는 아브라함적 믿음과 순종을 모든 열방 가운데 복제해 내는 것, 하나님이 본래 아브라함에게 약속하신 것을 이루어지게 하는 것이었다. 바울의 복음 신학과 선교 신학은 둘 다 아브라함적이다. 그리스도 안에서 아브라함의 약속은 이론적으로 성취되는데, 이제 구원의 문이 모든 열방의 사람들에게 열렸기 때문이다. 선교 안에서 아브라함의 약속은 교회가 좋은 소식을 선포하면서 전진해 나아가는 역사 속에 실현된다.

지금 이 구절을 상세하게 검토할 수는 없지만, 로마서 3:29에서 로마서 4장 마지막까지와 특히 갈라디아서 3장에서 바울의 논지는 (때로 사람들이 제안하는 것처럼) 단순히 이신칭의의 교리를 설명하는 실례로 아브라함을 사용하는 것이 아니라, 정확히 그 교리가 무엇을 의미하는지 설명하기 위해 아브라함을 언급한다. 하나님은 그리스도 안에서 단순히 유대인이 아니라 모든 열방이 믿음을 통한 하나님의 은혜로 하나님과 올바른 관계를 맺는 복으로 들어갈 수 있는 수단을 제공하심으로써 아브라함에 대한 그분의 약속을 지키시고 그분의 의와 진실하심을 나타내셨다.[6]

바울의 칭의 교리는 본질적으로 선교적이다. 그것은 복음의 복을 인종적 특권이나 장벽 없이 원칙적으로 모든 열방에 확대시키기 때문이며, 그 복을 실제적으로 그들에게까지 확대시킬 것을 요구하기 때문이다. 즉, 복음을 전하고 교회를 세우고 제자를 삼는 공동체로 열방 가운데서 "믿음의 순종"의 삶을 살 것을 요구하기 때문이다.

요한계시록에서 성취된 선교

성경의 절정에 해당하는 마지막 책 요한계시록을 다루지 않고 이처럼 중요한 주제에 대한 성경적 검토를 끝낼 수 있겠는가? 요한계시록에서 아브라함의 메아리는 참으로 크고 분명하게 울려 퍼진다.

요한계시록 5:9-10

예수님이 하나님의 오른손에 있는 두루마리의 인을 떼시기에 합당한 이유는 무엇인가? 그분이 "죽임을 당한 어린양"이기 때문이다. 역사의 목적과 역사의 최종적 목적지를 나타내는 열쇠를 갖고 계신 분은 십자가에 달려 죽으신 그리스도다. 그러므로 장로들이 "누가 일곱 인을 친 두루마리를 펼 수 있는가" 하는 질문에 대한 답을 노래할 때, 그들은 십자가를 구속적이고 보편적이고 승리한 것으로 경축한다. 우리는 "각 족속과 방언과 백성과 나라 가운데서 사람들을 피로 사서"라는 보편적인 구절의 말씀이 하나님이 아브라함을 불러 복을 주고 구원하려고 하셨던 세계 열방이 등장하는 창세기 10장의 상황에 대한 암시임을 금방 알 수 있다.

요한계시록 7:9-10

동일한 언어가 다시 여기에 나타난다. "각 나라와 족속과 백성과 방언에서 아무도 능히 셀 수 없는 큰 무리가 나와" 하나님의 구원을 찬양하는 위대한 노래를 부른다.

요한계시록 22:2

새 창조세계의 생명수 강가에 있는 생명나무의 치유하는 권능의 유익을 얻는 자는 누구인가? **열방이다.** 그들은 이미 그들의 명예, 영광, 존귀를 하나님의 성에 가져오는 것으로 기술되었다. 그들은 구속받고 모든 죄와 악이 제거된 채 그리 될 것이다(계 21:24-27). 그러나 우리가 성경에서 발견하는 열방의 최종적 모습은 **치유다.** "7 나무 잎사귀들은 만국을 치료하기 위하여 있더라." 창세기 3-11장 이래로 근본적으로 병들었던 열방은 마침내 세계가 기다리던 전 세계적 치유를 경험할 것이다. 아브라함의 축복은 모든 열방을 만물의 구속자, 구주, 치유자이신 그리스도의 샬롬으로 인도할 것이다.

그리고 구속받은 인류가 모든 천사와 창조세계 안에 있는 모든 피조물과 더불어 그 위대한 업적을 경축할 때, 나는 하나님이 아브라함을 바라보며 이렇게 말씀하시는 모습을 상상해 본다. "너 거기 있구나. 나는 약속을 지켰다. 내가 '모든 열방'이라고 말했지. 이게 모든 열방이다. 선교는 완수되었다."

우리의 선교 모델인 아브라함

당신이 아브라함에 대한 하나님의 약속의 놀라운 성경적 파노라마와, 또 그것이 하나님의 열방 선교에 대한 성경신학을 어떻게 만들어 내는지 보면서 많은 감동을 받았기를 희망한다. 그러나 우리는 이 책에서 하나님의 선교뿐만 아니라 하나님 백성의 선교에 대해서도 생각하고 있다. 그러므로 아브라함이 우리의 선교 개념 및 실천과 어떤 관련이 있는지 물어보아야 한다.

만일 우리가 아브라함의 복이라는 특권뿐만 아니라 또한 열방에 대해 복이 되어야 하는 책임도 물려받는다면, 우리는 무엇을 해야 하는가? 틀림없이 우리는 아브라함이 하나님의 약속과 명령에 반응했던 것처럼 반응해야 한다. 아브라함에게 그것은 떠나감을, 믿고 순종함을 의미했다.

떠나감

하나님이 아브라함에게 처음 하신 말씀은 "일어나 가라. 네 고향을 떠나라"였다. 이는 특정 장소를 떠나 다른 곳으로 가라는 분명한 명령이다. 아브라함은 하나님이 **모든** 땅과 백성에게 복 주실 수 있도록 하기 위해, **자신의** 땅과 백성을 떠나야 했다. 아브라함이 떠나야 열방이 복을 받을 수 있었다.

바벨 이야기는 자신의 복의 수단을 찾아내려는 인류의 희망과 시도에 종지부를 찍었다. 복은 그 세계 안에서는 나오지 않을 것이다. 아브라함이 온 세상에 복의 매개자가 되려면, 그는 먼저 바빌론 땅을 떠나야 한다. 창세기 3-11장에서 문제의 절정으로 그려지는 바벨은 문제에 대한 해결책이 될 수 없다.

이와 같이 위대한 메소포타미아 제국들조차도 상대화되고 무시당하고 만다. 가장 위대한 인간의 문명조차도 가장 깊은 인간의 문제를 해결할 수 없다. 열방에게 복 주시려는 하나님의 선교는 철저히 새롭게 출발해야 한다. 그저 기존 이야기에서 점진적으로 발전하는 것이 아니라, 지금까지의 이야기에서 철저히 떠날 것을 요구한다. 그래서 아브라함은 일어나 떠나라는 명령을 받는다.

하나님의 선교는 떠나갈 것을 요구했다. 물론 지금도 여전히 그렇다.

이제 한 관점에서 우리는 이것이 이른바 대위임령의 첫 부분과 무척 유사한 것을 볼 수 있다. "가서 모든 민족을 제자로 삼으라"(마 28:19). 하지만 그 첫 단어가 명령이 아니라 분사라는 사실을 지적할 필요가 있다. "너희는 가서." 그럼에도 불구하고, 열방을 제자로 삼으려면 제자들이 그들에게 가야만 했다는 점은 명백하다. 그러므로 우리는 결국 땅 끝까지 "가서" 선교하는 운동을 폭발시킬 원동력에 대한 기대가 하나님이 아브라함에게 하신 첫 번째 명령 속에 담겨 있었음을 분명히 감지할 수 있다. 그리고 이렇게 연관 짓는 것은 적절한 일일 것이다.

그러나 또 다른 관점에서, 그와 같은 "떠나감"이 반드시 지리적으로 한 장소에서 다른 장소로 이동하는 것을 의미할 필요는 없다. 세상 **안에서** 하나님의 선교에 헌신한 그리스도인들은 세상**으로부터** 확실히 떠나는 것으로 시작해야 한다. 여전히 바벨과 소돔 땅에서 살고 있기 때문이다. 우리는 세상의 우상숭배적 본질과 그것의 모든 주장과 이데올로기를 인식할 필요가 있다. 이는 우리가 '내세적'이 되어야 한다는 뜻이 아니다. 13장에서 보겠지만, 우리의 선교가 하나님이 우리를 두신 장소의 공적 무대 가운데서 일어나야 하기 때문이다. 그럼에도, 육체적인 면에서는 아닐지라도, 영적·정신적 태도의 떠나감이 있다. 그 떠나감에는 자신의 찬탈 이야기를 말하는 세상의 세계관을 버리고, 우리가 속해 있는 이야기, 곧 하나님의 선교라는 성경적 이야기를 믿음과 소망으로 택할 것이 포함된다. 이는 자연스럽게 다음 요점으로 이끈다.

믿음과 순종

우리는 "모든 민족이 믿어 순종하게" 하려는 바울의 포부로 이 장을 시작했다. 그리고 그것은 구약 성경과 신약 성경에서 공히 아브라함에 대해 무엇보다 강조하는 내용이다. 그의 "믿음과 순종" 말이다.

아브라함과의 언약이 무조건적인지 조건적인지에 대해 성경신학자들 사이에 오랫동안 논쟁이 있었다. 그러나 그런 공방이 정말로 단순한 생각인 것은, 각각 다른 점에서 그 언약은 양쪽 모두에 해당하기 때문이다. 한편으로, 그 언약은 **무조건적**이었다. 그것은 아브라함이 성취한 **이전의** 어떤 조건에 의존하지 않기 때문이다. 하나님은 자신이 아브라함을 선택하신 사실과 그를 통해 열방에 복 주시려는 놀라운 의도를 선포하신다. 아브라함은 하나님이 하신 그 행동을 받을 만하거나 야기할 만한 어떤 일도 하지 않았다.

> 아브라함의 순종을 조건으로 해서 신적 약속이 이루어진 것이 아니라, 아브라함의 순종이 신적 약속에 통합되었다는 것이다. 이제부터 이스라엘은 야웨뿐 아니라 아브라함 덕분에 존재한다. 신학적으로 이것은 인간의 순종이 지닌 가치에 대한 심오한 이해를 보여 준다. 순종은 인류에게 복 주시려는 하나님의 목적에 동기를 부여하는 요소가 될 수 있다.
>
> 월터 모벌리[7]

하지만 다른 한편으로, 하나님이 말씀하신 첫 단어들은 **한 가지 조건**을 함축하고 있다. 모든 것이 첫 명령에(문자 그대로) 달려 있다. "일어나 내가 너에게 보여 줄 땅으로 가라." 하나님이 계속해서 약속하신 모든 것이 이 명령에 달려 있다. 떠나지 않으면 복도 없다. 단도직입적으로 말해서, 아브라함이 일어나 가나안을 향해 떠나지 않았다면, 그가 하나님을 신뢰하고 순종하지 않았다면, 이야기는 거기에서 끝났을 것이다. 성경은 실로 얇은 책이 되었을 것이다.

그러나 아브라함의 믿음과 순종은 이어지는 장들에서 여러 차례 반복적으로 시험을 받는다. 가장 어려운 시험이 창세기 22장에 나오는데, 이는 참으로 아브라함 이야기 전체의 절정이다. 하나님은 아브라함에게 아들 이삭을 제물로 바치라고 명령하셨다. 그러고는 아브라함이 기꺼이 아들을 제물로 바치고 그 뒷일에 대해 하나님을 신뢰하자, 하나님은 자신의 약속을 엄숙히 확인하시면서 자신의 존재를 걸고 굳게 맹세하셨다.

여호와께서 이르시기를 내가 나를 가리켜 맹세하노니
네가 이같이 행하여
    네 아들 네 독자도 아끼지 아니하였은즉
내가 네게 큰 복을 주고
네 씨가 크게 번성하여
    하늘의 별과 같고 바닷가의 모래와 같게 하리니
네 씨가 그 대적의 성문을 차지하리라.
    또 네 씨로 말미암아 천하 만민이 복을 받으리니
이는 네가 나의 말을 준행하였음이니라. (창 22:16-18; 저자 강조)

이 놀라운 본문은 한편으로 열방을 향한 하나님의 약속의 의도와 다른 한편으로 아브라함의 믿음과 순종을 명쾌하게 한데 결속시킨다. 이 둘은 완전히 하나로 결속되어 있다. 하나님의 이 말씀의 첫 부분과 끝 부분은, 아브라함의 순종이야말로 하나님이 열방에 복 주겠다고 하신 약속을 이제 지키겠다고 굳게 맹세하시는 이유라고 명확히 밝힌다.

이 말이 어떤 식으로든 아브라함이 하나님의 언약적 약속들을 **공로로 얻었음을** 의미하지 않는다는 것은 두말할 필요가 없다. 여기서 우리는 "행위로 말미암은 의"에 빠져드는 것이 아니다. 방금 말한 것처럼, 아브라함은 하나님의 약속을 **믿을 만한** 일을 한 것이 없다. 그 약속은, 이를테면 '청천벽력같이' 온 것이었다. 그러나 아브라함이 보인 믿음과 순종의 반응은 하나님을 감동시켜 그를 의롭게 여기시도록 할 뿐 아니라(창 15:6), 하나님의 약속이 보편적 지평으로 퍼져 나가도록 한다.

신약 성경에서 우리는 바울과 야고보, 그리고 히브리서 기자가 서로 힘을 모아 하나님에 대한 아브라함의 반응의 양쪽 기둥을 붙잡고 있음을 발견한다.

- 바울은 불가능해 보이는 **하나님의 약속들을 신뢰한** 아브라함의 믿음에 초점을 맞춘다. 그 믿음으로 인해 그는 의롭다 여기심을 받았다(롬 4장; 갈 3:6-29).
- 야고보는 **하나님의 명령에 순종한** 아브라함의 믿음에 초점을 맞추며, 그래서 실제로 그 믿음의 진정성을 보여 준다(약 2:20-24).
- 히브리서는 실제로 두 차원을 포착하고 있다(물론 바울과 야고보도 공히 동의했을 것이다). 히브리서는 아브라함의 믿음을 재삼재사 강조하면서, 아브라함이 처음에 고향을 떠난 것에서부터 아들을 제물로 바치기까지 순종한 행위를 통해 그의 믿음을 입증했다는 점을 계속해서 보여 준다(히 11:8-19).

이 본문들을 선교학적으로 해석하는 데 관심 있는 우리에게 중요한 점은, 열방에 복 주시려는 하나님의 의도가 인간의 순종(우리가 그 복의 대행자가 될 수 있도록 해주는)과 어떻게 결합되는가 하는 점이다.

아브라함 언약이 말해 주는 **영광스러운 복음**은 하나님의 선교가 궁극적으로 모든 열방에 복 주시기 위함이라는 점이다. 아브라함 언약의 **지속적인 도전**은 하나님이 "너와 네 자손으로 말미암아" 그 일을 하도록 계획하셨다는 점이다. 그러므로 아브라함의 믿음과 순종은 그저 **개인적** 경건과 윤리의 본보기인 것이 아니다. 믿음과 순종은 "복이 되라"는 명령이 뜻하는 모든 것에 실제로 참여하기 위해 반드시 갖추어야 하는 자격 증명서인 것이다.

믿음과 순종이 없이는 자신이나 다른 사람들을 위한 복은 없다. 하나님이 열방을 위한 그분의 구속적 선교에 참여하도록 부르시는 이들은, 아브라함처럼 구원하는 믿음을 발휘하면서 **동시에** 아브라함처럼 희생적인 순종을 보여 주는 사람들이다.

따라서 **하나님이 아브라함에게 하신 약속**은 하나님 자신의 선교를 위한 궁극적 의제(열방에 복 주시는 것)가 되며, **아브라함이 하나님의 약속에 반응한 것**은 우리의 선교를 위한 역사적 모델(믿음과 순종)이 된다.

요약

'인생 최대의 물음'(이 책 1부의 제목)에서 우리는 교회에 대한 근본적인 질문을 던졌다. "우리는 누구이며, 무엇을 위해 여기에 있는가?" 교회의 선교를 위한 건전한 성경신학을 개발하려면, 이 질문에 대한 올바른 대답을 갖는 것이 매우 중요하다. 우리는 사도행전으로 시작하는 대신에 아브라함으로까지 거슬러 올라갔다. 왜냐하면 그 지점은 하나님이 원대한 구속적·회복적 계획(창 3-11장에 묘사된 암울한 상황에 대한 하나님의 응답)을 시작하시는 곳이기 때문이다.

인간의 죄와 반역으로 말미암아 하나님의 저주가 작동하는 세상에서, 하나님은 복을 가져오는 프로그램을 시작하신다. 또한 우리는 성경적 용어인 '복'이라는 단어에 얼마나 풍성하고 포괄적인 내용이 담겨 있는지 살펴보았다. 그러나 하나님의 복은 아브라함과 그의 가족만을 위한 것이 아니었다. 아브라함은 그 복이 보편적으로 모든 열방에 도달하는 통로가 될 특정한 나라의 아버지가 될 것이다. 우리가 그리스도 안에 있다면, 우리가 어떤 나라 출신이든 상관없이 아브라함 가족의 일원인 것이다.

그러나 우리가 그리스도 안에서 아브라함의 복을 물려받는다면 아브라함의 사명 또한 물려받는다. 가서 복이 되고, 하나님의 복을 다른 이들에게 전하는 수단이 되는 것이다. 근본적인 면에서, 바로 여기 창세기에서 시작하건대, "우리는 누구인가" 하면 바로 아브라함의 자손이다. 그리고 "우리는 무엇을 위해 여기에 있는가" 하면 땅의 모든 열방의 사람들을 하나님의 구속적 복의 영역으로 그리스도를 통해 데려오는 하나님의 약속된 선교에 참여하기 위해서다.

하지만 '앞으로 살펴볼 질문들'에서 우리는 또한 '우리는 어떤 백성이 되어야 하는가'를 물었다. 아브라함은 하나님을 신뢰할 뿐만 아니라 그분께 순종하도록 부름받았다. 축복의 백성이 되는 것에는 윤리적 차원이 있는데 그 또한 위대한 아브라함적 전통에서 유래한다. 이어지는 장들에서 더 탐구해야 하는 것이 바로 하나님 백성의 선교의 이 차원이다. 다음 장에서 우리는 하나님이 아브라함을 선택하고 부르셨을 때도 윤리가 하나님의 마음에 있었다는 점을 살펴볼 것이다.

생각해 볼 질문

1. '복'이라는 단어를 들을 때 보통 어떤 생각이 떠오르는가? 이 장의 내용에 비추어 볼 때 당신의 생각은 어떻게 변화되었는가?
2. '복이 되는 것'은 '하나님 백성의 선교'를 묘사하기에 적절해 보이지 않을 수 있지만(참으로 그 자체로는 적절하지 않다!), 우리의 선교 가운데 그 같은 아브라함적 용어를 사용함으로써 도전받거나 개선될 수 있는 면은 어떤 것이 있는가?
3. 아브라함은 "떠나가라"는 명령을 받았다. 당신이 당신의 나라를 떠나 해외 선교사로 가라는 부름을 받는 여부와 관계 없이 "믿음과 순종"으로 아브라함을 따라야 한다면, 현재 당신이 처한 문화적·사회적 상황 가운데 어떤 요소를 "떠날" 필요가 있는가?
4. 교회의 선교에 순종할 것을 요구해야 한다는 생각은 율법주의처럼 들리는가? 이처럼 비성경적 생각을 성경적으로 어떻게 논박할 수 있는가?

5장

하나님의 도를 행하는 백성

하나님의 약속을 상기시키는 말씀

내가 그로 그 자식과 권속에게 명하여 야웨의 도를 지켜 의와 정의를 **행하게 하려는 목적으로** 그를 알았나니[택했나니] 이는 나 야웨가 아브라함에게 대하여 말한[약속한] 일을 **이루게 하려는 목적이니라**. (창 18:19, 저자 사역)

"땅의 모든 족속[열방]이 너로 말미암아 복을 얻을 것이라[스스로를 축복할 것이라]"(창 12:3). 이것은 하나님이 아브라함에게 주신 약속의 원대하고 광범위한 영역이다. 4장에서 살펴본 것처럼, 하나님 백성의 선교가 무엇인지 물을 때 성경이 첫 번째로 말해 주는 것은, 하나님의 백성이 아직 사라의 자궁에 잉태되지도 않았을 때, 그들이 열방에 복을 전하는 백성이 될 것이라는 사실이다. 바울은 이것이 참으로 좋은 소식, 복음이라고 말한다(갈 3:8). 열방에 복을 전하는 것이 선포된 하나님의 선교이며, 이것이 바로 하나님이 이 백성을 창조하신 이유다. 열방이라는 역사적 세계 속에서 하나님의 그 선교를 수행하는 도구가 되게 하는 것 말이다. 하나님의 구원 사역의 역사는 아브라함의 부르심과 그의 후손을 통해 **복이 땅의 모든 열방에 임할 것**이라는 약속으로 시작했다. 그러나 어떻게 그런 일이 일어날 것인가?

물론 그것은 성경에서 하나님이 그분의 백성에게 부과하시는 책임의 여러 차원을 탐구하면서 다양한 방식으로 대답할 문제다. 그러나 여기 이 한 절에서 하나님은, 유쾌한 인간적 언어로 그분이 맨 처음에 아브라함을 선택하셨을 때 생각하셨던 것을 스스로에게 상기시키신다.

창세기 18:19은 주목할 만한 본문이다. 하나님의 아브라함 **선택**, 아브라함 공동체에 대한 하나님의 **도덕적 요구**, 아브라함에 대한 하나님의 **약속**(바로 앞의 18절은 다시 한 번 "천하 만민은 그로 말미암아 복을 받게 될 것이라"고 그 약속을 간결히 설명했다)이 한 문장에 묶여 있기 때문이다. **선택**, **윤리**, **선교** 모두가 한 구절에 나온다. 그야말로 삶을 위한 성경신학이다! 이 장에서 우리는 이 세 가지 위대한 성경적 주제가 불가분의 관계에 있다는 점을 살펴볼 것이다. 그 세 주제는 서로 완전하게 엮여 있다.

아브라함은 장차 어떻게 열방에 복이 될 것인가? 가장 먼저, 4장 마지막 부분에서 본 것처럼, 하나님만을 신뢰하고 그분께 순종함으로써 그렇게 될 것이다. 따라서 우리가 아브라함을 하나님 백성의 아버지요 하나님 백성의 선교의 화신으로 여긴다면, 그는 우리에게 우리의 선교가 하나님에 대한 칭의의 믿음과 하나님에 대한 실제적인 순종으로 시작해야 함을 상기시킨다. 이것은 중요한 교훈이지만 아브라함의 선교적 의미의 출발점에 불과하다.

> [아브라함에게 하나님의 계획을 말씀하실 때 언급된] 하나님의 목적 범위를 주의 깊게 살펴보아야 한다. 아브라함에게 알려진 하나님의 뜻은 아브라함의 모든 후손과 엮여 있다. 분명히 하나님은 우리에게 알려 주신 그분에 대한 지식이 우리 세대에서 끝나기를 원치 않으신다. 하나님은 우리에게 다음 세대를 향한 증인이 될 것을 요구하신다. 그래서 결국 다음 세대가 우리에게 받은 것을 그들의 후손에게 전달할 수 있도록 말이다.…이런 식으로 우리는 하나님의 진리를 전파해야 한다. 진리는 우리의 사적 즐거움을 위해 주어진 것이 아니다. 우리는 우리의 소명과 신앙에 따라 서로 격려해야 한다.
>
> 장 칼뱅[1]

아브라함은 단 한 번의 인생을 살았을 뿐이다. 그렇다면 그의 모범을 보여 주는 이야기 외에 달리 어떻게 그의 믿음과 순종이 **열방에 복을 전하는**(즉 선교적 영향을 끼치는) 수단이 될 수 있는가? 창세기 18:19은 그 대답을 준다. 아브라함의 개인적 모범의 영향력은 직접적인 가르침과 도덕적 형성에 의해 강화되고 증대되어야 했다. 아브라함의 가족과 그를 따르는 아브라함의 온 집안— 하나님의 백성이 될 아브라함의 후손 공동체 전체—은 의와 정의를 행함으로써 야웨의 도 행하는 것을 배워야 했다.

성경신학의 입장에서 이미 '아브라함의 공동체'는 구약 이스라엘과 함께 그리스도 안에 있는 모든 자, 곧 유대인과 이방인 신자들을 포함한다는 점을 지적한 바 있다(롬 4장; 갈 3장). 그러므로 창세기 18:19의 윤리적 구간은 정말 길며, 우리에게까지 확장된다. 그리스도 안에 있으면, 우리는 아브라함 안에 있는 것이며 하나님이 아브라함에게 하신 약속과 그에게 부과하신 책임을 상속할 자이기 때문이다. 아브라함의 복을 물려받는다면 그의 사명도 함께 물려받는 것이다.

그렇다면 하나님 백성의 선교는 무엇인가? 이 본문에 따르면, 하나님의 도라는 윤리적 기준에 따라 사는 공동체가 되어 하나님이 아브라함에게 하신 약속을 성취하시고 열방에 복을 가져다주실 수 있도록 하는 것이다. 우리의 윤리와 하나님의 선교는 완전하게 묶여 있다. 이것이 하나님이 먼저 우리를 선택하신 이유다.

하지만 이 말이 실제로 의미하는 바를 더 깊이 살펴보기에 앞서 본문의 문맥에 주목할 필요가 있다. 하나님이 자기 자신과 대화하시는 장면이 여기에 나오는데, 이는 하나님이 소돔과 고모라를 심판하시는 이야기, 곧 창세기 18장과 19장을 구성하는 이야기 중간에 나온다.

여기서 하나님의 보편적인 축복의 약속은 하나님의 역사적 **심판**을 다루는 한 가지 유명한 이야기에 실제로 자리하고 있다. 이 문맥이 중요하다. 그것은 하나님의 선교는 이와 같이 타락한 세상에서 이루어지며, 가장 영광스러운 축복의 약속은 가장 끔찍한 심판의 말씀과 행동 바로 옆에 있고, 하나님의 백

성은 소돔과 같은 세상에서 아브라함처럼 살도록 부름받는다는 점을 상기시킨다.[2]

소돔: 우리가 사는 세상의 모델

열방의 불순종

소돔은 타락한 세상의 방식을 나타낸다. 그것은 인간 사악함의 원형일 뿐만 아니라 악을 행하는 자들에게 궁극적으로 임하는 하나님의 심판을 묘사하는 성경의 유명한 원형이다. 소돔에서 우리는 다시 바벨탑과 같은 이야기를 만난다. 창세기 3장의 전철을 따라 악을 행할 수 있는 인간 사회의 끔직한 능력을 보여 주는 이야기들 말이다. 아담, 하와, 가인 및 그 후손의 불순종이 국가적 수준으로까지 증대된 것이다.

이 점을 분명히 하기 위해 '소돔에 관한 성경신학'을 간단히 살펴보고 여러 본문에서 그 주제를 추적해 보자.

창세기 18:20부터 시작해서, 우리는 소돔에서 하나님을 향해 올라가는 '부르짖음'(제아카)을 듣는다. 이는 그곳에서 잔학 행위와 억압이 진행되고 있음을 말해 주는 단어다.

> 여호와께서 또 이르시되 소돔과 고모라에 대한 부르짖음이 크고 그 죄악이 심히 무거우니 내가 이제 내려가서 그 모든 행한 것이 과연 내게 들린 부르짖음과 같은지 그렇지 않은지 내가 보고 알려 하노라. (창 18:20-21)

'제아카' 혹은 '체아카'라는 단어는 억압이나 침해를 당하는 사람들의 고통스런 외침 혹은 도움을 바라는 외침을 뜻하는 전문 용어다.[3] 이는 이스라엘 사람들이 애굽에서 종살이하며 부르짖을 때 사용한 단어다(출 2:23). 시편 기자들은 부당한 대우를 당하는 자신들의 부르짖음을 들어 달라고 하나님께 호소할 때 그 단어를 사용한다(예를 들어, 시 34:17). 무엇보다 생생한 것으로, 그 단어는 강간당하는 여자가 도움을 청하는 외침 소리다(신 22:24, 27). 창세기 13:13에서 벌써 "소돔 사람은 여호와 앞에 악하며 큰 죄인이었더라"는 말이 나온다. 여기서 말하는 죄는 억압이다. 그것이 바로 '부르짖음'이라는 단어가 일차적으로 의미하는 바이기 때문이다. 소돔과 그 부근에 사는 사람들은 너무도 큰 고통을 겪었기에, 그 억압과 학대에 대항해 부르짖는 이들이 있었던 것이다.

창세기 19장은 "그 성 사람 곧 소돔 백성들이 노소를 막론하고"(창 19:4) 보여 준 특징, 곧 적대적이고 왜곡되고 폭력적인 성적 부도덕에 대해 말한다.

신명기 29:23에서는 우상숭배로 인해 하나님의 진노와 심판 아래 놓인 이스라엘이 장차 맞이할 운명과 소돔과 고모라의 운명이 비교된다. 이는 그 두 도시의 죄 가운데 사회적 악뿐만 아니라 고삐 풀린 우상숭배가 포함되어 있었음을 시사한다(참고. 애 4:6).

이사야는 당시 이스라엘의 유혈 사태와 부패와 불의를 정죄하면서, 소돔과 고모라에 빗대어 기술한다(사 1:9-23). 더 나아가 그는 바빌론(또 하나의 원형이 되는 도시)의 교만에 대해 하나님이 장차 내리실 심판을 하나님이 전에 소돔과 고모라를 멸망시키신 것의 재현으로 기술한다(사 13:19-20).

에스겔은 소돔의 죄를 교만, 풍족함, 궁핍한 자들에 대한 냉담함 등으로 기술하면서, 유다가 소돔처럼 악한 짓을 하고 있다고 신랄하게 고발한다. 그들은 지나치게 교만했고, 지나치게 많이 먹었으며, 다른 이들에게 관심이 없었다. 이러한 비난은 현대의 상황에도 대단히 적절하다(겔 16:48-50).

더 광범위한 구약의 증거들을 보면, 소돔이 하나의 전형적인 예, 곧 최악의 상태에 처한 인간 사회의 예로 사용되었음이 분명하다. 동시에 소돔이라는 이름은 그 같은 악에 대해 임하는 불가피하고 포괄적인 하나님의 심판을 이야기했다. 소돔은 억압, 학대, 폭력, 왜곡된 성, 우상숭배, 교만, 탐욕스러운 소비가 가득 찬 곳이었으며, 궁핍한 이들에 대한 자비나 돌봄이 없는 곳이었다. 참으로 우리가 살아가는 타락한 세상의 모델이다.

신약 성경에서 그 주제를 찾아본다면, 로마서 1:18-32에 나오는 바울이 인간의 사악함을 기술하는 대목에서 유사한 '소돔의 죄 목록'을 발견한다. 바울은 소돔이라는 이름을 거론하지 않지만, 인간의 죄를 열거하는 엄청나게 충격적인 목록은 소돔의 죄에 나오는 모든 항목을 반영한다. 그리고 그것이 아마도 유대 전통을 배경으로 하는 바울의 마음 깊은 곳에 있었을 것이다.[4] 바울이 그 모든 행동에 대해 "하나님의 진노가…하늘로부터 나타나나니"라는 말로 시작해서 "이 같은 일을 행하는 자는 사형에 해당한다"는 말로 끝내는 것은 의미심장하다. 소돔과 고모라에 죽음을 가져온 유황과 불의 비는 실제로 하늘로부터 내린 것이었다(창 19:24).

그것이 당시 바울이 본 세상의 모습(소돔적 특징을 지닌 열방의 세계)이었다면, 그것은 또한 바울이 선교에 참여하도록 부름받은 세상의 모습이기도 했다. 얼마나 악이 만연한 세상이었던가! 그렇다면 바울은 그 같은 세상 속에서 자신의 사명을 어떻게 보았는가? 그는 로마서 처음과 끝에서 두 번에 걸쳐 말한다. 바울의 사명은 "모든 민족이 믿어 순종하게" 하는 것이었다(롬 1:5; 16:26).

열방 가운데서의 순종

이 표현은 이미 들었던 것 아닌가? 4장에서 강조한 것처럼, 바울은 자신의 선교를 아브라함의 입장에서 보았다. 바울의 선교는 우리가 살펴본 본문에서 하나님이 아브라함에게 명령하신 것을 계속 이어가는 것이었다. 즉, 믿음과 순종의 공동체, 소돔의 도를 행하는 열방의 세계에서 야웨의 도를 행하는 데 헌신한 공동체, 주변에 있는 모든 소돔과 극명한 대조를 이루는 변화된 공동체를 만드는 것이었다.

그러므로 바울의 선교는 지극히 윤리적인 내용을 지녔다. 선포를 넘어서는 선교가 있었다. 그것은 새로 태어난 공동체에 하나님의 도를 행하도록 도덕적 변화를 가르치는 선교였다. 그것은 근본적으로 아브라함적이며, 이 장에서 우리가 살펴보는 본문과 긴밀히 연결되어 있다.

바울의 선교, 그리고 아브라함의 선교와 긴밀히 연결되어 있는 우리의 선교도 마찬가지다. 그 의미가 무엇인지 숙고하기 위해서라도, 우리에게는 복음 안에서 변화시키는 놀라운 하나님의 은혜가 필요하다.

세상은 여전히 소돔적이다. 따라서 하나님 백성의 선교도 바뀌지 않았다. 우리는 여전히 아브라함을 본받아 "여호와의 도를 지켜 의와 공도를 행하"는 일에 헌신한 자들이 되도록 부름받는다. 이 구절이 의미하는 바에 대해서는 곧 살펴볼 것이다. 다만 이 본문에서 매우 분명히 드러나는 것은, 하나님 백성의 윤리적 독특성이 소돔처럼 하나님의 심판을 받을 수밖에 없는 세상에 복을 가져오는 하나님의 선교에서 그들이 담당하도록 부름받은 역할의 필수적인 부분이라는 점이다. 창세기 18:19에 따르면, 그와 같은 윤리적 삶의 특성은 우리가 아브라함 안에서 선택받은 목적에 포함된다.

열방이 복을 받으려면, 하나님의 백성이 하나님의 도를 행해야만 한다.

아브라함: 하나님 선교의 모델

창세기 18장에서 하나님이 자기 자신과 대화하고 아브라함과 대화하신 것은 사악한 소돔의 상황을 배경으로 한다. 하나님이 두 천사와 조사를 마치고 결국 심판을 시행하신 것은 바로 그 사악함 때문이었다. 하나님의 **자기 자신**과의 대화는 창세기 18:18에서 원래의 언약적 약속을 되풀이하는 것으로 시작한다. "아브라함은 강대한 나라가 되고 천하 만민은 그로 말미암아 복을 받게 될 것이 아니냐."

임박한 심판: 궁극적 축복

이처럼 세상을 위한 중대한 선교적 목표를 반복해 말씀하시면서, 하나님은 아브라함과 사라가 아들을 갖게 될 것이라는(하나님이 그 이야기 앞부분에서 저녁을 드시면서 말씀하신: 창 18:10, 14) 자신의 약속을 갱신한 이유를 설명하신다. 향후 하나님이 무슨 일을 하시든—소돔과 고모라를 심판하시든, 혹은 아브라함과 사라에게 아들을 주시든—그것은 이 목적에 비추어 보아야 한다. 하나님은 **특정한** 악한 사회에 심판을 내리시는 도중에 멈춰 서서, 모든 민족에 **보편적** 복을 주시겠다고 하신 자신의 궁극적 목적을 스스로 떠올리신다. 마치 하나님이 후자(구속)를 배경으로 하시지 않고는 전자(심판)를 행하실 수 없는 것 같다.

당장 필요한 것은 심판이었다. 하지만 궁극적·보편적 목적은 (언제나 그랬듯이) 축복이다. 이는 선교에 관한 성경신학에서 중요한 부분이다. 갈라디아서 3:8에서 바울이 복음에 대해 내린 정의를 잊지 말라. 땅의 모든 민족이 복을 받는 것이 하나님의 뜻이다. 이처럼 무시무시한 심판의 상황에서조차 명심해야 할 좋은 소식이다.

세상을 위한 약속

그래서 하나님은 걸음을 멈추고 아브라함과 사라와 함께 식사를 하신다. 하나님은 물론 그렇게 하실 필요가 없으셨다. 소돔에서 무슨 일이 일어나는지 알아보기 위해 "내려갈" 필요가 없으셨던 것과 마찬가지다. 하나님과 두 천사가 마치 세 명의 여행자인 것처럼(처음에 아브라함은 그들이 여행자라고 생각했다, 18:2) 가던 길을 멈추고 아브라함과 식사를 한 이유는, 그들이 사라를 훌륭한 요리사라고 생각했기 때문이 아니다. 그것은 하나님이 평원에 자리한 두 성 위에 있는 언덕에 살던 이 노부부에게서 역사와 인류를 위한 하나님의 선교 목적을 보셨기 때문이다.

이 이야기는 하나님의 선교에 관한 성경신학에서 아브라함이 중심이 된다는 것을 독자에게 다시 한 번 상기시켜 준다(17-19절에서 하나님이 스스로 상기하시는 것처럼). 하나님은 아브라함과 사라가 아들을 갖게 될 것이라고 약속하신다. 그 이유는 무엇인가? 그런 일이 일어나기에는 너무 늦었다고 생각하던 그들 부부에게 특별 선물로 주시려는 것이 아니었다(창 18:10-13은 의노석으로 유머러스하게 그 사건을 기록한 것 같다). 그게 아니다. 모든 열방에 복을 가져다주는 세계 복음화를 위한 하나님의 계획이 그들이 아들을 갖는 것에 달려 있기 때문에, 그들은 아들을 가져야 하며 또 갖게 될 것이다. 결국, 열방에 복이 되어야 하는 사명이 하나님의 백성에게 있다는 생각은 그 같은 하나님의 백성이 실제로 존재하는지 여부에 달려 있다. 그리고 그것은 아브라함과 사라가 약속받은 아들을 갖는 복을 받기까지는 시작조차 할 수 없다.

그러므로 우리는 17-19절의 세계적 범위에 깊이 주목할 필요가 있다. 아브라함에게 하신 하나님의 약속은 역사를 통해 이루어지는 하나님 백성의 모든 선교를 위한 주춧돌이요 견인차다.

- 구약 성경에서 개인이 이스라엘의 하나님을 믿고 구원받을 때(룻, 나아만, 사렙다 과부의 경우처럼), 하나님은 아브라함에게 하신 약속을 지키고 계셨다.
- 솔로몬이 땅 끝에서 사람들이 성전을 찾아와 하나님께 기도드리게 해 달라고 기도할 때, 그는 아브라함에게 하신 그분의 약속을 지켜 달라고 기도한 것이다.
- 시편 기자, 예언자, 사도들과 복음서 기자들은 하나님의 구원하시는 사랑에 대한 좋은 소식이 이방인들에게 확장되는 것을 보면서 하나님이 아브라함에게 하신 약속을 지키시는 것임을 알았다.
- 복음이 (신약 시대에) 소아시아 북쪽으로, 유럽 서쪽으로, 아프리카 남쪽으로, 아라비아 동쪽으로 움직여 갈 때, 하나님은 아브라함에게 하신 약속을 지키고 계셨다.
- 복음이 수세기에 걸쳐 뻗어 나가서 땅 끝(이스라엘의 관점에서 볼 때 아일랜드 같은 곳)까지 이르렀을 때, 하나님은 아브라함에게 하신 약속을 지키고 계셨다.
- 복음이 우리에게 전파되어 우리를 아브라함의 믿음과 순종의 위대한 다국적 공동체 안으로 받아들일 때, 하나님은 여전히 약속을 지키고 계신 것이다.

아브라함의 복을 받고 아직 그 복을 받지 못한 사람들에게 나아가는 사명을 이어가는 사람이 되는 것, 이것이 하나님 백성의 선교 내용이다.

아브라함과 사라는 자신들의 장막 문 너머로, 아들을 바라는 자신들의 열망 너머로 더 많은 것을 보지 못했겠지만, 하나님은 그 점심시간에 장기적인 비전을 염두에 두고 계셨다.

야웨의 도: 하나님 백성의 모델

핵심 구절인 창세기 18:19로 돌아가면, 우리는 **선택**(하나님이 아브라함을 택하심)과 선교(하나님이 아브라함에게 주신 약속) 사이에서 **윤리**를 발견하게 된다. 따라서 "여호와의 도"라는 구절과 "의와 공도를 행함"이라는 핵심 구절이 실제로 의미하는 바가 무엇인지 검토할 필요가 있다. 그 후에 그 구절을 관통하는 강력한 선교적 논리에 주목할 것이다. 마지막으로 도전적이고 실제적인 성찰을 해 볼 것이다.

윤리 교육

하나님은 아브라함이 선생이 되도록, 특히 야웨의 도를 가르치고 의와 공도를 가르치는 선생이 되도록 선택했다고 말씀하신다. 이 윤리 교육은 그의 자녀들로부터 시작해서 '그 권속'에게 전달될 것이다. 이는 그 가르침이 대대로 전해져야 함을 의미하는데, 훗날 우리는 구약의 이스라엘에게서 그 모습을 정확히 발견하게 된다(예를 들어, 신 6:7-9). 두 구절은 아브라함 가정의 교육 과정을 요약해 준다.

야웨의 도

"야웨의 도를 지킴" 혹은 "야웨의 도를 행함"이라는 표현은, 구약 성경에서 이스라엘 윤리의 독특한 면을 묘사하기 위해 자주 사용되던 비유다. 이 단어에는 대조가 암시되어 있는데, 다른 신들의 길이나 다른 민족들의 길, 혹은 자신의 길이나 죄인들의 길과 다른 **야웨**의 길을 걷는다는 것이다. 여기서 대조되는 것은 분명 **야웨**의 길과 곧이어서 나오는 **소돔**의 길이다.

"야웨의 도를 행함"이라는 비유적인 표현은 두 가지 모습을 염두에 둔 것 같다.

하나는, 길에 있는 누군가를 따르는 모습, 그의 발자국을 지켜보고 그가 가는 길을 주의 깊게 따라가는 모습이다. 이런 의미에서, 그 비유는 하나님을 본받는 것을 시사한다. 하나님이 어떻게 행동하시는지 잘 보고 그대로 따르라. 어느 찬송가 가사가 예수님을 따르는 것에 대해 말하는 것처럼, "당신의 발자국을 보고 그것을 좇아 살게 하소서." 이는 하나님을 본받는 것에 대해, 좀더 나은 표현으로는 그분의 성품을 반영하는 것에 대해 말하는 것이다.

다른 하나는 어떤 사람이 해준 설명에 따라 길을 떠나는 모습이다. 그 설명은 약도일 수도 있고(고대 이스라엘 사람들이 보기에 너무 시대에 뒤진 것이 아니라면), 아니면 바른 길에서 벗어나지 않도록 그리고 막다른 길이나 위험한 곳으로 이어지는 잘못된 길로 빠지지 않도록 해주는 일련의 지시사항일 수도 있다. 이 같은 비유는 하나님의 명령에 대한 순종과 흔히 연결되는데, 이는 하나님의 성품을 반영하는 한 가지 차원이다.

하나님의 명령은 임의로 만들어진 규칙이 아니다. 그 명령은 종종 하나님의 성품이나 가치관 혹은 갈망과 관련되어 있다. 그래서 하나님의 명령에 순종하는 것은 생활 속에서 하나님을 반영하는 것이 된다.

이런 역학을 가장 분명하게 볼 수 있는 예 가운데 하나가 신명기 10:12-19이다. 그 구절은 미가 6:8과 비슷하게, 율법 전체를 다섯 가지 단어로 요약하는 수사학적 수식으로 시작한다. 그 다섯 가지는 경외하라, 행하라, 사랑하라, 섬기라, 순종하라는 것이다.

> 이스라엘아, 네 하나님 여호와께서 네게 요구하시는 것이 무엇이냐. 곧 네 하나님 여호와를 경외하여 **그의 모든 도를 행하고** 그를 사랑하며 마음을 다하고 뜻을 다하여 네 하나님 여호와를 섬기고 내가 오늘 네 행복을 위하여 네게 명하는 여호와의 명령과 규례를 지킬 것이 아니냐. (신 10:12-13, 저자 강조)

그렇다면 이스라엘이 행해야 하는 야웨의 도는 무엇인가? 그 대답은 먼저 광범위한 용어로 주어진다. 야웨의 도는 아브라함과 그 후손을 선택하는, 자신을 낮추시는 사랑의 도였다(신 10:14-15). 이스라엘은 그 사랑에 회개와 겸손으로 반응해야 했다(신 10:16).

그러나 그 구절은 계속해서 야웨의 도를 **세부적으로** 규정하면서 그분의 성품과 행동에 초점을 맞춘다.

> 사람을 외모로 보지 아니하시며 뇌물을 받지 아니하시고 고아와 과부를 위하여 정의를 행하시며 나그네를 사랑하여 그에게 떡과 옷을 주시나니 **너희는 나그네를 사랑하라.** 전에 너희도 애굽 땅에서 나그네 되었음이니라. (신 10:17-19, 저자 강조)

그렇다면 야웨의 도를 행하는 것은, 하나님이 다른 이들에게 해주시고 싶으셨던 것을 그들에게 해주는 것, 좀더 상세히 말하면, (이스라엘의 경우) 하나님이 이미 이스라엘에게 해주신 일(애굽의 종살이에서 구해 주시고 광야에서 음식과 옷을 공급해 주신 일)을 다른 이들에게 해주는 것을 의미한다. 당신은 하나님이 당신을 위해 행하신 일을 경험했기 때문에 하나님이 어떤 분인지 알고 있다. 그러니 이제 가서, 그와 같이 하라!

소돔과의 대조는 이제 더욱 명백히 드러난다. 이런 일들은 소돔 사람들이 결코 행하지 **못한** 일이기 때문이다. 그들은 냉담하게 타인을 억압하고 궁핍한 자를 돌보지 않았다. 그러므로 아브라함은 자기 백성에게 근본적으로 **다르게 살** 것을 가르쳐야 한다. "여호와의 도를 행하는 것"은 소돔의 도를 포기하는 것을 의미한다. 이것은 하나님 백성의 선교에서 근본적인 부분이다.

따라서 구약 성경을 잘 알던 독자들이 "여호와의 도를 행하라"는 구절에 담긴 하나님의 요점을, 그 풍성하고 온전한 의미를 이해하는 데는 큰 문제가 없었을 것이다. 그러나 우리가 그 메시지를 확실히 알 수 있도록 본문은 두 가지 단어를 더 사용해서 설명한다.

의와 공도를 행함

여기에 구약 윤리의 어휘 가운데 수위를 차지하는 한 쌍의 단어가 있다. 그 각각의 단어는 개별적으로, 동사적·형용사적·명사적 형태로 수백 번에 걸쳐 나온다. 그리고 이 구절에서처럼 두 단어는 종종 함께 나타난다. 두 개의 어원을

살펴보기로 하자.[5]

(1) 첫째는 흔히 명사 형태인 두 단어 '체데크'와 '체다카'에서 보이는 *sdq*라는 어원이다. 이 두 단어는 보통 영어 성경에서 '의'(righteousness)로 번역되는데, 다소 종교적 냄새가 나는 '의'라는 말은 히브리어가 가지고 있던 의미를 충분히 전달하지 못한다. 어원적 의미는 '곧다'일 것이다. 고정되어 있고, 마땅히 되어야 할 모습을 하고 있는 어떤 것을 뜻한다. 그래서 규범이나 기준을 의미할 수 있다. 그것을 가지고 다른 것들을 측량하는 어떤 것이라는 뜻이다.

문자적으로 그 단어는 마땅히 해야 하는 것이나 되어야 하는 것과 관련된 실제 물건에 대해 사용된다. 예를 들어, 정확한 무게와 치수는 "체데크의 저울추"(레 19:36; 신 25:15: 우리말 성경에는 "공정한" 또는 "공평한" 저울추로 번역되어 있다 ― 역주)이다. 양들에게 안전한 길은 "체데크의 길"(시 23:3: 우리말 성경에는 "의의 길"로 번역되어 있다 ― 역주)이다. 그래서 그 단어는 의, 마땅히 되어야 하는 것, 기준에 맞은 것을 의미한다.

그 단어가 인간의 행동과 관계에 적용될 때는, 올바른 것이나 기대되는 것에 순응하는 것을 의미한다. 그러나 추상적 방식이나 절대적 방식이 아니라, 자신이 처한 특정 관계나 구체적 상황의 현실에 맞게 따르는 것을 뜻한다. 이 관계에서 올바른 일을 행하는 것, 이 상황의 우선순위와 요구에 따라 행하는 것을 의미한다. 그것은 추상적인 규범이 아니라, 부모, 자식, 판사, 왕, 형, 농부, 배우자, 친구, 예배자로서 올바른 일을 한다는 것이 무엇을 의미하는지 구체적으로 아는 것이다. 의는 특정 환경과 관계 속에서 사람들이 마땅히 해야 하는 모든 것을 행하는 것이다.

(2) 두 번째는 *špt*라는 어원으로, 모든 차원의 사법 활동과 관계가 있다. 흔히 쓰는 동사와 명사가 거기서 유래되었다. '샤파트'라는 동사는 광범위한 법적 활동을 말한다. 그것은 입법자로 활동하는 것, 분쟁 중인 당사자들을 중재하는 재판관으로 활동하는 것, 누가 유죄이고 누가 무죄인지 선언함으로써 심판을 선고하는 것, 그런 판결의 법적 결과들을 시행함으로써 심판을 실행하는 것 등을 의미할 수 있다. 가장 넓게 잡을 때 그 의미는 '바로잡다', '잘못

되었거나 억압적이거나 통제할 수 없는 상황에 개입하여 고치다'라는 뜻이다. 그러므로 시편 기자들이 "세상을 심판하기 위해" 오시는 하나님을 고대할 때, 그들은 단지 그분이 악한 자들을 책망하실 것만 생각한 것이 아니라 사회와 창조세계 속에서 아주 잘못되어 버린 모든 것을 바로잡으실 것을 생각한 것이다.

거기서 유래된 명사 '미슈파트'는 소송의 전 과정 혹은 그 결과(판결과 시행)를 말하는 것일 수 있다. 또한 법령을, 보통은 과거의 판례에 근거한 판례법을 의미할 수 있다. 언약 법전 혹은 언약책으로 알려져 있는 출애굽기 21-23장은 히브리어로는 그냥 '미슈파팀'이라고 한다.

그러나 더 개인적인 의미로 '미슈파트'는 어떤 사람의 법적 권리, 어떤 사람이 원고로서 장로들 앞에 가져오는 주장이나 진술에 대해서도 사용될 수 있다. 흔히 사용되는 "고아와 과부의 미슈파트"라는 표현은 그들을 착취하는 사람들을 고발하는 정당한 주장, 혹은 부당한 세상에서 그들의 공정한 소송 사건을 의미한다. 특히 이 마지막 의미로부터 미슈파트는 다소 적극적인 의미에서 더 광범위한 '정의'라는 의미를 갖게 되었고, 반면 '체데크/체다카'는 더 정적인 느낌을 갖게 되었다.

이 두 단어는 상당히 중복되게 교환해서 사용할 수 있지만, 차이가 있다면 이렇게 표현할 수 있다. '미슈파트'는 사람과 환경이 '체데크/체다카'에 따라 회복되기 위해, 특정한 상황에서 **해야 하는** 것을 의미한다. '미슈파트'는 일련의 행동들, 즉 당신이 해야 하는 그 무엇이다. '체데크/체다카'는 일의 상태, 즉 당신이 이루고자 목표하는 그 무엇이다. 그러나 사실 두 단어 모두 실제적인 행동을 가리키는 데 사용될 수 있다.

창세기 18:19에서, 종종 그렇듯이 그 두 단어가 짝을 이루어 포괄적인 하나의 문구를 형성한다. 이와 같이 짝을 이루는 것을 전문 용어로 '중언법'(hendiadys)이라 한다. 즉, ('법과 질서'처럼) 두 단어를 사용함으로써 하나의 복합적인 개념을 표현하는 것이다. 아마 그 두 단어로 된 문구에 가장 가까운 표현은 '사회 정의'가 될 것이다. 하지만 그 단어마저도 이 한 쌍의 히브리 단어가 지닌 역동성을 나타내기에는 너무 추상적이다. '체다카'와 '미슈파트'는 그 의미를 번역하기 위해 사용된 영어의 추상명사들과 달리 구상명사이기 때문이다. 다시 말해, 구약적 사고에서 의와 공도는 당신이 성찰하는 개념이나 당신이 꿈꾸는 어떤 이상이 아니라, 당신이 실제로 **행하는** 그 무엇이다.

따라서 아브라함은 그의 가족에게 야웨의 도를 가르치고 의와 공도를 행하는 것에 대해 가르쳐야 했다. 그리고 이 윤리 교육은 대대로 전해져야 했다. 하나님은 그것이 바로 하나님이 그를 선택한 목적이라고 말씀하신다.

그런데 아브라함은 자신이 가르쳐야 하는 것을 어떻게 배울까? 그는 창세기 18장에서 하나님으로부터 첫 번째 가르침을 받는다. 누가 야웨의 도와 그것이 의미하는 바를 하나님보다 잘 가르칠 수 있겠는가?

야웨께서 가장 먼저 아브라함에게 알리려고 하시는 것은, 하나님 자신이 소돔과 고모라의 영향력 아래 있는 지역에서 억압당하는 이들의 고난에 관심을 갖고 계시다는 사실이다. 야웨와 아브라함 사이에 오간 대화를 상세히 설명한 이 이야기에서, 창세기 18:17-19은 독백, 곧 하나님이 **자신에게** 하시는 말씀이다. 그러나 20절에서 하나님은 다시 **아브라함에게** 말씀하시는데, 그 문장에서 그분이 하시는 첫 마디는 '제아카'(도움을 바라는 부르짖음)라는 말이다. 하나님이 소돔을 살펴보고 나서 행동을 취하시게 된 것은, 소돔의 섬뜩한 죄뿐만이 아니라 그 희생자들의 항변과 부르짖음 때문이었다.

그것은 출애굽기 앞쪽 여러 장에서 하나님의 행동을 촉발한 것과 똑같은 기대였다(예를 들어, 출 2:23-25; 3:7을 보라). 하나님은 노예 생활을 하는 이스라엘 자손이 도움을 구하며 부르짖는 소리를 들으신다. 사실 창세기의 이 사건은 하나님의 성품, 행동, 요구사항을 대단히 계획적으로 규정한다. 출애굽 이야기에서 하나님이 행동하실 때, 그것은 소돔과 고모라에 대해 하나님이 행동하시는 것과 같은 방식일 것이다. 그 이유도 똑같을 텐데, 바로 고통당하는 이들에 대한 하나님의 긍휼과 불의에 대한 그분의 분노다.

이와 같이 아브라함이 목격하고 그 다음에 가르치게 될 야웨의 도는 억압받는 이들을 위해 그리고 억압하는 자들에 반대해서 의와 공도를 행하는 것이다. 시편 기자는 하나님이 이 점을 모세에게 가르치셨다고 말한다. 그는 "아브라함에게도"라고 쉽게 덧붙일 수도 있었을 것이다.

> 여호와께서 **공의로운 일**을 행하시며
>   억압당하는 모든 자를 위하여 **심판**하시는도다.
> **그의 행위**를 모세에게,
>   그의 행사를 이스라엘 자손에게 알리셨도다. (시 103:6-7, 저자 강조)

선교적 논리

다시 핵심 본문으로 돌아가 그 본문의 문법적 구조와 논리에도 주의를 기울여야 한다. 창세기 18:19은 치밀한 진술로, 각 구절의 순서와 연관성이 중요하다. 이제 그것을 차례로 살펴보기로 하자.

창세기 18:19은 세 개의 절로 나누어지며, 목적을 나타내는 두 개의 표현이 결합되어 있다.

"내가 그를 알았나니"(우리말 성경에는 "내가 그를 택하였나니" – 역주). 이 표현은 하나님이 어떤 사람이나 백성과 친밀한 관계를 맺기 위해 선택하실 때 종종 사용된다(예를 들어, 암 3:2). 그래서 보통 "내가 그를 택하였나니"로 번역된다.

그 후에 하나님은 그분이 아브라함을 선택하신 목적을 진술하신다. "그로 그 자식과 권속에게 명하여 야웨의 도를 지켜 의와 공도를 행하게 하려고."[6] 이는 우리가 방금 전에 살펴본 바다.

그 후에 또 하나의 목적절이 나온다. "이는 나 여호와가 아브라함에게 대하여 말한 일을 이루려 함이니라." 이것은 마지막 절로, 앞에 나온 두 절의 장기적 목표를 나타낸다. 하나님은 열방에 복을 주기로 한 자신의 약속이 이스라엘의 후손을 통해 이루어지기를 원하신다(18절에서 언급하는 것처럼). 이것이 하나님이 아브라함을 선택하신 이유이며, 아브라함이 그의 후손에게 야웨의 도를 행하도록 가르쳐야 하는 이유다.

앞서 말한 대로, 성경신학의 입장에서 볼 때 이 한 절은 이처럼 **선택**, **윤리**,

선교를 하나님의 의지, 행동, 바람이라는 하나의 순서로 연결시킨다. 그것은 **선택의 이유를 설명**하는 동시에 **윤리적 삶의 목적을 설명**하는, 근본적으로 **선교적** 선언이다. 매우 풍성하고 중요한 의미를 지니고 있다.

특히 **윤리가 선택과 선교의 중간 지점에 있다는** 점에 주목해야 한다. 윤리는 선택의 목적이자 선교의 기초다. 다시 말해, 하나님이 아브라함을 선택하신 것은(1행) 하나님의 성품을 배우고 그것을 윤리적으로 나타내는 공동체를 만들기 위함이다(2행). 그리고 그와 같은 공동체가 실제로 존재함으로 인해 열방에 복을 전하는 하나님의 선교가 실현될 것이다(3행).

이 점은 4장에서 살펴본 것처럼 아브라함이 다른 이들에게 복을 전하기 위해 선택받은 것과 아브라함 자신이 하나님께 **개인적으로** 순종한 것 사이의 연관성에 기반한 것이다. 창세기 22:18과 창세기 26:4-5은 열방에 복을 주시려는 하나님의 의도와 시험을 통과한 아브라함의 순종을 그렇게 관련시킨다. 하나님의 약속이 계속 성취되면서, 아브라함의 개인적 순종은 그의 후손들이 따라야 할 모범이 될 터였다. 그러나 아브라함의 그 같은 개인적 순종은 가르침을 통해 그가 속한 공동체 전체에 전해져야 한다. 그들은 아브라함의 모범을 배운, 모범 공동체가 될 것이다.

이 점을 명확히 하는 또 한 가지 방법은, 창세기 18:19의 선교적 논리를 그 절의 양끝에서 접근해 들어가는 것이다. 그 절을 어느 쪽에서 읽어 들어가든, 윤리는 중간에 나온다.

뒤에서부터 읽으면,

- **하나님의 궁극적 선교는 무엇인가?** 하나님이 아브라함에게 약속하신 대로, 열방에 복을 가져오는 것(**선교**).
- **그것은 어떻게 성취될 것인가?** 의와 공도 가운데 야웨의 도를 따라 살도록 가르침을 받은 공동체가 세상에 존재함으로(**윤리**).
- **하지만 그런 공동체는 어떻게 생겨날 것인가?** 하나님이 아브라함이 그 창시자가 되도록 선택하셨기 때문에(**선택**).

앞에서부터 읽으면,

- **아브라함은 누구인가?** 하나님이 선택하시고 인격적 우정의 관계를 맺으신 사람 (**선택**).
- **왜 하나님은 아브라함을 선택하셨는가?** 소돔의 길을 따라가는 세상에서 야웨의 도와 그분의 의와 공도에 헌신할 백성을 만드시기 위해(**윤리**).
- **무슨 목적이 있기에 아브라함의 백성은 그처럼 높은 윤리적 기준에 따라 살아야 하는가?** 열방에 복을 주시려는 하나님의 선교를 성취하실 수 있도록(**선교**).

그렇다면 우리의 성경신학에서 교회론과 선교학의 중요한 관련성을 보여 주는 또 한 구절이 여기에 있다. 우리는 이미 하나님의 백성인 교회가 존재하는 선교적 이유가 무엇인지 인식하는 것이 얼마나 중요한지 살펴보았다. 이 시대에 교회는 선교적이다. 그렇지 않다면 교회가 아니다.

하지만 이제 우리는 교회와 선교가 이처럼 관련된 것이 또한 **윤리적**이라는 점을 더 분명히 보게 된다. 하나님이 그분의 선교를 위해 추구하시는 공동체는 그분의 윤리적 성품으로 빚어진 공동체, 억압과 불의로 가득 찬 세상에서 의와 공도에 특별히 주의를 기울이는 공동체여야 한다. 그런 공동체만이 열방에 복이 될 수 있다.

이처럼 강력한 성경적 관련성에 비추어 볼 때, 예수님이 많은 시간을 들여 그분의 제자 공동체를 훈련시키면서 그분을 따른다는 것이 윤리적으로 무엇을 의미하는지 강조하신 것은 놀라운 일이 아니다. 예수님은 그들에게 주변 문화의 생활 방식으로부터 돌아서서(회개) 그분에 대한 믿음을 발휘하고 그분의 가르침에 순종할 것을 가르치셨다. 따라서 예수님은 제자들을 열방에 보내시면서 마찬가지로 제자도에 순종할 것을 강조하셨다. "내가 너희에게 분부한 모든 것을 가르쳐 지키게 하라." 열방 선교의 핵심에는 윤리가 있다. 선교는 주님께 헌신적으로 순종하는 삶을 요구하기 때문이다. 그리고 그 삶은 전도(세례)와 제자훈련(가르침)을 통해 자기증식을 해나간다.

선교적·윤리적 취지가 결합된 대위임령은, 우리가 창세기의 이 한 절에서 살펴본 내용과 전적으로 일치한다. 창세기 18:19에 따르면, **하나님 백성의 삶의 윤리적 특성은 그들의 부르심과 그들의 선교를 연결시키는 중대한 연결 고리다.** 열방에 복을 주시려는 하나님의 의도는 그 복의 전달자가 되도록 창조된 백성을 향한 하나님의 윤리적 요구와 따로 떼어낼 수 없다.

성경적 윤리 없는 성경적 선교는 있을 수 없다.

요약

세계 교회의 현 상태에 대한 불평이 새삼스러운 일은 아니다. 모두가 불평을 한다. 우리는 도처에 있는 그리스도인들과 세계 기독교의 제도적 교회들이 하나님의 요구 조건은 고사하고 우리의 이상에도 훨씬 미치지 못한다는 사실을 고통스러울 정도로 인식하고 있다. 그러나 이 본문의 주해와 기준이 더욱 가슴 아프도록 분명히 보여 주는 것은, 우리가 하나님을 위해서 한다고 주장하는 선교를 저해하는 주요 장애물이 바로 하나님의 백성이라고 주장하는 이들의 도덕적 상태라는 사실이다.

인도에서 살 때, 인도 복음화를 막는 가장 큰 장애물이 인도라는 나라의 상태나 힌두교의 저항이 아니라 교회의 상태라고 인도 그리스도인들이 말하는 것을 종종 들었다.

우리가 살펴본 본문은 하나님이 소돔을 심판하셨다고 말한다. 맞는 말이다. 우리는 주변에서 여전히 소돔의 흔적들을 볼 수 있다. 그러나 하나님은 아브라함과 그의 백성을 부르셔서 다른 존재가 되도록, 다른 기준에 따라 살도록, 결함이 있는 열방의 신들과는 근본적으로 다른 하나님을 나타내도록 하셨다. 우리의 문제는 너무나 자주 교회가 세상과 **전혀 다르지 않다**는 점이다. 어떤 면에서는 세상만도 못하다.

분열되고 찢어지고 싸우는 교회는 분열되고 깨어지고 폭력적인 세상에 대해 말하거나 해줄 수 있는 것이 아무것도 없다. 부도덕한 교회는 부도덕한 세상에 대해 말할 수 있는 것이 아무것도 없다. 부패, 신분 차별, 여러 형태의 사회적·인종적·성적 억압으로 가득한 교회는 그런 것들이 횡행하는 세상에 대해 말할 수 있는 것이 아무것도 없다. 부와 권력에 집착하는 지도자들을 둔 교회는 탐욕스러운 폭군들이 가득한 세상에 대해 말할 수 있는 것이 아무것도 없다. 이처럼 나쁜 소식이 되어 버린 교회는 나눠 줄 수 있는 좋은 소식이 없다. 아니, 적어도 교회에는 좋은 소식이 있지만, 교회가 전하는 소식은 교회의 삶에 삼켜져 그 소리가 들리지 않는다.

이것이 바로 하나님이 첫 번째 대위임령에서 아브라함에게 말씀하신 것과 예수님이 마지막 대위임령에서 제자들에게 말씀하신 것을 진지하게 다루는 것이 지극히 중요한 이유다. 하나님의 백성은 그 가르침, 곧 하나님의 도를 행하고 의와 공도를 나타내는 것이 무엇을 의미하는지 배우고 그것을 전달해야 한다. 하나님 백성의 선교에는 피할 수 없는 윤리적 차원이 있다.

이것이 개인적인 수준에서든 하나님 백성의 공동체적인 수준에서든, 삶에서 행하는 모든 윤리적 선택이 지극히 중요한 이유다. 그것은 언제나 선교의 효과와 밀접히 관련되어 있다. 이는 결코 단순히 나와 나의 양심과 하나님의 문제가 아니다. 야웨의 도를 행하지 못하거나 진실, 정직, 정의의 삶을 살지 못한다면, 우리는 하나님과 우리의 개인적 관계를 망칠 뿐만 아니라, 실제로 하나님이 아브라함에게 하신 약속을 지키지 못하도록 방해하는 것이다. 그때는 더 이상 열방에 복을 가져다주는 백성이 아니다.

우리가 창세기 18:19의 중간 행과 부합하지 않는다면 마지막 행에 부합할 수도 없다. 또한 우리가 대위임령의 3행에 순종하지 않는다면 1행을 성취할 수도 없다.

이 말은 물론 어떤 사람이 선교에 관여하려면 교회가 도덕적으로 완전해야 한다는 뜻이 아니다(그래야 한다고 제안하는 것은 아니다). 만약 그랬다면, 선교는 한 번도 일어나지 못했을 것이다. 신약의 교회조차도 너무 인간적이고 결함이 있었기 때문이다. 요점은 이렇다. 우리의 목표는 무엇인가? 우리의 마음은 어디에 있는가? 우리는 회심자를 만드는 데만 집착하는가, 아니면 하나님의 백성에게 그분의 도를 행하도록 가르치는 일에 헌신하는가? 그래서 열방이 복을 받도록 하는가?

생각해 볼 질문

1. 소돔과 현대 사회가 아주 유사하다는 사실은, 당신이 세상의 필요를 인식하는 데 어떤 영향을 주는가?
2. 교회의 선교와 경건한 윤리의 관련성은 당신의 삶과 교회의 삶에 어떻게 도전을 주는가?
3. 아브라함은 자신의 가족과 공동체에 의와 공도를 행함으로써 야웨의 도를 지키는 것을 '가르치도록' 부름받았다. 당신 교회의 윤리적 가르침은 교회의 선교 및 소명 의식과 얼마나 관련이 있는가?
4. 윤리가 우리의 소명과 선교 사이에 있는 개념이라면(창 18:19에서처럼), 매일 세상에서 살아가는 우리의 선택과 행동, 태도, 관계는 어떻게 변해야 하겠는가?
5. 교회가 창세기 18:19의 마지막 부분(모든 열방에 복을 주시겠다는 하나님의 약속을 성취하는 것, 곧 전도)에 관심을 기울인 것처럼 같은 절의 중간 부분(의와 공도를 행하는 것, 곧 윤리)에 관심을 기울였다면, 기독교 선교의 역사는 얼마나 달라졌겠는가?

6장
구속적 삶을 살도록 구속받은 백성

"당신은 구속받았습니까?"(Are you redeemed?) 열심 넘치는 '개인 사역자들'이 벨파스트 거리나 버스에서 낯선 사람들에게 묻던 질문이다. 나의 청소년 시절 북아일랜드에서는 놀랍게도 대부분의 사람들이 이 말이 복음에 대해, 개인 구원의 필요성에 대해, 구원받고 천국 가는 것에 대해 이야기하는 것임을 알았다. '구속받는 것'이 여전히 기독교 용어로 통용되던 시절의 이야기다. 그것은 당신이 슈퍼마켓의 고객 적립 포인트나 누적된 항공 마일리지를 사용할 때 쓰는 말이 아니었다(현대 영어에서 'Are you redeemed?'라는 표현은 '포인트를 사용하겠습니까?'라는 뜻으로도 쓰인다— 역주).

그러나 당시 우리가 교회를 하나님의 구속받은 백성이라 생각했다 하더라도, 교회는 하나의 목적 곧 선교를 위해 구속받은 공동체 전체가 아니라 주로 구속받은 개인들의 무리로 간주되었다. 선교는 다른 사람들이 구속받도록 돕는 것을 의미했다. 본질적으로 하나님 백성의 구속이라는 전체 목적과는 연결되지 않았다.

하지만 성경에서 우리가 처음으로 구속의 언어를 접하는 것은[1] 하나님이 친히 애굽에 노예로 속박되어 있는 이스라엘 공동체 전체에 주신 약속의 말씀에서다(출 6:6). 그 다음으로는 하나님이 자신을 위해 백성 전체를 구속하신 사건을 축하하는 모세의 입술에서 발견된다(출 15:13). 그것은 분명 집단적이다. 하나님은 이스라엘 민족 전체를 애굽에서 구속하신 것이다. 하나님은 분명한 목적을 가지고 그렇게 하셨는데, 그들은 그분의 백성이 되어, 언약에 따라 그분께 헌신하고, 그분을 야웨로 알고, 열방 가운데서 거룩한 제사장으로 그분을 섬겨야 했다. 이스라엘은 하나님이 아브라함에게 하신 약속을 성취하기 위해, 그래서 땅의 모든 민족이 아브라함의 후손을 통해 복을 받도록 하기 위해 구속함을 받았다. 이스라엘이 구속받은 데는 이유가 있었다. 하나님을 위해 구속받은 백성인 그들은 그분의 영광과 그분의 선교를 위해 세상에서 감당해야 할 사명을 갖고 있었다.

이 장에서 우리는 그와 같은 의미에서 하나님의 구속받은 백성이 된다는 것이 무엇을 의미하는지 생각해 볼 것이다. 우리는 하나님의 구속 계획이 출애굽의 형태를 띠고 있음을 살펴볼 것이다. 이를 위해 우리는 구속 경험이 이스라엘에게 무엇을 의미했으며 그 위대한 구약 이야기가 어떻게 십자가 성경신학을 위한 기초가 되는지 물어야 한다. 그리고 그것은 우리 그리스도인들이 구속받았다고 말할 때 의미하는 바에 영향을 주어야만 한다.

둘째, 우리는 출애굽 사건이 이스라엘의 삶과 신앙에 얼마나 깊고 넓게 영향을 끼쳤는지 자세히 살펴보아야 한다. 구속은 단순히 과거의 사건이 아니라 현재 실제적인 반응을 요구하는 현실이었다. 출애굽을 기억하는 것은 유월절 연례 의식에만 한정된 일이 아니었고 이스라엘을 책망하는 일이나 격려하고 소망을 주는 맥락에서도 강력한 기능을 하였다.

마지막으로 우리는 사명을 가지고 구속적으로 사는 것이 무엇을 의미하는지 물어야 한다. **우리는 무엇을 위해** 구속되었는가?

하나님의 구속을 경험함

북아일랜드의 열렬한 전도자가 구약의 이스라엘 사람에게 "당신은 구속받았습니까?"라고 물었다면, 그는 즉시 "물론이죠"라고 대답했을 것이다. 우리의 선량한 얼스터(옛 아일랜드 지방의 이름 – 역주) 사람이 계속해서 "어떻게 알죠?"라고 물었다면, 그 이스라엘 사람은 **개인적 간증**을 말하기보다는(그가 당시 시편을 쓰고 있었다면, 그랬을 수도 있다), **민족의 서사시**, 곧 출애굽 이야기를 말했을 것이다. 앞에서 언급한 것처럼, 성경에서 구속의 언어가 최초로 매우 강력하게 사용된 사례는 출애굽이기 때문이다.

출애굽에서 하나님은 구속자로 행동하셨고 출애굽 사건 자체가 구속 행위로 불린다. 두 가지 점에서(구속이 하나님에 대해 말한다는 점과 구속이 실제로 이스라엘을 위한 것이라는 점에서) 출애굽은, 신약이 그리스도의 십자가 성취를 해석하는 중요한 방식의 하나(곧 하나님의 위대한 구속 행위를 축하하는 것)가 된다. 가장 중요한 예는 십자가에 못 박히시기 전 예수님이 제자들과 마지막 식사를 하시는 중에 보여 주신 행동이다. 모든 복음서는 어떤 식으로든 예수님의 최후의 만찬을 유월절과 연결시킨다.

> 식사[최후의 만찬]는 두 가지 매우 구체적인 점을 말했다.
>
> 첫째, 유대의 모든 유월절 식사처럼, 그 사건은 애굽을 떠나온 것에 대해 말했다. 1세기 유대인에게 그 식사는 포로생활에서의 귀환, 새로운 출애굽, 예언자들이 이야기하던 위대한 언약 갱신을 가리켰다.
>
> 둘째, 하지만 그 식사는 예수님 자신의 하나님 나라 운동을 절정에 이르게 했다. 그것은 새로운 출애굽과 그것의 모든 의미가 **예수님 안에서 그분을 통해** 일어나고 있음을 말했다.…
>
> 예수님은 이 식사가 새로운 출애굽, 곧 그분 자신의 운명을 통해 하나님 나라가 도래함을 상징하도록 의도하셨다. 떡과 잔을 붙잡으신 예수님의 행동에 초점을 맞춘 그 식사는 유월절 이야기와 예수님 자신의 이야기를 나타냈으며, 이 두 이야기를 하나로 엮었다.
>
> 톰 라이트[2]

그러므로 출애굽 구속은 분명히 우리의 삶을 위한 성경신학의 주요 주제이며, 틀림없이 하나님 백성의 선교에 영향을 끼친다. 구속받은 이들은 구속에 대한 응답으로 구속적 삶을 살도록 부름받기 때문이다. 이는 지금 우리가 따라가고 있는 성경 이야기가 하나님 백성의 선교를 이해하는 데 영향을 끼치는 또 다른 방법이다. 우리는 누구이며, 무엇을 위해 여기에 있는가? 우리는 하나님께 구속받은 백성이며, 구속받은 데는 분명 목적이 있다.

구속자: 필요한 일은 무엇이든 하는 친족의 대변자
우리는 먼저 그 단어의 의미가 무엇인지 물어야 한다. '구속하다'라는 단어를 하나님의 출애굽 활동에 적용함으로써, 이스라엘은 그들 문화의 요소였던 개념과 관습을 하나님이 이스라엘을 위해 행하신 일을 나타내는 비유로 사용했다. '구속하다'라는 영어 단어는 라틴어에서 유래한 말로, 어떤 물건이나 사람을 '되사는' 것을 의미한다. 이스라엘에서 구속이란 되사는 것을 포함했을 수 있지만 그보다 폭넓은 문화적 의미를 지녔다.

히브리어 동사로는 '가알'이며, 그런 행동을 하는 사람을 나타내는 명사는 '고엘'이다. 이스라엘에서는 부당한 대우를 당하거나 위험이나 위협에 직면해 있는 가족 구성원을 옹호하여 행동할 때마다, 그는 '고엘'로서 행동하는 것이었다. 그래서 그 단어는 때때로 '친족 보호자'나 '가족 수호자'로 번역된다. 구약 이스라엘에서 어떤 사람이 고엘로 행동하는 것을 보여 주는 세 가지 예가 있다.

살인자를 재판에 회부함
만일 어떤 사람이 살해를 당하면, 죄 있는 자를 찾아내 장로들 앞에 세워서 재판에 회부하는 것이 피해자의 확대 가족이 져야 할 의무였다. 그렇다고 마음대로 복수할 수 있는 것은 결코 아니었다. 우발적 살인이나 미심쩍은 사건인 경우 법정에서 어떻게 판결해야 하는지를 세심하게 다루는 법률 절차가 있었다(참고 민 35:6-34, 여기에서 고엘은 "피를 보복하는 자"로 언급된다).

가족이 빚이나 종노릇에서 벗어나도록 도와줌

경제적 어려움으로 고생하던 사람이 빚 때문에 땅을 팔거나 가족을 종으로 팔게 되었다면, 그 땅을 확대 가족 안에 보존하기 위해 다른 가족 구성원이 그 땅을 사거나, 또는 빚 때문에 종이 된 가족이 자유롭게 되도록 가족 구성원이 그 빚을 갚아 줄 의무가 있었다. 이와 같이 악화되는 빈곤 및 그 문제를 해결하기 위한 규정들이 레위기 25장에 기록되어 있다. 거기서 우리는 구속이라는 말이 가장 문자적으로 사용되는 예를 발견한다. 그 규정은 어떤 사람이 형제의 땅이나 가족의 자유를 회복시키는 비용을 지불하도록 요구한다.[3]

형제의 이름을 보존함

어떤 사람이 그 이름과 재산을 물려받을 아들을 남기지 않고 죽으면, 그의 형제나 다른 남자 친척이 그 과부를 자신의 가족으로 맞이해서 아들을 가질 수 있도록 해야 하는 엄격한 도덕적 의무가 있었다(하지만 법적으로 강제하는 의무는 아니었던 것 같다). 그러면 그 아들은 죽은 형제의 이름과 재산을 물려받게 될 것이었다.

신명기 25:5-10은 이 관례를 언급하면서('가알'이라는 단어는 사용하지 않는다) 그것이 인기 없는 의무였음을 암시한다. 대조적으로, 룻 이야기는 보아스가 룻과 나오미를 위한 고엘로 행동하는 "신실함"을 발휘하고 있음을 드러낸다. 반면에 더 가까운 친척은 '우선권'이라 부를 수 있는 것을 행사했다. 그 친척의 행동은 고엘의 역할을 떠맡는다는 것은 참으로 상당한 개인적 비용과 위험을 수반했다는 점을 보여 준다(룻 3:9-13; 4:1-8).

따라서 하나님이 그분의 백성을 '가알'하겠다고 약속하셨을 때(출 6:6), 그리고 모세가 하나님이 그렇게 하신 것을 찬양했을 때(출 15:13), 그것은 야웨께서 이스라엘과의 관계에서 중요한 역할을 담당하셨음을 강력하게 말하는 것이다. 그것은 어떤 이가 다른 가족 구성원에게 헌신하는 것처럼 하나님이 그분의 백성에게 헌신하신다는 의미다. 하나님은 친척 관계를 그 모든 의무와 함께 받아들이신다. 하나님은 그분의 백성을 보호하고, 옹호하고, 해방시키기 위해 필요한 일은 무엇이든 하시고, 얼마의 비용이 들든 지불하실 각오가 되어 있으시다.

그들이 (애굽에서 대량학살의 위험에 처했던 것처럼) 살해의 위협 아래 있는가? 하나님이 그들을 위해 복수해 주시고 정의를 실현하실 것이다. 그들이 땅도 자유도 없이 경제적 굴레 아래 괴로움을 겪고 있는가? 하나님이 그들을 회복시켜 땅을 갖게 하고 자유를 누리게 하실 것이다. 그들이 (애굽인들이 모든 남자아이를 죽이겠다고 위협했던 때처럼) 후손도 없이 사라져 갈 위험에 처해 있는가? 하나님이 구속의 권리를 주장하셔서 그들과 언약 관계를 맺으시고 그들의 미래 세대의 장자들이 반드시 그분께 속하게 하실 것이다(출 13:1-16).

이스라엘이 야웨를 '구속자'라고 말할 때 이와 같이 풍성한 의미의 차원들이 그들의 마음을 채웠던 것이다. 하나님은 그들의 대변자, 보호자, 해방자, 복수자, 옹호자시다. 그것이 시편에서 그들이 기도하고 찬양하는 토대였다(예를 들어, 시 19:14; 69:18; 72:14; 74:2; 77:15; 78:35; 103:4; 106:10; 107:2; 119:154). 이는 이사야의 시에서 최고조에 달한다(예를 들어, 사 41:14; 43:1, 14; 44:6, 22-24; 48:20; 52:9; 62:12; 63:9).

그런데 이 하나님이 구속자로 행동하기로 결심하셨을 때 그분은 정확히 무슨 일을 하셨는가? 하나님은 출애굽을 행하셨다.

그러므로 우리는 행동하시는 하나님의 구속관의 규모와 범위를 알기 위해 출애굽 사건을 주의 깊게 살펴볼 필요가 있다. 기억하라. 그렇게 해야 하는 이유는, 우리의 선교와 하나님의 구속이 연결되어 있다면, 구속이 실제로 의미하는 바에 대한 성경의 가르침을 이해해야 하기 때문이다. 그리고 그것은 하나님의 구속에 응답하여 구속적 삶을 사는 것이 무엇을 의미하는지 이해하는 데 도움을 줄 것이다.

출애굽: 노예화하는 모든 것으로부터의 구출

영향력의 측면에서 출애굽 이야기보다 더 포괄적인 일련의 사건들을 상상하기 어렵다. 그 이야기는 이스라엘이 애굽에서 겪었던 속박을 적어도 네 가지 차원(정치적, 경제적, 사회적, 영적)에서 묘사하고, 더 나아가 하나님이 이 각각의 차원에서 그들을 어떻게 구속하셨는지를 보여 준다.

정치적 차원

이스라엘 민족은 거대 제국 안에 있는 이민자요 소수 인종이었다. 그들은 본래 기아 난민으로 애굽에 와서 환대를 받았다(신명기 23:7-8은 그 사실을 회상하고 있다). 그러나 정부 정책은 후대에 가서 완전히 바뀌었다. 그 결과 경제적 피난처였던 땅이 정치적 증오, 근거 없는 두려움, 착취와 차별이 만연한 감옥이 되었다. 출애굽기 1장은 현대 사회의 모습을 그대로 나타낸다. 오늘날에도 수많은 인종적 소수 집단들이 거류 국가의 의심과 제도적 억압으로 고통을 겪고 있다.

하나님의 구속 사역은 이 정치적 노예 상태를 종식시키고, 이스라엘이 궁극적으로 자유로운 백성으로 정착할 수 있도록 만드는 일을 포함했다. 하나님의 섭리로 한시적 생존을 위해 머무는 망명지가 아브라함의 약속을 지속되게 만들었다. 그러나 정치적 억압 아래서 겪는 영구적인 노예 상태는 참을 수 없는 일이었다. 아브라함에게 주어진 약속의 진행을 가로막았기 때문이다. 그래서 그들을 해방시키기 위해, 하나님이 제국의 권력과 대결하셨다.

구속은 정치적 무대 위에서 이루어졌다.

경제적 차원

이스라엘 민족이 겪은 억압 중 가장 예리한 고통은 경제적인 것이었다. 그들은 남의 땅에서, 주인 국가의 경제적 이익을 위해, 농업 및 건설 공사를 하면서, 강제 노동으로 착취를 당했다(출 1:11-14). 그들의 '고엘'인 하나님의 동정 어린 개입을 불러일으킨 것은, 바로 이런 억압에 대한 그들의 부르짖음(체아카)이었다.

그러나 이스라엘을 애굽에서 구해내서 광야의 자유로운 상태로 이끄는 것만으로는 불충분했다. 그들의 구속이 지향하는 목표는(출 6:6-8에도 진술되어 있

다) 그들에게 땅을 주는 것이었다. 그뿐 아니라 땅과 함께 이스라엘 내에서 그 같은 억압이 발생하지 않도록 고안된 경제적 제도도 함께 주는 것이었다. 우리가 이제 살펴볼 것처럼, 이스라엘은 하나님이 그들을 위해 행하신 일에 대한 응답으로 특히 경제적 영역에서 구속적 삶을 살아야 했다.

구속은 아주 강력한 경제적 내용을 담고 있었다.

사회적 차원

출애굽기 1장의 무시무시한 이야기는 경제적 착취(인구 통제의 도구로는 실패였다)에서 시작해, 내부에서 시도된 전복으로(히브리 산파를 통해), 마지막으로 국가가 주도하는 학살로(정부의 명령으로 모든 히브리 남자아이를 죽일 것; 출 1:22) 진행된다. 이처럼 정치적 자유를 빼앗기고 경제적 억압을 감수해야 하는 상황은 이제 정상적 가정생활을 유린하고 기본적 인권을 무시하는 상황으로까지 더욱 심화된다. 다시 한 번 우리는 우리 주변에서 출애굽기 1장이 묘사하고 있는 모습을 어렵지 않게 찾아볼 수 있다.

하나님이 이처럼 참을 수 없는 고통의 지옥에서 자기 백성을 구속하셨을 때, 그것은 새로운 사회, 즉 정부 권력의 제한, 인간의 생명과 기본권의 존중, 사회 정의에 대한 열망이 건국 문서에 제시된 사회를 출범시키도록 이끌었다. 하지만 불행하게도 출애굽 이후 그들의 역사는 시내 산 언약의 이상으로부터 급속하게 하강하는 모습을 보여 준다.

구속은 사회적 변혁이었다.

영적 차원

히브리어는 노예로 섬기는 것과 예배를 드리는 것에 대해 같은 단어 '아보다'를 사용한다. 그 단어는 출애굽기 1-2장에서 바로를 섬기는 히브리 노예들을 언급하는 말로 자주 등장한다. 그러나 하나님이 바로에게 "이스라엘은 내 아들 내 장자라. 내가 네게 이르기를 내 아들을 보내 주어 나를 섬기게 하라"(출 4:22-23)고 말씀하실 때, 영어 번역본들이 보여 주는 것처럼 그 의미는 모호하다. 어떤 번역본은 마지막 단어를 "나를 섬기게 하라"고 번역하고, 다른 번역본은 "나를 예배하게 하라"고 번역한다. 정말로 이스라엘이 바로에게 예속되어 있는 것이 그들 조상의 하나님을 예배하는 데 거대한 장애물이었기 때문이다. 이스라엘의 속박에는 영적인 차원이 있었다. 그것은 단순히 정치적, 경제적, 사회적 문제가 아니었다.

실제로 모세가 바로에게 특별히 요청한 것은 이스라엘이 가서 그들의 하나님을 예배할 수 있도록 허락해 달라는 것이었다. 이미 하나님은, 모세에게 불타는 떨기나무 가운데서 모세에게 사명을 주신 바로 그 산에서 이스라엘이 자신을 예배할 것이라고 말씀하셨다.

이야기가 전개되면서, 야웨와 애굽의 신으로 칭송받던 바로 사이에 거대한 힘 대결이 벌어진다. 그러므로 애굽에 대한 승리는 단순히 사회경제적, 정치적 차원에서 이루어진 것이 아니라 "애굽의 모든 신"에 대한 하나님의 심판이었다. 따라서 모세가 홍해를 건넌 다음 부른 노래는 "여호와께서 영원무궁하도록 다스리시도다"(출 15:18)라고 선포할 때 절정에 이른다. 그것은 "바로가 아니라"라는 의미를 분명히 함축하고 있는 것이다.

이와 같이 하나님이 이스라엘을 출애굽을 통해 구속하셨을 때, 그것은 단순히 그들이 속박 상태의 몇몇 차원에서 **벗어나는** 것만이 아니라 하나님과의 **언약 관계 속으로 들어가는** 것이었다. 이스라엘이 육체적으로 노예였고 그래서 자유롭게 될 필요가 있었던 것만이 문제가 아니었다. 만약 그랬다면 하나님은 그들을 이끌어 낸 다음 그들이 자유롭게 운명을 선택하도록 내버려두고 그들을 떠나셨을 것이다. 문제는 단순히 히브리인들이 노예였다는 것이 아니라, 그들이 잘못된 주인에게 예속된 노예였으며 따라서 살아 계신 하나님을 섬길 수 있도록 이동할 필요가 있었다는 것이다.

출애굽은 노예 상태에서 자유로 이동하는 것이 아니라 노예 상태에서 언약으로 이동하는 것이었다. 구속은 구속자와의 관계를 위한 것이었다. 구속은 세상 속에서 그분의 관심사와 목적을 섬기기 위함이었다.

구속에는 분명한 영적 의도가 있고, 구속은 반드시 결과를 낳았다.

출애굽: 총체적 모델

정치적, 경제적, 사회적, 영적 차원. 이 모든 차원이 성경에 나오는 최초의 위대한 구속 행위와 관련된다. 하나님은 이스라엘이 노예로 속박되어 있는 상태에서 그들을 구하기 위해 필요한 일은 무엇이든 다 하셨다.

> 출애굽 사건에서 하나님은 이스라엘에 필요한 모든 측면에 반응하셨다. 하나님의 기념비적 구속 행위는 그저 이스라엘을 정치적·경제적·사회적 억압으로부터 구출해 놓고, 그들 마음대로 예배하게 내버려두지 않으셨다. 또한 하나님은 그들이 처한 역사적 조건은 변화시키지 않은 채, 그들에게 하늘 위 본향의 밝은 미래를 약속하며 영적인 위로만 제공하지도 않으셨다. 그렇다. 출애굽은 사람들이 실제로 처한 역사적 상황을 실제로 변화시키고, 동시에 살아 계신 하나님과의 정말 새로운 관계로 그들을 불러냈다. 이것이 이스라엘의 총체적 필요에 대한 하나님의 총체적 반응이었다.…
>
> 그러므로 여기서 우리는 역사 속에서 행동하시는 구속자 하나님에 대한 최고이자 결정적인 첫 사례 연구를 하게 된다. 그 하나님은 스스로 동기를 부여하시고, 포괄적인 목표를 성취하시고, 야웨라는 그분의 이름이 지닌 의미를 영원히 규정하는 그 이야기에서 자신의 정체성과 성품을 확실히 보여 주신다.
>
> 크리스토퍼 라이트[4]

이처럼 출애굽 이야기는 하나님이 이스라엘을 구속하실 때 행하신 **일**을 포괄적으로 말해 준다. 또한 그 이야기는 하나님이 그렇게 행하신 **이유**에 대해서도 말해 준다.

출애굽기 1-2장에 설명된 출애굽의 분명한 동기는 이중적이었다. 첫째, 그것은 잔인한 억압 아래 고통받는 사람들에 대한 하나님의 긍휼 어린 관심, 곧 정의에 대한 하나님의 열정 때문이었다. 둘째, 그것은 아브라함과 맺은 언약에 대한 하나님의 신실하심 때문이었다. 다른 말로 하면, 이분이 바로 사명을 수행하며 고귀한 성품으로 행동하시는 성경의 하나님이다.

하나님 백성의 선교가 하나님의 선교에서 나오는 것이라면, 하나님의 세상 속에서 이루어지는 우리의 선교에 대해 성경 최초의 구속 이야기로부터 무엇을 배울 수 있는가?

구속의 성경적 의미가 우선적으로 출애굽에 의해 규정된다면, 그리고 하나님이 구속하시는 목적이 하나님의 선교의 핵심이라면, 이 사실은 우리가 참여하도록 부름 받은 선교에 대해 무엇을 말해 주는가? 그 필연적인 결과는 분명 **출애굽 형태의 구속은 출애굽 형태의 선교를 요구한다**는 사실이다. 그리고 그것은 우리의 선교적 헌신은 하나님이 이스라엘을 위해 행하신 일에 나타난 것처럼 인간의 필요에 대해 광범위하고 총체적인 관심을 나타내야 함을 의미한다. 또 그것은 우리가 선교를 하는 전체적인 동기 및 목표가 출애굽 이야기에 선언된 하나님의 동기 및 목표와 일치해야 함을 의미한다.[5]

그렇다면 구속의 모델로서 출애굽은 선교에 대한 총체적 이해를 위한 성경적 기초의 일부가 된다. 나는 성경을 총체적으로 읽으면 선교를 총체적으로 이해하게 된다고 생각한다.

우리는 출애굽을 불균형하게 해석하는 함정에 빠지지 않아야 한다. 예를 들어, 우리는 그 의미를 단지 개인이 죄의 권세에서 구출받는 것을 보여 주는 구약의 '그림'으로 영적 해석을 하려는 유혹을 받을 수 있다. 또는 주 예수님 믿고 순종함을 통해 살아 계신 하나님을 알고 섬기라는 영적 요구를 언급하지 않은 채, 단지 정의를 위한 정치적·경제적 행동을 보여 주는 그림으로 정치적 해석을 하려는 경향에 끌릴 수도 있다.[6]

이런 불균형한 해석을 피할 수 있는 최선의 방법은, 신약 성경이 출애굽의 궁극적 등가물을 그리스도의 십자가로 본다는 점을 인정하며 우리의 성경신학을 전개하는 것이다.

십자가: 적대하고 억압하는 모든 것에 대한 하나님의 승리

신약은 예수님의 구속적 죽음을 출애굽의 렌즈를 통해 제시한다. 그 사람과 그 사건은 구약의 구속 그림과 일치한다. 구속자이신 예수님은 자신의 백성을 구출하기 위해 필요한 것은 무엇이든 하실 백성의 대변자시다. 그 일을 위해 그분 자신의 생명을 포기해야만 했다. 그리고 구속의 절정인 십자가는 하나님을 반대하고 그분의 창조세계를 노예로 만드는 모든 것에 대한 하나님의 승리였다.

복음서에서 출애굽에 대한 가장 분명한 언급은 예수님이 변화산에서 모세와 엘리야를 만나셨을 때 나타난다. 누가에 따르면, "그들은 그분이 예루살렘에서 성취하려고 작정하신 그분의 출애굽에 대해 이야기하고 있었다"(눅 9:31, 저자 사역). 유감스럽게도 헬라어 '엑소도스'를 "그분의 떠남"으로 번역하는 영어 성경은 그 의미를 상실했다(어떻게 떠남을 '성취'하는가?) 율법과 예언자를 대표하는 위대한 두 사람은 예수님의 죽음을 단지 '떠남'으로 이야기하지 않고, 그들이 일부 역할을 담당했던 성경이 성취된 것이라고 말했다. 특별히, 그들은 모세의 지도 아래 이스라엘 민족이 이루었고, 이제 예수님이 세상을 위해 이루실 "출애굽"의 성취를 언급했던 것이다. 예수님 자신의 온전한 의도로 작정된 그의 임박한 죽음은 하나님의 위대한 구속 행위가 될 것이다. 그리스도 안에서 하나님은 온 창조세계를 죄와 악의 속박으로부터 구출하시고, 그분의 백성을 포로 된 어둠에서 빼내어 하나님의 빛과 자유로 이끌기 위해 값을 지불하실 것이다.

다른 복음서 기자들은 출애굽 주제를 다른 데서 본다. 마태는 예수님의 어린 시절에 일어난 사건들을 출애굽의 재현으로 본다(마 2:13-15). 마가는 예수님의 생애와 업적을 이해하면서 이사야 40-55장의 새로운 출애굽 이미지를 사용한다(막 1:3; 4:35-5:13). 누가는 사가랴의 노래를 기록하면서 똑같은 일을 한다. 사가랴는 원수의 압제로부터 하나님의 백성이 구속됨을 크게 기뻐한다(눅 1:67-79). 예수님은 유월절 기간에 죽으셨다. 그 기간에 유대인들은 역사적 출애굽 사건을 기억하면서 하나님이 그분의 백성을 다시 구출하실 것을 소망했다.

때때로 바울은 속박된 이들을 사서 자유롭게 해주는 몸값이라는 더 일반적인 의미로 구속의 언어를 사용하지만(아마도 노예들이 자유를 얻고 전쟁 포로들이 몸값을 지불하고 석방되는 그리스와 로마의 관례를 떠올리며, 예를 들어, 딤전 2:6), 때로는 구약의 출애굽을 배경으로 해서 구속의 언어를 사용한다. 예를 들어, 로마서에서 바울은 우리가 몸의 구속을 기대하는 것처럼 온 창조세계가 부패의 운명으로부터 해방되기를 고대한다(롬 8:18-25). 구속은 그리스도의 죽음을 통해 그분이 이루신 우리의 죄 사함이면서(엡 1:7; 골 1:14) 또한 우리가 고대하는 미래의 완전한 해방이다(엡 1:14; 4:30). 이스라엘 사람들의 유월절처럼, 그리스도인들은 십자가를 하나님의 역사적 구출 사역으로서 되돌아보고 우리 자신과 모든 창조세계의 최종적 구속을 고대할 수 있다.

출애굽이 바로가 강제로 빼앗은 권력과 주장에 대한 하나님의 위대한 타도였던 것처럼, 십자가는 정사와 권세에 대한 하나님의 승리였다(골 2:15). 출애굽 이미지는 아마도 골로새서에서 가장 강하게 나타날 것이다.

> 그[하나님 아버지]가 우리를 흑암의 권세에서 건져 내사 그의 사랑의 아들의 나라로 옮기셨으니 그 아들 안에서 우리가 속량 곧 죄 사함을 얻었도다. (골 1:13-14)

> 출애굽 사건은 성경의 전형적인 이야기들 가운데 하나다. 그것은 구속사에 대한 성경 이야기의 처음, 중간, 끝을 알려 주기 때문이다. 하나님은 출애굽에서 이스라엘 나라를 출범시키신다. 하나님은 시내 산에서 이스라엘과 언약을 맺으시고, 40년 동안 광야에서 그 백성의 필요를 채우시며, 마침내 그들을 약속의 땅으로 인도하신다.…
>
> 하나님의 구속사 계획 한가운데서 우리는 예수 그리스도의 성육신, 삶, 죽음, 부활을 발견한다.…네 명의 복음서 기자들은 최소한 그들의 복음 이야기의 일부분을 출애굽의 용어와 방식으로 표현한다. 그리스도는 제자들을 가르

> 치면서 종종 출애굽 경험을 언급하신다. 무리 가운데서 보이신 그분의 행동은
> 출애굽을 암시한다.…출애굽 주제와 방식은 그리스도의 삶과 죽음의 사건들
> 을 설명하는 데 도움이 된다.
>
> 　구속사의 끝에는 계시록이 있다. 요한은 계시록에서 출애굽 암시와 방식을
> 사용해 성경 이야기를 매듭짓는다. 고대의 이스라엘 사람들은 그들의 약속의
> 땅인 가나안에 들어갔다. 신약의 그리스도인들은 그들의 죄로부터 그들에게
> 약속된 구원과 자유의 안식에 들어간다. 그 모든 것 끝에, 모든 시대에서 구속
> 받은 자들은 새 예루살렘에 들어갈 것이며 그들의 유랑 생활은 끝날 것이다.
> 그들은 본향에 있게 될 것이다. 출애굽은 구약과 신약의 독자들과 항상 함께
> 있다.
>
> 　　　　　　　　　　　　　　리처드 패터슨, 마이클 트래버스[7]

다시 말해, 구약과 신약에서 구속은 하나님이 그분 백성의 위대한 대변자로 활동하셔서, 전능한 힘을 행사하시고, 그 백성을 적대하고 억압하는 모든 것으로부터 그들을 구출하기 위해 비용 일체를 지불하시는 하나님의 행위다. 그것은 모든 억압적인 권력을 타도하고 사람들을 괴롭히는 속박의 모든 차원을 역전시키는 것을 포함한다. 그것은 하나님의 백성을 '아래로부터' 구출해 내서 하나님과의 새로운 관계로 인도한다. 그리고 그 새로운 관계는 세상 속에서 하나님을 위한 사명을 띠고 구속적 삶을 살아 내는 실제적 반응을 요구한다.

하나님의 구속에 반응하다

기뻐하도록 부름받음

위대한 출애굽 구출에 대한 첫 번째 본능적인 반응은 모세와 미리암이 그랬던 것처럼, 기뻐서 노래를 외쳐 부르는 것이었다(출 15:1-21). 모세의 노래는 구

속자 하나님을 찬양한다. 그러면서 하나님이 그분의 원수들을 물리치고 위대한 승리를 하셨으며, 그분은 열방의 어떤 신들과도 비교할 수 없으며, 그분은 자기 백성을 구속하셨으며, 다른 백성들도 이 위대한 사건의 소식을 듣고 감동을 받을 것이라고 강조한다. 그 노래는 하나님의 전능한 구속 행위 가운데 나타난 하나님의 통치를 찬양하는 것이다.

그러나 구속을 기뻐함이 스포츠 경기에서 크게 승리하고 나서 환호하고 박수를 치는 것처럼 서서히 잦아들어서는 안 되었다. 그것은 개인적 생활 습관이 되어야 했으며 이스라엘의 문화 속에 뿌리박혀야 했다. 어떤 의미에서, 하나님의 구속적 통치는 이스라엘의 예배 생활 가운데서 계속 현실화되었다.

> 이스라엘의 찬송 중에 계시는 주여,
> 주는 거룩하시니이다. (시 22:3)

이스라엘의 생활에는 하나님을 기뻐하는 시간들이 스며들어 있었다. 그것들은 연례 절기로서 달력에 군데군데 들어 있었다. 물론 봄철의 유월절은 출애굽 구출을 축하하는 가장 특별한 행사였다. 또 가을 추수는 야웨와 그분의 사랑에 대한 오래된 옛 이야기를 말하고 구속의 노래를 부르는 또 다른 기회를 제공했다(신 26:5-11).

이와 같이 구속을 기뻐하는 것은 개인적일 뿐만 아니라, 또한 공동적이고 (사회의 모든 집단이 참가할 수 있었고), 또한 명령으로 부과된 의무였다. 그것은 선택 가능한 감정적 즐거움이기보다는 되풀이해서 강조된 공동체의 책임이자 혜택이었다(신 16:11; 참고. 느 8:10-12). 구약의 이스라엘 사람들은 영국 성공회의 성만찬 기도에 나오는 문구에 동의했을 것이다. "당신께 감사와 찬양을 드리는 것은 올바를 뿐 아니라, 언제 어디서나 우리의 의무이며 우리의 기쁨입니다."[8]

그러므로 베드로가 대부분 이방인으로 구성된 독자들을 향해 출애굽기를 인용하면서 그들도 역시 출애굽 경험을 하였다고 말한 것은 참으로 성경적이고 이스라엘적인 것이다. 그리고 그는 즉시 덧붙이기를, 그 구속에 대한 그들의 첫 번째 실제적인 반응은, 하나님을 찬양하는 것과 하나님을 중심에 모신 공동체로서 열방 중에서 선을 실천하는 것이라고 말한다. 찬양과 실천은 모두 선교적 행위들이며, 둘 다 우리가 하나님의 구속하시는 사랑에 응답하여 행하도록 부름받은 것들이다.

> 그러나 너희는 택하신 족속이요 왕 같은 제사장들이요 거룩한 나라요 그의 소유가 된 백성이니 이는 너희를 어두운 데서 불러내어 그의 기이한 빛에 들어가게 하신 이의 아름다운 덕을 선포하게 하려 하심이라. (벧전 2:9)

14장에서 이런 찬양과 기도가 가지는 선교적 중요성을 고찰할 것이다.

본받도록 부름받음

출애굽은 이스라엘의 율법과 관습에 스며들었다. 그것은 다양한 사회적 요구 조건들을 순종해야 하는 이유로 여러 번 언급된다. 이는 구속의 경험이 구속적 삶의 실천과 뒤섞이는 지점이다.

출애굽은 단순히 역사 속에 일어난 사건이 아니다. 그것은 실천의 모델이 된다. 구속받은 백성인 이스라엘은 야웨께서 그들의 신적 '고엘'로 행동하시도록 만들었던 것과 동일한 성품을 나타내는 삶을 살아야만 한다. 하나님께 구속받은 백성의 선교 중 일부는 그들이 다른 사람들을 대하는 방식에서 그들을 구속한 분의 성품을 반영하는 것이다. 그리고 그것은 특히 '고엘'의 주요한 자격 요건, 곧 대가를 지불하는 긍휼, 정의에 대한 헌신, 배려하는 관대함, 구속적 결과를 낳는 행동 등을 의미하는 것이다. 이런 것들이 구속적 삶에 포함된다.

노예 해방

그러므로 십계명 다음으로 이스라엘(수많은 탈출 노예들)에게 주어진 최초의 율법이 그들의 사회에서 어떤 형태로든 노예 노동을 하는 자들을 대하는 방식과 관련된다는 사실은 놀랄 일이 아니다(출 21:1-11). "히브리 종들"은 아마도 인종적으로 이스라엘 사람들이 아니라 고대 근동 문화에서 땅 없이 사는 취약한 계층의 사람들이었을 것이다. 그들은 노동자, 군인 등 할 수 있는 일은 무엇이든 해서 품을 팔아 먹고 살았다. 이스라엘의 율법은 6년 동안 봉사한 후에 그들에게 자유를 선택할 수 있는 권한을 주도록 요구했다. 즉 '출애굽'할 수 있는 기회를 제공하는 것이다.

동일한 율법은 이스라엘의 애굽 경험을 명시적으로 언급하며 그들 가운데 있는 외국인들을 그들이 애굽에서 고통 당했던 식으로 다루지 **않도록** 요구한다(출 23:9).

신명기 15:1-18은 관대함의 경제학을 다루는데 아마도 구약에서 가장 따뜻한 부분일 것이다. 그것은 매우 관계적인 방식으로 궁핍한 자들을 위한 긍휼을 역설한다.

> 네 하나님 여호와께서 네게 주신 땅 어느 성읍에서든지 가난한 형제가 너와 함께 거주하거든 그 가난한 형제에게 네 마음을 완악하게 하지 말며 네 손을 움켜쥐지 말고 반드시 네 손을 그에게 펴서 그에게 필요한 대로 쓸 것을 넉넉히 꾸어 주라.… 땅에는 언제든지 가난한 자가 그치지 아니하겠으므로 내가 네게 명령하여 이르노니 너는 반드시 네 땅 안에 네 형제 중 곤란한 자와 궁핍한 자에게 네 손을 펼지니라. (신 15:7-11)

관대함

방금 살펴본 신명기의 다음 구절에는 풀려난 노예들을 관대하게 대하라는 명령이 나오는데, 그 말씀은 출애굽이 그런 행동을 위한 모델과 동기가 됨을 명시적으로 언급한다.

> 그를 놓아 자유하게 할 때에는 빈손으로 가게 하지 말고 네 양 무리 중에서와 타작

마당에서와 포도주 틀에서 그에게 후히 줄지니 곧 네 하나님 여호와께서 네게 복을 주신 대로 그에게 줄지니라. **너는 애굽 땅에서 종 되었던 것과 네 하나님 여호와께서 너를 속량하셨음을 기억하라. 그것으로 말미암아 내가 오늘 이같이 네게 명령하노라.**
(신 15:13-15; 저자 강조)

구속받는다는 것이 무엇인지 아는 이들은 다른 사람들을 향해, 특히 하나님이 이스라엘을 구속하셨을 당시 그들이 겪었던 것과 동일한 종류의 어려움에 처해 있는 사람들을 향해, 구속적인 삶을 살아야 한다.

구속과 희년

구속이라는 말을 가장 일반적으로 사용한 경우는 레위기 25장에 나타난다. 거기서 그것은 대출 담보물로 팔린(또는 팔릴 예정인) 땅을 되사는 것과, 빚을 갚기 위해 일군으로 팔려갈 가족 구성원을 되사는 것에 적용된다. 이러한 구속 절차와 관련된 것이 희년인데, 그것은 가족들에게 조상으로부터 물려받은 땅을 되돌려 주어서 공동체에 생산적으로 참여할 수 있도록 만드는 장치였다.[9]

이러한 모든 장치는 보다 넓은 경제적·사회적 의미에서 근본적으로 구속적이고 회복적이었다. 그 모든 장치는 계속해서 악화되는 빚과 가난, 강탈에 개입해서 상황을 역전시키는 것을 목표로 했다. 다시 한 번 우리는 하나님의 위대한 구속 행위인 출애굽이 이와 같은 모든 행위의 모델과 동기로서 되풀이하여 강조되고 있음을 발견한다. 신학과 경제학은 별개의 우주에서 사는 것이 아니라 성경적 구속 경험과 실천 속에서 결합된다.

미가는 이 두 가지를 강력한 논리로 묶는다. 미가 6:4-5, 8을 읽고 그것이 어떻게 구속사를 관통하여 나아가며 하나님의 계시인 명백하고 보편적인 도덕적 요구로 발전하는지 주목해 보라.

용서와 빚

구속적인 삶을 통해 우리의 구속자를 반영하는 것과 동일한 역동적 원리가 신약에도 스며들어 있다. 주기도문을 가지고 얼마나 많이 기도해야 이 원리를 알아차리게 될까? "우리가 우리에게 빚진 모든 사람을 용서하오니 우리 죄도 사하여 주시옵고"(눅 11:4, NRSV: 우리말 성경 본문에서는 '죄'로, 난외주에서는 '빚'으로 각각 번역해 놓았다 – 역주).[10]

마태복음에서 그 단어는 두 곳에서 다 "빚"으로 번역되었다. 예수님이 그것을 '죄'의 측면에서 설명하시기는 하지만, 이는 하나님이 우리의 죄를 용서해 주시는 것이 우리가 기꺼이 다른 사람의 죄를 용서해 주는 것과 연결되어 있음을 단언하는 것이다. 그러나 가난과 빚이 고질적인 문제이며 사회적 불안의 주요 원인이 되는 사회에서, 하나님께 "우리의 빚을 탕감하여 주시옵고"라고 기도하는 것은 우리가 하나님께 지은 죄의 현실을 가리킬 뿐만 아니라 강력한 경제적 의미를 지니는 것이기도 했다. 이때 이 기도와 관련하여 영적인 해석이나 재정적인 해석 중 하나만 선택할 필요는 없다. 죄와 빚의 관련성은 앞으로 살펴볼 예수님의 다른 가르침에서도 불쑥 나타난다.

우리가 여기서 강조하려고 하는 점은 하나님의 용서하시는 행동과 그분께 기도하는 자의 동정 어린 행동이 완전히 연결되어 있다는 것이다. 하나님의 용서하심을 아는 우리는 우리에게 죄를 저지른 이들, 특히 우리에게 빚을 진 이들에게 비슷한 방식으로 처신해야 한다.

빚을 탕감받는 기쁨을 누린 자는(우리가 살펴본 것처럼 이는 구속이 지닌 의미 중 하나다) 기꺼이 다른 사람의 빚을 탕감해 주어야 한다. 그것은 원래의 구속자의 관대함을 반영하는 행위다. 이것이 정확히 마태복음 18:21-33에 나오는 예수님 비유의 요점이다. 그 비유에서 예수님은 하나님 나라에서 이루어지는 용서의 근본적인 의미와 범위에 대해 설명하셨다.

구속의 경험은 구속적 삶을 낳아야만 한다. 하나님이 우리를 위해 행하신 일은 선교적인 흐름을 만든다. 하나님 백성의 선교는 이와 같이 강력한 실천적 차원을 지닌다.

우리가 경험한 하나님의 구속하시는 은혜를 우리가 살아가는 방식, 특히 다른 사람들을 대하는 방식에 반영하는 원리는 신약 성경 전체에 걸쳐서 발견된다. 몇 가지 예만 들어도 그 점을 분명히 알 수 있다.

- 너희 아버지의 자비로우심같이 너희도 자비로운 자가 되라(눅 6:36).
- 내가 너희를 사랑한 것같이 너희도 서로 사랑하라(요 15:12).
- 서로 친절하게 하며 불쌍히 여기며 서로 용서하기를 하나님이 그리스도 안에서 너희를 용서하심과 같이 하라(엡 4:32).
- 그리스도께서 우리를 받아 하나님께 영광을 돌리심과 같이 너희도 서로 받으라(롬 15:7).
- 오직 너희는…이 은혜에도 풍성하게 할지니라.…우리 주 예수 그리스도의 은혜를 너희가 알거니와 부요하신 이로서 너희를 위하여 가난하게 되심은 그의 가난함으로 말미암아 너희를 부요하게 하려 하심이라(고후 8:7-9).
- 그가 우리를 위하여 목숨을 버리셨으니 우리가 이로써 사랑을 알고 우리도 형제들을 위하여 목숨을 버리는 것이 마땅하니라. 누가 이 세상의 재물을 가지고 형제의 궁핍함을 보고도 도와 줄 마음을 닫으면 하나님의 사랑이 어찌 그 속에 거하겠느냐(요일 3:16-17).

> 우리가 용서함으로써 용서를 받을 수 있는 것은 아니다. 오히려 우리가 하나님의 위대한 자비를 경험함으로써 우리는 자비로운 사람이 되어 가는 것이다.
>
> 은혜의 경험은 우리를 자비로운 사람으로 변화시킨다. 그것은 단순히 대인 갈등이 없는 사람이 된다는 말이 아니다. 그것은 우리가 다른 사람을 다루는 방법이 바뀐다는 말이다. 경제적으로 관대한 사람이 된다는 말이다. 하나님이 우리의 죄를 용서하실 때, 우리는 우리의 채무자들을 용서한다. 누가는 두 경우에 '죄'라는 단어를 사용할 수 있었지만, 그는 예수님의 말씀이 지닌 경제적 함축을 강조하기 원했다.…
>
> 구약의 희년에서 이스라엘 사람들이 그들에게 속죄를 베푸신 하나님의 은혜를 경축할 때 빚이 탕감되고 종들이 자유롭게 풀려났다(레 25장과 신 15장

> 을 보라). 이제 세상 죄를 제거하신 하나님의 어린양이 오셨다. 하나님의 용서의 빛을 받아, 그리스도의 죽음에 의해 용서받고 자유롭게 된 사람들 가운데서 경제적·사회적 관계의 새로운 시대가 시작되었다. 예수님을 따르는 이들은 영구적인 희년의 수령자요 참여자로 살아가야 한다.
>
> 팀 체스터[11]

사명을 띠고 구속적 삶을 살기

그렇다면 우리는 구속의 몇 가지 성경신학적 차원에 대한(구속이 출애굽에서 시작되어 십자가에서 완성된 것을 포함하여) 이 조사를 하나님의 백성을 위한 선교의 삶과 어떻게 연결시킬 수 있는가?

우리는 구약과 신약에서 구속은 단순히 과거의 역사적 사실이나 현재 누려야 할 개인적 경험이 아니라, 윤리적 삶이라는 반응을 요구하는 존재 상태라는 점을 살펴본 바 있다. 하나님의 구속을 받은 백성은 세상에서 구속적 삶을 살도록 부름받는다. 그리고 우리가 하나님이 구속하시는 행동의 의미를 출애굽에 비추어 폭넓게 이해하는 것처럼, 우리가 하나님의 구속의 목적에 대해 반응하고, 그것을 반영하고, 또 어떤 점에서는 그것을 구현하는 행위인 선교의 특성 역시 폭넓게 이해해야 한다.

출애굽은 개인적 죄사함의 영적 차원과 더불어 사회적, 정치적, 경제적 관심 및 행동의 중요성을 강조하는 선교신학들을 위한 탁월한 성경적 근거로 간주되어 왔다. 더 정확히 말하면, 그리고 성경에 더 충실하자면, 출애굽은 성경적 복음의 포괄적인 좋은 소식 안에 이러한 모든 차원을 통합시키는 성경적 기초다. 그와 같은 총체적 또는 통합적 선교 이해들은 하나님이 모범적인 구속적 사건, 곧 출애굽에서 이스라엘을 위해 성취하신 것 전체를 가리킨다. 그리고 나는 그것들이 그렇게 하는 것이 옳다고 믿는다.[12]

> 옛날에 그들 자신의 어처구니없는 실수 때문이긴 하지만, 그들이 갚을 수 없는 그리고 심지어 이해할 수조차 없는 산더미 같은 악성 부채로 붕괴의 위험에 처한 어떤 은행들이 있었다. 그래서 그들은 정부를 찾아갔는데, 정부는 그들에게 자비를 베풀어 납세자들에게서 거둔 수조 달러와 파운드로 그들의 빚을 없애 주었다. 그리고 나서 그 은행들은 세금으로 그들을 구해 준 많은 개인들을 만났는데, 그들은 은행에 수천 달러나 파운드에 해당하는 작은 빚을 지고 있었다. 그러나 그들이 빚을 갚을 수 없게 되자 은행들은 그들에게 전혀 자비를 베풀지 않고 그들의 집을 빼앗았다. 이 이야기는 우리의 타락한 세상에서 부자와 힘 있는 자들은 쉽게 구속받을 수 있지만 가난한 사람은 구속을 받기가 어렵다는 사실을 보여 준다. 하지만 하나님 나라에서 예수님의 구속 계획은 다르게 작동한다.

십자가를 중심으로 삼음

하지만 이 장에서 나는 출애굽을 십자가에, 그리고 십자가를 출애굽에 비추어 보아야 한다고 강조했다. 하나님의 구속은 비록 수세기의 인간 역사에 걸쳐 펼쳐지지만 실제로 한 가지 위대한 구속적 행위이다. 새 창조에서 구속받은 자들은 모세의 노래와 어린양의 노래를 부른다(계 15:3). 본질적으로 그것은 한 위대한 구속자와 역사에서 일어난 그분의 한 위대한 구속 사역을 경축하는 한 노래이기 때문이다.

> 하나님 앞에서 정의, 자비, 겸손을 강조하는 성경의 도덕적 비전에 근거한 사회 윤리가 없는 교회는 인류에게 영향을 끼치는 엄청난 문제들과 무관해질 수밖에 없다. 잘해야 교회는 공허한 의식주의와 개인 도덕에 집중할 것이지만, 가난한 자들의 궁지와 하나님의 창조세계가 훼손당하는 것에는 무관심한 채로 있을 것이다. 최악의 경우 교회는 소비주의의 문화 이데올로기에 자신이

> 포로가 된 사실을 깨닫지 못할 것이며, 권력자들에게 이용당하며 그들의 부정한 사회경제적·정치적 제도와 심지어는 전쟁까지 종교적으로 정당화해 줄 것이다.
>
> 르네 빠디야[13]

이러한 이유로, 우리가 앞에서 기술한 대로 하나님 백성의 선교를 총체적으로 또는 통합적으로 생각할 때, **우리는 반드시 십자가를 우리가 관여하는 선교의 모든 차원의 중심으로 삼아야 한다**. 다음 부분은 내가 이 점에 대해 열정적인 관심을 표현한 책 「하나님의 선교」에서 발췌한 것인데, 내가 달리 더 잘 말할 수 없을 것 같아서 그것을 그대로 인용한다.

모든 기독교 선교는 십자가에서 나온다. 십자가가 선교의 근원과 능력이며 선교의 범위를 결정한다.

십자가를 총체적·성경적 선교의 모든 측면에 대해 중심으로 보는 것이 중요하다. 즉 십자가를, 십자가에 매달려 죽으셨다가 부활하신 예수님의 이름으로 행하는 모든 것의 중심으로 보는 것이다. 우리의 전도는 십자가를 중심으로 해야 하지만(물론 당연히 그래야 한다), 사회 참여와 다른 유형의 실제적인 선교는 이와 다른 어떤 신학적 기초나 근거를 가져야 한다고 생각하는 것은 잘못이다.

그렇다면 선교의 전 영역에서 십자가가 중요한 이유는 무엇인가? 그리스도의 이름으로 행하는 모든 유형의 기독교 선교에서, 우리는 악의 권세와 사탄의 나라, 그리고 그것들이 인간의 삶과 더 광범위한 피조물에게까지 끼치는 부정적인 영향과 맞서 싸우고 있기 때문이다. 우리가 그리스도 안에 있는 하나님 통치의 실재를 선포하고 나타내려 한다면, 곧 "가이사 외에는 왕이 없다"는 외침이 도처에서 들려오고 맘몬을 포함해서 그의 많은 후계자들이 즐비한 세상에서 예수님이 왕이시라는 사실을 선포하려 한다면, 우리는 수많은 모습을 하고 있는 악한 자의 통치와 직접적으로 충돌하게 될 것이다. 악의 권세에 대항하여 싸우는 이 전투의 치명적 실재는 정의를 위해 싸우는 자들, 가난하고 억압당하는 자들, 병든 자들과 무지한 자들의 필요를 위해 싸우는 자들, 그리고 심지어는 약탈자들과 오염시키는 자들에 대항하여 하나님의 피조물을 돌보고 보호하려는 자들이 공통적으로 증언하는 바다. 이는 사람들을 구세주요 주가 되시는 그리스도를 믿도록 전도하고 교회를 개척하는 일에 힘쓰는 자들(종종 동일한 사람들)이 경험하는 것이기도 하다. 그와 같은 모든 일 가운데서 우리는 죄와 사탄의 실재와 대면한다. 이와 같은 모든 일 가운데서 우리는 예수 그리스도의 빛과 좋은 소식 그리고 그분을 통한 하나님의 통치를 갖고 세상의 어두움에 도전한다.

우리는 어떤 권위로 그렇게 할 수 있는가? 우리는 어떤 능력을 갖고 악의 권세와 대결할 수 있는가? 우리는 어떤 근거에서 감히 말과 행위로, 사람들의 영적·도덕적·육체적·사회적 삶에 역사하는 사탄의 속박에 도전할 수 있는가? 오직 십자가를 통해서만 그렇게 할 수 있다.

- 십자가 안에서만 죄책을 지닌 죄인을 위한 용서, 칭의 및 깨끗하게 함이 있다.
- 십자가 안에서만 악한 권세를 격파시킬 수 있다.
- 십자가 안에서만 사망의 두려움에서 벗어나고 사망이 궁극적으로 멸망한다.
- 십자가 안에서만 가장 다루기 어려운 원수까지도 화해시킬 수 있다.
- 십자가 안에서만 우리는 마침내 모든 피조물이 치유되는 것을 목도할 수 있다.

분명한 사실은, 죄와 악은 이 세상에서 삶의 전 영역에 나타나는 나쁜 소식이라는 것이다. 그렇기에 그리스도의 십자가를 통한 하나님의 구속적 사역은 이 세상에서 죄로 오염된 삶의 전 영역, 곧 우리 삶의 전 영역을 위한 좋은 소식이다. 단도직입적으로 말해서, 우리에게는 총체적 복음이 필요하다. 세상이 총체적으로 망가졌기 때문이다. 그리고 하나님의 엄청난 은혜로 우리는 죄와 악으로 오염된 모든 것을 구속할 수 있을 만큼 큰 복음을 갖고 있다. 또 이 좋은 소식의 모든 차원은 전적으로 그리고 오직 십자가에서 흘리신 그리스도의 피 때문에 좋은 소식이다.

궁극적으로 새로운, 구속된 창조세계 안에 있게 **될** 모든 것은 십자가 때문에 거기에 있게 될 것이다. 그리고 반대로 거기에 있지 **않게 될** 모든 것(고통, 눈물, 죄, 사탄, 질병, 억압, 부패, 죽음)은 십자가에 의해 격파되고 파괴되었기 때문에 거기에 있지 않게 될 것이다. 그것이 하나님의 구속관이 갖는 길이와 너비와 높이와 깊이다. 이것은 엄청나게 좋은 소식이다. 이것이 우리의 모든 선교의 핵심이다.

따라서 총체적 선교는 총체적 십자가의 신학을 지녀야만 한다는 것이 나의 확고한 신념이다. 거기에는 십자가가 우리의 전도에 중심이 되어야 하는 것만큼 우리의 사회 참여에도 중심이 되어야 한다는 신념이 포함된다. 십자가에 매달려 죽으셨다가 부활하신 예수님 외에, 우리가 온 인류와 전 세계에 온전한 복음을 제공할 수 있는 다른 능력, 다른 자원, 다른 이름은 없다.[14]

출애굽 및 희년 공동체로서의 교회

우리가 십자가를 하나님 백성의 선교가 의미하는 모든 것에 대해 중심으로 삼기는 하지만, 모세와 엘리야가 대화하는 변화산의 전망에서 십자가를 바라볼 필요가 있다. 즉 "예수님이 성취하려고 작정하셨던 출애굽"으로 볼 필요가 있다. 다시 말해서, 우리는 십자가를 출애굽을 **대체하는** 것으로 보지 않는다(마치 출애굽의 모든 사회경제적·정치적 측면들이 줄어들고 오로지 영적인 의미만 남는 것처럼). 오히려 우리는 십자가를 출애굽의 **성취**로 본다. 십자가의 완전한 구속적 업적은 인류와 창조세계를 노예로 만들고 억압하는 **모든 것**으로부터의 최종적 해방을 포함한다. 물론, 아직 현재의 역사 속에서 그 구속 사역의 완성을 보지는 못하지만, 우리는 바울이 로마서 8장에서 고대한 것처럼, 구속의 궁극적인 전체 모습이 나타나기를 고대한다. 구속의 성취는 십자가에서 이루어졌을지라도, "구속의 날"은 여전히 앞에 놓여 있다.

요약

우리는 구속에 대한 우리의 성경신학이 하나님을 신적 구속자로 기술한다는 것을 살펴보았다. 하나님은 그분의 백성을 그들을 억압하는 모든 것으로부터 구출하기 위해 필요한 일은 무엇이든 하시고 모든 대가를 지불하시는 분이다. 하나님은 그분의 백성을 자유롭게 하는 승리를 이루신 위대한 승리자시다. 출애굽은 구약의 구속 모델을 제공하며 하나님이 구속자로 개입하실 때 그 구속이 얼마나 광범위하고 포괄적인지 보여 준다. 신약은 예수님의 십자가와 부활을 **탁월한** 출애굽으로 제시한다. 그것은 하나님의 구속 의지 및 능력의 최고 성취, 하나님을 반대하고 그분의 백성을 억압하는 인간적이고 사탄적인 모든 권세를 물리치신 그분의 승리를 나타낸다.

그렇다면 하나님 백성의 선교는 무엇인가? 그것은 분명히 하나님의 구속하시는 능력을 이미 경험한 자로서 사는 것이다. 그리고 그들의 삶은, 개인적으로 공동체적으로, 모든 형태의 억압과 노예 상태로부터 모든 창조세계와 인류의 궁극적인 해방을 가리키는 이정표다.

이런 이유로 우리는 출애굽과 희년에 표현된 **하나님의** 구속 계획의 다양한 차원들을 우리를 둘러싸고 있는 온갖 억압들에 관련시키고자 애쓰는 구속적인 삶을 추구한다. 이것이 우리 역시 모세 및 엘리야와 대화를 나누어야만 하는 이유다. 구속적 삶을 사는 것, 곧 잔인함, 착취, 탐욕의 세상 가운데서 동정, 정의, 관대함을 따라 행동하는 것이 무엇을 의미하는지 구체적으로 가르쳐 주는 풍부한 자원을 제공하는 것이 바로 율법과 예언서이기 때문이다.

결국 그것이, 바울에 따르면, 성경이 존재하는 이유다(그는 지금 여기서 구약 성경을 언급하고 있다).

모든 성경은 하나님의 감동으로 된 것으로 교훈과 책망과 바르게 함과 의로 교육하기에 유익하니 이는 하나님의 사람으로 온전하게 하며 모든 선한 일을 행할 능력을 갖추게 하려 함이라. (딤후 3:16-17)

나는 교회가 출애굽을 그대로 재현하거나 희년을 그대로 강요하는 법을 제정해야 한다고 제안하는 것이 아니다. 우리는 이런 것들을 하나님 자신이 시행하시고 이어서 그분의 백성에게 요구하셨던, 인간의 필요에 대한 포괄적인 구속적 반응의 모델로 보아야만 한다.

> 기독교 공동체는 도래하는 하나님의 해방의 표시이자 약속이다. 우리는 깨어진 세상에서 하나님의 해방하는 나라의 현존이다. 우리는 해방을 발견할 수 있는 장소요, 추방된 사람에게 거처를 제공하는 장소다. 우리는 깨어진 사람들을 깨어진 사람들의 공동체로 환영해야 한다. 우리는 해방이 현재의 실재가 되는 공동체다. 우리는 새로운 경제적·사회적 관계를 맺고 사는 희년 백성이다. 우리는 세상의 빛이요 산 위에 있는 도시다. 우리가 당면한 도전은, 예수님의 해방의 메시지를 사람들의 경험과 연관하여 또 기독교 공동체 안에 해방의 장소를 제공하는 방식으로 분명히 표현하는 것이다.
>
> 팀 체스터[15]

정치적 부정, 경제적 착취, 사회적 억압, 영적 속박이 있는 곳에서, 출애굽에 나타난 하나님의 긍휼과 정의를 공유하는 자들은 어떤 행동을 취해야 하는가?

사람들이 계속 치솟는 빚과 더욱 심해지는 가난으로 갈가리 찢기고, 그와 함께 온갖 인간적 모욕과 사회적 배제를 당하는 곳에서, 희년의 신학적 원리들을 반영할 뿐 아니라, 빚은 영생하지 말아야 하며 한 세대의 실패가 모든 미래 세대를 가난으로 몰아넣어서는 안 된다는 희년의 주장을 반영하는 행동은 어떤 것들인가?

다시 말해서, 우리가 우리의 선교를 규정하는 방식은, 출애굽과 희년의 언어, 희망을 재구성했던 예언자들에 의지해 자신의 선교를 규정하신 예수님의 방식과 얼마나 닮았는가?

주의 성령이 내게 임하셨으니
    이는 가난한 자에게 복음을 전하게 하시려고

내게 기름을 부으시고

나를 보내사 포로 된 자에게 자유를

   눈 먼 자에게 다시 보게 함을 전파하며

눌린 자를 자유롭게 하고

   주의 은혜의 해를 전파하게 하려 하심이라. (눅 4:18-20)

이렇게 할 때 우리는 과거에 하나님이 이루신 구속 사역과 미래에 우리 세계가 누리게 될 해방의 유일한 소망을 가리키는, 출애굽과 희년의 이정표 같은 공동체가 된다.

생각해 볼 질문

1. 예수님의 십자가와 부활을 출애굽의 완성으로 이해하는 것은 당신이 구속과 교회의 선교를 이해하는 데 어떤 영향을 끼치는가?
2. '구속'에 대해 생각할 때, 우리는 그것을 단순히 우리의 죄를 용서받는 것(물론 그것은 옳고 또 좋은 것이다)과 동일시하는 경향이 있다. 그러나 당신은 자신의 인생 경험을 돌아볼 때, 이 장에서 고찰한 바 있는 하나님의 구속(구출, 해방) 사역의 다른 차원들 중 어떤 것들을 발견할 수 있는가?
3. 또한 우리는 구속을 개인적인 것(구속받은 사람이 되는 것)으로 생각하는 경향이 있다. 구속을 구속받은 **공동체**로 생각하는 것은 교회에 대한 당신의 인식을 어떻게 변화시키는가? 당신의 교회는 어떤 방식으로 세상에서 하나님의 구속적 긍휼과 정의를 반영하는 공동체가 될 수 있는가?
4. 이제 당신이 하나님 백성의 선교는 다른 사람들이 구속받도록 다른 나라에 선교사들을 보내는 것만이 아니라, 모든 곳에 있는 하나님의 백성이 우리의 구속자이신 그리스도 안에서 하나님의 반영자요 메신저로서, 세상 속에서 구속적 삶을 사는 것도 포함한다고 믿게 되었다면, 그것은 하나님 백성의 선교에 대한 이해에 어떤 변화를 가져오는가?

7장

세상을 향해 하나님을 대표하는 백성

그 이야기를 기억함

살아갈 이유를 제공하는 이야기

우리는 누구이며, 무엇을 위해 여기에 있는가? 이것은 우리가 이 책 전체에 걸쳐 대답하고자 하는 질문이다. 하나님 백성의 선교는 무엇인가? 그러나 개인적 수준에서조차 그러한 질문들은 도전적이다. 당신의 정체성은 무엇이며 이 세상에서 당신의 존재 목적은 무엇인가?

그 대답은, 당신이 한 부분으로 참여하고 있다고 믿는 그 이야기에 달려 있다. 우리 모두는 우리가 이해하는 이야기, 또는 우리로 하여금 계속 사는 것이 가치가 있다고 생각하게 만드는 더 큰 이야기가 있다고 가정하며 우리 삶의 작은 이야기들을 살아간다. 당신이 자신의 삶을 초월하고 물질적 우주조차 초월하는 원대한 이야기 속에서 보기보다는, 스스로 그와 같은 이야기를 만들어 내야 한다고 믿는 경우에도 마찬가지다. 이 일은 무신론자들조차도 반드시 해야만 하는 일이다. 사람들은 무신론자들이 이 일을 제대로 해낼 수 있을지 궁금해 한다. 그들은 할 이야기가 많지 않을 것이다.

다시 구약으로 돌아가면, 우리는 이스라엘 사람들에 대해 동일한 질문을 할 수 있다. **그들은** 누구였으며, 무엇을 위해 거기에 있었는가? 그리고 우리의 대답은 그들이 일부로 참여했던 큰 이야기로부터 나와야 한다. 그래서 우리는 이 시점에서 다시 2장에서 조사했던 원대한 성경 이야기의 의의를 한 걸음 더 다가가 살펴보고자 한다. 그 이야기를 파악하는 것이 매우 중요하기 때문이다.

그렇다면 여기에 구약의 이스라엘 사람들이 묻던 그 질문("우리는 누구이며, 무엇을 위해 여기에 있는가?")에 대한 하나님의 대답이 있다. 이 구절은 성경에서 가장 영향력이 있는 구절이기도 하다.

모세가 하나님 앞에 올라가니 여호와께서 산에서 그를 불러 말씀하시되 너는 이같이 야곱의 집에 말하고 이스라엘 자손들에게 말하라. 내가 애굽 사람에게 어떻게 행하였음과 내가 어떻게 독수리 날개로 너희를 업어 내게로 인도하였음을 너희가 보았느니라. [5절 후반] **왜냐하면 진실로** 세계가 다 내게 속하였나니 너희가 내 말을 잘 듣고 내 언약을 지키면 너희는 모든 민족 중에서 내 소유가 되겠고 너희가 내게 대하여 제사장 나라가 되며 거룩한 백성이 되리라. 너는 이 말을 이스라엘 자손에게 전할지니라. (출 19:3-6; 5절 후반 저자 강조 및 사역)

물론 전후 문맥의 이야기는 우리가 6장에서 살펴보았던 출애굽 이야기다. 그러나 그것조차도 충분히 큰 이야기는 아니다. 그것은 성경 전체를 형성하는, 전체 우주를 포괄하는, 그리고 과거와 현재와 미래를 포함하는 하나님의 원대한 드라마의 일부분에 불과했다. 그것은 이스라엘 사람들에게 그들이 누구인지 알려 주었던 큰 이야기의 앞부분에 나오는 사건이었다.

그것은 또한 **우리**가 누구인지, 왜 존재하는지를 알려 주는 이야기인데 그것은 우리에게 나사렛 예수와 **그분의** 이야기를 전해 수었던 이야기의 일무이기 때문이다. 물론 그것은 **예수님**에게도 그가 누구이며 어떤 존재가 되고 무엇을 해야 하는지를 확인해 주는 이야기였다. 그리고 우리가 2장에서 살펴본 것처럼, 그것은 신약의 교회를 세계를 향한 선교로 내몰았던 이야기다.

그렇다면 우리로 하여금 선교에 관여하게 만드는 하나님 백성이라는 우리의 정체성에 관해 이 본문이 무엇을 말하는지 생각하면서 다시 한 번 그 이야기를 주목해 보는 것이 필요하다. 하나님이 이 본문에서 그 이야기를 조망하시는 것처럼 말이다.

> 2009년 초 런던의 빨간 버스 양면에 한 광고가 등장했다. 그것은 여러 인본주의자와 무신론자 단체 및 개인들이 후원하고 돈을 낸 광고였다. 무신론 근본주의의 텔레비전 전도사격인 리처드 도킨스(Richard Dawkins)도 그중 한 사람이었다. "하나님은 없다. 그러니 이제 염려하지 말고 인생을 즐겨라." 나는 그 문구를 보면서 '별난 오해를 다 하네'라고 생각했다. 왜냐하면 그 문구는 하나님에 대한 믿음이 사람들을 염려하게 만들거나 즐기며 사는 것을 망친다고 말하기 때문이다. 하지만 모든 조사와 통계는 기독교인들이 보통 사람들보다 스트레스를 덜 받고 인생의 성취감을 더 크게 느낀다는 사실을 보여 준다. 그러나 그 슬로건에 대한 나의 주된 반응은 이것이었다. "글쎄. 이것은 이야기가 되기엔 충분하지 않아. 사실 전혀 이야기가 아니야. 누구에게도 살아야 할 (또는 죽어야 할) 이유를 주지 않아." 복음과 대조해 보라. "하나님이 세상을 이처럼 사랑하사 독생자를 주셨으니 이는 그를 믿는 자마다 멸망하지 않고 영생을 얻게 하려 하심이라"(요 3:16). 자, 이것이 이야기라는 것이다! 이야기는 주제, 문제, 행동, 해결책, 행복한 결말을 다 갖고 있다.

이제까지의 이야기

그러므로 이 장에서 출애굽기 19:3-6을 연구하면서, 이 책 전체에 걸쳐 우리가 삶을 위한 성경신학을 수립하고 있음을 기억하라. 그것은 우리가 이 이야기에서 발굴해 내는 신학과 그에 대한 하나님의 언급이 우리 자신의 삶에 적용될 수 있음을 의미한다. 왜냐하면 이것은 **우리** 이야기의 일부분, 하나님 백성인 **우리의** 삶에 의미와 목적을 부여하는 큰 이야기의 일부분이기 때문이다.

우리는 이제까지의 이야기를 안다. 이스라엘 사람들은 애굽에서 소수 인종집단으로 억압을 당해 왔다. 긍휼과 신실하심으로 하나님은 그들을 구출하기 위해 모세를 보내셨다. 바로와 애굽에 일련의 전염병이 내린 후에 그들은 탈출했고, 하나님은 기적적으로 바다를 건너게 하심으로 그들을 확실하게 구출하셨다. 그리고 출애굽기 15장에서 모세와 미리암은 그 사건을 경축했다. 그러고 나서 하나님은 그들에게 음식, 물, 적들로부터의 보호, 그리고 모세의 장인을 통해 조직을 관리하는 약간의 상식을 제공하셨다(출 16-18장).

그러나 이제 마침내 하나님은 이스라엘을 자신에게로 이끄셨다. 하나님이 모세에게 약속하셨던 대로(출 3:12) 그들을 시내 산 아래 모으셨다. 그것은 설명의 시간이었다. 이제까지의 이야기를 이해시키는 시간이었다. 그들이 모든 것의 요점을 이해하도록 돕는 시간이었다. 그들이 누구인지, 그리고 그들이 처한 이 새로운 세계 상황 가운데서 그들이 하나님을 위해 어떤 존재가 되고 무슨 일을 해야 하는지 알려 주는 시간이었다.

이것이 출애굽기 19:1-6의 요지다. 이 시점에서 하나님의 말씀은 출애굽기 전반부의 위대한 구속 이야기와 출애굽기 후반부의 언약 수립, 율법 수여, 성막 건설 사이를 연결하는 중대한 경첩 역할을 한다. 동시에 그것은 설명하고, 격려하고, 도전한다.

무엇보다도 이 본문은 이스라엘에게 정체성, 역할, 세상 속에서의 사명을 부여할 뿐만 아니라 특권 및 책임감도 함께 제공했다(그리고 앞으로 살펴볼 것처럼, 이 본문을 우리의 성경신학에 넣는다면 우리에게도 이런 것들을 제공한다).

따라서 4-6절에서 하나님은 세 가지 방향을 가리키신다. 하나님은 **뒤로** 이스라엘의 최근 과거를 가리키신다. 하나님은 **앞으로** 모든 열방을 위한 그분의 미래 비전을 가리키신다. 또한 하나님은 **현재** 이스라엘의 책임을 가리키신다. 그리고 시면팔방으로 우리는 하나님의 은혜가 작용하고 있음을 발견한다.

과거의 은혜: 하나님의 구원—출애굽기 19:4

하나님이 모세에게 이스라엘 사람들에게 가서 말하라고 하신 첫 번째 말씀은 과거를 상기시키는 것이다. "내가 애굽 사람에게 어떻게 행하였음과 내가 어떻게 독수리 날개로 너희를 업어 내게로 인도하였음을 너희가 보았느니라." 물론 그들은 보았다. 그것은 최근에 일어난 일이었다. 불과 3개월 전만 해도(1절) 그들은 소수 인종 집단으로 애굽에서 노예살이를 하면서, 국가가 개입한 조직적인 대량 학살의 위협에 시달렸다. 그러나 이제, 지난 장에서 탐구했던 것처럼, 그들은 포괄적으로 자유롭게 된다. 아마 그들은 발이 좀 아프고 피곤했을 것이다. 또 벌써 만나를 먹는 일이 약간 싫증이 났을 것이다. 그러나 그들은 자유로워졌다. 애굽인들의 억압은 이미 희미한 과거지사가 되었다. 그리고 그 모든 일은 하나님이 주도권을 취하신 결과였다. 하나님은 그분의 긍휼, 사랑, 그리고 그들의 조상에게 하신 약속에 신실하게 행동하셨다.

그래서 하나님은 첫 마디부터 이 점을 힘차게 말씀하신다. 하나님은 그분의 행동하시는 은혜, 그들을 해방시킬 만큼 괘념하심, 전능한 손과 펴신 팔을 휘둘러 억압자들을 물리치고 그들을 종노릇과 죽음의 장소로부터 구출하신 일을 지적하신다. 하나님의 은혜는 역사로 증명되었다. 하나님의 정의가 실현되었고, 힘 있는 자들은 내려앉고 가난한 자들은 들어 올려졌다. 6장에서 살펴본 것처럼, 하나님은 그들의 위대한 구속자셨다.

따라서 그 이야기 다음에 무슨 내용이 나오든(물론 독자들은 그 내용을 알지만, 이스라엘은 아직 그 내용을 알지 못한다) 그것은 하나님의 그 역사적 은혜에 근거할 것이다. 곧 우리는 십계명(20장), 언약책에 담겨 있는 일반적인 율법(21-23장), 그리고 시내 산 언약의 수립(24장) 등에 대해 살펴볼 것이다. 그러나 그 모든 것은 이미 경험한 구속의 은혜에 응답하는 문제가 될 것이다.

요즈음에도 여전히 구약과 신약의 차이에 대해 많은 사람들이 오해를 하고 있기 때문에 나는 이 점을 강조한다. 많은 그리스도인들이 구약에서는 사람들이 율법에 순종함으로써 구원을 얻으려고 노력한 반면에, 신약에서는(하나님께 감사하라) 우리가 믿음을 통해 오직 은혜로만 구원을 얻는다고 생각한다. 그러나 첫 번째 것은 왜곡된 생각이다. 바울이 그의 선교신학 및 실천에 동의하지 않았던 몇몇 유대인들과 논쟁했던 것이 바로 그와 같은 부류의 구원관(첫 번째 견해만큼 그렇게 직설적이지는 않았지만)이었다. 그러나 바울 자신이 지적한 것처럼, 구약에서도 구원은 언제나 (아브라함처럼) 믿음으로 받는 하나님의 약속과 은혜였다.

은혜가 먼저 오고, 믿음은 그 다음에 온다. 그리고 율법에 대한 순종은, 하나님이 이미 행하신 것에 대한 믿음이 행동으로 드러난 반응으로, 필연적으로 따라오는 세 번째 것이다.

그러므로 이 본문에서, 하나님은 이스라엘 민족에게 그분이 **이미** 그들을 구출하셨다는 사실을 상기시키시며, 그 다음에야 하나님은 "자, 내가 한 일에 대한 응답으로서 너희의 순종에 대해 말해 보자"라고 하셨다. 출애굽기 전체의 구성은 이 본문에 분명히 나타난 신학을 암시적으로 지지한다. 율법을 다룬 한 장이 나오기 전에 출애굽기는 18장에 걸쳐 구원의 문제를 다루고 있다. 율법은 은혜를 얻는 수단이 아니라, 은혜에 대한 응답이다.

동일한 기본 원리가 성경신학, 윤리, 선교를 관통한다. 명령이 은혜를 뒤따른다. 신명기에서 **관대함**을 명령하지만, 그 명령에 대한 순종은 이미 받은 복에 의해 동기가 유발된다. "네 하나님 여호와께서 네게 복을 주신 대로 그에게 줄지니라"(신 15:14). 예수님은 **사랑**을 명령하시지만, 우리의 순종은 우리를 위한 그분의 사랑에서 시작한다. "우리가 사랑함은 그가 먼저 우리를 사랑하셨음이라"(요일 4:19). 바울은 **상호 용서**를 명령하지만, 우리의 순종은 우리 자신이 용서받은 것에 근거한다. "서로 용서하기를 하나님이 그리스도 안에서 너희를 용서하심과 같이 하라"(엡 4:32). 우리는 그리스도의 명령을 따라 **선교로 보냄받는다**. 그러나 그에 앞서 예수님을 세상에 보내신 하나님의 은혜가 있었다(요 17:18).

하나님이 이스라엘에게 하신 말씀을 신약의 신학적 맥락에 옮겨 놓는다면, 그것은 하나님이 그리스도의 십자가를 가리키면서 우리에게 "너희는 내가 어떻게 행하였는지…너희가 보았느니라"고 말씀하시는 것이 될 것이다. 그 후에 우리가 윤리적 또는 선교적 순종을 하면서 어떤 행동을 취하든, 그것은 감사하는 반응의 문제다.

이스라엘 사람들처럼, 우리는 역사적 구속 가운데 나타난 하나님의 과거의 은혜를 상기하고 그 다음에 그것에 비추어서 우리의 정체성 및 우리의 선교를 이해할 필요가 있다.

> 출애굽기 4:31에서 이미 사람들은 모세가 말한 하나님의 복음 말씀을 믿고 야웨께 엎드려 절하고 경배한다. 유월절 자료는 이와 같이 경배의 주제를 계속 언급하며(12:27), 15:1-21의 경배 활동에서 절정에 이른다. 애굽에서 구출받은 사람들은 하나님의 선민이요, 이미 야웨를 경배하는 신앙 공동체다. 그들은 바로 그와 같은 하나님 백성의 신분으로 "여호와를 경외하며 여호와를 믿었다"(14:31). 신적 주도권으로 수행된 하나님의 구원 활동은 그 공동체를 새로운 삶과 축복의 영향권으로 이끌었다. 그리고 그에 대해 하나님의 백성은 믿음과 경배로 응답했다. 율법에 순종하는 어떤 이야기가 있기 전에, 하나님이 하신 일이 그들의 삶을 채운다.…시내 산 언약은 이미 존재하는 언약(즉 아브라함 언약)을 갖고 있는, 선택받고, 구속받고, 믿고, 경배하는 공동체와 맺은 특정한 언약이다.
>
> 테렌스 프레다임[1]

미래의 은혜: 하나님의 선교—출애굽기 19:5b

나는 시내 산 정상에서 보이는 그 전망이 어떠했는지 궁금하다. 그 이야기의 은유적인 그림 언어로, 그곳은 하나님이 "계셨던" 곳이다. 그곳은 하나님이 말씀하신 장소다. 그곳은 모세와 나중에는 장로들이 올라가서 하나님을 만난 장소였다(출 24:9-11).

시내 산 아래로 내려오면, 주위에 모인 사람들은 이스라엘 사람들뿐이었다. 아말렉 족속은 패배하여 흩어졌다. 이스라엘은 자신들이 하나님이 관심을 갖는 유일한 백성이라고 생각하기 쉬웠을 것이다. 그들은 구출받고, 식량을 공급받고, 보호받고, 이 장소로 인도를 받아 살아 계신 하나님을 만난 사람들이었다. 물론 어떤 면에서 그들은 옳았다.

특별한 백성, 그러나 유일한 백성은 아니다

하나님과 이 백성 간에는 아브라함을 통해 맺은 정말로 독특하고 특별한 관계가 있었다. 하나님이 바로에게 가서 말하라고 모세에게 가르쳐 주신 것처럼, 이스라엘은 "내 장자"였다(출 4:22). 그리고 하나님은 19:5에서 그 특별한 관계를 강화하실 것이며("내 소유"), 그 다음에 몇 장 뒤에 가서 시내 산 언약으로 그것을 견고히 하실 것이다. 그러나 야웨께서 그저 한 특정한 백성의 지역 신이 되는 식의 그 관계는 **배타적인** 것은 결코 아니다.

야웨는 이스라엘만의 하나님이셨던 적이 없으며 앞으로도 결코 그런 일은 없을 것이다(참조 롬 3:29). 그와는 반대로, 산 정상과 같은 높은 곳에서 하나님은 "세계"와 "모든 민족"을 조망하신다. 그 모두가 그분께 속한다. 다시 말해서, 이스라엘과의 독특하고 특별한 관계는 하나님의 세계적 소유권이라는 더 넓은 보편적 틀 안에서 고려해야 한다.

그렇다. 하나님은 틀림없이 특정한 **한** 민족을 속박에서 구출하셨다. 그러나 하나님의 궁극적인 목표는 모든 열방에 구원을 제공하시는 것이었다. 그렇다. 하나님은 틀림없이 특정한 한 땅, 애굽 땅에서 그분의 주권적인 능력을 나타내셨다. 그러나 그렇게 하시면서도 하나님은 바로에게 자신의 의도는 **세계가** 그분에게 속하며 그분의 주권은 한계가 없다는 사실을 증명하는 것임을 되풀이하여 말씀하셨다(출 9:14, 16, 29). 우리가 이제까지 조사하면서 본 것처럼, 이것이 하나님의 선교의 보편적 범위다.

물론 이제 우리는 출애굽기 19:5의 모든 민족과 세계에 대한 언급은 주로 **이스라엘**이 그 넓은 맥락에서 갖게 될 특별한 지위, 정체성, 역할을 강조하려는 것임을 인정할 수 있다. 그럼에도 불구하고, 그와 같은 중요한 맥락에서, 이스라엘의 순례에서 그와 같이 중대한 시점에, 하나님이 역사적인 말씀을 하시는 그와 같은 중요한 지점에서, 이 보편적 차원에 대해 **이중 언급**("모든 민족", "세계")을 한 것은 의미심장하다.

시내 산 정상에서 바라보는 전망은 360도로 시야가 넓은 파노라마다. 하나님의 비전과 의도는 세계와 모든 민족을 다 아우른다. 그 백성과 그 장소는 특정하다(시내 산에 있는 이스라엘). 하지만 그들에게 말씀하시는 하나님은 엄청나게 보편적이다. 하나님의 의제는 세계적이다.

미완성 과업

"물론 그렇고 말고요"라고 우리는 외칠지 모른다. 결국 말씀하시는 이 하나님은 어떤 분이신가? 이분은 시내 산 불타는 떨기나무에서, 바로 이 장소에서 다음과 같이 자신을 모세에게 소개하신 하나님이시다. "나는 네 조상의 하나님이니 아브라함의 하나님, 이삭의 하나님, 야곱의 하나님이니라"(출 3:6). 그리고 이제 우리는 하나님의 의도가 모든 열방을 포함한다는 것을 이해할 만큼 아브라함의 하나님에 대해 충분히 안다. 우리가 4장에서 탐구한 것처럼, 이분은 창세기에서 아브라함에게 복 주시고 또 그를 통해 땅의 모든 열방을 복 주시겠다는 약속을 되풀이하신 그 하나님이시다.

그러므로 이스라엘과 관련된 하나님의 일은, 창세기 10장과 11장 이후로 줄곧 그래왔던 것처럼, 나머지 세상과 관련해 볼 때 실제로 완료되지 않았다. 이야기의 이 부분도 예외가 아니다. 그 원대한 드라마의 연속인 것이다. 출애굽기 19:5b는 주로 이스라엘의 독특한 역할에 초점을 맞추고 있지만, 하나님의 폭넓은 의제와 그분의 구원하시는 주권의 궁극적으로 보편적인 범위를 상기시키면서 이스라엘의 이야기를 전개해 나간다.

따라서 그것은 큰 그림이다. 그것은 그 큰 이야기(하나님이 모든 열방을 그분의 복의 영역으로 데려오는 장기적인 성경 이야기)를 상기시키는 것이다. 그것은 이스라엘 사람들에게 그들이 누구인지 알려 준 이야기다. 그것은 그들이 방금 겪은 그 이야기의 그 부분을 제대로 이해하게 해주는 이야기다. 그것은 하나님이 이제 그들로부터 기대하시는 것의 근거가 되는 이야기다.

이제 첫 번째와 두 번째 주된 부분을 합쳐 보면, 우리는 여기에서 하나님의 역사적 구속 행위에 나타난 **과거의 은혜**와 더불어 열방에 대한 하나님의 궁극적 선교에 나타날 **미래의 은혜**를 보게 된다. 그리고 구약 이스라엘의 전체 이야기는 이러한 두 기둥 사이에 걸쳐 있다.

어느 세대에 속하든 그리스도의 제자인 우리의 삶의 이야기도 그러하다. 이것이 하나님 백성의 선교를 만들어 내는 것이다. 하나님에 대한 우리의 모든 선교적 반응은 과거와 미래, 은혜와 영광, 역사적 구원과 계속되는 선교, 하나님이 하신 일과 하나님이 앞으로 하실 일, 우리가 온 곳과 우리가 가고 있는 곳 사이에 놓여 있다.

그렇다면 우리는 누구이며 무엇을 위해 여기에 있는가? 우리는 (1) 하나님이 속박과 죄에서 구속하신 백성이며(과거), (2) 하나님이 땅의 모든 열방에 복을 전하기 위해 사용하시는 백성이다(미래).

개인적으로 말해서, 그것은 그 안에서 내가 나 자신의 인생이라고 부르는 공간, 시간, 문제로 이루어진 그 작은 조각을 이해하도록 만드는 이야기다. 그것은 리처드 도킨스와 그의 무신론자 친구들이 런던 버스에 붙인 철학보다 인생을 훨씬 더 잘 이해하게 해주고 훨씬 더 큰 의미를 가져다준다. 그것은 지적 DNA을 지닌 이 작은 사람에게 의미와 목적을 부여한다. 왜냐하면 그것은 나의 개인적 존재를 처음과 끝에 하나님이 계시는 이야기 안에 두기 때문이다. 그것을 살 가치가 있는 이야기다. 그것은 살 만한 가치가 있는 목적을 지닌 이야기다.

그러나 그래서 어쩌란 말인가? 하나님의 과거와 미래의 은혜 가운데 위치해 있다는 것은 이스라엘에게 무엇을 의미했는가? 더 나아가, 그것은 우리에게 무엇을 의미하는가? 과거와 미래 사이에는 현재가 있다. 따라서 이제 이 본문에서 세 번째 관찰을 할 차례다.

현재의 은혜: 하나님의 세상에 있는 하나님 백성—출애굽기 19:6

"너희가 내게 대하여 제사장 나라가 되며 거룩한 백성이 되리라."[2]

이 구절은 얼핏 보면 그 뜻이 분명하지 않다. 첫째, "나라"와 "백성"은 다소

중립적이다. 하나님은 "물론 너희는 백성이 되고 또 나라가 될 것이다. 그러나 요점은 **어떤 종류의** 백성과 나라가 될 것인가 하는 것이다"라고 말씀하신다. 이와 같이 서술어들이 강조되고 있다. 이스라엘은 **제사장**이 되고 **거룩**해져야 했다. 올바로 이해하기 위해 자세히 살펴볼 필요가 있는 단어들이다.

제사장

이스라엘에게 열방과 관련해서 하나님의 제사장으로 부름받는 것이 무엇을 의미했는지 이해하기 위해서는, 이스라엘의 제사장들이 이스라엘 백성에게 어떤 존재였는지를 이해해야 한다. 제사장들은 하나님과 백성의 중간에 서 있었다. 제사장들은 그런 중간 위치에서 이중의 과업을 가지고 있었다. 그것은 양방향에서 활동해야 하는 일이었다.

백성에게 하나님의 율법을 가르침. 제사장들의 일은 백성에게 하나님의 율법을 가르치는 것이었다(레 10:11; 신 33:10; 렘 18:18을 보라). 그들은 하나님의 방법, 말씀, 명령을 알리는 일을 하도록 임명받았다. 제사장들을 통해 하나님은 그분의 백성에게 알려지실 것이다. 그래서 예언자들은 백성이 타락해 갈 때 그 땅에 하나님을 아는 지식이 없기 때문이라고 말했던 것이다. 예언자들은 누구에게 그 책임을 추궁했는가? 율법을 제대로 가르치지 못한 제사장들에게다(호 4:1-9; 말 2:6-7).

하나님께 백성의 제물을 드림(레 1-7장 등). 어떤 식으로든 범죄한 이스라엘 사람들은 그들의 동물을 성소에 가져와서, 안수하고 잡아 죽였다. 제사장은 피를 취해서 하나님을 나타내는 제단에 뿌렸다. 그 다음에 제사장은 예배자들에게 그들의 죄가 속죄되었으며, 하나님과 언약의 교제를 다시 누릴 수 있게 되었다고 선언했다. 따라서 제사장들과 그들의 속죄 사역을 통해 사람들은 하나님께 나아갈 수 있었다.

그렇다면 제사장들의 일은 하나님을 사람들에게 모셔가고 사람들을 하나님께 데려가는 것이었다. 이제 풍부한 의미를 담아 하나님은 이스라엘 온 백성에게 다음과 같이 말씀하신다.

"너희의 제사장들이 너희를 위해 있는 것처럼 너희는 모든 열방에 대하여 나를 위해 있을 것이다. 너희를 통해 나는 세상에 알려지게 될 것이며, 또 너희를 통해 궁극적으로 나는 세계를 나 자신에게 이끌 것이다."

이것이 이스라엘이 열방 가운데서 하나님의 제사장이 된다는 의미였다. 야웨의 백성으로서 그들은 하나님을 아는 지식을 열방에 전하고, 열방을 하나님 앞에서 속죄하는 수단으로 인도하는 역사적 과업을 가지게 될 것이다.

이 두 가지 과업에 더하여, 제사장들이 야웨의 이름으로 **사람들을 축복하는 것** 역시 그들의 주요한 특권이며 책임이었다(민 6:22-27). 그래서 열방에 복을 전하는 통로가 되어야 하는 아브라함의 과업은 또한 열방 가운데서 제사장이 되는 것으로 여겨졌다. 이스라엘 사람들을 축복하는 것이 제사장의 역할이었던 것처럼, 궁극적으로 열방을 축복하는 것이 이스라엘 전체의 역할이 될 것이다.

제사장의 역할에서 이러한 이중의 움직임(하나님으로부터 백성에게로, 그리고 백성으로부터 하나님께로)은 열방에 관한 예언자들의 비전에 반영되어 있다. 그것은 원심적 역학과 구심적 역학 둘 다를 포함했다. 하나님으로부터 나아가는 것과 하나님께로 나아오는 것이 있을 것이다. 한편으로 야웨의 율법과 정의와 빛은 이스라엘로부터 또는 시온에서부터 열방에게로 나아갈 것이다(예를 들어, 사 42:1-4). 다른 한편으로 열방은 야웨에게 또는 이스라엘에게 또는 예루살렘/시온으로 나아오는 것으로 묘사될 수 있다(예를 들어, 사 2:2-2-5; 60:1-3, 슥 2:11).

그렇다면 하나님 백성의 제사장직은 하나의 **선교적 기능**으로서 아브라함의 선택과 연속선상에 있으며 열방에 영향을 끼친다. 이스라엘의 제사장들이 하나님과 그분 백성의 종이 되도록 부름받고 선택받은 것처럼, 이스라엘 전체는 하나님과 모든 민족의 종이 되도록 부름받고 선택받는다. 출애굽기 19:4-6은 세상을 위한 하나님의 구원하시는 목적을 위해 창세기 12:1-3에서 의도 되었던 바를 진척시킨다.

> '제사장 나라'로서 이스라엘은 야웨의 임재의 사역을 세계 곳곳에 확장시키는 데 헌신한다.…힘과 음모에 의지하는 정치가들이 다스리는 나라가 아니라 야웨를 믿는 믿음에 의지하는 제사장들에 의해 운영되는 나라다. 지배하는 나라 대신에 섬기는 나라다.
>
> 존 더햄[3]
>
> 출애굽기 19:3-8이 창세기 12:1-3을 개작한 것이라는 사실은 우리에게 이러한 직함이 전 세계에 대한 야웨의 주권과 연결되어 있으며, 또 세계를 배제시키기보다는 포함시키는 쪽으로 나아가고 있음을 상기시켜 준다. 왕 같은 제사장직을 확대하여 다른 백성들까지 포함시키는 것(계 1:6)은 아브라함의 환상과 조화를 이룬다.
>
> 존 골딩게이[4]
>
> 어떤 사람이 런던 버스에 붙은 광고판에서 "하나님은 없다"라는 문구를 읽는다면, 그 사람은 다음과 같이 생각해야 한다. "아니야. 그럴 리가 없어. 내가 아는 그리스도인 샐리를 보면 하나님은 정말 살아 계셔." 우리는 살아 계신 하나님의 살아 있는 증거가 되도록 부름받는다. 우리는 하나님을 사람들에게 나타내고, 사람들을 하나님께 인도하는 삶을 살도록 부름받는다. 그것이 우리의 제사장직이다. 그것이 하나님 백성의 선교의 일부분이다.

이와 같이 하나님 백성의 선교는 세상 가운데서 하나님의 제사장이 되는 것을 포함한다. 우리는 대표하는 백성이다. 우리의 과제는 세상에 살아 계신 하나님을 대표하고, 세상으로 하여금 살아 계신 하나님을 인정하도록 만드는 것이다. 이것은 신약이 그리스도인으로서 우리의 책임을 제시하는 방식과 정확히 일치한다.

분명 이것은 바울이 이방인, 곧 열방에 대한 선교사로서 그 자신의 필생의 사역을 보는 방법이었다. 바울은 로마인들에게 다음과 같이 편지를 쓴다.

> 하나님이 내게 주신…이 은혜는 곧 나로 이방인을 위하여 그리스도 예수의 일꾼이 되어 하나님의 복음의 **제사장 직분**을 하게 하사 이방인을 제물로 드리는 것이 성령 안에서 거룩하게 되어 받으실 만하게 하려 하심이라. (롬 15:15-16, 저자 강조)

다시 말해서 바울은 그의 역할을 열방에 하나님을 제시하고, 열방을 하나님께 인도하는 것으로 보았다. 그리고 그는 자신을 그런 일을 하는 제사장으로 묘사한다. 물론 바울은 예루살렘에서 제사장으로 활동할 수 없었다. 그는 레위 지파가 아니라 베냐민 지파 출신이었다. 그러나 바울은 자신이 제사장 일을 했다고 말한다. 교회 **내에서** 전문적으로 안수받은 자가 수행하는 어떤 일을 했다는 것이 아니라 자신이 이방인들 가운데서 전도 사역을 했다는 것이다. **복음전도는 제사장적 과제다**.

그러나 우리는 이 과제를 타문화권 선교사들에게만 국한시키지 않아야 한다. 베드로는 우리가 살펴보고 있는 이 본문(출 19:6)을 모든 신자에게 적용시킨다. 그는 아마도 소아시아 지방의 여러 지역에 흩어져 있는 유대인과 이방인 신자들에게 편지를 쓰고 있었을 것이다. 이 풍부한 본문에서 베드로가 출애굽기 19:6을 포함해 여러 개의 구약 어구들을 결합한 다음에, 그것이 우리가 열방 가운데 살아가는 방식에 어떤 영향을 끼쳐야 한다고 주장하는지 주목해 보라.

> 그러나 너희는 택하신 족속이요 왕 같은 제사장들이요 거룩한 나라요 그의 소유가 된 백성이니 이는 너희를 어두운 데서 불러내어 그의 기이한 빛에 들어가게 하신 이의 아름다운 덕을 선포하게 하려 하심이라. 너희가 전에는 백성이 아니더니 이제는 하나님의 백성이요 전에는 긍휼을 얻지 못하였더니 이제는 긍휼을 얻은 자니라. 사랑하는 자들아, 거류민과 나그네 같은 너희를 권하노니 영혼을 거슬러 싸우는 육체의 정욕을 제어하라. [12절]너희가 **열방** 중에서 행실을 선하게 가져 너희를 악행

한다고 비방하는 자들로 하여금 너희 선한 일을 보고 오시는 날에 하나님께 영광을 돌리게 하려 함이라. (벧전 2:9-12, 12절은 저자 강조 및 사역)

"**너희**[복수]는 그와 같은 제사장"이라고 베드로는 말한다. 우리는 세상에서 하나님을 대표하는 사람들이다.

그러나 우리는 어떻게 그런 기능을 할 수 있는가? 어떤 종류의 삶이 그와 같은 영향을 끼칠 수 있는가? 그것이 우리의 두 구절 가운데 두 번째 것이 중요한 이유다.

하나님의 제사장이 되기 위해 우리는 거룩해져야 한다.

거룩

구약에서 거룩하다는 것은 이스라엘 사람들이 특별히 **종교적인** 민족이 되어야 한다는 의미가 아니었다. '거룩'이라는 단어(히브리어로 '카도스')는 그 중심에 **다르거나 구별된다**는 뜻을 지닌다. 어떤 사물이나 사람이 하나님과 관련하여 독특한 목적을 위해 구별되어 그 목적을 위해 분리된 상태로 있을 때 거룩하다. 이스라엘에게 있어, 그것은 다른 신들과 다른, 야웨께서 계시하신 바로 그 하나님을 반영함으로써 다르게 됨을 의미했다. 야웨께서 다른 신들과 다른 것처럼, 이스라엘은 다른 민족들과 달라야 했다.

구약에서 이스라엘의 거룩함에는 몇몇 측면들이 있었다. 그것을 우리 그리스도인들과 우리의 선교에 어떻게 적용할 수 있는지를 고려하기에 앞서, 우리는 먼저 그 의미를 이해해야만 한다.[5]

거룩함: 주어진 사실

무엇보다도, **거룩함은 주어진 것이었다**. 즉 이스라엘 존재의 실상이었다. 다시 말해서, 하나님은 자신을 위해 이스라엘을 구별하셨다. 그것은 하나님이 주도적으로 선택하신 일이었다. "나는 너희를 거룩하게 한 너희의 하나님 여호와이니라"(레 20:24, 저자 사역). 즉 하나님은 이스라엘을 거룩하게 하시고, 구별하시고, 열방으로부터 분리시키셨다. 아브라함의 선택과 출애굽 구속의 경험과 마찬가지로, 거룩함은 하나님의 은혜의 선물이다. 이스라엘의 제사장들은 하나님에 의해 이스라엘 내에서 거룩하게 구별되었다(레 21:8, 15, 23). 열방과 관련하여 이스라엘 백성 전체에 대해서도 똑같은 말을 한다.

> 너희는 나에게 거룩할지어다. 이는 나 여호와가 거룩하고 **내가 또 너희를 나의 소유로 삼으려고 너희를 만민 중에서 구별하였음이니라**. (레 20:26; 저자 강조; 참고 22:31-33)

신약의 그리스도인들에 대해서도 동일한 말을 하고 있다. 우리는 하나님이 그분의 은혜로 "거룩하도록"(동일한 기본 단어), 곧 그분 자신을 위해 구별되도록 선택하신 사람들이다. 이것이 신약 성경에서 "성도"라는 단어가 의미하는 바다. 그것은 특별히 종교적인 사람들이나, 위대한 영적 노력이나 극도로 도덕적인 삶을 통해 다른 어떤 사람보다 더 높은 지위를 획득한 이들을 언급하지 않는다. 그것은 그저 하나님이 그분 자신의 것으로 삼으신 사람들을 의미한다.

거룩함: 주어진 과제

그러나 두 번째로, 거룩함은 명령이었다. 이스라엘은 하나님의 거룩한 백성으로서 그들의 지위가 실제로 의미하는 바를 매일의 삶 속에서 표현해 내야 했다. "네 신분에 걸맞은 존재가 되라"는 것이 메시지였다. "달리 행동하라!" 다음 본문보다 이 점을 더 분명하게 표현할 수는 없을 것이다.

> 너희는 너희가 거주하던 애굽 땅의 풍속을 따르지 말며 내가 너희를 인도할 가나안 땅의 풍속과 규례도 행하지 말고 너희는 내 법도를 따르며 내 규례를 지켜 그대로 행하라. 나는 너희의 하나님 여호와이니라. (레 18:3-4)

여기에서 언급된 두 나라는 지리적인 것 이상의 의미를 지니고 있다. 애굽은 군사력과 제국을 우상으로 섬기는 나라였다. "너희는 내가 구출해 내기 전에 머물던 그 세상을 모방하지 말라"고 하나님은 이스라엘에게 말씀하셨다. "세상의 애굽들과 다르게 행동하라." 가나안은 생식력, 바알이 성을 통해 가져다준다고 생각했던 모든 것, 성공, 번영 등을 우상으로 섬기는 나라였다. "그 길로도 내려가지 말라. 세상의 가나안들과 다르게 행동하라." 이러한 우상숭배는 여전히 우리 주변에서 우리를 강력하게 유혹하고 있다. 따라서 하나님 백성의 선교의 일부분은 여전히 '다르게 행동하는 것'이다.

그러므로 신약에서도 거룩함은 소명이다. 사도들은 여러 번 그들의 독자들에게 참된 것을 행하고, 하나님 백성으로서의 신분에 걸맞은 삶의 거룩함을 실제로 나타내라고 말한다. 베드로전서는 사실상 바로 그 점을 다룬 한 권의 소책자다.

> 이와 같이 "거룩한 백성"인 이스라엘은 야웨를 믿는다는 것이 무엇을 의미하는지 보여 주는 세 번째 차원을 나타낸다(즉 대단히 귀중한 소유물이 되고 제사장 나라가 되는 것과 더불어). 그들은 구별된 백성이요 그들의 존재와 그들이 되어가는 모습으로 말미암아 다른 모든 백성과 다른 백성이다. 그들은 야웨의 언약 안에 있으면 한 백성이 어떻게 변화되는지를 세상에 드러내 보여 주는 백성이요 유리 진열장이다.
>
> 존 더햄

거룩함: 삶의 전 영역에서

구약의 이스라엘에게 요구된 거룩함은 모든 영역(개인, 가정, 사회, 경제, 국가적 삶을 포함해서)에서 정직하고 정의롭고 자비로운 삶을 살 것을 강력하게 요구했다. 이스라엘에서 거룩함의 윤리적 차원을 분명하게 나타내는 가장 포괄적인 단일 본문은 레위기 19장이다.

레위기 19장은 출애굽기 19:6에 대한 가장 훌륭한 주석이다. "**너희는 거룩하라. 이는 나 여호와 너희 하나님이 거룩함이니라**"(레 19:2). 19장을 시작하는 절은 야웨의 근본적인 요구를 표현한다. 그것을 좀더 구어체로 번역하면 이렇게 말할 수 있다. "너희는 독특한 백성이 되어야 한다. 야웨께서 독특하신 하나님이시기 때문이다." 야웨는 하나님으로서 전적으로 유일하고 구별되는 분이시다. 야웨는 단순히 열방의 신들 중 하나가 아니고, 심지어 그들과 같지도 않다(레 18:3-4).

그렇다면 이스라엘이 거룩하다는 것은 곧 그들이 열방 중에 독특한 공동체가 되어야 한다는 것이다. 보다 정확히 말하면, 이스라엘은 열방과 같기보다는 야웨와 같아야 했다. 그들은 열방이 하는 것처럼 하지 않고 야웨께서 하시는 것처럼 해야 했다(레 18:3-4). 이스라엘에게 거룩함은 야웨 자신의 초월적인 거룩함을 이 땅에서 반영하는 것을 의미했다.

그러면 이같이 야웨의 거룩함을 반영한다는 것은 이스라엘에게 무엇을 의미했는가? 그것은 이스라엘이 처한 역사적이고 문화적인 환경 속에서 구체적으로 무엇을 의미했을까? 레위기 19:2의 "너희는 거룩하라"는 엄연한 명령에는 도대체 어떤 내용이 담겨 있었을까?

아마도 우리는 종교적 의식 목록을 기대할 것이다. 하지만 레위기 19장에서는 '종교적' 율법을 별로 찾아볼 수 없다. 레위기 19장 대부분은 하나님 자신의 거룩함을 반영하는 그런 거룩함이 **철저히 실제적이고 사회적이며 대단히 현실적인** 것임을 보여 준다. 단순히 그 내용을 나열하기만 해도, 이런 분위기가 우세하다는 사실을 알 수 있다.

레위기 19장에 나오는 거룩함에는 다음과 같은 것들이 포함된다.

- 가족과 공동체 내에서의 존중(3, 32절)
- 하나님이신 야웨께만 충성을 바침: 적절한 제사법(4, 5-8절)
- 농업에서의 경제적 관대함(9-10절)
- 사회적 관계에 관한 명령을 준수함(11-12절)

- 직장에서의 경제적 정의(13절)
- 불구자들에 대한 사회적 동정(14절)
- 법 제도에서 진실을 추구함(12, 15절)
- 이웃에 대한 태도로서 이웃을 자신처럼 사랑하는 것(16-18절)
- 종교적 독특성에 대한 상징적 표시를 지키는 것(19절)
- 성적 고결함(20-22, 29절)
- 우상숭배적인 종교 혹은 사이비 종교와 연관된 의식들을 거부함(26-31절)
- 소수 인종집단을 학대하지 말고, 율법 앞에서 인종적 평등성을 나타내고, 외국인 체류자를 자신과 같이 실제적으로 사랑함(33-34절)
- 모든 거래에서 상업적으로 정직함(35-36절)

그리고 이 장 전체에 걸쳐 "나는 여호와이니라"라는 후렴구가 나온다. 마치 "**너희의** 삶의 질은 **나의** 성품을 반영해야 한다. 이것이 내가 **너희에게** 요구하는 것이다. 이것이 **나를** 반영하는 것이기 때문이다. 이것이 나 자신이 행할 일이다"라고 말하는 것과도 같다.

따라서 이것은 이스라엘이 열방과 어떻게 달라야 하는지를 보여 주는 것이었다. 이스라엘은 열방의 신들과 다른 하나님을 예배했을 뿐만 아니라 그들은 실제로 개인적·사회적 삶의 모든 차원에서 다르게 살고 행동했다.

달리 행동해야 한다는 명령은 신약에서도 강하게 나타난다. 가장 단순하고 분명한 예는 예수님이 제자들에게 소금과 빛이 되어야 한다고 말씀하신 것이다.

너희는 세상의 소금이니 소금이 만일 그 맛을 잃으면 무엇으로 짜게 하리요 후에는 아무 쓸 데 없어 다만 밖에 버려져 사람에게 밟힐 뿐이니라. 너희는 세상의 빛이라. 산 위에 있는 동네가 숨겨지지 못할 것이요 사람이 등불을 켜서 말 아래에 두지 아니하고 등경 위에 두나니 이러므로 집 안 모든 사람에게 비치느니라. 이같이 너희 빛이 사람 앞에 비치게 하여 그들로 너희 착한 행실을 보고 하늘에 계신 너희

아버지께 영광을 돌리게 하라. (마 5 : 13-16)

소금과 빛은 독특하고, 속속들이 스며들고, 변화시킨다. 이 같은 특징은 부패 및 어두움과 정반대되는 것이다. 이스라엘이 거룩하도록 부름받은 것처럼, 그리스도인들은 소금과 빛이 되도록 부름받은 것이다. 따라서 다시 한 번 우리는 하나님 백성의 선교의 필수 요소는 그들의 존재 방식이라는 점을 발견한다. 즉 그들은 실제적인 매일의 삶 가운데 하나님의 거룩함을 나타내는 삶을 살아야 한다. 선교는 당신이 어딘가 다른 곳에 갈 때 일어나는 어떤 것이 아니다. 그것은 당신 자신의 집과 이웃에서 시작한다. 우리가 거룩하도록 부름받은 곳은 바로 그곳이다.

그러나 다시 한 번 우리는 방법에 대한 질문을 한다. 어떻게 우리는 그 같은 거룩한 백성이 되어야 하는가?

그리고 그것은 우리를 다시 본문으로 돌아가게 한다. 이번에는 5절 전반이다. "너희가 내 말을 잘 듣고 내 언약을 지키면"(출 19:5a). 제사장이 되고 거룩해지는 열쇠는 **순종**이다.

언약 순종

물론 구약의 상황에서 출애굽기 19:5 전반은 바로 따라 나오는 하나님의 율법(십계명과 언약 법전)에 대한 순종을 의미했다. 그 율법은 출애굽기 24장의 언약 체결식의 맥락 가운데 나온다. (거기서 이스라엘 사람들은 주님이 그들에게 명령하신 모든 것을 하겠다고 정말로 약속했다. 하지만 아이러니하게도 그 이후의 역사는 정반대의 모습을 나타냈다.)

그러나 현 시점에서는 우리가 이 장 앞 부분에서 언급했던 **은혜의 이중 맥락**(과거 하나님의 구원 행위와 모든 열방을 위한 하나님의 관심)을 다시 기억하는 것이 중요하다. 그것은 순종이 요구되는 지극히 중요한 맥락이다. 우리는 하나님이 이미 하신 일 때문에 그리고 하나님이 우리 안에서 우리를 통해 하기 원하시는 일 때문에 순종하도록 요구받는다.

무엇보다도 우리는 5절과 6절을 주의 깊게 읽고 순종이 구원의 조건이 **아니라는** 점을 주목해야 한다. 즉 하나님은 "너희가 내 말을 잘 듣고 내 언약을 지키면, 내가 너희를 구원하고 너희는 내 백성이 될 것이다"라고 말씀하지 않으셨다. 하나님은 이미 그들을 구원하셨으며 그들은 이미 그분의 백성이 되었다. 그렇다. 언약에 대한 순종은 **구원**의 조건이 아니라 **선교**의 조건이었다.

언약 순종과 공동체의 거룩함을 통해서만 이스라엘은 여기서 그들에게 제공된 정체성과 역할을 주장하거나 수행할 수 있었다. 열방 가운데서 행할 제사장의 사명은 언약적이었다. 그리고 언약 자체가 그런 것처럼, 그것의 성취와 향유는 윤리적 반응과 불가분의 관계에 있었다. 하나님은 "너희가 이런 식으로 살면, 너희는 이런 역할을 성취할 것이다"라고 말씀하셨다. 다시 말해서, 이스라엘에게(또한 우리에게) 순종은 은혜와 응답의 문제였다.

우리가 이 절에서 배우는 것은 구원의 은혜에 응답하고 선교의 은혜 가운데 사는 순종의 은혜다. 성경 전체에서 그런 것처럼 여기서도 순종은 궁극적으로 구원과 복을 열방의 세계에 가져다주는 하나님의 목적을 위한 것이다.

성경적 거룩함 없이 성경적 선교는 없다.

요약

우리는 누구이며 무엇을 위해 여기에 있는가? 이것은 우리가 처음에 던졌던 질문이다. 우리가 이 장에서 연구한 본문들로부터 얻은 해답은 이제 분명하다.

구약의 이스라엘처럼 우리는 과거의 은혜(출애굽에서 그리고 십자가에서 절정을 이룬 하나님의 역사적 구속 행위)를 경험한 사람들이다.

구약의 이스라엘처럼 우리는 하나님의 미래의 은혜(하나님을 알고, 그분을 사랑하고, 그분만을 예배하는 이들의 다국적 가족 안으로 온 땅 모든 열방의 사람들을 데려오는 것)에 의해 전진하는 선교에 하나님이 사용하시려는 사람들이다.

구약의 이스라엘처럼 우리는 그 은혜에 응답하여, 세상을 향해 하나님을 대표하고, 또 특별히 예수 그리스도의 얼굴 가운데 보이는 살아 계신 하나님의 거룩하심과 우리를 둘러싼 모든 거짓 신들의 타락한 추함 및 무력함을 대조적으로 나타내는 삶을 살도록 부름받은 사람들이다.

다시 말해서, 우리는 베드로가 묘사하는 것과 동일한 정체성, 동일한 사명, 동일한 윤리적 책임을 갖고 있다.

> 그러나 너희는 택하신 족속이요 왕 같은 제사장들이요 거룩한 나라요 그의 소유가 된 백성이니 이는 너희를 어두운 데서 불러내어 그의 기이한 빛에 들어가게 하신 이의 아름다운 덕을 선포하게 하려 하심이라. 너희가 전에는 백성이 아니더니 이제는 하나님의 백성이요 전에는 긍휼을 얻지 못하였더니 이제는 긍휼을 얻은 자니라. 사랑하는 자들아, 거류민과 나그네 같은 너희를 권하노니 영혼을 거슬러 싸우는 육체의 정욕을 제어하라. 너희가 이방인 중에서 행실을 선하게 가져 너희를 악행한다고 비방하는 자들로 하여금 너희 선한 일을 보고 오시는 날에 하나님께 영광을 돌리게 하려 함이라. (벧전 2:9-12)

베드로는 출애굽기 19:4-6을 직접적으로 그리스도인들에게 적용한다. "너희는 [어두운 데서] 너희의 출애굽을 경험했다"고 그는 말한다. "너희는 하나님의 은혜와 자비를 맛보았다. 너희는 그분의 귀하고 소중한 소유물이며, 그분 자신의 백성이다. 그러므로 이제 그 이야기를 따라 살도록 하라. 그 정체성에 합당한 삶을 살도록 하라. 그리고 너희가 예배하는 하나님께 사람들을 끌어들일, 또 그들이 너희에 대해 무어라고 말하든, 그들이 하나님께 영광을 돌리게 될, 매력적인 순종의 '선한 삶'을 살도록 하라."

생각해 볼 질문

1. 베드로는 출애굽기 19:4-6을 상기시키며 "열방 가운데서 선한 삶을 살라"고 말했다. 당신이 처한 상황에서 이 말은 무엇을 의미하는가? 그리고 당신은 어떻게 바리새주의나 율법주의에 빠지는 것을 피할 수 있겠는가?
2. 이 장은 윤리적 순종을 강조했다. 하지만 주요 단어는 내내 "은혜"였다. 이

사실이 당신을 놀라게 하는가? 당신은 이제 어떻게 그 두 가지 진리(한편으로 은혜가 순종의 반응에 앞서지만, 다른 한편으로 순종의 반응은 필연적인 것이며 믿음으로 받게 되는 은혜와 불가분의 관계에 있다)를 표현해 내는 삶을 살 것인가?

3. 레위기 19장에 요약된 거룩함은 선교를 성취하는 방법에 대해 무엇을 가르쳐 주는가? 그 장에 수록된 명령 중 어떤 항목이 당신이 처한 상황과 가장 관련이 있고 도전이 되는가?

8장
다른 사람들을 하나님께로 끌어들이는 백성

내가 하나님 백성의 선교를 **미용**이라고 말한다면, 사람들은 나를 크게 오해할 것이다. 오늘날 그 말은 단지 외적이고 피상적인 어떤 것, 외모를 다듬어서 아름답게 만들어 주는 것을 의미한다.

그러나 그 단어의 본래 의미, 또 그것이 유래한 헬라어(코스메오)는, 사람이나 물건을 장식해서 아름답고 매력적으로 보이게 하는 것이다. 바울이 그리스도인 노예들에게 예의 바른 행동으로 하나님의 구원에 관한 교훈을 매력적으로 만들라고 할 때 의미한 것이 바로 그것이다. 바울은 노예들이 그들의 주인의 구원을 원한다고 가정하고 "여기에 그 일을 실현할 공산이 큰 방법이 있다"고 말한다.

> 종들은 자기 상전들에게 범사에 순종하여 기쁘게 하고 거슬러 말하지 말며 훔치지 말고 오히려 모든 참된 신실성을 나타내게 하라. 이는 범사에 **우리 구주 하나님의 교훈을 빛나게 하려 함이라.** [딛 2:9-10, 저자 강조; 문자적으로는 "그리하여 그들이 그 교훈을 아름답게 장식하도록(코스모신) 하라."]

우리는 앞 장들에서 하나님 백성의 선교의 윤리적 차원에 대해 많이 생각해 보았다. 우리는 다른 사람들을 축복하는 일에 헌신하고(4장), 야웨의 도를 지키고 의와 공도를 행하며(5장), 억압당하는 자들을 위한 총체적인 구속적 축복을 위해 일하고(6장), 세상 한가운데서 실제적으로 거룩하게 살면서 하나님을 대표하는 일에 헌신하는 백성이 되어야 한다(7장).

물론 이것은 말로 하는 증거, 우리가 선포해야 하는 메시지가 중요하지 않다는 말이 아니다. 우리는 이 점에 대해서도 충분히 살펴볼 것이다(10장). 그러나 이제까지 우리는 성경이 하나님 백성이 무엇을 말해야 하는가보다는 하나님 백성이 어떤 사람이 되어야 하는지 강조하는 부분에 귀를 기울여 왔다. 이 모든 실제적인 요구는 하나님이 세상 속에서 그분의 백성으로서 우리가 수행하도록 하신 사명의 일부분이라는 점을 살펴보았다.

그런데 왜 그렇게 살아야 하는가?

한 가지 큰 이유는 그와 같은 삶의 특성이 매력적이라는 것이다. 다른 면에서 그 삶은 실제로 사람들을 쫓아내며 박해와 고난을 야기하기도 한다. 이 문제에 대해서는 다른 장에서 다루겠다(13장). 이 장에서 우리가 하려는 것은 여러 본문들을 통해 하나님의 백성은 **끌어들이는 사람**(그들 자신에게로가 아니라 그들이 경배하는 하나님께로)이 되는 삶을 살아야 한다는 주제를 탐구하는 것이다.

하나님은 사람들을 자신에게로 끌어들이기를 애타게 바라신다. 하나님은 잃어버린 자를 찾으시고, 낯선 자를 집에 들어오도록 초대하신다. 그러나 하나님이 그렇게 하시는 주된 방법은 그분 자신의 백성 가운데 친히 거하심으로 그들이 다른 사람들을 끌어들일 수 있도록 하시는 것이다.

이제 그 일은 여러 가지로 일어날 수 있다. 그리고 우리가 선택한 본문들은 다양한 방법들을 보여 줄 것이다. 그러나 이 본문들 모두가 보여 주는 것은 두 가지다. 하나는, 하나님을 정말로 그들의 존재 및 행동의 중심에 모시는 것이 하나님 백성의 선교의 일부분이라는 것이다. 또 다른 하나는, 사람들을 하나님의 축복의 영역으로 끌어들이는 구심력, 곧 하나님 자신의 중력이 있다는 것이다.

선교적 자기력이 이 장에서 우리가 다룰 주제다.

> "하나님은 우리에게 은혜를 베푸사 복을 주시고"(시 67:1). 아론의 축복이 실현된다면 얼마나 좋을까! 하나님이 특별히 그들을 축복하시고 또 하나님의 미소의 빛이 그들 위에 비친다면 그리고 그들과 항상 함께 있다면 얼마나 좋을까! 그러면 열방이 스스로 보지 않을까? 그러면 열방이 하나님의 존재, 활동, 은혜에 대한 눈에 보이는 증거를 가지게 되지 않을까? 그러면 열방이 하나님의 방법과 하나님의 구원을 알게 되지 않을까?…
>
> 동일한 원리가 오늘날에도 작용한다. 비그리스도인들이 우리를 지켜보고 있다. 우리는 예수 그리스도를 알고, 사랑하고, 따른다고 주장한다. 우리는 그분이 우리의 구세주요, 우리의 주님이시요, 우리의 친구가 되신다고 말한다. 그러나 세상은 "예수 그리스도는 그리스도인들에게 어떤 영향을 끼치시는가?"라고 신랄하게 묻는다. "그들의 하나님은 어디에 계신가?" 오늘날 세계에서 복음전도를 방해하는 가장 큰 장애물은, 교회가 자신의 삶과 사역에서 하나님의 구원하시는 능력에 대한 증거를 제시하지 못하는 것이다. 우리가 하나님의 복과 자비, 그리고 그분의 얼굴 빛을 갖게 되기를 기도하는 것은 마땅하다. 그러나 그것은 우리가 하나님의 은혜와 사랑을 독점하기 위해서가 아니라, 다른 사람들이 우리 안에서 하나님의 복과 아름다움을 보고, 우리를 통해 그분께로 끌려오도록 하기 위해서다.
>
> 존 스토트[1]

호기심을 불러일으킴-신명기 4:5-8[2]

신명기는 모세를, 막 가나안 땅에 들어가려는 이스라엘 사람들에게 거기에 도착한 다음 하나님의 언약법을 잘 지켜서 하나님께 충성을 다하라고 강권한다. 신명기에는 소위 순종을 위한 '동기 부여 구절'이 많이 등장한다. 이러한 구절들은 대부분 이스라엘 자신의 유익에 호소하거나("우리를 위하여"), 아니면 이스라엘이 고려해야만 할 하나님의 행동에 호소한다(복이나 처벌).

여기 신명기 4장에서 우리는 폭넓은 관점이라는 면에서 주목할 만한 한 동기를 발견한다. 이 말씀은 이스라엘의 순종을 공개 무대 위에 놓으며, 열방이 야웨 백성의 국가적 생활을 관찰하면서 **무슨 생각을 하게 될지** 상상해 보라고 초대한다.

내가 나의 하나님 여호와께서 명령하신 대로 규례와 법도를 너희에게 가르쳤나니 이는 너희가 들어가서 기업으로 차지할 땅에서 그대로 행하게 하려 함인즉 너희는 지켜 행하라. 이것이 여러 민족 앞에서 너희의 지혜요 너희의 지식이라. 그들이 이 모든 규례를 듣고 이르기를 이 큰 나라 사람은 과연 지혜와 지식이 있는 백성이로다 하리라. 우리 하나님 여호와께서 우리가 그에게 기도할 때마다 우리에게 가까이 하심과 같이 그 신이 가까이 함을 얻은 큰 나라가 어디 있느냐. 오늘 내가 너희에게 선포하는 이 율법과 같이 그 규례와 법도가 공의로운 큰 나라가 어디 있느냐.

(신 4:5-8)

볼 수 있음

이스라엘은 세상 한복판에서 살았다. 이스라엘 역사에서 일어난 모든 일은 주변 국가들의 평가를 받았다. 고대 근동과 같은 활기찬 국제 공동체에서는 그럴 수밖에 없었다. 어떤 면에서 이것은 지리적으로 피할 수 없는 일이었다. 이스라엘은 세 대륙(아프리카, 아시아, 유럽) 사이에 걸린 다리였고, 동서의 큰 권력들이 만나는 길목에 위치해 있었으며, 그들과 비슷한 작은 나라들에 둘러싸여 있었다. 그러나 이 사실은 신학적인 수준에서는 훨씬 더 중요한 의미가 있다. 열방 가운데서 하나님의 제사장 노릇을 하던 그들은 그들과 하나님 사이에서 일어났던 모든 것과 관련하여 속속들이 '노출되어' 있었다.

이스라엘이 이렇게 열방 앞에 드러나는 것은 긍정적일 수도 있고 부정적일 수도 있다. 위 구절에서는 그것이 긍정적이기를 소망한다. 그러나 신명기는 매우 현실적이다. 이스라엘이 하나님의 도를 저버리고 우상숭배에 빠짐으로써 하나님의 준엄한 심판을 받게 되며 그 모습을 열방이 보고 충격을 받을 수 있다고 예견했다(신 28:37; 29:22-28). 충실하든 불충하든, 하나님의 백성은 세상 사람들에게 읽히는 책이다.

열방은 하나의 사회인 이스라엘의 모습을 보고 관심을 갖게 될 것이다. 그러면서 토라의 사회적·경제적·법적·정치적·종교적 측면에 주목하게 될 것이다. 그리고 그 사회 제도로 인해 열방은 이스라엘이 "큰 나라"요[3] "지혜와 지식"이 있는 백성이라는 결론에 이르게 될 것이다.

그러나 그와 같은 평판은 무엇에 근거한 것인가? 첫째, 이스라엘의 위대성은 **하나님이 그분의 백성 가까이에 계시다**는 사실에 근거한다(7절). 둘째, 이스라엘의 위대성은 **토라의 의**에 근거한다(8절). 이스라엘은 다른 나라와 견줄 수 없는 하나님과의 친밀함 및 사회 정의의 특성을 지니고 있다. 이것들은 외적 평판을 초래할 내적 사실이다. 열방이 보기에 이스라엘의 다른 점은 그저 그들의 사회 제도가 지닌 지혜의 문제였다. 하지만 내적 실재는 하나님의 임재와 하나님의 토라가 지닌 정의였다.

요점은 하나님 백성의 경계 너머에 있는 자들이 **무언가를 볼 수 있어야만 했다**는 것이었다. 그 자체가 선교적 관점이다. 보이지 않는 것은 선교에 그다지 도움이 되지 않는다. 물론 선교는 메시지를 전하는 것을 의미한다(우리가 적절한 때에 살펴볼 것처럼). 그러나 메시지를 전하는 자는 그 메시지에 의해 자신이 변화되어야만 한다. 귀에 들리는 것만으로는 충분하지 않다. 우리는 또한 눈에 보여야만 한다.

비교할 수 있음

7절과 8절의 두 수사적 질문의 취지는 **비교를 하게 하는** 것이다. 그러나 모세는 아무것도 하나님과 이스라엘의 율법에 관한 자신의 주장이 틀렸음을 입증하지 못하리라는 확신을 갖고 그렇게 한다. 그 같은 하나님이나 그 같은 사회 제도를 갖고 있는 나라는 없다고 그는 주장한다.

이제 이스라엘이 사회적으로 독특하다는 이 담대한 주장은 사람들이 북적이는 무대 위에서 개진되고 있다. 당시 세계에는 감탄할 만한 법 체계를 주장하는 많은 국가들이 있었다. 이스라엘은 함무라비 법전 같은 메소포타미아의 아주 오래되고 훌륭한 법 전통을 알고 있었다. 사실상 이스라엘 사람들은 그 일부를 가져다 고쳐서 사용했다. 하지만 구약 율법에 대한 다음의 주장은 한 걸음 더 나간 것이다. "이보다 더 나은 것을 찾을 수 없을 것이다."

구약 율법은 공개적 조사 및 비교를 권하며 심지어 환영한다. 비교해 보면 이스라엘의 율법이 지혜와 정의 면에서 더 우월하다는 것을 알게 되리라고 예상한다. 이는 대단한 주장이다. 그것은 열방과 이 본문을 읽는 독자들에게 (우리 자신을 포함해서) 구약 율법을 고금의 다른 사회 제도들과 비교 분석하고 그 주장을 평가할 자유를 주는 것이다.

실제로 이스라엘의 사회적·법적 제도에 담긴 전반적인 인도주의적 정신과 정의는 구약 당시 세계의 다른 고대 법전을 매우 자세하게 비교 연구한 많은 학자들의 호의적인 평가를 받아 왔다. 그리고 우리 그리스도인들조차 구약 율법이 오늘날에도 사회적 적절성을 지니고 있음을 발견한다.

1980년 태국 파타야에서 "어떻게 그들로 듣게 할 것인가?"라는 주제 아래 세계복음화 로잔위원회의 모임이 있었다. 전도 선포와 더불어 정의 및 긍휼의 문제들과 관련하여 교회의 역할을 강조하는 사람들 가운데서, 위원회가 "그들은 무엇을 보는가?"라는 질문을 던질 필요가 있다는 제안을 했다. 하지만 다르게 보일 필요가 있다는 점이 최종 보고서에는 **진실성**을 요구하는 것으로 표현되었다. 그 보고서는 "메시지 담지자의 성품과 행위"에 대한 관심을 표명했다. "우리의 증거가 우리의 삶이나 생활방식과 모순될 때 우리의 증거는 신뢰성을 상실한다. 다른 사람들이 우리의 선행을 볼 때에만 우리의 빛은 비추일 것이다(마 5:16). 한 마디로, 우리가 진실하게 예수님에 대해 말하려면, 우리는 그분을 닮아야만 한다."[4]

도전할 수 있음

그러니까 요점은 **이스라엘이** 하나님이 의도하신 대로 살고자 애쓰면 **열방이** 그것을 알게 되리라는 것이다. 그러므로 선교적으로 도전이 되는 점은, 앞선 장들에서 살펴본 것처럼, 하나님 백성의 삶의 윤리적 특성(이 맥락에서는 율법에 대한 순종)이 열방을 살아 계신 하나님께로 끌어들이는 데 중대한 요소가 된다는 것이다. 처음에는 그저 호기심에서 끌리는 것이라 하더라도.

하지만 진짜 도전은 하나님의 백성이 그런 식으로 **살 것인가** 하는 점이다. 애석하게도 우리는 그 이야기의 나머지 부분에서 이스라엘이 이 역할을 제대로 감당하지 못했음을 안다. 이스라엘은 하나님이 그들에게 수여하신 의로운 율법을 열방에 보여 주지 못했을 뿐 아니라, 에스겔에 따르면, 심지어는 열방이 사는 기준에 따라 살지도 못했다(겔 5:5-7을 보라).

오늘날 하나님의 백성은 여전히 동일한 도전에 직면해 있다. 조금도 과장하지 않고 말해서, 우리의 선교는 우리 주위에 있는 자들이 우리가 예배하는 하나님과 우리가 사는 삶에 대해 호기심을 갖도록 만드는 것이다. 그러나 첫 번째 것(하나님에 대한 호기심)으로 이끄는 것은 두 번째 것(우리의 삶)이라는 점을 주의하라.

결국 열방은 실제로 무엇을 볼 것인가? 하나님이 가까이 계시다는 것은 당연히 눈에 보이지 않는다. 그렇다면 무엇이 **눈에 보이는가**? 하나님의 의로운 율법에 기초해서 세워진 사회가 드러내는 실제적 증거만 보인다. 세상은 매우 다른 생활 방식의 가시적 증거를 볼 때에만 하나님에 대한(그리고 우리가 그분에게 기도할 때 그분이 가까이 계시는 것에 대한) 우리의 주장에 관심을 가질 것이다.

다른 식으로 말해서, 우리가 보이지 않는 하나님에 대해 아무리 자랑할지라도, 그 같은 주장을 하는 사람들과 하지 않는 사람들의 삶에서 아무런 차이를 볼 수 없으면, 세상이 우리의 주장에 주의를 기울일 이유는 없을 것이다.

모여드는 구도자들-왕상 8:41-43, 60-61

위대한 날이 왔다. 7년이 걸린 건축은 이제 완결되었다. 솔로몬의 성전은 마침내 아주 아름다운 현실이 되었으며, 이제 야웨께 봉헌되어야 한다. 하나님이 오셔서 최소한 그분의 이름이 그 성전에 머무르도록. 열왕기상 8장은 언약궤가 도착하면서 벌어진 경축 행사와 솔로몬의 위대한 봉헌 기도와 백성에게 한 권면의 말을 기록한다.

여러 면에서 이것은 다윗과 솔로몬 통치의 절정이다. 이곳은 광야의 장막과 실로의 성소를 대체하는 장소가 될 것이다. 이곳은 하나님의 백성 가운데 살아 계신 하나님의 임재를 상징하는 장소, 하나님의 백성이 예배와 기도로, 그리고 제사장들이 제사와 사역을 통해 깨끗하게 하고 바로잡는 일을 하기 위해 하나님 앞에 나아가는 장소가 될 것이다. 이 건물은 다음 몇 세기 동안 신학을 만들어 내고 애정과 소망이 넘치는 예배시를 쏟아낼 것이다. 그것은 이스라엘의 하나님 야웨에 대한 그들의 독특한 신앙의 핵심적인 특징이 될 것이다.

그러면 솔로몬의 기도는 이 중대한 행사, 곧 성전 봉헌에 대해 무엇을 표현하는가?

약속을 지키시는 하나님(14-21절)

솔로몬은 성경에 나오는 수많은 기도들이 시작하는 지점에서 시작한다. 먼저, 찬양받으셔야 할 하나님 성품의 어떤 면을 인정하는 것으로 시작하는 것이다. 이번에 솔로몬은 하나님이 다윗에게 하신 약속, 곧 그의 아들 중 하나가 왕위를 계승하고 야웨를 위해 성전을 건축할 것이라는 약속을 어떻게 지키셨는지에 초점을 맞춘다. 처음에 그는 일종의 간증으로 또는 공적 증언으로 그것을 기록한다(14-21절).

그 다음에 솔로몬은 하나님에 대한 이 진리를 이스라엘의 하나님 야웨의 독특성으로 바꾸면서, 직접 하나님께 기도하기 시작한다. 신명기의 언어로(참고, 신 4:35, 39) 그는 이렇게 확언한다.

> 이스라엘의 하나님 여호와여, 위로 하늘과 아래로 땅에 주와 같은 신이 없나이다. 주께서는 온 마음으로 주의 앞에서 행하는 종들에게 언약을 지키시고 은혜를 베푸시나이다. (왕상 8:23)

물론 이 맥락에서 솔로몬은 특별히 하나님이 다윗과 맺은 언약에 신실하실 것을 생각하고 있지만, 그의 말은 더 광범위한 의미를 지니고 있다. 우리가 솔로몬과 함께 그 이후 벌어진 연회에 참석해서 그에게 하나님이 "언약을 지키시고 은혜를 베푸신다"는 말이 무슨 뜻이냐고 묻는다면, 그는 틀림없이 시내 산 언약과 무엇보다도 아브라함 언약을 가리켰을 것이다.

하나님이 아브라함에게 하신 약속의 세 가지 요소는 솔로몬 통치 시기에 극적으로 성취되었다. 그리고 그의 아버지 다윗의 통치에 대한 이야기는 그 세 가지 요소를 강조했다. 이스라엘은 하나님이 약속하신 대로, **큰 나라**가 되었다. 하나님은 그들의 친구와 적들조차 인정할 정도로 그들에게 풍부한 **복을 주셨다**. 그리고 하나님은 그들에게 그분이 약속하셨던 그 **땅**에서 안전을 제공하셨다.

하지만 우리가 반복적으로 돌아본 것처럼, 아브라함에 대한 그 약속은 아브라함의 복이 궁극적으로는, 어떤 점에서 아직은 예견할 수 없는 방법으로, **모든 열방**과 공유하는 복이 될 것이라는 내용도 포함했다. 솔로몬의 기도에서 하나님의 언약 약속에 대한 그와 같은 광범위한 관점을 찾아볼 수 있는가? 물론이다. 뚜렷이 드러난다.

하나님의 복을 구하는 이방인(41-43절)

솔로몬의 기도는 이스라엘 사람들이 성전에 와서 하나님의 도움을 구하며 기도해야 할 여러 가지 상황을 열거한다. 분쟁, 전투 패배 이후, 가뭄, 기근, 질병 또는 포위. 그리고 각 경우에 그는 하나님이 그들의 기도를 들으시고 응답해 달라고 간구한다.

하지만 또 이런 말이 나온다. "주의 백성 이스라엘에 속하지 아니한 자[이 단어는 총칭 단수다]…." 우리는 이어서 다음과 같은 말을 기대할지 모른다. "그를 내쫓아서 너희의 깨끗하고 거룩한 성소에서 멀리 떨어져 있게 하라." 그러나 그렇지 않다. 이방인을 위한 솔로몬의 요청은 매우 놀랍다. 놀라운 이유는 우리가 종종 잘못된 가정을 지니고 구약에 접근하기 때문이다. 하지만 우리가 이 책에서 지난 몇 장에 걸쳐 살펴본 것처럼 이제는 그것이 그리 놀라운 일이 아니다.

> 또 주의 백성 이스라엘에 속하지 아니한 자 곧 주의 이름을 위하여 먼 지방에서 온 이방인이라도, 그들이 주의 크신 이름과 주의 능한 손과 주의 펴신 팔의 소문을 듣고 와서 이 성전을 향하여 기도하거든, 주는 계신 곳 하늘에서 들으시고 이방인이 주께 부르짖는 대로 이루사 땅의 만민이 주의 이름을 알고 주의 백성 이스라엘처럼 경외하게 하시오며, 또 내가 건축한 이 성전을 주의 이름으로 일컫는 줄을 알게 하옵소서. (왕상 8:41-43)

이 기도에는 놀라운 개방성, 긍휼, 비전이 담겨 있다. 한 주석가는 더 나아가 이것은 "어쩌면 구약에서 가장 놀라운 보편주의적 본문"이라고 말한다.[5] (하지만 나는 이사야가 동의하지 않을 거라고 생각한다.) 여기, 하나님과 관련되어 이스라엘이 갖게 된 독특한 특징을 집중적으로 표현하는 주장에서, 솔로몬의 기도는 **열방**이 이스라엘 하나님의 복을 받게 되고 하나님의 이름이 멀리 퍼져 나갈 것을 예상한다.

이 본문은 짧지만 주목할 만한 가정, 내용, 동기를 담고 있다.

가정
솔로몬은 간구를 드리면서 선교학적 관점에서 볼 때 본질적으로 중요한 몇몇 가정을 한다. 그는 다른 땅에 사는 사람들이 이스라엘의 하나님 야웨의 평판

("주의 크신 이름")을 들을 것이라고 **가정한다**. 그는 멀리서 사람들이 이끌려 와서 스스로 이스라엘의 하나님을 예배하고 그 하나님으로부터 기도의 응답을 구할 것이라고 **가정한다**. 그는 이스라엘의 하나님이 외국인들의 기도를 들으실 수 있고 들으실 것이며 또 실제로 그 기도에 응답하기를 원하실 것이라고 **가정한다**.

이러한 가정들은 성경 역사에서 사실로 입증되었다. 예루살렘은 솔로몬 시대부터 국제적인 도시였다. 많은 외국인들이 상업적·정치적 이유로 예루살렘을 방문했다가 솔로몬의 새 성전에서 무슨 일이 벌어지는지 궁금해서 보고 싶어 했다(스바 여왕은 솔로몬의 관광객들 가운데 가장 유명한 사람일 뿐이다). 그 사실과는 별도로 구약에는 이스라엘의 하나님에게 마음이 끌린 개인들의 이야기가 있다(룻, 나아만). 주후 1세기에는 세계 곳곳에서 소위 "하나님을 경외하는 자들"이 나타났는데, 그들은 유대인 회당을 중심으로 활동했다. 그들은 유대인의 하나님께 마음이 끌려서 그분을 경배하게 된 이방인들이었다. 그들은 누가복음 7:1-5의 로마 백부장, 사도행전 10장의 고넬료, 또는 사도행전 13:16, 46-48에서 바울의 이야기를 기꺼이 들었던 자들과 같은 사람들이다.

하나님 백성의 선교에 대해 생각할 때 우리도 그 같은 가정들로 말미암아 격려를 받아야 한다. 우리가 예배하는 살아 계신 하나님은 땅 끝에서 사람들을 그분 자신에게로 모으실 수 있다. 하나님은 예배와 기도를 **불러일으키신다**. 모든 성경적 계시에 나타난 것처럼, 아직 하나님을 충분히 알지 못하는 사람들에게서까지 말이다. 그리고 하나님은 아직 그분의 언약 백성에 속하지 않은 자들의 기도까지도 들으시고 응답하신다. 만약 그렇지 않다면, 솔로몬이 이처럼 책망이나 반박을 두려워하지 않고 기도할 수 없었을 것이다.

문제는 우리가, 사람들로 하여금 스스로 하나님을 찾도록 끌어들이시는 그 하나님의 그 매력을 나타내는, 살아 있는 얼굴이 되는 것을 **우리의** 선교의 일부로 보는가 하는 점이다. 그것이 우리가 앞으로 살펴볼 도전이다.

내용

솔로몬이 하나님께 실제로 요청한 내용 역시 놀랍다. 이스라엘 사람들은 하나님이 기도를 들으시고 응답하신다는 것을 알았다. 정말로 그것은 우리가 앞에서 살펴본 것처럼(신 4:7) 그들의 독특성의 표시였다. 그러나 구약 시대 어느 때에도 하나님은 **그들이 무엇을 구하든** 이스라엘을 위해 응답하시겠다고 약속하신 적이 결코 없었다. 그래서 예수님이 제자들에게 그 말씀을 하셨을 때, 바로 그런 이유 때문에 그분의 약속이 새롭게 들렸다(요 15:7; 16:24).

하지만 여기에서 솔로몬은 예수님보다 훨씬 오래 전에, 오직 이스라엘에 속하지 아니한 자들을 위해 구한다. 즉, 하나님이 이스라엘에게도 보장하지 않았던 약속을 이방인들을 위해 해 달라고 구한다. 이방인들이 무엇을 구할지 누가 안단 말인가! 누가 그 문제 상자를 통제할 것인가? 이는 전적으로 관대한 하나님께 하는 전적으로 자유로운 기도다.

동기

그러면 하나님은 왜 솔로몬의 기도에 응답하셔야 하는가? 그것은 (종종 시편에서 발견되는) 구약 기도의 특징 가운데 하나다. 거기서 사람들은 하나님이 하나님 자신의 이익을 위해 개입하셔서 그들이 구하는 것을 주셔야 하는 몇 가지 이유를 말한다. 경우에 따라서 그 기도는 다소 이기적으로 보일 수도 있다. 이 본문에서 솔로몬은 하나님이 **이방인의** 기도에 응답하셔야 하는 이유로서 그렇게 하시면 **하나님 자신의 평판**이 더욱 멀리 퍼져 나갈 것이라고 말한다. 이는 사람들이 맨 처음에 성전에 오게 되는 이유다.

사업가 솔로몬은 수를 늘릴 기회를 알아챘다. "땅의 만민이 주의 이름을 알기"까지 확장 범위는 무제한이기 때문에 하나님은 설령 멀리에서 온다 할지라도 몇 사람의 이방인이 오는 것으로는 만족하지 않으실 것이다. 그것은 어쨌든 하나님이 아브라함에게 약속하셨던 것 아닌가?

이것이 선교사적 기도가 아니라면 무엇인가? 나는 솔로몬이 오늘날 우리 용어의 의미대로 '선교사'였다고 말하려는 것은 아니다. 아마도 결혼 문제로 그는 선교사 선발 위원회에서 불합격 판정을 받았을 것이다. 그러나 여기서 그의 기도에 동기를 부여했던 비전의 범위는 뚜렷한 선교적인 함축을 지닌다. 그는 온 세계가 살아 계신 한 분 참 하나님의 이름을 알기를 원한다.

그러면 하나님 백성의 선교는 그보다 작은가? 또는 그보다 작아야 할 이유가 있는가?

분명 우리에게 선교의 가장 큰 동기는, 주의 이름(우리에게는 주 예수 그리스도의 이름을 의미한다)이 땅 끝까지 알려지는 것이어야 한다. 그리하여 사람들이 그분께 나아와 기도하고 그분께 기도 응답의 복을 받으며, 특히 용서와 구원을 얻게 되어야 한다.

이것이 우리의 동기라면, 우리의 태도와 실천 또한 그 동기와 일치할 필요가 있다. 애석하게도, 이스라엘은 여기에 나온 솔로몬의 기도의 개방적인 정신을 항상 나타내지는 못했고, 외국인들에 대해 부정적이고 적대적이고 배타적이었다. 어떤 사람들은 룻기와 요나서 같은 책들이, 적어도 부분적으로는 그와 같은 태도와 싸우고 하나님의 마음을 더욱 분명히 드러내기 위해 기록되었다고 생각한다. 마찬가지로, 우리가 하나님이 외부자들을 받아들인 사실을 인정하는 것이 항상 쉬운 일은 아니다. 예수님조차도 성경적 선례들을 들어 그와 같은 것을 제안하시는 바람에 고향에서 곤경에 빠지신 적이 있다(눅 4:23-30).

아마도 우리는 모든 사람이 '외부자'로 시작한다는 사실을 상기할 필요가 있을 것이다. 우리는 바울이 에베소의 세련된 이방인 신자들에게 말한 것처럼, "하나님에 의해 가까워지고 기꺼이 받아들여진" 사람들이다(엡 2:11-13). 그 다음에 우리는 다른 사람들을 멀리 쫓아버리기보다는 하나님의 자기장 안으로 끌어들이기 위해, 하나님이 우리를 위해 행하신 일을 우리가 다른 사람들을 위해 행할 방법을 찾을 필요가 있다.

하나님의 명령을 지키는 백성(60-61절)

그리고 그곳은, 우리가 자주 그렇게 하는 것처럼, 세상이 하나님의 매력을 보게 하는 데 꼭 필요한 윤리적 반응으로 되돌아가는 곳이다.

솔로몬은 기도를 마치고 나서 이스라엘 사람들에게 다시 한 번 연설을 했다. 그는 자신이 하나님에 대해 말한 내용을 반복하고 나서 동일하게 현저히 선교적인 이유로 이스라엘 백성에게 그분의 도를 행하라고 촉구한다.

이에 세상 만민에게 여호와께서만 하나님이시고 그 외에는 없는 줄을 알게 하시기를 원하노라. 그런즉 너희의 마음을 우리 하나님 여호와께 온전히 바쳐 완전하게 하여 오늘과 같이 그의 법도를 행하며 그의 계명을 지킬지어다. (왕상 8:60-61)

솔로몬이 그의 백성에게 촉구한 것이 솔로몬 자신에게 적용되었다면 좋았을 텐데. 애석하게도 우리가 아는 것처럼 그러지 못했다. 그의 통치 후기에 사회적·경제적 억압이 쌓이면서 결국 그의 아들 르호보암 시대에 가서는 여로보암의 대반역이 일어나 나라의 절반 이상을 빼앗겼다. 솔로몬의 입에서 나온 이 기도가 미리 솔로몬과 맞서고 있는 셈이다.

선교(60절)와 윤리(61절)의 결합은, 창세기 18:19만큼이나 분명하다. 하나님이 어떤 분이신지 세상이 알려면, 살아 계신 하나님의 성품이 그분의 살아 있는 백성의 행위 속에서 드러나야만 한다. 우리가 하나님의 성품과 방법을 반영할 때에만 우리는 다른 사람들이 그분을 아는 마음을 품도록, 와서 그분께 기도하도록 끌어들일 수 있다.

하나님은 자신의 약속을 **지키실 것이다**. 그분은 솔로몬의 기도가 있기 오래 전부터 그렇게 해오셨다. 외부자들이 하나님의 복을 **구할 것인데**, 우리 주위에 있는 모든 사람이 지금도 그렇게 하고 있다. 문제는 우리가 하나님의 방식과 표준에 따라 실제적으로 매일의 삶을 살면서 야웨 하나님께 온전히 헌신하지 못함으로 인해, 하나님의 매력을 나누는 흥분과 기쁨을 놓칠 수 있다는 점이다. 우리의 선교는 우리가 그런 식(하나님이 외부자들을 그분 자신에게로 끌어들일 수 있도록 하는 방식)으로 살고자 애쓸 때 시작된다.

감탄할 만한 매력-예레미야 13:1-11

예레미야가 다시 물건을 사는 날이었다. 그가 들른 곳은 토기장이의 집이 아니라(18장) 재단사의 집이었다. 그는 새 장식띠가 필요했다. 그리고 하나님은 어떤 종류의 장식띠를 사야 하는지 그에게 말씀하셨다.

여호와께서 이와 같이 내게 이르시되 너는 가서 베 띠를 사서 네 허리에 띠고 물에 적시지 말라 하시기로 내가 여호와의 말씀대로 띠를 사서 내 허리에 띠니라. (렘 13:1-2)

TNIV 성경의 "허리띠"라는 단어는 여기 나오는 옷을 제대로 표현하지 못한다. 그것은 바지 위에, 허리와 엉덩이를 둘러 입는 꽤 큰 옷이었을 것이다.[6] 그것은 반짝거리는 산뜻한 흰 리넨 제품으로, 매력적이고 고상한 옷이었을 것이며, 아마도 예레미야의 격에 맞지 않는 옷이었을 것이다. 그런 옷을 입고 예루살렘 거리를 걸어가면 사람들이 주목했을 것이며, 아마도 어떤 사람들은 내키지는 않지만 감탄했을 것이다.

하지만 하나님은 예레미야에게 가서 그 옷을 강가의 땅에 묻으라고 말씀하셨다. 그는 틀림없이 마지못해, 그러나 충실하게 그 일을 했을 것이다. 몇 달 후에 가서 그 옷을 다시 파내라는 말을 들었다. 그리고 당연히 한때 장식용으로 대단히 멋지던 그 옷은, 썩은 누더기가 되어 버렸다. "띠가 썩어서 쓸 수 없게 되었더라." 그 옷을 입고 예루살렘 도성을 거닐 필요는 없었다. 하지만 이제 그가 전달해야 할 메시지는, 그 옷을 가지고 가서 한때 그 옷이 깨끗했을 때 그를 칭찬했던 사람들에게 그 역겨운 것을 보여 주는 것이었다.

그러면 요점은 무엇이었는가?

이 악한 백성이 내 말 듣기를 거절하고 그 마음의 완악한 대로 행하며 다른 신들을 따라 그를 섬기며 그에게 절하니, 그들이 이 띠가 쓸 수 없음 같이 되리라. 여호와의 말씀이니라. 띠가 사람의 허리에 속함 같이 내가 이스라엘 온 집과 유다 온 집으로 내게 속하게 하여 그들로 내 백성이 되게 하며 내 이름과 명예와 영광이 되게 하려 하였으나, 그들이 듣지 아니하였느니라. (렘 13:10-11)

매우 인상적인 이미지다. 하나님은 자신이 이스라엘과 맺은 언약을 몸에 옷을 걸쳐 입은 사람에 비교하신다.
하나님은 그분의 백성을 입기 원하신다!
그러나 그 이미지는 더 나아간다. 그것은 단순히 속옷이나 작업복이 아니다. 그것은 멋으로 입는 옷이다. 하나님은 여기에서 이스라엘에 대해 세 단어를 사용하신다. 그것은 **이름, 명예, 영광**인데, 다른 절에서는 셋이 함께 나온다. 이것이 하나님이 이스라엘과 언약을 맺으신 목적이다.

그런즉 여호와께서 너를 그 지으신 모든 민족 위에 뛰어나게 하사 찬송과 명예와 영광을 삼으시고, 그가 말씀하신 대로 너를 네 하나님 여호와의 성민이 되게 하시리라. (신 26:19)

이 본문에서 명예는 이스라엘을 위한 것이다. 그러나 궁극적인 수혜자는 하나님 자신이시다. 이스라엘이 열방 중에서 어떤 찬송과 명예와 영광을 받게 되든, 그것은 실제로 야웨, 곧 그들을 언약 백성으로 선택하시고, 사람들 앞에서 그들을 입고 아름답게 보이고자 하시는 하나님께 돌아가는 것이다. 예레미야 13장에서 예레미야의 행동으로 표현된 비유 이미지는 이 점을 잘 보여 준다. 빛나는 새 띠는 그 자체로 아름답지만, 중요한 점은 그 옷을 입는 사람에게 기쁨과 찬송을 가져다주어야 하는 것이었다.

아내가 아름다운 새 옷을 입을 때, 나는 당연히 그 옷이 정말 멋있다고 말한다. 하지만 실제로는 **그녀를** 칭찬하는 것이다. 옷은 그녀의 아름다움을 돋보이게

> 해준 것일 뿐이다. 옷을 칭찬한다 해도, 내가 칭찬하는 것은 그녀다. 이와 같이, 열방이 이스라엘을 칭찬한다면, 실제로 칭찬받는 분은 바로 야웨이시다. 이스라엘은 하나님이 자신의 영광과 아름다움을 보여 주기 위해 입으시는 장식용 옷일 뿐이다.

이것은 선택에 또 하나의 흥미로운 관점을 부여한다. 하나님이 이스라엘을 선택하신 것은 맞다. 그러나 하나님은 어떤 사람이 특별한 행사를 위해 특별한 옷을 선택하는 것처럼 하신 것이다. 선택에서 중요한 것은 선택받은 옷의 특권이라기보다는 오히려 그 배후의 목적이다. 즉 옷 입은 자를 아름답게 보이도록 만드는 것이다. 내가 다른 셔츠 대신 특별한 한 셔츠를 고를 때 중요한 것은, 다른 모든 셔츠를 누르고 선택된 그 셔츠에 특권을 부여하는 것이 아니라, 그 옷이 내가 옷을 입는 목적에 가장 어울리도록 만들어 주는 것이다. 마찬가지로, 이스라엘을 입기로 선택하시면서 하나님은 더 커다란 뜻을 품고 계셨다. 즉 자신이 '이스라엘을 입고' 궁극적으로 이루실 일을 통해 열방 가운데서 그분의 이름을 높이는 것이었다.

그리고 이스라엘 사람들은 불순종으로 그러한 하나님의 더 큰 목적을 좌절시키고 있었다. 예레미야의 생생한 행동 비유로 말하면, 그들은 여러 달 동안 젖은 흙 속에 놓여 있던 새 띠처럼 썩어 버렸다. 하나님은 그것을 더 이상 쓰실 수가 없으셨다. 그들은 하나님께 찬송과 영광을 가져오기는커녕 수치와 모욕을 가져다주었다.[7] 하나님이 어떻게 그처럼 더러운 복장으로 예배자들을 끌어들이실 수 있겠는가? 그들의 더러움은 그분을 경멸에 빠뜨릴 것이다.

이런 이유로 해서, 열방에 대한 하나님의 목적이 계속 성취되려면, 하나님은 먼저 이스라엘을 상대하셔야 한다. 그래서 다음에 우리가 그 짧은 세 가지 단어를 살펴볼 때 그것이 약속의 말씀 속에 있다는 사실은 특별한 의미가 있다. 그것은 하나님이 다시 한 번 그분의 백성이 하나님을 경배하고 찬양하기에 적합하도록 만드실 것이라는 약속이다.

내가 그들을 내게 범한 그 모든 죄악에서 정하게 하며 그들이 내게 범하며 행한 모든 죄악을 사할 것이라. 이 성읍이 세계 열방 앞에서 나의 **기쁜 이름**이 될 것이며 **찬송과 영광**이 될 것이요 그들은 내가 이 백성에게 베푼 모든 복을 들을 것이요 내가 이 성읍에 베푼 모든 복과 모든 평안으로 말미암아 두려워하며 떨리라. (렘 33:8-9, 저자 강조)

따라서 우리는 하나님의 백성으로서 우리의 선교가 어떻게 이 비유에 적합한지 질문해야 한다. 우리는 우리가 예배한다고 주장하는 하나님이 주위에 있는 자들로부터 찬송을 받으시게 하는 방식으로 살고 있는가? 혹시 하나님이 우리를 살펴보시고 "나는 그와 같은 사람들을 입을 수는 없다"고 생각하시지는 않는가?

"감탄할 만한 매력." 그 감탄이 **우리를 위한 것이 아니라 하나님을 위한 것**이라는 점이 분명해졌기를 바란다. 그러나 개인적으로 그리스도인들의 삶에서나 교회의 집단적 증거에서나 감탄할 만한 것이 근본적으로 아무것도 없다면, 세상이 우리가 대표하는 하나님에게서, 예복이나 파티복처럼 우리를 입기 원하시는 하나님에게서, 경배할 만한 어떤 것을 발견할 희망은 아주 적다.

열방이 예배로 나아옴-이사야 60장

이사야 60장은 빛으로 시작해서(1-3절) 빛으로 끝나는(19-20절) 장이다. 그 빛은 무척 매력적인 빛이다. 그 빛은 단순히 지친 여행자를 환영할 뿐만 아니라 세계의 열방을 환영하기 때문이다. 이사야 60장은 하나님 자신이 백성을 향한 그분의 뜻과 세계 전체를 위한 그 뜻의 보편적 함의에 대해 말하는 풍요로운 장이다. 이 장의 전반적 내용은 하나님이 그분의 백성을 구속하실 때, 열방이 하나님을 경배하고 세계가 평화와 정의를 알게 된다는 것이다.

이런 식으로 이사야 60장은 하나님 자신의 빛, 세상 속에서 하나님 백성의 빛, 그리고 세상이 그 안에서 살고 걷게 될 빛을 연결시키는 강력한 선교적 메시지를 지니고 있다.

이것은 선교적 빛이다. 그것은 세상으로 하여금 자신을 예배하도록 끌어들이는 하나님의 빛이다.

> 나는 열방기독교대학 캠퍼스 내의 숙소에 머문 적이 있다. 그 캠퍼스는 울창한 삼림지대에 있었는데 밤중에 집에 돌아올 때마다 캄캄한 길로 한참 운전을 해야만 했다. 차가 굽은 곳을 돌아 나무 사이로 반짝이는 내 집의 빛이 보이면 가슴이 뛰었다. 그 빛은 나에게 아내와 가족이 집에 있으며 나를 기다리는 환영 행사가 준비되었음을 말해 주었다. 빛은 매력적이다. 당신을 어둠 가운데서 끌어낸다. 나방에게 물어보라. 감사하게도, 하나님의 선교적 빛은 사람들을 어둠에서 끌어내지만 나방과는 아주 다른 운명으로 이끈다.

하나님이 자기 백성에게 오신다(1-2절)

이사야의 이 위대한 장의 규모와 범위를 인식하기 위해, 우리는 잠시 뒤로 물러나서 이 지점까지의 이사야서의 흐름을 기억해 낼 필요가 있다.

1-39장에서 이사야서는 의에 대한 하나님의 요구, 그 의를 전혀 나타내지 못한 이스라엘의 잘못, 그리고 그로 말미암은 하나님의 심판과 추방을 강조한다.

40-55장에는 하나님의 위대한 구속과 그의 백성의 회복이 놀라운 모습으로 그려진다. 새로운 출애굽이 일어나며 하나님이 그들을 바빌론 유수로부터 돌아오게 하실 것이라고 약속하신다.

56장 이후의 내용에서는 바빌론 유수에서 돌아온 이후 이스라엘 백성이 여전히 죄와 실패 가운데 살고 있음을 볼 수 있다. 최악의 상황은 59:12-15에서 예언자 이사야가 비극적으로 묘사한 이스라엘 백성의 모습에서 엿볼 수 있다.

이는 우리의 허물이 주의 앞에 심히 많으며
　우리의 죄가 우리를 쳐서 증언하오니
이는 우리의 허물이 우리와 함께 있음이니라.
　우리의 죄악을 우리가 아나이다.
우리가 여호와를 배반하고 속였으며
　우리 하나님을 따르는 데에서 돌이켜
포학과 패역을 말하며
　거짓말을 마음에 잉태하여 낳으니
정의가 뒤로 물리침이 되고
　공의가 멀리 섰으며
성실이 거리에 엎드러지고
　정직이 나타나지 못하는도다.
성실이 없어지므로
　악을 떠나는 자가 탈취를 당하는도다. (사 59:12-15a)

그렇다면 어떤 희망이 있을 수 있겠는가? 오직 하나님께만 희망이 있다. 하나님 자신이 심판하고 구원하기 위해 의 가운데 결연히 행동하실 때만 희망이 있다. 그리고 그것이 바로 하나님이 59:15b-20에서 하겠다고 말씀하신 것이다.

여호와의 말씀이니라.
구속자가 시온에 임하며
　야곱의 자손 가운데에서 죄과를 떠나는 자에게 임하리라. (사 59:20)

하나님이 오셔서, 구속을 받을 자격이 전혀 없지만 기꺼이 회개하고 구속을 받으려는 자들을 구속하실 것이다.

바로 이것이 이사야 60:1이 선포하는 내용이다. 마침내 하나님 자신이 도래하신다는 것이다. 예언자 이사야의 환상에서, 하나님이 오시고, 빛이 밝아지며, 해가 떠오르고, 하나님 자신의 영광이 그분의 백성 이스라엘과 공유되고 있다.

> 일어나라, 빛을 발하라. 이는 네 빛이 이르렀고
> 　여호와의 영광이 네 위에 임하였음이니라. (사 60:1)

그러나 빛의 반대는 어둠이다. 그러므로 하나님이 **이스라엘**에게 계시와 구속의 빛으로 오신다면, **나머지 세계**는 여전히 죄가 무엇인지 모르는 어둠 가운데 있을 것이다. 그러나 현 상태에서 이스라엘은, 현실을 대면할 때 너무나도 잘 알 수 있는 것처럼, 그들 역시 어둠 가운데 있었다는 사실을 기억해야 한다.

> 그러므로 정의가 우리에게서 멀고
> 　공의가 우리에게 미치지 못한즉
> 우리가 빛을 바라나 어둠뿐이요
> 　밝은 것을 바라나 캄캄한 가운데에 행하므로
> 우리가 맹인같이 담을 더듬으며
> 　눈 없는 자같이 두루 더듬으며
> 낮에도 황혼 때같이 넘어지니
> 　우리는 강장한 자 중에서도 죽은 자 같은지라. (사 59:9-10)

이스라엘은 주위에 있는 이방 나라들보다 나을 것이 없었다. 차이가 전혀 없었다. 바울이 나중에 표현한 대로, 모든 사람이 죄를 범했다(롬 3:22-23).

그러므로 **이스라엘과 세계의** 유일한 희망은 하나님이 구속자와 구세주로 오셔서, 둘 모두를 어둠에서 빛으로 끌어내는 것이다. 그리고 그것이 바로 이사야가 상상하는 바다.

> 보라, 어둠이 땅을 덮을 것이며
>   캄캄함이 만민을 가리려니와
> 오직 여호와께서 네 위에 임하실 것이며
>   그의 영광이 네 위에 나타나리니. (사 60:2)

물론, 이제 그리스도인으로서 우리는 이 본문을 주 예수 그리스도의 오심에 비추어 읽는다. 정말로 이것은 보통 성탄절에, 또 주현절(동방박사 세 사람이 오면서 그리스도가 이방인들에게 나타나심)에 많이 읽는 구약 본문들 가운데 하나다.

나사렛 예수님 안에서 하나님이 자기 백성의 구세주가 되셨다. "여호와의 팔"이 하나님의 종과 아들의 인격 가운데 나타나셨다(사 51:5, 9; 52:10; 53:1; 59:16). 예수님은 우리가 살펴보는 본문에서 조금 떨어진 곳에 나오는 한 구절을 인용하시면서, "이 글이 오늘 너희 귀에 응하였느니라"고 말씀하셨다(눅 4:21, 사 61:1-3을 인용).

2장을 상기해 보건대, 이것이 바로 그 이야기다. 이것은 이스라엘의 이야기였다. 이것은 우리의 이야기다. 땅 끝까지 이르는 하나님의 선교와 하나님 백성의 이야기다. 그것은 구원의 빛을 가져오는, 하나님의 약속의 도래에 관한 이야기다.

세상이 하나님께 나아온다(3-16절)

하지만 이사야는 논리의 다음 단계로 나아간다. 하나님이 그분의 백성을 구하러 오시면, **열방이 구원하시는 하나님께 나아올 것이다**. 빛이 이스라엘에게 임할 때, 아직 어둠 가운데 있는 자들이 그 빛에, 곧 이스라엘 안에서 성취된 하나님의 구원하시는 사역에 끌려오게 될 것이기 때문이다.

> 나라들은 네 빛으로
>   왕들은 비치는 네 광명으로 나아오리라. (사 60:3)

이것은 이사야서 앞에 나오는 두 예언을 떠올리게 한다. 열방이 야웨의 산으로 올라올 것이며(사 2:1-5) 어둠 가운데 앉아 있는 자들에게 빛이 비추일 것이다(사 9:2). 그러나 여기서 그것은 세 가지 방식으로 이루어진다. 열방이 하나님의 빛으로 나아올 때, 그들은 이스라엘 자손과 선물과 예배를 가지고 올 것이다.

열방으로부터 이스라엘 자손이 나아온다(4, 9절)
기억하라. 이스라엘은 추방을 당해 열방 가운데 흩어지는 경험을 했다. 그래서 예언자 이사야는 열방이 그들의 자손(다음 세대)을 고향으로 데리고 오는 모습을 상상한다. 정말로 매우 많은 자손이 돌아와서 자리가 모자랄 것이다(사 49:19-22).

그러나 더 광범위한 구약의 관점에서 볼 때, 시온에 돌아오는 **이스라엘 자손은 누구일까?** 그들은 단순히 이스라엘 민족이 아니라 하나님이 아브라함에게 약속하신 모든 열방의 백성들이다. 예를 들어 시편 87편은 많은 열방의 사람들이 시온에서 태어난 시민으로 등록될 것을 내다본다. 물론 신약 성경에서는 복음이 열방에 전파되고 그들이 예수님을 믿는 믿음을 통해 아브라함의 가족으로 모여들면서, 이같이 열방이 모여드는 일이 일어난다(갈 3:26-28).

열방이 선물들을 갖고 온다(5, 9, 11절)
예언자 이사야는 열방이 도처에서 그들에게 임한 구원으로 인해 하나님께 감사하여 그들의 가장 귀중한 선물을 가져오는 모습을 상상한다. 북쪽과 서쪽에서(페니키아의 해상무역, 5절), 남쪽과 동쪽에서(미디안과 아라비아, 6-7절), 그리고 땅 끝에서[다시스(아마도 스페인) 너머(대서양?)에 있는 섬들, 9절] 온다. 동방박사들이 예수님께 선물을 가져왔을 때 그들이 상징했던 것이 바로 이 비전의 성취였다. 그들의 선물은 모든 열방의 선물을 나타내는 원형이었다. 또한 바울은 이방인들 가운데서 모은 헌금을 이 예언의 상징적 성취로 보았다(롬 15:25-29).

전 세계의 부는 궁극적으로 하나님께 속하며, 언젠가는 하나님이 구속받은 그분의 백성과 함께 거하실 장소를 아름답게 꾸미는 데 쓰일 것이다. 이와 같이 열방의 심판과 정화 너머에는 인간 문명, 문화, 일과 교역이 생산해 낼 모든 것의 구속(말살이 아니라)의 전망이 놓여 있다. 깨끗해진 선물들이 하나님의 도성으로 들어올 것이다. 요한계시록은 이사야서의 이미지를 사용하여 동일한 것에 대한 그 자신의 환상을 만들어 낸다(계 21:23-27).

열방이 예배하며 나아온다(6, 7, 9, 13절)

우리는 이 구절들을 읽으며 **하나님**, 이스라엘의 하나님께 드리는 예배에 대한 강조를 주목할 필요가 있다. 열방은 **이스라엘**에게 아첨하거나 이스라엘을 풍요롭게 하기 위해, 또는 이스라엘의 노예가 되기 위해 오는 것이 아니다. 여기에 사용된 언어는 다소 그렇게 들릴 수 있지만, 우리는 그 맥락(오랜 추방, 억압 및 고통의 세월)을 기억해야 한다. 그것이 모두 뒤집어질 것이라고 이사야는 말한다. 그러나 요점은 이것이다. 열방에 구원과 빛을 가져다주신 분은 이스라엘의 하나님이시기 때문에, 세계가 와서 찬양과 예배를 드리게 될 대상도 이 동일한 이스라엘의 하나님이실 것이다.

그리고 무엇보다도, 그 결과 전 세계가 살아 계신 하나님이 어떤 분이신지 알게 될 것이다. 그것이 바로 하나님의 선교의 목표다.

> 네가…나 여호와는 네 구원자,
> 네 구속자, 야곱의 전능자인 줄 알리라. (사 60:16)

그러므로 예언자 이사야의 환상에 따르면, 예수님이 오셨을 때 그랬던 것처럼 구원의 빛이 밝아올 때, 열방이 그 빛에 끌려와서 엄청난 다국적 공동체가 그들의 찬양과 예배를 살아 계신 하나님께 갖고 올 것이다. 그것이 바로 오순절 이후 2천 년 동안 땅 끝까지 이루어진 하나님 백성의 선교를 통해 일어난 일이다.

세상에 평화가 온다(17-22절)

그러나 그 환상은 끝난 것이 아니다. 정말로 아직 우리 앞에 놓여 있는 환상의 요소가 하나 있다. 하나님이 그분의 백성을 구속하러 오셨다면, 그리고 열방이 하나님께로 나아온다면, 큰 변화가 세상에 찾아올 것이다. 이사야 9, 11, 32장의 환상처럼, 우리는 하나님이 오셔서 통치하실 때 무슨 일이 일어날 것인지 듣게 된다. 그것은 정의와 평화(60:17b), 폭력과 전쟁의 종식(18절), 하나님의 아름답게 하시는 임재(19-20절), 하나님 백성의 도덕적 선(21절)을 보여 주는 영광스러운 장면이다.

이것은 우리가 아는 것처럼 아직 이루어지지 않은, 새 창조의 모습이다. 하나님이 이사야 60:22에서 말씀하신 대로, "때가 되면 나 여호와가 속히 이루리라." 이것은 우리가 믿음과 소망 가운데 기다리며 붙드는 확신이다.

이사야 60장은 신약 성경의 모든 범위를 포괄하는 흥미로운 면이 있다.

- **1-2절**은 복음서, 성탄절, 부활절을 떠올리게 한다. 하나님이 오셨고, 빛이 비추었고, 구원이 그리스도 안에서 성취되었다.
- **3-16절**은 사도행전과 서신서, 교회의 선교, 모든 열방에 빛을 가져다주는 복음, 곧 열방을 어둠에서 끌어내어 살아 계시고 구원하시는 하나님을 예배하도록 하기 위해 전파되는 복음을 생각하게 한다.
- **17-22절**은 요한계시록 21-22장, 사악과 폭력과 부정으로 이루어진 현 세계 질서의 종식, 그리고 완전한 평화와 의로 이루어진 새 창조를 그려보게 한다.

그러나 이것은 우리가 현 시점에서 무엇을 하도록 만드는가? 이것은 하나님의 백성인 우리에게 선교에 대해 무엇을 말하는가? 우리는 열방을 비추는 하나님의 빛으로서 빛을 비추어야 한다.

우리는 맨 처음으로 돌아가서 다시 1절에 귀를 기울여야 한다(사 60:1). "**일어나라! 빛을 발하라!**" 이것은 단순히 예견이 아니고 **호출**이다. 하나님의 백성은 하나님의 빛을 비추어야 한다. 하나님의 백성은 하나님의 구원하시는 빛의 매력을 현재 변화되고 있는 삶으로 나타내야 한다. 하나님은 빛을 가져오셨다. 따라서 우리는 빛을 비추는 일을 해야 한다. 우리는 종종 "비추소서"라고 노래한다. 나는 때로 하늘에서 중얼거리는 소리를 듣는다. "너희들의 빛을 비추지 않겠니?"

우리가 비추어야 할 빛은 단순히 복음을 말로 선포하는 빛이 아니라(물론 앞으로 살펴볼 것처럼 그것을 포함하지만), 이사야 58:8-10이 매우 분명하게 진술한 것처럼 정의와 긍휼을 나타내는 빛이다.

> 만일 네가 너희 중에서 멍에와
> > 손가락질과 허망한 말을 제하여 버리고
> 주린 자에게 네 심정이 동하며
> > 괴로워하는 자의 심정을 만족하게 하면
> **네 빛이 흑암 중에서 떠올라**
> > 네 어둠이 낮과 같이 될 것이며. (사 58:9-10; 저자 강조)

다른 사람들을 하나님을 예배하도록 끌어들이는 백성이 된다는 것은 이런 의미다. 이것은 하나님 백성의 선교의 일부분이다.

사람들의 인정을 받음

신약의 메시지도 이사야 60장과 크게 다르지 않다. 거기서도 하나님 백성의 선교의 일부는 외부 세계에 대해 매력적인 방식으로 삶으로써 다른 사람들이 하나님을 발견하도록 끌어들이는 것이다.

예수님은 어느 날 누추한 모습의 제자들에게 "너희는 세상의 빛이라"고 말씀하셨다. 그들은 조금 놀랐을 것이다. 그와 같은 진술이 이사야 58장과 60장 같은 성경을 잘 알고 있었던(하나님이 이스라엘의 선교를 구현할 그의 종에게 말씀하셨던 내용은 말할 것도 없고) 사람들을 얼마나 놀라게 했을지 상상해 보라.

내가 또 너를 이방의 빛으로 삼아

　나의 구원을 베풀어서 땅 끝까지 이르게 하리라. (사 49:6)

그리고 나서 예수님은 그와 같은 빛이 된다는 것이 정확히 무슨 의미인지 설명하셨다. 여기에 매우 선교적인 진술이 있다.

너희는 세상의 빛이라. 산 위에 있는 동네가 숨겨지지 못할 것이요 사람이 등불을 켜서 말 아래에 두지 아니하고 등경 위에 두나니 이러므로 집 안 모든 사람에게 비치느니라. 이같이 너희 빛이 사람 앞에 비치게 하여 그들로 너희 착한 행실을 보고 하늘에 계신 너희 아버지께 영광을 돌리게 하라. (마 5:14-16)

그리스도의 제자들은 눈에 잘 보이는 매력적인 빛을 비추어야 한다. 그 빛은 '선행'으로 이루어진다. 또 그 윤리적 빛의 특성은 사람들을 궁극적으로 하나님 자신에게로 끌어들여서 하나님이 영광을 받으시게 하는 것이어야 한다. 그것은 우리가 앞서 언급한 구약 구절들에서 관찰한 것과 동일한 움직임이다. 그리고 그것은 예수님으로부터 그 교훈을 들었던 베드로가 그가 쓴 편지에서 전달했던 것과 동일한 움직임이다(벧전 2:12).

물론 마태복음의 같은 장에서 예수님은 제자들이 하나님 나라의 삶을 살면 핍박도 당할 것이라고 경고하셨다. 그러나 그러한 박해의 현실 옆에 우리는 윤리적으로 그리스도를 닮은 삶의 모습으로 세상에 빛을 비추는 선교적 매력에 대한 이 교훈을 함께 놓아두어야 한다.

사도행전의 교회는 분명히 박해를 받았다. 그러나 누가는 그 교회가 일부 사람들에게서 인정과 지지를 받았다는 사실도 기록한다. 그리고 특별히 그 교회의 사회적·경제적 삶의 특성에 대해 언급한 뒤에 그 점을 강조한다. 서로 돌보고 그들 가운데 가난한 사람들이 없게 하면서, 초대교회 신자들은 매력적인 새로운 삶의 특성을 나타내 보였다. 사도들의 전도 설교를 강화시켜서 수많은 사람이 교회에 가입하도록 한 것이 바로 그와 같은 삶의 특성이었다.

믿는 사람이 다 함께 있어 모든 물건을 서로 통용하고, 또 재산과 소유를 팔아 각 사람의 필요를 따라 나눠주며, 날마다 마음을 같이하여 성전에 모이기를 힘쓰고, 집에서 떡을 떼며 기쁨과 순전한 마음으로 음식을 먹고 하나님을 찬미하며, 또 **온 백성에게 칭송을 받으니**, 주께서 구원받는 사람을 날마다 더하게 하시니라. (행 2:44-47; 저자 강조)

바울은 또한 그리스도인의 행위를 어두운 세상을 밝게 비추는 빛으로 보았다. 아마도 그는 다니엘이 많은 사람들을 의로 인도하는 현명한 신자들에 대해 했던 말을 생각했을 것이다(단 12:3).

모든 일을 원망과 시비가 없이 하라. 이는 너희가 흠이 없고 순전하여 어그러지고 거스르는 세대 가운데서 하나님의 흠 없는 자녀로 세상에서 **그들 가운데 빛들로 나타내며** 생명의 말씀을 밝혀. (빌 2:14-16; 저자 강조)

베드로가 믿지 않는 남편을 둔 그리스도인 아내들에게 머리 모양과 귀금속에 신경을 쓰지 말라고 말했을 때, 그들에게 **볼품없는** 사람이 되어야 한다고 제안한 것이 아니었다. 오히려 베드로는 그들의 아름다움이 그들의 성품과 행위를 통해 빛나기를 원했다(그리고 그는 그들에게 그들이 **아름답다고** 확인한다). 그래서 그들이 남편을 그리스도를 믿는 믿음으로 "이끌" 수 있기를 바랐다(벧전 3:1-4). 그것이 그들의 가장 중요한 매력이었을 것이다.

> 우리는 예수님처럼 섬기기 위해 세상에 보냄받는다. 그것이 우리 이웃들을 위한 사랑의 자연스러운 표현이기 때문이다. 우리는 사랑한다. 우리는 간다. 우리는 섬긴다. 그리고 이 일에 있어 우리는 아무런 사심이 없다(혹은 사심이 없어야 한다). 우리가 복음을 단순히 선포하기만 하면 복음은 가시성이 부족하다. 복음을 선포하는 우리가 영혼에만 관심을 가지고 사람들의 육체, 상황, 공

> 동체의 복지에 관심을 갖지 않으면 복음은 신뢰성이 부족하다. 그렇지만 우리가 사회적 책임을 받아들이는 것은 그렇게 하지 않으면 복음에 부족할 가시성이나 신뢰성을 부여하기 위해서가 아니라, 순전히 긍휼히 여기는 마음 때문이다. 사랑은 그 자체를 정당화할 필요가 없다. 사랑은 필요를 볼 때마다 그저 섬긴다.
>
> 존 스토트[8]

요약

시작했던 장으로 되돌아가 보자. 거기서 바울은 노예들과 그들이 가지고 있는 놀라운 능력이 구원의 교리에 미용과 같은 영향을 미친다고 말했다(딛 2:9-10). 이 얼마나 놀라운 특권인가! 교회의 전도 사역은 세상을 위해 구세주 하나님에 대해 가르치는 것이었다. (바로 그러한 호칭을 주장했던) 로마 황제가 아니라 십자가에 못 박히신 이스라엘의 메시아 예수님에 대해 가르치는 것이었다. 무슨 농담을! 이 모든 것은 세련된 헬라 시민들이 그들의 노예들(그들 중 많은 사람들이 초기 기독교로 회심했다)에게 일어난 변화를 알아챌 때까지는 터무니없는 이야기였다. 노예들의 행위가 변화되어야만 결국 이 교훈은 매력적인 것이 될 수 있었다.

따라서 바울은 계속해서 모든 그리스도인에게, 우리가 두 "강림" 사이에, 구원을 위한 그리스도의 첫 번째 "나타나심"과 영광 가운데 그분의 두 번째 "나타나심" 사이에 사는 동안 하나님의 구원하시는 은혜에 응답하는 방식으로 살라고 일반적인 권고를 한다.

모든 사람에게 구원을 주시는 하나님의 은혜가 나타나 우리를 양육하시되, 경건하지 않은 것과 이 세상 정욕을 다 버리고 신중함과 의로움과 경건함으로 이 세상에 살고, 복스러운 소망과 우리의 크신 하나님 구주 예수 그리스도의 영광이 나타나심을 기다리게 하셨으니, 그가 우리를 대신하여 자신을 주심은 모든 불법에서 우리를 속량하시고 우리를 깨끗하게 하사 **선한 일을 열심히 하는** 자기 백성이 되게 하려 하심이라. (딛 2:11-14; 저자 강조).

그러나 그렇게 될 수 있을까? 예수님, 누가, 바울, 베드로가 우리에게 말하는 것처럼, 선행은 사람들을 변혁시키고 끌어들일 수 있을 만큼 충분한 힘을 갖고 있는가? 선행은 선교의 일부분으로 여겨지는 것은 고사하고, 정말로 선교에 기여하는가? 여기에 존 딕슨(John Dickson)의 의견이 있다.

인간적으로 말해서, 아무도 단순한 선행을 통하여 열방이 하나님을 예배하게 만들 수 있다고 생각하지 않았다. 도대체 '선행'이 어떻게 전 세계는 고사하고, 로마 제국과 같은 강대한 왕국을 변화시킬 수 있단 말인가? 당시에는 그런 일이 일어나지 않을 것처럼 들렸겠지만, 제자들은 세상의 빛이 되라는 예수님의 말씀을 진지하게 받아들였다. 그들은 아주 영웅적인 경건의 행위에 몰두했다. 그들은 그들의 원수를 사랑하고, 박해자를 위해 기도했으며, 어디에서나 가난한 자를 돌보았다.

우리는 예루살렘 교회가 그들 가운데 있는 극빈자들을 위해 커다란 매일 식량 배급소를 운영했다는 사실을 안다. 당시 일곱 명의 그리스도인 지도자들이 그 프로그램을 관리하는 책임을 맡았다(행 6:1-7). 아마도 역사상 가장 위대한 선교사요 전도자인 사도 바울은 이러한 종류의 선행에 완전히 헌신했다. 주후 46-48년 사이에 팔레스타인을 황폐하게 만들었던 기근에 응답하여, 바울은 가난에 시달리는 팔레스타인 사람들을 돕기 위해 10년에 걸쳐 국제 원조 프로그램을 만들었다. 그는 가는 곳마다, 이방인 교회들에게 예루살렘에 있는 가난한 사람들을 위해 그들이 할 수 있는 것은 무엇이든 해달라고 요청했다.

그리스도인의 '선행'은 신약 시대 이후에도 오랫동안 계속되었다. 예를 들어, 우리는 주후 250년경 로마의 기독교 공동체가 매일 1,500명의 극빈자들을 후원했다는 사실을 안다. 지중해 사방에 있는 교회들은 식량 계획을 세우고 병원과 고아원을 운영했다. 이 시설들은 신자와 불신자 모두가 이용할 수 있었다. 이것은 혁신적인 것이었다. 역사가들은 공동체 내에 있는 가난하고 힘없는 자들을 돌보는 포괄적인 복지 시스템을 도입한 최초의 사회로 종종 고대 이스라엘을 가리킨다. 그리스도인들은 이 전통을 물려받아 그것을 유대인과 이방인, 신자와 불신자 모두에게 개방했다.

그리고 이 모든 것의 결과는 무엇이었는가? 2세기 반 만에 그리스도인들은 수백 명의 팔레스타인 유대인들로 이루어진 작은 무리에서 세계 역사상 가장 위대한 사회 세력으로 변화되었다. 실제로 4세기에는 그리스도인들의 선행이 끼친 영향이 매우 대단해서 율리아누스 황제(주후 331-363년)는 기독교가 남모르게 선행을 해서 세계를 영원히 차지할까 봐 두려워했다.[9]

애석하게도, 율리아누스 황제의 두려움은 근거가 없는 것으로 판명되었다. 그러나 그가 옳았다면 어떻게 되었을까?

생각해 볼 질문

1. 어떤 사람이 말하기를, 하나님은 자기 백성의 삶이 질문을 불러일으키기를 원하시는 반면, 오늘날의 교회는 의혹만 불러일으킨다고 했다. 사람들이 당신의 삶이나 당신 교회를 지켜보면서 어떤 질문을 한다고 생각하는가?
2. 당신의 공동체와 관련하여 '외부자들'은 누구인가? 당신은 그들이 어떤 식으로 '하나님을 찾고' 있다고 생각하는가? 그들은 의식적으로 하나님을 찾고 있는가, 아니면 그 반대인가? 솔로몬의 기도는 우리가 그들을 위해 기도하고 그들과 관계 맺으며 사는 방법에 대해 무엇을 가르쳐 주는가?
3. 이스라엘을 옷처럼 '입으시는' 하나님 이미지는, 언약에 신실하게 살아가는 그리스도인의 중요성에 대한 당신의 생각에 어떤 영향을 주는가?
4. 예수님이 제자들을 "세상의 빛"으로 묘사하시고 그들에게 "그 빛을 비추라"고 말씀하셨을 때, 아마도 이사야 58-60장을 생각하셨을 것이다. 이사야 58장을(통째로, 그러나 8절과 10절에 주목해서) 읽고 그것이 오늘날 의미하는 바를 깊이 생각해 보라.

막간

우리는 이 책의 여정 중간 지점에 도착했다. 그러니 잠시 걸어온 길을 되돌아보면서 우리가 살펴본 경관을 기억하고 앞으로 나아갈 길을 준비하는 것도 좋을 것 같다.

우리는 **하나님 백성의 선교**라는 제목과 관련해서 우리 자신에 대해 두 가지 근본적인 질문을 했다. "우리는 누구이며, 무엇을 위해 여기에 있는가?" 이제까지 우리가 광범위한 본문들 안에서 발견한 주된 강조점은 하나님의 백성은 하나님, 세상, 그리고 다른 사람들과의 관계에서 특정한 방식으로 **살도록** 창조되고 부름받는다는 것이다.

이제까지 배운 것은 무엇인가?

2장에서 우리는 성경 전체를 창조에서 새 창조에 이르는, 하나님의 선교 이야기로 읽는 것의 중요성과, 또 우리가 창조 세계 안에서 그리고 열방 가운데서 하나님의 목적을 섬기기 위해 그 위대한 이야기 속에 하나님의 백성으로 존재함을 살펴보았다. 하나님이 그분의 교회를 위해 선교를 품고 계신 것이라기보다는 오히려 하나님이 그분의 선교를 위해 교회를 품고 계신 것이다. 우리는 하나님의 선교를 섬기기 위해 존재한다. 그래서 하나님이 우리에게 주신 성경 전체에서 그 선교가 무엇을 의미하는지 아는 것이 중요하다.

3장에서 우리는 성경의 시작과 끝을 주목했다. 그것은 창조다. 하나님의 백성이라 할지라도 우리는 여전히 인간이며, 하나님이 우리를 두신 땅을 섬기고 돌보라는 명령 아래 있다. 그것은 우리의 인간성 자체로부터 유래하는 우리 선교의 일부분이다. 그러나 그것은 또한 만물의 구속을 가리킨다. 우리는 창조세계 **바깥으로** 구원 받은 것이 아니다. 오히려 창조세계 자체가 **우리와 함께** 구속받을 것이다.

4장에서 하나님이 아브라함과 맺으신 언약을 탐구하면서, 우리는 하나님의 선교의 주된 실행자는 하나님의 백성이라는 사실을 알게 되었다. 모든 열방에 복을 가져다주기 위해, 하나님은 아브라함의 백성을 창조하셨으며, 그리스도 안에서 우리는 그 백성에 속한다. 우리가 존재하는 이유 및 우리에게 위임된 선교는 구약의 이스라엘에게나 우리 그리스도인들에게나 원리적으로 동일하다.

5장에서 우리는 창세기 18:19로부터 아브라함의 백성(그것은 그리스도 안에 있는 모든 사람을 포함한다)에 대한 하나님의 요구는 하나님이 열방을 축복하기로 하신 약속을 지키실 수 있도록, 그들이 의와 공도를 행함으로써 야훼의 도를 지키는 것이라는 사실을 배웠다. 우리가 사는 방법(윤리)이 우리의 선택과 우리가 하나님의 선교에 참여하는 것을 연결해 주는 장치다.

6장에서 우리는 출애굽 이야기로부터 하나님의 구속관을 더 포괄적으로 이해한다. 그리고 그리스도의 십자가와 부활을 통해 우리의 완전한 해방을 성취하시는 구속자 하나님을 볼 때, 우리는 포괄적 차원들을 잃어버리지 않아야 한다. 하나님이 구속하신 자들은 세상에서 다른 사람들을 구속적 삶으로 대하면서, 그분의 행동과 그 이면에 있는 동기를 반영하도록 부름받는다.

7장에서 우리는 출애굽기 19장과 레위기 19장으로부터 이스라엘의 **정체성**(제사장 나라가 되는 것)은 선교(하나님을 열방에 소개하고 그들을 하나님께로 데려옴으로써 열방에 복을 주는 것)와 긴밀한 관련이 있다는 점을 살펴보았다. 살아 계신 하나님의 살아 있는 증거가 되는 것은 그리스도 안에서 여전히 하나님 백성의 선교다. 그리고 이스라엘의 **선교**는 **윤리**(거룩한 나라가 되는 것, 즉 주변 나라들과 근본적으로 다른 나라가 되는 것)를 요구했다. 우리의 선교도 동일한 것을 요구한다. 우리는 다르게 행동하도록 부름받는다. **성경적 윤리 없이 성경적 선교는 없다.**

하나님 그분의 성품을 반영하는 방식으로 산다는 것은 하나님의 백성을 하나님 못지않게 매력적으로 만들 것이다. 8장에서 우리는 하나님의 백성이 다른 사람들을 하나님께로 끌어들여서, 그분의 복과 구원을 발견하도록 해야 한다고 말하는 여러 성경 구절을 탐구했다. 이 과제를 나타내는 가장 강력한 비유는 빛이다. 빛은 하나님이 오실 때 그분이 가져오시는 구원의 즐거운 좋은 소식을 뜻하고, 또 그 빛에 와서 그 빛을 따라 사는 이들의 삶과 행위가 지닌 세계 변혁적 특성을 나타내기도 한다.

그러므로 이제 성경이 말하는 하나님 백성의 선교는 하나님이 창조하신 사람이 **되고**, 하나님이 부르신 일을 **하는** 것이라는 점이 아주 분명해졌을 것이다. 우리에게는 살아야 할 삶이 있다. 따라서 우리가 하나님의 백성으로 살지 않는다면 우리는 말할 수 있는 것이 거의 없다.

또한 우리는 큰 소리로 말하도록 부름받는다. 소통해야 할 메시지가 있다. 들려줘야 할 말이 있다. 알리고 전달해야 할 진리가 있다. 나누어야 할 좋은 소식이 있다!

이제 우리는 이 책의 후반부에서 그 주제를 집중적으로 다룰 것이다. 먼저 우리는 '증거를 하는'(10장) 것과 '복음을 선포하는'(11장) 것과 관련된 위대한 선교적 주제들을 탐구할 것이다. 그리고 그 둘 모두가 구약에서 유래했다는 사실을 발견하고 놀라게 될 것이다(그런 사실을 찾아내는 것이 삶을 위한 성경신학이 지닌 가치다). 성경에서 사람들은, 광범위한 다른 '선교 사역들'과 함께 그런 과제를 둘 다 행하도록 '보냄'받았다. 그들은 하나님에 의해 직접 보냄받거나, 아니면 교회에 의해 보냄받았다.

선교라는 단어는 '보냄'을 뜻하는 라틴어에서 유래하기 때문에, 우리는 이 주제에 대해서도 추적해 볼 것이다(12장). 그러나 사람들이 아직도 선교는 선교사들(말 그대로 문화적 경계를 넘어 보냄받은 사람들)만이 하는 일이라고 생각할지 모르기 때문에, 일상적인 공적 생활과 일의 영역에 살면서 일하는 모든 사람들(즉 우리 대부분)의 선교에 대해서도 생각해 볼 것이다(13장). 마지막으로, 우리는 모든 선교의 목표는 하나님의 영광이라는 점을 상기할 것이다. 그래서 14

장에서 찬송과 기도가 어떻게 하나님의 백성의 선교적 행동이 되는지를 살펴볼 것이다.

하지만 우리 선교의 이 모든 차원의 기초가 되는 것은, 우리가 말하는 하나님에 대해 우리가 제대로 알아야 하고, 또 우리가 그분께 단호한 충성을 바쳐야만 한다는 것이다. 우리는 다음 장에서 구약 이스라엘이 이것을 요구받았고, 사도들도 주 예수 그리스도의 유일성에 대해 담대하게 증거할 때 이것을 의기양양하게 나타냈다는 점을 살펴볼 것이다.

9장

살아 계신 한 분 하나님과 구세주를 아는 백성

하나님을 아는 것은 성경신학에서 가장 자주 나오는 주제 가운데 하나다. 사람들은 그 주제 하나를 가지고 두꺼운 책을 쓰기까지 한다.[1] 그러나 당신은 그것이 하나님 백성의 선교와 무슨 상관이 있냐고 묻고 싶을 것이다. 하나님을 아는 것은 선교보다는 개인적 경건이나 영적 경험과 더 관련이 있는 것처럼 보인다. 그러나 우리가 그와 같이 생각한다는 것은 우리가 기독교 신앙을 얼마나 사적인 것으로 만들었는지를 보여 주는 것이다. 또 그것은 우리가 성경신학, 특히 하나님 백성의 선교에 적용되는 성경신학과 관련해서 우리에게 얼마나 교정이 필요한지를 보여 준다.

성경에서 하나님을 아는 것은 깊은 개인적 경험인 것이 사실이지만, 그저 사적이거나 영적이기만 한 것은 결코 아니다. 하나님을 알게 되는 것은 그 만남이 일어날 때 당신의 삶의 상태에 따라 아주 즐겁거나 반대로 대단히 파괴적인 것이 될 수 있다. 구약의 이스라엘이 그랬던 것처럼, 공동체 전체가 하나님을 알라는 명령을 받았을 때 그것은 형식적인 국가 종교의 휘장이 아니라 포괄적인 사회적 의제였다.

무엇보다도 하나님을 아는 것은 하나의 책임이었다. 그것은 하나의 의제, 하나의 사명을 만들어 냈다.

하나님에 대한 모든 성경적 경험 이야기는 결코 한낱 '자동사'(당신에게 일어나서 거기에 그대로 머무는 것)에 멈추지 않는다. 그것은 언제나 '타동사'의 역학(다른 사람이나 사물에 영향을 끼치는 것)을 지닌다. 우리는 이 점을 이 책의 앞 장들에서 살펴본 바 있다. 하나님이 당신에게 복 주시는 것은 당신이 다른 사람들에게 복을 전하도록 하기 위함이다. 하나님이 당신을 구속하시면, 그것은 당신이 다른 사람들에게 구속적인 은혜를 나타내게 하기 위함이다. 하나님이 당신을 사랑하시고 먹이시고 입히시면, 당신은 가서 다른 사람들에게 그와 같이 해야 한다. 하나님이 당신을 구원의 빛 가운데로 인도하시면, 그것은 당신이 다른 사람들을 동일한 장소로 끌어들이는 빛을 비추게 하기 위함이다. 당신이 하나님의 용서를 누리면, 당신도 다른 사람들을 반드시 용서해야 한다.

이 점에서 우리의 **모든** 성경신학은 선교적이며 또한 선교적이 되어야 한다. 성경신학은 정의(定義)상 '삶을 위한 신학'이다.

마찬가지로 하나님을 아는 것은 거기서 끝나지 말고 하나님을 알리는 데까지 이어져야 한다. 하나님이 나누기 원하시는 지식은 위임되어야 한다. 이 점이 하나님을 아는 것을 선교적으로 만들어 준다. 우리의 모든 선교 이면에는 하나님의 창조세계 전체를 향해 살아 계신 하나님으로 알려지기 원하시는 하나님의 확고부동한 결심이 있기 때문이다. 알려지기 원하시는 하나님의 뜻은 우리의 선교를 반드시 해야 하는 것으로 만들 뿐만 아니라 또한 가능하게 만든다.[2]

그러므로 이 장에서 우리는 두 가지 본문을 살펴볼 것이다. 이 본문에 등장하는 사람들은 하나님을 알게 됨으로써, 또는 하나님에 대해 특별한 것 혹은 흥미진진한 것을 발견하게 됨으로써 어떤 도전에 직면하게 되며, 그 지식의 청지기가 된다는 것이 어떤 선교적 함의를 지니는지를 깨닫게 된다. 또한 우리는 구약을 먼저 살펴보고 그 다음에 신약으로 넘어가던 방식에서 벗어나 양쪽을 왔다 갔다 하면서, 그 본문들 간의 관련성과 공명을 살펴보고 그 둘 모두로부터 우리의 성경신학을 세워 갈 것이다.

우리가 살펴볼 두 본문은 사도행전 4:1-22과 신명기 4:32-39이다. 두 본문을 차례로 읽고 앞에 펼쳐 놓는 것이 도움이 될 것이다. 지금 그렇게 하라.

> 하나님을 알리고자 하는 우리의 모든 선교 활동은 그보다 앞서는 틀, 곧 알려지기 원하시는 하나님의 뜻이라는 틀 안에 두어야 한다. 우리는 하나님의 목적을 이루기 위해 애쓰고 있다. 그것이 우리를 겸손하게 하며 동시에 안심시킨다. 알려지기 원하시는 하나님의 결심이 없다면 우리의 모든 노력이 헛되리라는 사실을 기억하면 우리는 겸손해진다. 우리는 하나님을 열방에 알리는 선교의 창시자도 아니며, 그 과업이 어떻게 완전히 성취될지 혹은 언제 완성될지 결정할 수 있는 것도 아니다. 그러나 그것이 우리를 안심시키는 것은, 우리의 모든 서툰 노력과 부적절한 의사소통 배후에 살아 계신 하나님의 가장 귀한 뜻이 있음을 알기 때문이다. 그 하나님은 사랑의 자기 계시로 손을 내미시며, 질그릇 같은 그분의 증인들에 의해 전달된 복음이라는 보물을 통해 눈먼 사람들의 눈을 여시고 그분의 영광을 드러내시기를 간절히 원하시는 분이다.
>
> 크리스토퍼 라이트[3]

도전적인 상황들

우리는 두 본문이 서로 또는 그때와 지금의 하나님 백성의 선교와 관련하여 공통적으로 가진 요소가 무엇인지 질문할 수 있다. 대답은 주어진 상황이 갈등과 도전의 상황이었다는 것이다. 사상, 세계관, 종교적 열심이 충돌했다.

사도행전에서 그 갈등은, 한편으로 나사렛 예수님은 메시아이며 그분이 몇 주 전에 십자가에 못 박혀 처형당했지만 지금은 다시 살아나셔서 주님으로 높아지셨다고 주장한 사람들과, 다른 한편으로 그와 같은 생각을 위험스러운 허튼소리라고 거부했던 사람들 간의 갈등이었다.

신명기에서 그 갈등은 이스라엘의 독특하신 언약의 하나님이요 주님이 되시는 야웨에 대한 신앙과 그들 앞에 놓여 있는 가나안의 다신론적 종교 및 문화 간의 갈등이었다.

두 경우 모두 본문에 나오는 화자는 사람들에 의해 목격되고 하나님에 대해 어떤 결론을 낳은 독특한 사건들—알아야 하고 알려져야 하는 사건들—에 대해 언급한다. 그리고 두 경우 모두, 예수님에 대해서든 하나님에 대해서든, 타협할 수 없는 내용과 보편적인 의미를 지닌 주장을 펼친다.

오늘날의 세계에서 우리가 직면한 선교적 상황 역시 도전적이다. 기독교 신앙은 온갖 종류의 경쟁적인 주장과 충성(타종교일 수도 있고, 아니면 다시 기승을 부리는 무신론일 수도 있다)에 직면하여 정체성과 특수성을 표현해 내야 한다.

사도 시대처럼 오늘날에도 예수님을 유일한 구세주요 주님으로 받아들이지 않는 사람들이 많이 있다. 또 예수님의 주장에 대해 결단을 내릴 수 있는 기회는 고사하고, 예수님에 대해 한 번도 들어 본 적이 없는 사람들이 더 많이 있다. 그리고 신명기 시대처럼 하나님의 백성은 인간이 할 수 있는 온갖 우상숭배를 나타내는 수많은 문화에 둘러싸여 살고 있다. 우리 주변 세계에 가득한 유혹하는 힘으로 인해 한 분 살아 계신 하나님께 충성을 바치는 것은 결코 간단한 일이 아니다. 옛날 이스라엘 사람들처럼 우리는 우리가 쉽게 빠져드는 혼합주의를 인식조차 못한다. 또 그저 "주위 사람들의 신들을 경배하는" 것이 얼마나 쉬운지 인식하지 못한다.

이와 같은 상황에서 우리는, 우리가 아는 것과 우리가 아는 분을 인정하며 또한 증거하라는 명령을 받는다. 그것이 하나님을 아는 것을, 우리의 경우 주 예수 그리스도를 아는 것을, 심오한 선교적 현실로 만들어 준다.

> 그 교회의 서점에서 나오기 전에 그 물건을 계산대로 가져가 돈을 지불하고서 그것을 짓밟고 왔더라면 좋았을 텐데. 나는 불경스러운 혼합주의를 드러내는 그 물건을 보고 몸서리쳤다. 미국 국기로 둘러싸인 작은 십자가 조각상이었다. 무슨 생각으로 그런 것을 만든 걸까? 구입한 사람은 또 무슨 생각으로 산 걸까? 그것은 "예수님의 십자가를 가져라. 그러면 당신의 모든 죄는 용서받는다. 애국심으로 십자가를 둘러싸라. 십자가가 당신의 애국심이 숭배하는 바를 방해한다거나, 예수님 당시에는 십자가가 애국자들이 반역자와 테러리스트를

> 매달아 죽인 곳이었다는 생각 따위는 할 필요가 없다"고 말하는 것 같았다.
> 　혹은 "예수님은 미국인을 위해 죽으셨다"고 말하는 것인지도 모른다. 그 말은 사실이지만, 예수님은 모든 열방, 모든 나라의 사람들을 위해서도 죽지 않으셨던가? 다시 말해, 가장 너그럽게 해석한다 할지라도, 그와 같은 상징은 혼란스럽다. 그것은 혼합주의다. 성경의 살아 계신 하나님께 드려야 할 예배에 온갖 종류의 다른 사랑과 충성을 섞어 놓은 것이다. 이는 '타종교들'이 범람하는 다른 나라들에서만 일어나는 일이 아니다.

사도행전—우리는 다시 살아난 사람을 보았다

사도행전 3장에서 누가는 날때부터 걷지 못하여 성전에 예배하러 온 사람들에게 구걸하던 한 사람이 어떻게 해서 예수님의 이름으로 베드로와 요한을 통해 치유받았는지를 이야기한다. 놀란 무리에게 전도할 기회를 잡은 베드로는, 요한과 그 자신의 공로를 부인하고 나사렛 예수(몇 주 전에 사람들이 십자가에 못 박아 죽인 그분)가 실은 하나님이 그들의 조상들에게 약속하셨던 메시아라고 설명한다. 그러나 하나님은 그분을 죽은 자 가운데서 일으키셔서 그분의 정당함을 입증하셨고, 따라서 아브라함에게 하신 약속을 지키셨다. 걷지 못하는 자를 치유한 사건은 하나님이 이제 그들을 위해 영적으로 행하실 일을 가리키는 이정표였다. 이스라엘 사람이라 할지라도, 아브라함의 복은 이제 오직 예수님께 대한 회개와 믿음을 통해서만 올 것이다.[4]

　사도행전 4장은 이 사건이 유대의 종교 및 정치 당국에 보낸 충격파를 묘사한다. 그들은 나사렛 출신의 말썽꾼을 좀 잔인했지만 최종적으로 확실히 처리했다고 확신했다. 그래서 베드로와 요한에게 그들의 행동에 대해 해명할 것을 요구한다. 그러자 베드로는 그 기회를 이용해 다시 한 번 예수 그리스도의 구원의 복음을 선포한다(우리는 이 복음에 대해서 곧 살펴볼 것이다).

　당국자들은 그들의 눈으로 직접 보고 예루살렘 온 시민이 직접 본 그 증거를 부인할 수 없었다. 그들 모두가 여러 해 동안 그 문을 지나면서 보았던 사람이 거리를 뛰어 달리고 있었다. 그리고 여기 법정에 그가 서 **있었다**(그는 한평생 그런 자세를 취할 수 없었다!).

치유된 사내가 베드로와 요한과 함께 서 있는 것을 보았기에, 그들은 할 말이 없었다. 그들은 베드로와 요한에게 산헤드린에서 물러나라고 명령한 다음, 함께 상의했다. "이 사람들을 어떻게 할까? 그들로 말미암아 유명한 표적 나타난 것이 예루살렘에 사는 모든 사람에게 알려졌으니 **우리도 부인할 수 없는 지라**"(행 4:16; 저자 강조).

지금 이 이야기에서 중요한 것은 베드로가 예수님의 부활을 걷지 못하는 자의 치유와 동일한 기초 위에서 선포한다는 점이다. 즉 그것이 부인할 수 없는 사건임을 사실적 증인에 기초해 선포한 것이다. 베드로에게 예수님이 다시 살아나셨다는 사실은, 그 사내가 치유되었다는 사실만큼이나 목격자의 증언이 있는 사실이었다. "너희가 생명의 주를 죽였도다. 그러나 하나님이 죽은 자 가운데서 그를 살리셨으니 **우리가 이 일에 증인이라**"(행 3:15; 참고 4:2,9-10; 저자 강조).

"너희는 **병든** 사람이 **치유된** 것을 보았다. 너희는 그것을 부인할 수 없다"고 베드로와 요한은 말한다. "우리는 **죽은 자 가운데서 살아난** 사람을 보았다. 우리는 그것도 부인할 수 없다." "우리는 보고 들은 것을 말하지 아니할 수 없다"(행 4:20).[5]

우리가 믿는 기독교 신앙은 아무리 영적이라 할지라도 종교적 사색이나 이론이 아니라, 역사적 경험을 공적으로 증언한 증인에 근거하고 있음을 기억하는 것이 중요하다. 복음은 일어난 어떤 것에 대한 **좋은 소식**이다. 그것은 **좋은 생각**이나 좋은 소언이 아니나. 11장에서 우리는 좋은 소식으로서 복음의 '성경 전체'의 내용과 역학에 대해 다시 살펴볼 것이다.

신명기-너희는 행동하시는 하나님을 보았다

신명기는 모세가 약속의 땅에 들어가기 직전에 이스라엘 백성에게 연설을 하면서, 그들이 역사적으로 목격한 사건들을 상기시키는 장면을 제시한다.

네가 있기 전, 하나님이 사람을 세상에 창조하신 날부터 지금까지 지나간 날을 상고하여 보라. 하늘 이 끝에서 저 끝까지 이런 큰 일이 있었느냐. 이런 일을 들은 적이 있었느냐. 어떤 국민이 불 가운데에서 말씀하시는 하나님의 음성을 너처럼 듣고 생존하였느냐. 어떤 신이 와서 시험과 이적과 기사와 전쟁과 강한 손과 편 팔과 크게 두려운 일로 한 민족을 다른 민족에게서 인도하여 낸 일이 있느냐. 이는 다 너희의 하나님 여호와께서 애굽에서 너희를 위하여 **너희의 목전에서** 행하신 일이라. (신 4:32-34; 저자 강조)[6]

32절은 정말로 우주적 규모의 조사 계획을 상상하고 있는데, 그 계획은 이제까지의 인류 역사와 우주적 공간 전체를 포함한다. 모세는 자신이 33절과 34절에서 제기하려고 하는 질문에 대해 사람들이 대답할 수 없을 거라고 확신한다. 모세는 시내 산에서 일어난 신의 현현과 출애굽 구출 둘 모두를 언급한다. 그리고 그와 같은 일이 한 번도 일어난 적이 없다고 주장한다. 하나님이 출애굽과 시내 산 사건에서 행하신 것은 전례가 없었으며(하나님은 어느 때에도 그와 같은 일을 하신 적이 없다) 또 유례가 없었다(하나님은 다른 나라를 위해서 다른 어디에서도 그와 같은 일을 하신 적이 없다).

따라서 모세는 이스라엘의 경험은 전적으로 독특하다는 점을 주장하고 있는 것이다. 야웨는 다른 백성이 경험하지 못한 방식으로 이스라엘에게 말씀하셨다(참고 시 147:19-20). 그리고 야웨는 다른 백성이 아직 알지 못한 방식으로 이스라엘을 구속하셨다(참고 암 3:1-2).

모세가 언급한 두 사건은 물론 하나님의 구속받은 언약 백성인 이스라엘의 신분의 기초였다. 두 사건은 구원과 계시가 결합된 사건이다.

구원

출애굽은 모든 사람이 부인할 수 없는 가장 위대한 경험이었다. 그들은 한때 애굽에서 종살이를 했지만, 이제 자유민이 되어 약속의 땅에 들어가려고 한다. 강력한 구원을 행하신 하나님 야웨에 대해 그들이 알았던 것은 무엇이든 이 사실에 근거해 알았던 것이다.

계시

시내 산 경험은 하나님의 자기 계시를 경험한 압도적 사건이었다. 시내 산에서 야웨는 자신의 이름, 개인적 성품, 도덕적 요구, 언약적 헌신에 대해 계시하셨다. 이 모든 것은 역사로 기록된 일이었다. 레위인들이 들고 다니는 금을 입힌 중요한 궤가 있었는데, 그 안에는 돌판이 있었다. 이 언약궤는 그 놀라운 사건에 대한 물리적 증거이자 증명이었다.

따라서 우리가 살펴보는 본문은 **둘 다** 뒤이어 나오는 주장과 도전의 근거로서 사실에, 공적으로 증명된 경험에, 부인할 수 없는 사건에 호소한다. 제자들이 이제 예수님에 대해 아는 것, 이스라엘 사람들이 이제 야웨에 대해 아는 것은 모두 역사적 경험에 기인한 것이었다.

그렇다면 하나님 백성의 선교가 하나님에 대해 아는 것을 나눈다고 말할 때, 그것은 하나님에 대해 소수만 아는 비밀이나 사변적 의견, 장기적인 영적 순례의 결과, 또는 오랜 종교적 성찰의 열매를 나누는 것이 아니다. 우리가 알고 있는 것은 무엇이든 일어난 사건들에 근거해서 아는 것이며, 그 사건들에 대한 해석은 성경을 통해 우리에게 주어진다.

우리가 나누는 복음은 실제 사건에 관한 좋은 소식이다. 복음의 핵심에는 '일어난 사건들'이 있다. 진짜 백성에 대해, 그리고 무엇보다도 진짜 사람이신 나사렛 예수님에 대해 말할 이야기가 있다.

이것이 성경에 대한 확신이 매우 중요한 이유 중 하나다. 이런 사건들을 직접 경험한 사람들의 증언이 기록되어 있기 때문이다. 베드로와 요한은 "우리가 보고 들은 것"에 대해 말할 수 있었다. 왜냐하면 그 자리에 있었기 때문이다. 하지만 우리는 그들과 아주 똑같은 방식으로 말할 수는 없다. 그래서 우리는 그들의 증언에 의지한다. 그리고 그 증언은 성경에 있다. 그것이야말로 요한이 복음서를 기록한 이유였다(요 20:30-31; 21:24).

단호한 주장들

두 본문은 각 본문의 기저를 이루고 있는 부인할 수 없는 역사적 사건으로부터 당시의 분명한 언어로 된 단호한 주장으로 나아간다. "**다른 신은 없다**"는 표현은 두 본문이 공통으로 갖고 있는 또 하나의 특색이다. 그리고 이미 밝혀졌듯이, 그 두 본문 사이에는 수세기라는 시간적 간격이 있지만, 성경신학적인 면에서는 궁극적으로 동일한 사람에 대해 말한다.

신명기-다른 신은 없다

신명기 4:33-34에서 이스라엘의 경험의 독특성을 단언했던 모세의 위대한 수사적 질문은, 향수를 불러일으키는 말이나 기분을 좋게 해주는 위로가 아니었다. 그 질문들은 분명한 메시지를 갖고 있었다. 이스라엘이 적극적으로 인정하고 그들의 마음과 삶 속에 새겨 넣어야 한다는 의미에서, 그들이 이제 확실히 알아야만 하는 어떤 것이 있었다.

> 이것을 네게 나타내심은 여호와는 하나님이시요 그 외에는 다른 신이 **없음을 알게 하려 하심이니라**. (신 4:35; 저자 강조)
>
> 그런즉 너는 오늘 위로 하늘에나 아래로 땅에 오직 여호와는 하나님이시요 **다른 신이 없는 줄을 알아** 명심하고. (신 4:39; 저자 강조)

이스라엘이 매우 독특한 경험을 했던 것은 그들로 하여금 아주 중대한 어떤 것을 배우도록 하기 위함이었다. 그것은 살아 계신 하나님의 **정체성**이었다. 야웨, 오직 야웨만이 하나님이시며, 우주의 어디에도 다른 신은 없다. 이것이 그 수사적 화차가 운반하고 있는 신학적 화물이다.

이스라엘만이 하나님의 구속(출애굽)과 하나님의 계시(시내 산)의 특별한 행위를 경험했기 때문에, 이스라엘은 그에 상응하는 특별한 하나님에 대한 지식을 갖고 있었다. "**네게**[이 대명사는 강조되어 있다] 이것을 나타내심은…

네가 알게 하려 하심이니라." 야웨를 하나님으로 알지 **못했던** 열방 세계에서, 이스라엘은 이제 그 본질적인 지식을 위임받은 나라가 되었다.

구약의 이스라엘은 다른 나라가 알지 못했던 하나님을 알았다. 그들은 당시 다른 나라가 경험하지 못한 방식으로 하나님을 경험했기 때문이다.

이제 "다른 신은 없다"는 표현은 즉시 우리가 여기서 '구약 유일신론'이라고 종종 부르는 영역에 있음을 말해 주지만, 그 본문이 그저 유일신론을 단언하는 것이 아님을 분명히 아는 것이 중요하다. 모세는 "이것을 네게 나타내심은 오직 한 분 하나님이 계심을 알게 하려 하심이니라"고 말하지 않는다. 요점은 한낱 **산수**의 문제("얼마나 많은 신들이 있는가?")가 아니라 **정체성**의 문제("살아 계신 참 하나님은 어떤 분이신가?")였다. 오직 한 분 하나님이 계시다는 것을 믿는 것도 좋지만, 야고보가 말하는 것처럼(약 2:19) 그 정도로는 귀신의 수준을 벗어나지 못한다.

살아 계신 참 하나님은 방금 경험한 이야기를 통해 야웨로 계시된 하나님이시다. "이것"(출애굽과 시내 산 사건들)은 야웨 하나님이 긍휼과 정의의 하나님, 구원과 계시의 하나님, 그분의 은혜로 이스라엘을 구속하시고 이제 그들에게 그분만을 사랑하고 섬길 것을 요구하시는 하나님이 되심을 보여 준다. 그러니까 그 이야기는 그저 하나님이 정말로 누구신지 뿐만 아니라 또한 하나님이 정말로 무엇과 같은 분이신지 보여 주는 것이다. 그것은 하나님의 존재와 정체성뿐만 아니라 그분의 성품을 계시한다. 이 하나님은 **이런 분**이시다. 그분은 다른 신과는 다른 분이시다. 당신은 그것을 어떻게 아는가? 오직 이 하나님이 공적으로 증명된 역사 가운데 행하신 일 때문에 안다.

신명기 4장에 기록된 이 구절들의 취지는 다른 많은 구약 구절들에도 나타난다. 거기서 우리는 야웨는 **비교할 수 없는**(그분과 **같은** 신은 없다) 분이라는 주장과 야웨는 **유일하신**(초월적 신이라는 점에서, 실제로 그분과 견줄 다른 신은 없다) 분이라는 주장이 결합된 것을 발견한다. 우리의 성경신학을 위해, 그리고 또한 사도행전 4장에서 베드로와 요한이 예수님에 대해 태연하게 주장했던 내용의 충격을 충분히 느끼기 위해, 잠시 멈추어서 다음 본문을 읽고 거기에 담긴 믿기 어려운 주장들을 충분히 음미해 보도록 하자.

모세는 그저 "주와 같은 자가 누구니이까?"라는 질문을 함으로써 야웨의 유일성을 진술한다.

여호와여, 신 중에
　주와 같은 자가 누구니이까.
주와 같이
　거룩함으로 영광스러우며
찬송할 만한 위엄이 있으며
　기이한 일을 행하는 자가 누구니이까. (출 15:11)

구약 다른 곳에서도 유일하신 하나님이신 야웨께 경탄과 찬송을 표현하기 위해 동일한 수사적 질문을 한다. 야웨는 다음에 있어 비교할 수 없는 분이시다(그분과 같은 분은 없다).

- 약속을 지키시고 그분의 말씀을 성취함에서(삼하 7:22)
- 특히 창조에 나타난 능력과 지혜에서(렘 10:6-7, 11-12)
- 거룩한 자의 모임에서(시 89:6-8)
- 열방을 다스림에서(렘 49:19; 50:44)
- 죄를 사하고 범죄를 용서함에서(미 7:18)
- 그분의 백성을 구원하시는 능력에서(사 64:4)

야웨와 같은 분은 없기에, 결국에는 모든 열방이 나아와 한 분 참 하나님으로 **그분을 예배할** 것이다(시 86:8-9). 그러므로 이미 이 위대한 진리에는 선교적 차원이 담겨 있는 것이다. 예수님에 대해 베드로와 요한이 단언하게 될 내용이, 이미 수세기 전 야웨에 대해, 동일한 선교적 적실성을 지닌 방식으로 언급되었다.

여기에(야웨 안에, 예수님 안에) 세계 모든 열방을 위한 구원의 유일한 원천과 예배의 유일한 초점이 있다.

그러나 구약은 야웨께서 그저 다른 신과 다르다고 말하는 것을 넘어선다. 결국 야웨가 비교할 수 없는 분이 되시는 이유는 실제로 그분과 비교할 수 있는 것이 아무것도 없기 때문이다. 야웨는 그분만으로 한 부류가 될 만큼 독보적인 분이다. 그분은 어떤 포괄적인 범주("신들") 가운데 하나가 아니시다. 그분만이 **하나님**으로서, 초월적인 신의 지위를 차지하신다.[7]

신명기 4:35과 4:39에 더하여, 여러 다른 곳에서도 이 진리를 단언한다. 물론 그 진리는 이스라엘의 모든 예배와 예언의 기저를 이룬다.

> 여호와와 같이 거룩하신 이가 없으시니 이는 주 밖에 다른 이가 없고 우리 하나님 같은 반석도 없으심이니이다. (삼상 2:2)

> 이에 세상 만민에게 여호와께서만 하나님이시고 그 외에는 없는 줄을 알게 하시기를 원하노라. (왕상 8:60)

> 나는 여호와라. 나 외에 다른 이가 없나니 나 밖에 신이 없느니라. (사 45:5, 6, 18)

> 그런즉 내가 이스라엘 가운데에 있어 너희 하나님 여호와가 되고 다른 이가 없는 줄을 너희가 알 것이라. (욜 2:27)

사도행전–다른 구주는 없다

모세가 이스라엘에게 그들이 하나님의 기적적인 능력을 경험한 것에 근거하여 그들이 "**알아야만**" 하는 것을 권고한다면, 베드로는 같은 단어로 정확하게 같은 일을 한다. 치유의 기적에 대해 누가는 다음과 같이 쓴다.

> 이에 베드로가 성령이 충만하여 이르되, 백성의 관리들과 장로들아, 만일 병자에게

행한 착한 일에 대하여 이 사람이 어떻게 구원을 받았느냐고 오늘 우리에게 질문한다면, 너희와 모든 이스라엘 백성들은 **알라**. 너희가 십자가에 못 박고 하나님이 죽은 자 가운데서 살리신 나사렛 예수 그리스도의 이름으로 이 사람이 건강하게 되어 너희 앞에 섰느니라. (행 4:8-10; 강조 저자)

여기에서 누가는 그의 위대한 전도 메시지의 결론을 끌어낸다.

다른 이로써는 구원을 받을 수 없나니 천하 사람 중에 구원을 받을 만한 **다른 이름**을 우리에게 주신 일이 **없음이라** 하였더라. (행 4:12; 저자 강조)

> 여기에서[시 96편] 우리는 선교의 기본 방정식, 곧 한 분 참 하나님에 대한 소식을 우리의 친구들과 이웃들에게 전하려는 모든 노력 이면에 있는 추진력에 이른다. 모든 사람이 속하고 그들의 충성을 바쳐야 하는 한 분 하나님이 계시다면, 그 하나님의 백성은 이 사실을 모든 곳에 알려야 한다. 유일신론과 선교는 긴밀하게 관련되어 있다. 단 한 분 하나님의 존재는 많은 사람들에 대한 우리의 선교를 필수적인 것으로 만든다.
>
> 존 딕슨[8]

이것은 유명한 말씀이며 참으로 옳은 말이다. 그러나 매우 놀라운 사실은 **베드로가 예수님에 대해 말했다**는 것이다. 베드로가 뜻했던 "그 이름"이 야웨의 이름이었다면, 사도행전 4:12은 쉽사리 구약의 한 절로 간주될 수 있었을 것이기 때문이다. 그 절이 놓여 있는 배경 안에서 그 이야기를 생각하지 말고 그냥 그 절을 다시 읽어 보라. 이사야서를 읽고 있다는 생각이 들지 않는가? 사실, 그것은 이사야가 야웨에 대해 **말했던** 바로 그것, 또는 더 정확히 말하면 야웨께서 이사야를 통해 그분 자신에 대해 말씀하신 것이다.

나 외에 다른 신이 없나니

나는 공의를 행하여 구원을 베푸는 하나님이라.

나 외에 다른 이가 없느니라.

땅의 모든 끝이여,

내게로 돌이켜 구원을 받으라.

나는 하나님이라. 다른 이가 없느니라. (사 45:21-22)

산헤드린에서 베드로를 재판하던 모든 사람이 베드로의 말이 다음과 같은 뜻이었다면 그의 진술에 동의했을 것이다. "천하 사람 중에 이스라엘의 하나님 야웨의 이름 외에 구원을 받을 만한 다른 이름을 우리에게 주신 일이 없음이라."

"물론이지. 그 말에 대해서는 전혀 이의가 없소. 우리 모두는 성경을 알거든. 어부들이여, 계속 설교하도록 하시오."

그러나 베드로의 단언이 불러일으킨 충격과 모욕은 그가 야웨에 대해 말하지 않았음을 말해 준다. 그러면 그는 무엇에 대해 말했는가? 그는 나사렛 예수에 대해 말했다. 그러나 베드로도 성경을 알고 있었다. 따라서 그는 자신이 말하고 있는 것이 무엇인지 제대로 알지도 못하면서 사도행전 4:12 같은 표현을 사용하지는 않았을 것이다. 그는 자신과 그 방에 있는 모든 사람이 야웨에 대해 믿었던 진리를 이야기하면서, 그 진리를 태연하게 **예수님**께 적용한 것이었다. **예수님**은 이제 모든 사람의 유일한 구세주가 되는 위치를 차지하신다. '예수'는 이제 "만군의 여호와 하나님"의 이름과 동일한 유일하고, 신적이고, 구원하는 능력을 지닌 이름이다.

베드로는 이미 비슷한 주장을 한 바 있다. 오순절에 메시지를 전하면서 그는 "너희가 십자가에 못 박은 이 예수를 하나님이 주와 그리스도가 되게 하셨느니라"고 단언했다(행 2:36). 그리고 바울은 훗날 야웨에 대한 구약 본문들을 취해서 예수님께 적용했다. 고린도전서 8:4-6에서 그는 예수 그리스도를 모든 구약 본문들 가운데 가장 유일신론적인 본문, 곧 신명기 6:4의 **쉐마** 안에

집어넣는다. 그리고 빌립보서 2:9-11에서 그는 초기 기독교의 찬송을 인용한다. 그것은 원래 야웨께서 그분 자신에 대해 하신 말씀을 가지고(사 45:23에서) 예수님에 대해 다음과 같이 태연하게 노래하는 찬송이었다. "모든 무릎을 예수의 이름에 꿇게 하시고, 모든 입으로 예수 그리스도를 주라 시인하여, 하나님 아버지께 영광을 돌리게 하셨느니라."

완전한 충성

그러므로 두 본문을 함께 놓고 보면, 구약 성경은 이스라엘만의 독특한 역사적 경험이 이스라엘이 살아 계신 하나님을 알고 야웨를 유일하고 보편적인 하나님으로 아는 근거가 된다고 단언함을 보게 된다. 그리고 같은 방식, 같은 언어를 사용해서 신약 성경은 나사렛 예수님이 이스라엘의 독특성(그분은 메시아로서 이스라엘을 구현하셨다)과 야웨의 유일성(그는 주님으로서 야웨를 구현하셨다)을 구현한 분이라고 단언한다. 우리는 이것을 알고 또 알리도록 부름받았다.

우리는 이 지식에 충성을 바치도록 부름받았다. 우리 자신을 위해 계속해서 붙들고, 다른 사람들에게 타협 없이 알리도록 부름받은 것이다. 우리의 선교는 성경적 유일신론의 진리[구약에서 야웨의 유일성과 신약에서 예수님의 유일성(물론 이것은 한 분 동일한 신적 실재에 대해 말하는 것이다)]를 필연적으로 반영한다.

따라서 성경적 선포와 증거의 핵심에는 단호한 주장이 있다. 그러나 그것은 그리스도인들에 대한 주장이나, 종교로서의 기독교에 대한 주장이 아니다. 우리가 세상 속으로 들어가 예수님이 주님과 그리스도와 구주가 되신다고 단언할 때, 그것은 **우리 자신**이나 우리가 갖고 있는 훌륭한 종교에 대한 교만한 주장을 펴는 것이 아니다. 그것은 살아 계신 한 분 참 하나님에 대한, 그리고 이 한 분 하나님이 어떻게, 어디에서, 누구를 통해 우리와 온 세계를 구원하기 위해 행동하셨는지를 말하는 구약 성경과 신약 성경의 증언을 그저 받아들이는 것이다.

부인할 수 없는 하나님의 구원 경험을 공유하고, 하나님과 예수님에 대한 단호하고 분명한 주장을 받아들인 사람들은, 자연스럽게 야웨께 완전한 충성을 바치게 된다. 이것은 우리가 검토한 본문들에서 찾아볼 수 있다. 그리고 이 충성심이 하나님 백성의 선교를 불러일으키는 것이다. 다른 하나님은 없으며 다른 이름은 없다는 지식은 그분을 알리는 것 외에 다른 선택의 여지를 남기지 않기 때문이다.

> 유일신론은 선교를 위한 본질적인 근거이다. 하나님이 "**모든 사람**이 구원을 받으며 진리를 아는 데에 이르기를" 원하시는 가장 중요한 이유는, "하나님은 한 분이시요 또 하나님과 사람 사이에 중보자도 한 분이시니 곧 사람이신 그리스도 예수라. 그가 모든 사람을 위하여 자기를 대속물로 주셨기" 때문이다(딤전 2:5-6). 이 구절의 논리는 '모든 사람'과 '한 분 하나님' 사이의 관계에 있다. 우리가 '모든 사람'의 충성을 추구하는 이유는, 오직 '한 분 하나님'만 계시며 그들과 하나님 사이에 '중보자도 한 분'이시기 때문이다. 하나님의 통일성과 그리스도의 유일성이 없다면, 기독교 선교는 존재할 수 없을 것이다.
>
> 존 스토트[9]

사도행전–우리는 말하지 않을 수 없다

종교 당국자들이 베드로와 요한에게 예수님에 대해 말하지 말라고 명령한 것은 당연하다. 그들이 말한 내용이 사실이라면, 그들의 세계에 있는 모든 것을 변화시킬 것이기 때문이다. 그것은 종교 당국자들의 권력과 지위가 의지하고 있던 제도 전체의 종말을 의미했다.

그러나 베드로와 요한은 그들이 경험한 진리를 배신하거나 부인하지 않는다. 그래서 그들은 다음과 같이 당당하게 응답한다. "하나님 앞에서 너희의 말을 듣는 것이 하나님의 말씀을 듣는 것보다 옳은가 판단하라. 우리는 보고 들은 것을 말하지 아니할 수 없다 하니"(행 4:19-20).

그리스도가 우리를 위해 십자가에 못 박혀 처형당하셨다면, 그리스도가 죽은 자 가운데서 다시 살아나셨다면, 하나님이 그리스도 안에서 세상을 그분 자신과 화해시키셨다면, 그와 같이 세상을 변화시키는 진실에 대해 말하지 않을 수는 없다.

예수님은 유일한 구세주와 주님이시거나 아니거나, 둘 중 하나다. 그리고 그분이 유일한 구세주와 주님이시라면, 우리는 베드로와 요한과 함께 전적인 충성과 확고한 증언으로 그분을 위해 나서도록 부름받는다.

신명기-"네 하나님 여호와를 사랑하라"

이스라엘이 "알고 명심해야" 했던 신명기 4장의 위대한 진리들은 신명기 6:4-5의 쉐마의 결정적 단언과 명령 가운데 결합되어 있다.

> 이스라엘아, 들으라. 우리 하나님 여호와는 오직 유일한 여호와이시니 너는 마음을 다하고 뜻을 다하고 힘을 다하여 네 하나님 여호와를 사랑하라.

이 같은 사랑은 지, 정, 의, 활기를 포함한 완전한 헌신이다.
한 야웨, 한 사랑, 한 충성. 이것이 신명기의 도전이다.
한 야웨, 한 이름, 한 구주. 이것이 사도행전의 도전이다.

요약

성경적 복음은 우리에게 나사렛 예수님의 삶, 죽음, 부활로 절정에 이르는, 독특한 사건과 부인할 수 없는 경험으로 이루어진 이야기를 알려 준다. 더 나아가 복음은, 이런 사건들에서 살아 계신 하나님이 인류를 구원하고 그분의 창조세계 전체를 구속하기 위해 행동하셨으며, 그와 같은 구원을 제공할 수 있는 다른 하나님이나 다른 원천은 없다고 단호한 주장을 펼친다. 그러므로 그것은 이 모든 것을 아는 사람들에게 마음과 뜻과 목숨을 다해 완전한 충성을 바칠 것을 주장한다.

이 같은 우주적 진실에 대해 증거하는 것이 하나님의 선교가 아니고 무엇이겠는가? 다음 장에서 그 주제를 살펴볼 것이다.

> 선교에 참여해야 하는 이유로서 예수님이 주신 것에 주목하라. 그것은 지극히 중요한 "그러므로"라는 말로 분명해진다. "하늘과 땅의 모든 권세를 내게 주셨으니 **그러므로** 너희는 가서 모든 민족을 제자로 삼아"(마 28:18-19). "하늘과 땅"에 대한 언급은 분명히 창세기 1:1을 생각나게 하며 창조세계 전체를 언급한다. 한 분 참 하나님은 한 분 참 주님께 보편적인 권위를 주셨으며, 따라서 이런 이유 때문에 우리는 세상 도처에서 제자를 삼아야 한다. 스크래치가 난 시디(CD)처럼 들릴 위험을 무릅쓰고, 선교 방정식을 반복하도록 하자. 모든 사람이 속하고 그들의 충성을 바쳐야 하는 한 분 주님이 계시다면, 그 주님의 백성은 이 사실을 모든 곳에 알려야 한다.
>
> 우리는 원리적으로 인간의 어떤 **필요** 때문이 아니라 근본적으로 하늘과 땅의 주님이신 하나님의, 그리스도의 유일한 가치 때문에 하나님의 영광을 땅 끝까지 알린다. 복음을 세상에 전하는 것은 구출 활동(rescue mission) 그 이상이다(물론 그것은 틀림없이 구출 활동이기는 하다). 그것은 실재 선교(reality mission)다. 그것은 모든 사람에게 그들이 한 분 주님께 속해 있음을 인정하라고 탄원하는 것이다.
>
> 존 딕슨[10]

생각해 볼 질문

1. "완전한 충성." 당신의 문화적 상황에서 참되신 한 분 살아 계신 하나님과 예수 그리스도의 유일성에 대한 당신의 충성을 위협하는 것들은 무엇인가? 교묘한 형태로 다가오는 혼합주의를 이제 알아보겠는가?
2. 이 장은 그리스도가 하신 주장들을 포기하라고 압력을 가해오는 것들에 대

해 설령 위협을 받더라도 강력히 거절할 것을 요구한다. 당신을 유혹하는 포기의 압력들(문화적, 세속적, 또는 종교적)은 무엇인가? 이 장에서 공부한 본문은 그런 유혹에 저항하는 데 어떤 도움을 주는가?

3. 타종교에 맞서서 그리스도의 유일성에 충성을 바치라는 이 장의 도전은, 다른 신앙을 가진 사람들을 포함해 모든 사람에게 축복과 사랑, 긍휼의 마음을 나타내는 사람이 될 것을 권하는 앞선 장들의 요구와 어떻게 조화되는가? 종교적 다원성이 범람하는 상황에서, 우리는 어떻게 진리에 충성하면서 동시에 사람들을 사랑으로 대할 수 있는가?

10장
살아 계신 하나님을 증거하는 백성

"드디어!"라고 생각할지 모르겠다. "왜 우리는 선교의 근본적인 과제, 곧 복음 선포를 다루는 장에 도착하기까지 이토록 오랫동안 기다려야만 했는가? 분명히 하나님 백성의 진짜 선교는 세상에 나가서 말씀을 전하고, 증거하고, 전도하고, 예수님과 구원을 얻는 방법에 대해 말하는 것인데."

우리의 선교에는 틀림없이 그것을 포함된다. 그리고 이 장은 그처럼 말로 하는 증언이 성경에서 얼마나 중요한 위치를 차지하고 있는지 보여 줄 것이다. 그러나 대위임령 자체도 오직 혹은 주로 **선포** 과제에 초점을 맞추고 있지 않다. 예수님은 "너희는 가서 모든 민족을 제자로 삼으라"고 말씀하신 다음에 즉시 그와 같은 제자 삼기에 "세례를 베풀고 내가 너희에게 분부한 모든 것을 **가르쳐** 지키게 하는" 것이 포함된다는 점을 설명하셨다(마 28:19-20; 저자 강조).

제자를 삼으려면 제자들이 필요하다. 그리고 예수님은 제자들에게 제자가 된다는 것이 무엇을 의미하는지 가르치는 데 삼 년을 보내셨다. 그것은 삶과 태도, 행위, 신뢰, 용서, 사랑, 관대함, 예수님께 대한 순종, 그리고 다른 사람들에 대한 파격적인 행동에 관한 실제적이고 현실적인 교육을 포함했다. 그것은 지금 하나님 나라에서 산다는 것이 무엇인지 보여 주는 것이었다.

간단히 말해, 당신이 가서 하나님의 통치를 **선포하기** 원한다면, 당신은 먼저 하나님의 통치 아래 **살아야만** 한다.

바울의 교회 개척과 양육 전략에서도 동일한 모습을 찾아볼 수 있다. 바울 자신의 열정은 복음을 선포하는 것이었지만(이 점에 대해서는 11장에서 상세히 살펴볼 것이다), 바울이 세운 교회에 보낸 편지에는 **그들이** 외부인에게 복음을 전해야 할 과업이 있다는 말은 비교적 적다. 그들이 전도하기를 바울이 원하지 않았다는 말은 전혀 아니다. 바울은 그의 교회들이 전도 증거의 중심이 되기를 기대한 것이 분명하다. 더 정확히 말하면, 그뿐 아니라 바울은 복음 메시지가 복음에 의해 삶이 근본적으로 변화된 사람들 가운데서 구현될 필요가 있다는 점을 알았다. 그러므로 신자들이 어떻게 살아야 하는지에 대한 바울의 모든 가르침은 그저 "끝에 나오는 윤리적인 부분"이 아니라, 복음 자체의 변혁시키는 사역의 근본적인 부분이었다. 복음 증거는 복음 변혁으로부터 나와야만 했다.

하지만 이 책의 순서로 다시 돌아가자. 나는 다음 질문들에 대답하면서 성경 자체의 순서를 따르려고 노력해 왔다. **우리는 신자로서 무엇을 위해 여기에 있는가? 하나님 백성의 선교는 무엇인가?** 그리고 이제까지 성경 자체의 줄거리를 따라 이 질문을 추적해 오면서 우리는 다음과 같은 풍부한 대답들을 발견했다.

- 우리는 하나님의 창조세계를 돌보는 인간으로서 여기에 있다.
- 우리는 하나님의 복을 모든 열방에 전달하는 통로 역할을 하는 백성이 되도록 아브라함 안에서 선택받는다.
- 우리는 부패한 세상 가운데서 하나님의 도를 행하고 의와 공도를 행하도록 부름받는다.
- 우리는 다른 사람들을 긍휼히 여기는 마음으로 대하면서 우리 자신의 구속의 역학을 나타내는 삶을 살아야 한다.
- 우리는 세상을 향해 하나님을 대표해야 하고 세상을 하나님께로 이끌어야 한다.
- 우리는 하나님의 성품을 나타내는 삶을 살면서 다른 사람들을 그분께 대한 믿음으로 끌어들이는 백성이 되어야 한다.
- 무엇보다도 우리는 살아 계신 하나님을 알아야 하며 우리의 예배와 증거 가운데

주 예수 그리스도께 한결같은 충성을 바쳐야 한다.

마침내, **증거**다! 지난 장에서 지적한 것처럼, 하나님을 아는 이들은 하나님을 알려야 한다. 그리고 그 일은 행위뿐만 아니라 말이라는 수단을 요구한다. 말해야 할 사실이 있다. 말해야 할 이야기가 있다. 말해야 할 확언과 진리 주장, 경고와 도전, 발표와 호소가 있다.

그래서 우리는 이 장과 다음 장에서 하나님 백성의 선교에서 말로 실행하는 차원을 고찰하려고 한다. 우리는 성경이 말에 초점을 맞추는 선교를 언급할 때 사용하는 두 가지 주요 용어를 고찰할 것이다. **증거하다**(10장)와 **좋은 소식을 선포하다**(11장)가 그것이다. 그리고 앞에서와 같이, 신약에서 주요한 반향을 일으키는 구약 본문들을 주의 깊게 살펴보면서 연구를 시작할 것이다.

"우리가 모두 전도자로 부름 받지는 않지만, 우리는 모두 증인으로 부름 받는다." 내가 어린 그리스도인 시절에 자주 들었던 말이다. 그 요점은 몇몇 그리스도인은 특별히 전도 사역의 은사를 받지만, 모든 사람이 그 은사를 받는 것은 아니라는 것이었다(바울이 에베소서 4:11과 고린도전서 12:29-30에서 함축적으로 말하는 것처럼). 하지만 전도자로 부름 받지 않은 우리 같은 사람조차도 주 예수 그리스도를 증거하는 신실한 증인이 되어 기회가 있을 때마다 그분을 말로써 나타내라는 부름을 받는다.

감람산에서 예수님이 제자들에게 주신 명령은 이 같은 이해를 지지해 주는 최초의 말씀이다. "예루살렘과 온 유대와 사마리아와 땅 끝까지 이르러 내 증인이 되리라"(행 1:8). 누가복음 24:48에 나오는 병행구절처럼, 이것은 아마도 주로 예수님 자신의 삶과 죽음, 부활을 **목격한** 최초의 제자들/사도들의 특별한 지위를 언급하는 것일 터이다.[1]

나는 사도적 증거가 신약 기독교의 진정성을 확인하는 고유한 기능을 지녔을지라도, 그리스도에 대한 증거 활동은 사도들을 넘어서는 것이라고 배웠다(그리고 나는 그것이 옳다고 생각한다). 사도적 증거를 통해 믿게 된 이후 세대의 신자들도 동일한 주 예수 그리스도를 증거하는 계속되는 과제에 봉사해야만

한다. 이런 생각을 뒷받침하기 위해 디모데후서 1:8을 인용했을 것이다. 그리고 물론 (제대로 배운 젊은이로서) 우리는 요한계시록에 나오는 "순교자"라는 단어가 "증인"과 같은 말이라는 것을 알고 있었다(그러니 조금 험한 일일지도 모른다).

내가 젊은 시절에 배우지 못한 것은 누가복음 24장과 사도행전 1장의 두 경우에 **예수님**이 제자들에게 하신 말씀과 이사야서에서 **야웨께서** 이스라엘에게 하신 말씀(사 43:10,12; 44:8) 간의 연관성이다. 그러나 삶을 위한 성경신학 작업은 우리로 하여금 그 관련성을 즉시 알아채게 하고 우리가 증거하는 선교에서 그것이 지닌 함축을 끄집어낼 수 있게 해준다. 결국 누가에 따르면(눅 24:27, 45-47) 예수님은 삶을 위한 성경신학(앞으로 올 모든 세대를 위한 제자들의 지속적인 삶)을 하신 것 아니겠는가?

그러면 메시아의 부활에서 다시 이사야서의 세계로 돌아가서, 하나님의 백성을 그분의 증인으로 보는 중요한 본문인 이사야 43:8-13을 살펴보기로 하자.

> 눈이 있어도 보지 못하고
>   귀가 있어도 듣지 못하는 백성을 이끌어 내라.
> 열방은 모였으며
>   민족들이 회집하였는데
> 그들 중에 누가 이 일을 알려주며
>   이전 일들을 우리에게 들려주겠느냐.
> 그들이 그들의 증인을 세워서 자기들의 옳음을 나타내고
>   듣는 자들이 옳다고 말하게 하여 보라.
> 나 여호와가 말하노라.
>   너희는 나의 증인, 나의 종으로 택함을 입었나니
> 이는 너희가 나를 알고 믿으며
>   내가 그인 줄 깨닫게 하려 함이라.
> 나의 전에 지음을 받은 신이 없었느니라.

>   나의 후에도 없으리라.
>   나 곧 나는 여호와라.
>   나 외에 구원자가 없느니라.
>   내가 알려 주었으며 구원하였으며 보였고
>   너희 중에 다른 신이 없었나니
>   그러므로 **너희는 나의 증인이요** 나는 하나님이니라. 여호와의 말씀이니라.
>   과연 태초로부터 나는 그이니
>   내 손에서 건질 자가 없도다.
>   내가 행하리니 누가 막으리요. (사 43:8-13, 저자 강조)

우리는 이 말씀을 역사적 정황 속에 두고 보아야 한다.

하나님의 이중 문제

구약의 이스라엘 이야기는 최저점에 이르렀다. 바빌론 유수다. 수세기에 걸쳐 야웨께 반역하고, 하나님과 이스라엘이 맺은 언약에 충성하지 못하고, 하나님의 율법에 순종하지 않고, 예언자들의 거듭되는 경고를 무시하는 일이 반복된 후에, 하나님의 인내는 한계점에 도달했다. 충격의 주전 587년, 바빌론 사람들은 예루살렘을 함락하고 파괴시켰으며, 야웨의 성전을 불사르고, 이스라엘 주민 대부분을 포로로 잡아갔다.

두 세대가 지나갔다. 희망은 모두 사라진 것 같았다. 그러나 이사야서의 중간 부분(특히 40-55장)에 나오는 말씀은 바빌론 포로들에게 놀라운 은혜의 메시지를 전한다. 야웨께서 다시 움직이신다. 바빌론 시대는 거의 끝났다. 하나님이 다시 한 번 그분의 백성을 노예 상태에서 구출하실 때 새로운 출애굽이 있을 것이며, 아브라함의 후손을 통해 전 세계에 복 주시려는 하나님의 선교는 그 위대한 절정을 향해 나아갈 것이다.

하지만 하나님의 위대한 계획을 가로막는 두 가지 커다란 문제가 있다.

무지한 열방

이 장들에서 야웨는 열방 및 그들의 신들과 오랜 논쟁을 벌이신다. 당시의 문화적 가정에 따르면, 크고 강력한 국가의 신은 그들이 물리친 작은 국가의 신보다 더 크고 더 강력했다. 그러므로 자연스러운 가정은 바빌론이 이스라엘을 패배시키고 포로로 잡았다면, 이스라엘의 하나님 야웨 역시 패배당해 기능하지 못하는 것이다.

그러나 이사야는 그렇지 않다고 말한다. 야웨는 살아 계신 유일한 주권적 하나님이시다. 그리고 그분은 바빌론 유수를 야기한 사건들을 통제하셨던 만큼 그것을 종식시키실 수 있을 것이다. 열방의 신들은 별 볼일 없는 존재다. 그 신들이 지닌 권력과 장엄함은 그 신들을 예배하는 자들이 만들어 낸 환상에 불과하다. 그 신들은 주권적인 구원 행위는 고사하고[그것은 앞으로 야웨께서 하실 일이었다(사 41:21-24)], 좋든 나쁘든 어떤 일도 못하는 무기력한 존재들이다.

이제 우리는 아브라함의 하나님이 모든 열방에 복을 주실 것이라는 사실을 안다. 그리고 이 장들은 모든 인류(문자적으로 "모든 육체")가 하나님의 영광을 보러 오고(사 40:5), 하나님을 알고(45:6), 하나님에 의해 구원받게 될(45:22) 것을 기대하면서 최고점에 이른다. 그러나 열방이 거짓 신들에게 맹목적으로 헌신하는 것이 그것을 가로막는다(44:9-20). 무지를 깨부수어야 한다(44:18). 철저하게 신들의 정체를 폭로하고 권좌에서 몰아내야 한다. 신들에게 의지해서 억압적인 권력을 행사하는 자들을 몰락시켜야 한다(사 46, 47장). 열방은 진리를 보고 들어야 한다. 그런데 그들이 어떻게 그렇게 할 수 있을까?

여기가 비로 이스라엘이 개입하는 지점이다. 열방이 복과 구원을 받도록, 이스라엘을 통해 열방에 하나님 자신을 알리는 것이 처음부터 하나님의 의도였기 때문이다. 참으로 이것이 하나님이 이스라엘을 그분의 종으로 택하시고 부르신 이유였다(사 41:8-10). 그 종의 선교는 "이방의 빛", 곧 열방에 빛이 되는 것을 포함할 것이다(사 42:6; 49:6b).

하지만 그 해결책은—하나님이 아브라함에게 약속하신 후로 장기적인 과제였던—궁지에 몰린 것처럼 보였다. 이것이 하나님의 두 번째 큰 문제였는데, 이스라엘 자신이 열방보다 더 나을 것이 없었기 때문이다.

눈 먼 이스라엘

본문의 직접적인 서곡인 이사야 42장은 무서운 역설을 제시한다. 시작 부분(1-9절)과 끝 부분(18-25절)이 첨예하게 대조되어 있음을 살펴보라. 이스라엘의 정체성과 사명을 구현할(사 41:8) 야웨의 종은 42:1-9에서 정의, 긍휼, 계몽, 해방의 경이로운 선교와 더불어 묘사된다. 그러나 당시 야웨의 **실제** 종, 포로 생활 중인 역사적 이스라엘은 눈이 멀고 귀가 막혀 있었다!

이사야 42:18-25은 끔찍한 현실을 묘사한다. 이스라엘은 자신들의 불순종이 야기한 하나님의 심판 때문에 포로로 잡혀갔다. 그들은 "강탈당하고 약탈당했다." 하나님은 그들이 볼 수 있도록 많은 것(과거 구원의 위대한 행위들)을 주셨지만, 그들은 고의로 눈을 감아 버렸다. 하나님은 그들이 들을 수 있도록 많은 것(하나님의 계시된 모든 위대한 가르침과 언약법)을 주셨지만, 그들은 고의로 귀를 막아 버렸다. 이 부분은 이사야 6:9-13에 나오는 이사야의 소명 환상을 생생히 떠올리게 한다. 이스라엘은 포로로 잡혀가기 전 예언자들이 외쳤던 모든 설교를 무시했고, 포로로 잡혀가서도 그들의 상태는 바뀐 것이 없었다.

그렇다면 **열방**의 희망은, 응답하고 순종하는 **이스라엘**의 타고난 능력에 달린 것이 아니라, 하나님의 기적과 같은 은혜와 변화시키고 치유하는 능력에 달린 것이다. 그러나 그 같은 기적은 정말로 하나님 그분이 돌아오셔서, 구원하는 능력으로 위대한 새 일을 행하실 때에나 기대할 수 있는 것이었다.

> 너희 하나님이 오사
> > 보복하시며
> 갚아 주실 것이라.
> > 하나님이 오사 너희를 구하시리라 하라.
> 그때에 맹인의 눈이 밝을 것이며

못 듣는 사람의 귀가 열릴 것이며. (사 35:4-5)

이것이 정확히 다음에 일어날 일이었다. 하나님은 눈이 멀고 귀가 막힌 자들을 법정에 **증인으로** 소환하신다!(사 43:8)

이스라엘의 이중 역할

이사야 43:8-13에서 그려지고 있는 것은 법정 장면이다(이 장들에서 이미 여러 번 그려 본 것처럼). 그것은 이사야가 야웨와 열방의 신들이 갈등하는 현실을 묘사한 비유다.

9절은 열방의 대집회를 묘사하고 있다. 이 열방들은 많은 신들을 섬기고 있었다. 그런데 이 법정은 어떤 신이 "진짜인지", "옳은지" 어떻게 결정할 수 있을까? 야웨의 정곡을 찌르는 말씀은, 이사야 41:21-24에 나오는 앞선 소송 건과 동일하다. 수세기에 걸쳐 지극히 자세하게 미래를 예견하고, 과거를 해석하며, 현재를 설명할 수 있는 능력이다

그래서 다른 신들은 그들이 동일한 일을 할 수 있는 능력을 갖고 있음을, 따라서 "자기들의 옳음을 나타낼"(43:9: 문자적으로는, "자신들의 행위를 변명할") 증거를 제시할 **그들의** 증인이 있다면 데려오라고 요청한다. 열방의 신들을 위한 증인은 열방인데, 그들은 아무 할 말이 없다. 그들이 변호할 신들은 "아무것도 아니기" 때문이다(사 41:24).

그렇다면 열방과 스스로 신이라 주장하는 것들이 모인 국제 대법정에서 야웨를 대변할 이는 누구인가? 누가 그분의 실체와 능력을 증언할 것인가? 다음의 말은 깜짝 놀랄 정도로 충격적이다. 야웨는 조금 전에 그분 스스로 눈이 멀고 귀가 막힌 것으로 묘사한 사람들을 향해 이렇게 말씀하신다.

"**너희**!" (이 단어는 강조를 위해 맨 앞에 놓인다), "너희는 **나의** 증인이니라"(43:10).

나의 증인

구약의 이스라엘에서 증인이 되는 것은 심각한 일이었다. 증인의 책임은 굉장하다. 실제로 법정에서 당신이 보거나 들은 어떤 문제에 대해 말하고 증언하지 않는 것은 죄로 간주되었다(레 5:1). 증인의 의무는 엄숙하게 제시되었다(출 23:1-3). 증인은 법정의 판결을 시행하는 일차적 책임을 져야만 하며(신 17:7), 위증을 하면 목숨을 잃을 수도 있다(신 19:16-21). 이 두 율법은 경박한 무고를 근절하는 효과가 있었다. 거짓 증거를 하는 것은 가장 심각한 언약 범죄 중 하나였다. 그것은 아홉 번째 계명에서 금지한 것이었다(출 20:16). 그리고 거짓 증거는 하나님이 가장 미워하시는 것 가운데 하나였다(잠 6:19).

그러나 법정 소송 사건을 떠나서도, 증인은 진술이나 주장의 진실을 입증하는 데 가장 중요한 역할을 함으로써 그 주장에 논란의 여지가 없도록 해야 했다(룻 4:9-11; 렘 32:10-12). 이사야서 앞부분에서, 이사야는 증인들을 내세워 자신의 아들에게 예언적으로 중요한 이름을 지은 시절의 진실을 훗날 입증할 수 있게 하고, 또 나중에 예언이 성취될 때 그의 메시지를 증언하도록 했다(사 8:1-2, 16-18).

이처럼 하나님은 열방과 신들이 출석한 국제 법정에 이스라엘 나라를 소환하여 그들 자신의 사회 문화에 깊숙이 경건하게 뿌리박혀 있는 책임―증언을 할 책무―을 다하도록 하신다.

이 본문은 충격적일 뿐만 아니라 심원한 아이러니이기도 하다. 이스라엘이 하나님의 심판을 받아 포로로 잡혀간 주요한 이유 중 하나는, 이스라엘 사회 전체가 자신들의 언약법이 요구하는 법정 정의의 기준을 유지하는 데 실패했기 때문이다. 대신, 그들의 사법 제도는 거짓말하는 증인들의 놀이터가 되어 버렸다. 그래서 아모스가 몹시 화를 내며 이렇게 말한 것이다. "무리가 성문에서 책망하는 자를 미워하며 정직히 말하는 자를 싫어하는도다"(암 5:10).

이제 야웨는 그와 같은 거짓말쟁이들의 후손에게 **그분의** 증인이 되라고 요청하신다. 하나님이 그와 같이 자비를 베푸시는 것도 놀랍지만 하나님이 위험을 무릅쓰고 그와 같은 백성에게 의존하시는 것도 못지않게 놀랍다. 별도의 대안은 없다. 이사야 43:10에서 이스라엘에 대해 말하는 다른 하나("나의 종"이라는 표현-역주) 때문이다.

나의 종

"너희는…나의 종으로 택함을 입었나니." 이사야 43:10의 중간 구절은 하나님이 41:8-10에서 이스라엘에 대해 말씀하신 것의 의도적인 메아리다. 앞선 절들의 모든 내용이 여기서 재차 확언된다. 하나님의 종으로서 이스라엘은 아브라함 안에서 선택받았으며, 하나님은 과거의 모든 약속과 헌신을 어기지 않으셨다. 그러므로 "종"이라는 핵심어를 이렇게 반복하는 것은, 42:18-25에 묘사된 모든 부정적인 현실에도 불구하고 하나님의 원래의 위임이 계속 유지됨을 강조하는 것이다.

이스라엘은 하나님의 영광을 위한, 하나님의 미래를 위한, 하나님의 목적을 위한 하나님의 종이다. 하나님의 선교는 계속 진행된다. 그러므로 이스라엘의 선교 역시 계속 진행되어야 한다.

하지만 이사야 43:10에 나타난 충격적인 대구법은 하나님의 종이 되는 것과 하나님의 증인이 되는 것이 이제 하나로 통합됨을 의미하고 있다. 달리 말하면, 하나님이 이스라엘을 택하시고 불러 그분의 **종**이 되게 하신 이유는 그분의 **증인**이 되게 하려는 것이었다.

살아 계신 한 분 참 하나님이신 야웨에 대한 진리를 증언하는 것이 그 종이 감당해야 할 역할과 선교의 핵심이다. 이것은 언제나 그랬고 지금도 그렇다.

또한 그 종은 하나님의 백성이다. 아브라함의 후손인 이스라엘/야곱인 것이다. 그렇다면 하나님 백성의 선교는, 이 구절에 따르면, 수많은 신들이 대립되는 주장을 펼치는 세상에서 살아 계신 하나님을 대변하는 증인이 되는 것이다. 증언하는 역할이 그들이 선택받은 핵심이다. 우리는 살아 계신 하나님을 증거하는 종이 **되도록** 선택받았다.

하지만 이사야 43:10의 취지, 곧 증거 활동을 통해 발휘되는 종의 섬김은 종의 역할에 **내용**을 제공할 뿐만 아니라 증거 활동의 **특성**을 묘사한다. 야웨를 증거하는 일은, 제국의 권력을 휘두르면서 제국의 지지를 받는 자들에 의해서가 아니라(달리 표현하면, 바빌론이나 고레스와 다르게), 이사야 42:2-3에서 세상 문화와 정반대로 묘사된 온유하고 부드러운 종의 성품에 의해 이루어져야 한다. 따라서 하나님의 종 역할을 받아들이면 그분을 증거하는 일이 당연히 따른다. 그리고 증거의 사명은 종의 섬김의 정신으로 행해야 한다. 하나님의 종, 하나님 백성의 종, 그리고 하나님을 기다리는 세상의 종으로 행해야 한다.

사도 바울은 이 둘의 결합을 자신의 선교와 사역에서 분명히 보고 나타냈다. 사실 바울은 그 두 가지가 예수님이 자기 앞에 놓여 있는 사명을 요약하는 데 사용하신 두 단어였다고 기록한다. "일어나 너의 발로 서라. 내가 네게 나타난 것은 곧 네가 나를 본 일과 장차 내가 네게 나타날 일에 너로 **종과 증인**을 삼으려 함이니"(행 26:16; 저자 강조). 이 두 단어는 우리 자신의 선교를 실천하는 일에도 적실하며, 급진적이고 예리하게 적용해야 한다. 우리는 3부에서 이 점에 대해 더 논의할 것이다.

증거의 이중 목적

이와 같이 이스라엘은 하나님을 위해 증거를 하는 하나님의 종으로 소환된다. 그러나 역설은 계속된다. 사람들은 증거를 하는 목적이 야웨 하나님에 대한 진리를 **열방**에 확신시키는 것이라고 생각할지 모른다. 맞는 말이지만, 그보다 우선하는 목적이 있다.

하나님을 향한 신뢰 회복

증인들 자신이 확신을 가질 필요가 있으며, 증거하는 행위는 증인들에게 그와 같은 확신을 불러일으킬 것이다.

> 이는 **너희가** 나를 인정하고 신뢰하며
> 내가 그인 줄 깨닫게 하려 함이라. (사 43:10; 저자 사역)

이 문장에 나오는 세 동사는 중요할 뿐 아니라 이사야서에서 여러 번 반복되어 나타난다. 하나님이 이스라엘에 대해 불평하시는 것은, 그분의 은혜를 선물로 받든(사 42:20-21) 그분의 심판을 경험하든(사 42:23-25) 간에 그들이 그분을 **인정하지** 않았다는 것이다. 처음부터 이사야는 대단히 놀랍게도 이스라엘이 틀림없이 **알지만** 새롭게 들어야 할 필요가 있는 것들을 그들에게 상기시켰다(40:21, 28). 그리고 이사야서 전체에 걸쳐, 이스라엘이 하나님을 **신뢰하지** 못한 것이 하나님과 그분의 예언자를 슬프게 만든 주요한 이유라고 말한다(7:9; 30:1-5, 15-18; 31:1-3). 하나님이 어떤 분이신지 **깨닫지** 못하면서 이스라엘은, 가장 멍청한 짐승만도 못한 어리석은 존재가 되었다(1:3).

하지만 그 같은 실패는 이사야의 사역이 이미 예상한 바였다. 이사야 6장에 나오는 이사야의 소명 환상에 대한 수수께끼 같은 속편에서, 하나님은 이스라엘 백성이 심각한 반역 상태에 처해 있음을 강조하셨다. 이스라엘 백성 가운데 존재하는 예언자는 그들이 인정하거나 깨닫기를(이사야 43:10에 나오는 동일한 동사들이 6:9-10에서도 사용되고 있다) 거부하고 있음을 분명히 보여 줄 뿐이었다. 그런 상태는 끔찍하게 파괴적인 심판을 받아 추방당하기까지 계속될 것이다(6:11-12).

그러나 이제 이사야 43:10에서 하나님은 새로운 일이 일어나고 있다고 말씀하신다. 이스라엘에게 새로운 여명과 새로운 부르심이 있다. 그들은 야웨의 증인이 되는 본래의 사명을 상기하고, 그 사명을 수행하는 과정에서 다시 그들의 하나님을 인정하고, 그분을 신뢰하고, 그분을 깨닫게 될 것이다. 하나님은 그들을 자신에게로 다시 부르심으로써 그들을 그들의 사명으로 다시 부르신다.

이 절의 취지는, 증언의 능력은 증언을 듣는 자들의 마음에만이 아니라 증언을 하는 자들의 믿음에도 영향을 준다는 것이다. 다른 사람들을 확신시키는 과제는 증인의 확신을 강화한다.

> [이사야가 묘사하는] 야웨는 야곱-이스라엘이 세계를 향해 증인 역할을 하기를 원하신다. 그것은 세계를 위한 것이다. 세계가 진리를 알 수 있도록 하기 위함이다. 그것은 야웨를 위한 것이다. 야웨의 유일한 신성이 인정받으시도록 하기 위함이다. 그것은 또한 야곱-이스라엘을 위한 것이다. 그들이 증거하도록 선택받은 존재임을 확신하도록 하기 위함이다. 역설적이게도, 그들은 증거할 수 있을 만큼 확신을 갖지 못한다. 그들은 증거하도록 선택받는다. 그것은 그들이 확신을 갖도록 하기 위함이다.
>
> 존 골딩게이[2]

하나님에 대한 진리 확립

그렇다면 하나님의 백성이 열방 앞에서 해야 하는 증언의 본질은 무엇인가? 이사야 43:10b, 11, 12에서 야웨께서 펼치시는 위대한 주장 속에는 세 가지 중요한 진리가 담겨 있다. 이 절들을 펼쳐 놓고 이 책을 읽기를 권한다.

야웨만이 초월적인 영원한 하나님이시다

"내가 그이니라"(10절). "나는 하나님이니라"(12절). 이는 구약의 유일신론에 대한 위대한 단언이다. 오직 한 신이 있다는 추상적 개념이 아니라 야웨만이 "하나님"이라는 것이다. 그분은 영원하시다. 그분 앞에 다른 신은 없으며, 그분 뒤에 나타날 신도 없기 때문이다. "나의 전에 지음을 받은 신이 없었느니라"는 표현은 비꼬는 말이다. 그것은 바빌론 주변 문화에서 신들이 정말로 "지음을 받은", 곧 만들어진 사실을 인정하는 표현이기 때문이다.

이것은 우상과 신들의 조각상에 대해서 분명 사실이었을 뿐만 아니라, 신으로서 그들의 기원에 대해서도 분명 사실이었다. 고대 신화에는 어떤 식으로든 신들의 기원에 대한 이야기가 많이 있다. 그렇다면 야웨의 요점은 두 가지로 해석될 수 있다. 그분만이 지음을 받지 *않는다*. "만들다"는 야웨를 주어로만 가질 수 있는 동사다(창조 이야기와 창조 시편에서 되풀이해서 나오는 것처럼). 그 단어는 결코 야웨를 목적어로 가질 수 없다. 그러나 또한 모든 다른 신이 지음을 받기 전에(그것들은 인간이 만든 것이다), 야웨는 모든 신에 앞서서 하나님으로 계셨다.

야웨만이 역사를 통제하는 주권자이시다

이사야 43:9의 주장—야웨만이 과거를 해석하고 미래를 보여 주셨다—은 12절에서 반복된다. 그러나 거기에는 그들 가운데 있는 어떤 이상한 신도 이스라엘에게 그와 같은 역사적 계시를 해준 일이 없다는 점이 추가로 강조되어 있다. 그 순서—"알려 주었으며 구원하였으며 보였고"—는 이스라엘의 구원의 모범이 되는 위대한 이야기 곧 출애굽을 나타낸다. 당시에 하나님은 우선 그분이 하시려고 하는 일을 알려 주셨다. 그런 다음에 하나님은 그 일을 행하셨다. 그러고 나서 하나님은 그분이 약속에 신실하신 것과 그 약속을 실제로 성취하신 것에 근거해서 그분의 백성에게 해석하고 설명하고 가르치셨다. 사건들을 처음부터 끝까지 실제로 통제하시는 하나님만이 역사와 그 의미에 대해 그 같은 포괄적 지배를 주장하실 수 있었다. 이 이야기가 하나님의 이야기인 것은, 그분이 쓰고 계신 이야기이기 때문이다. 저자가 이야기를 통제하는 것이다.

야웨만이 구원자이시다

물론 야웨의 구원하시는 능력은 이미 이스라엘의 과거 역사에서 증명되었지만, 주전 587년의 명백한 패배와 바빌론 유수 후에도 미래까지 그 능력을 신뢰할 수 있을까? 미래는 과거만큼이나 야웨의 유일하신 구원 능력에 놓여 있다. 그래서 "나 외에 구원자가 없느니라"는 확언이 "나의 후에도 없으리라"는 주장 바로 다음에 이어지는 것이다.

다시 말해, 그것은 다른 어떤 신이 야웨 다음에 나타나서 이스라엘을(또는 누군가를) 그들의 죄로 인해 그들에게 닥친 곤경에서 구출하기를 희망하는 문제가 아니다. 그렇다. 그분의 의로 이스라엘을 포로로 잡혀가게 하신 하나님이, 그들을 포로 상태에서 구출하실 동일하신(그리고 유일하신) 하나님이시다. 구원할 다른 신은 없다. 다른 신은 없기 때문이다. 더 이상 말할 것이 없다. 이스라엘이 배워야만 했던 이 진리는 모든 열방에 마찬가지로 적용되었다. 그들을 향해 이사야는 돌아서서 구원할 능력이 없는 거짓 신들을 버리고, 구원할 능력이 있고 구원할 의향이 있으신 유일하신 하나님께 돌아오라고 요청할 것이다(사 45:20-22).

이런 것이 이스라엘이 증언해야 하는 야웨에 관한 위대한 진리다. 실제로 이것은 우주에서 가장 위대한 진리다. 살아 계신 하나님의 정체성, 주권, 구원하시는 능력보다 더 중요한 것이 어디에 있겠는가?

> 하나님은 이스라엘이 그분만이 하나님이시라는 증거를 목격했다고 주장하셨다. 그 증거는 무엇이었는가? 아브라함을 큰 나라로 만들기로 하신 약속, 그의 후손을 애굽에서 구출하기로 하신 약속, 그들에게 가나안 땅을 주시기로 하신 약속, 다윗 왕조를 예루살렘 왕좌에 공고히 하시겠다는 약속 등. 이러한 약속이 성취되려면 거듭해서 무엇이 필요했는가? 종종 불가능한 장애물을 넘어서는 구출. 야웨로서 그분의 성품을 그분의 백성에게 나타내시는 과정에서, 그분은 그들에게 거듭해서 구원하시는 그분의 성향과 능력을 나타내셨다. 이스라엘이 목격하고 잊어버릴 수 없었던 것은 "야웨"는 "구원자"를 뜻하며, 또 야웨께서 유일한 하나님이신 것처럼 그분은 유일한 구원자라는 깨달음이었다. 이사야서 첫 부분에서 이사야는 하나님만이 신뢰할 수 있으며, 다른 모든 자원, 특히 열방은 실패할 것이라는 점을 설명했다. 이제 그는 우리가 하나님을 신뢰하지 않고 거짓된 것들을 의지한 결과 실패하고 있을 때, 오직 하나님만이 구원하실 수 있다는 사실을 보여 준다.
>
> 존 오스왈트[3]

그럼에도 불구하고 가장 역설적인 것은, 이 하나님이 그와 같이 광대한 우주적 진리를 인간 증인의 입에 맡기셨다는 것이다. 이미 천년 동안 이 신뢰할 수 없는 인간 증인들을 하나님이 참아 오셨는데도 말이다. 여기에 믿기 어려울 정도로 큰 취약성과 위험이 따른다. 하나님 자신의 본모습이나 생존과 관련해서가 아니라, 이러한 진리들을 세계에 알리는 위대한 계획과 관련한 위험이다.

살아 계셔서 계시하시며 구원하시는 하나님, 그들의 창조자요 주권자요 심판자요 구원자 되시는 분을 열방은 어떻게 알게 될 것인가? **"너희는 나의 증인이다."** 포로로 잡혀가서 고생하고 있는, 영적으로 눈이 멀고 귀가 막힌 자들의 공동체를 향해 하나님은 이렇게 말씀하신다. 오직 기적을 행하시고 생명을 주시며 변화시키는 하나님 영의 능력만이 그 같은 백성에게 미래의 희망을 줄 수 있었다. 하나님의 선택받은 종과 증인이 되라는 새로운 소명은 말할 것도 없었다. 그러나 그것이 바로 하나님이 약속하신 바였다(사 42:1; 44:3). 그리고 성령이 오실 때, 그것은 부활, 즉 하나님에 대한 확신에 찬 지식을 깨닫는 부활(겔 37:1-14)과 다름없을 것이다.

신약에서 증인들의 이중 역할

예수님은 3년 동안 제자들의 결점과 약점을 감수하셨고 죽음의 자리에서 그 점을 그 어느 때보다 뼈저리게 느끼셨지만, 부활하신 그분은 변함없이 가망 없는 그들에게 **"내 증인이 되리라"**고 말씀하셨다. 예수님이 증인으로 선택하셨던 사람들 가운데 하나는 그분을 전혀 모른다고 부인해 버렸다. 나머지는 숨을 곳을 찾아 달아났다. 그럼에도 불구하고 그리스도는 이스라엘이 종이 역할을 성취하도록, 열방의 빛이 되도록, 그래서 하나님의 구원이 땅 끝까지 이르도록 하기 위해 그들을 선택하고 부르셨다. 그리고 예수님의 이 선택은, 하나님이 이스라엘의 실패 때문에 그들을 선택하신 것을 철회하지 않으신 것처럼, 결코 철회하지 않으실 선교를 위한 선택이었다. 보다 정확히 말하면, 구약에서처럼 예수님은 그 선교를 감당할 능력을 부여하는 하나님의 영을 선물과 약속으로 주시며 그 선택을 강화하셨다(눅 24:49; 행 1:8).

이 우주에 주 예수 그리스도의 정체성과 주권, 그분의 구원하시는 능력보다 더 큰 진리가 어디에 있을까?

감람산에서 예수님은 신명기 4:39에서 끌어낸 말씀으로 가만히 야웨의 지위를 취하셨다. "하늘과 땅의 모든 권세를 내게 주셨으니 그러므로 너희는 가서…" 예수님은 그들에게 다음과 같이 말씀하시는 것 같다.

이제 **너희는** 내가 누구인지 안다. **너희는** 야웨께서 오리라 말씀하신 대로 온 자, 야웨만이 성취하실 수 있는 모든 것을 성취한 자인 내가 누구인지 안다. **너희는** 내가 그라는 것을 안다. 그리고 너희는 이런 것을 나타내는 사건들—내 삶과 죽음과 부활—에 대한 증인들이다.

그러면 아브라함 이래로 하나님이 복 주기로 약속하신 모든 **열방**은 어떻게 나에 대한 이 구원의 진리들을 알게 될까? 너희가 **내** 증인들이다. 야웨를 증거하는 자리, 주권자와 구세주이신 야웨를 구현하는 자를 증거하는 이스라엘의 자리에 너희가 서 있다.

신약은 야웨의 증인으로서의 하나님 백성이라는 풍부한 구약의 주제를 전개시키면서 두 가지 방식을 취한다. 이 두 가지 방식은 오늘날 하나님의 백성인 우리의 선교에서 매우 중요하다.

역사적 예수에 대한 최초의 목격자들
"너희는 이 모든 일의 증인이라"고 예수님은 말씀하셨다(눅 24:48).
이 모든 일이라니?[4]

그것은 방금 묘사한 사건들, 곧 메시아의 오심과 그분의 고난, 죽음, 부활이다. 사도들의 주요한 특권과 책임 중 하나가 바로 이것이었는데, 이 땅에서의 나사렛 예수님의 삶과 사역을 알고 그분의 죽음과 부활의 증인이 되는 것이었다. 그래서 부활 후 가룟 유다를 대신할 사람을 뽑아야 했을 때, 그들은 다음과 같은 것을 최소한의 자격 요건으로 분명히 제시했다.

> 이러하므로 요한의 세례로부터 우리 가운데서 올려져 가신 날까지 주 예수께서 우리 가운데 출입하실 때에 항상 우리와 함께 다니던 사람 중에 하나를 세워 우리와 더불어 예수께서 부활하심을 증언할 사람이 되게 하여야 하리라 하거늘. (행 1:21-22)

9장에서 우리는 자기 눈으로 목격한 이런 사람들의 증언이 사도들의 초기 설교에서 얼마나 중요한 역할을 했는지 살펴보았다. 사도들은 그와 같은 증언을 거듭거듭 언급한다.

> 생명의 주를 죽였도다. 그러나 하나님이 죽은 자 가운데서 그를 살리셨으니 우리가 이 일에 증인이라. (행 3:15)

> 우리는 보고 들은 것을 말하지 아니할 수 없다 하니. (행 4:20)[5]

사도 사역을 시작할 때 목격자로서 자신의 자격을 제시했던 베드로와 요한은 그 특권이 얼마나 대단한 것인지 잊은 적이 없었다. 베드로는 자신을 단지 "동료 장로"(이것은 베드로가 그의 독자들과 공유했던 것을 말한다)라고 기술할 뿐만 아니라, 또한 "그리스도의 고난의 증인"(이것은 등급을 나누는 것은 아니지만, 사도로서 베드로를 독자들과 구별 짓는 점이었다: 벧전 5:1; 참고 벧후 1:16-18)이라고 말한다. 요한은 그리스도에 대한 자신의 증언이 보고, 듣고, 만질 수 있는 성질의 것이 었음을 강조한다.

태초부터 있는 생명의 말씀에 관하여는 우리가 들은 바요 눈으로 본 바요 자세히 보고 우리의 손으로 만진 바라. 이 생명이 나타내신 바 된지라 이 영원한 생명을 우리가 보았고 증언하여 너희에게 전하노니 이는 아버지와 함께 계시다가 우리에게 나타내신 바 된 이시니라. 우리가 보고 들은 바를 너희에게도 전함은 너희로 우리와 사귐이 있게 하려 함이니 우리의 사귐은 아버지와 그의 아들 예수 그리스도와 더불어 누림이라. (요일 1:1-3)

우리는 이것이 예수 그리스도를 전한 최초의 복음 선교사들에게 매우 중요했다고 생각할지 모른다. **그들은** 자리에서 일어나 이렇게 말할 수 있었다. "우리는 그 자리에 있었다. 우리는 그분을 알았다. 우리는 그분의 죽음을 목격했다. 우리는 하나님이 그분을 다시 살리시는 것을 보았다. 우리는 이 일에 증인이다." 그러나 **우리**는 그렇게 말할 수 없다. 그러면 이 점은 오늘날 하나님 백성의 선교와 어떤 관련이 있는가?

너무도 중요하다. 예수님에 대한 그 모든 목격자들의 증언은 어디서 끝났는가? 물론 성경이다! 신약 문서는 그 기원과 진정성을 그 같은 최초 목격자들에게서 찾는다. 또한 복음에 대한 우리의 모든 증거 활동은 성경에 근거하기에, 그 문서의 신뢰성에 대해 확신을 갖는 것은 필수적이다.

실제로 우리는 그 같은 확신을 가질 수 있다. 누가는 자신이 그런 목격담의 출처를 자세히 살펴보고 확인해 보았으니 우리가 믿는 것의 확실성에 신뢰를 가져도 된다고 말한다.

> 우리 중에 이루어진 사실에 대하여 **처음부터 목격자**와 말씀의 일꾼 된 자들이 전하여 준 그대로 내력을 저술하려고 붓을 든 사람이 많은지라. 그 모든 일을 근원부터 자세히 미루어 살핀 나도 데오빌로 각하에게 차례대로 써 보내는 것이 좋은 줄 알았노니 이는 **각하가 알고 있는 바를 더 확실하게** 하려 함이로라. (눅 1:1-4; 저자 강조)

누가에게 사실이었던 것은 우리가 지금 우리 손에 갖고 있는 신약을 편집한 사람들에게도 거의 틀림없는 사실이었다. 실제로 리처드 보캄은 엄청난 학문적 연구 끝에 당시 목격자의 증언이 신약 문서에 끼친 영향은 많은 사람들이 상상한 것보다 훨씬 더 크다고 확신을 갖고 주장했다. 확실히 그는 예수님의 삶과 말씀에 관한 모든 이야기가 글로 기록되기 전에 여러 해 동안 사람들의 입에 자유롭게 오르내리며 윤색되었다는 대중적인 오해를 깨뜨린다.[6]

주 예수 그리스도와 복음의 구원하는 능력에 대한 우리의 모든 증거는 성경의 신뢰성에 의존한다. 성경은 그분을 가리킨다. 진실로 예수님 자신은 우리가 지금 구약이라고 부르는 성경에 대해 말씀하시기 위해 증인의 언어를 사용하셨다. "너희가 성경에서 영생을 얻는 줄 생각하고 성경을 연구하거니와 이 성경이 곧 내게 대하여 증언하는 것이니라"(요 5:39). 구약은 하나님의 약속을 성취하러 오실 분을 증거했다. 신약은 베드로의 표현대로, "오직 미리 택하신 증인, 곧 죽은 자 가운데서 부활하신 후 그를 모시고 음식을 먹은 우리"(행 10:41)였던 이들을 통해 그분을 증거한다.

따라서 하나님 백성의 선교는 증거하는 선교, 주 예수 그리스도를 증거하는 선교다. 그러나 우리의 모든 증거 활동은 하나님 자신이 선택하신 목격자들의 증언에 의해 그 참됨이 입증된다. 그리고 그들의 증언은 우리 손 안에 있다. 그들의 말을 통해 전달된 하나님의 말씀, 곧 성경이다.

그리스도의 복음에 대한 계속되는 증언

따라서 최초의 증인들은 세상에 오신 예수님을 보고 그 말씀을 들은 사람들이었다. 하지만 예수님이 도마에게 지적하신 것처럼, "보지 못하고 믿는 자들은 복되도다"(요 20:29). 예수님은 최초의 제자들만을 위해 기도하신 것이 아니라 "그들의 말로 말미암아 나를 믿는 사람들"을 위해서도 기도하셨다(요 17:20). 이와 같이 예수님은 그분의 공동체의 증거 사역이 최초의 목격자 세대를 넘어, 앞으로 믿음을 갖게 될 사람들의 계속적인 증언으로 이어질 것이라는 점을 분명히 예상하셨다. 믿음은 직접 보고 들은 자들의 증언을 들음에서 생긴다. 그러나 믿음은 또한 계속되는 증언을 통해 전달되어야 한다.

예수님은 제자들이 종교 및 정치 당국자들에 의해 박해와 체포를 당하게 될 것이라고 경고하셨다. 그러나 이것은 오히려 그들에게 공적 무대에서 예수님을 증언할 수 있는 기회를 제공해 줄 것이다. 더 정확히 말해, 그것은 성령이 재판을 받는 예수님의 추종자들의 말을 통해 예수님을 증거하는 한 방법이 될 것이다. 참으로 그것은 모든 열방에 복음을 전파하는 한 수단이 될 것이다(막 13:9-11; 참고 마 10:17-20; 눅 21:12-15). 이처럼 예수님은 이것이 최초로 그분을 목격한 제자들의 생애를 넘어 신자들의 공동체에 의한 계속적인 증거로 이어질 것을 예상하셨다.

사도 바울의 사역은 두 범주에 어느 정도 다 해당한다. 바울은 그가 예수님이 지상 사역을 하시는 동안 그분의 원래의 제자가 아니었으며, 또 십자가 처형 때나 부활의 날에 자신이 현장에 있지 않았다는 사실을 잘 알고 있었다. 그래서 그가 원래의 사도 무리에 들어가기 위해서는, 다메섹 도상에서 부활하신 그리스도를 개인적·직접적·압도적으로 만났다는 사실을 인정받을 필요가 있었다. 그는 그 사건이 당시 현장에 있던 사람들과 함께 그의 사도 자격이 진짜임을 입증한다고 보았다.

또한 바울은 자신이 예수님에 대해 증언을 해야 할 의무가 있음을 의식하고 있었다. 증언이라는 말은 바울이 자신이 회심할 때 받은 사명을 언급하는 방법이며(행 22:14-15; 26:16) 자신의 평생의 포부를 요약한 방법이다. "내가 달려갈 길과 주 예수께 받은 사명 곧 하나님의 은혜의 복음을 증언하는[7] 일을 마치려 함에는 나의 생명조차 조금도 귀한 것으로 여기지 아니하노라"(행 20:24).

요한은 증거한다는 개념을 좋아한다. 그의 복음 전체는 십자가 처형과 빈 무덤 현장에 있었던 자의 증언, 다른 사람들이 믿도록 하기 위해 증거하는 자의 증언으로 기록되어 있다(요 19:35; 20:8; 21:24). 그는 메시아이신 예수님의 정체성을 증거하는 세례 요한의 역할을 강조한다(요 1:7-8, 15, 19, 32, 34). 그리고 그는 예수님의 정체성에 대한 다양한 증언(요한, 하나님 아버지, 그분의 사역, 성경, 그분 자신)과 관련하여 유대인 지도자들과 긴 논쟁을 하시는 예수님을 묘사한다.

요한은 또한 모델과 격려―사마리아 여인과 성령님―를 제공하는 두 '증거' 구절을 제공한다.

요한복음 4장에 나오는 우물가의 사마리아 여인은 최초의 전도자였다고 흔히 말한다. 이것은 그녀가 그와 같은 역할을 하기에는 세 가지 차원에서 자격 부족이었다는 점에서 더욱 놀라운 일이다. 즉 그녀는 외국인이고, 여성이었으며(당시 유대 법정에서 여성의 증언은 유효하게 인정받지 못했다), 집안에 고질적이고 심각한 도덕적·사회적 문제가 있는 사람이었다.[8] 그러나 그녀는 증인이 해야 하는 그 일을 했다. 그녀는 동네로 돌아가 예수님에 대해 말했다. 그리고 그녀의 힘찬 증언으로 많은 전도의 열매가 맺혔다. 요한은 분명 이것을 믿음을 갖는 모든 사람이 따라야 할 모델로 삼는 것 같다.

> **여자의 말이** 내가 행한 모든 것을 그가 내게 말하였다 **증언하므로** 그 동네 중에 많은 사마리아인이 예수를 믿는지라. 사마리아인들이 예수께 와서 자기들과 함께 유하시기를 청하니 거기서 이틀을 유하시매 예수의 말씀으로 말미암아 믿는 자가 더욱 많아 그 여자에게 말하되 이제 우리가 믿는 것은 네 말로 인함이 아니니 이는 우리가 친히 듣고 그가 참으로 세상의 구주신 줄 앎이라 하였더라. (요 4:39-42; 저자 강조)

동일하게 강한 전도의 의도를 담고 있는 요한의 두 번째 '증거' 구절은 성령의 역할에 대한 예수님의 말씀을 기록한 것이다.

> 내가 아버지께로부터 너희에게 보낼 보혜사 곧 아버지께로부터 나오시는 진리의 성령이 오실 때에 그가 나를 증언하실 것이요 너희도 처음부터 나와 함께 있었으므로 증언하느니라. (요 15:26-27)

이 구절의 전후 문맥은 예수님이 추종자들에게 세상의 미움과 박해에 대해 경고하시는 것이다. 그래서 갈등과 비난으로 분위기가 어둡다. 이사야서에서처럼 비유적 배경은 법정인데, 이번에는 예수님 자신이 피고석에 앉아 계신다. 예수님은 비방과 공격을 당하시고 미움을 받으신다. 누가 그분을 대변할 것인가? 누가 그분을 옹호할 것인가? 예수님은 성령님이 하실 것이라고 주장하신다. 그 일, 곧 예수님에 대해 증언하는 것이 그분의 주된 과제이기 때문이다.

다음 장에서 예수님은 변호인 역할을 하시는 성령님을 묘사하실 것이다. 세상은 피고석에 앉아, 하나님의 의로운 심판 앞에 유죄와 죄를 선고받는다(요 16:8-11). 그러나 여기 요한복음 15장에서 성령님의 변론은, **예수님의 제자들의 증거를 통해** 예수님에 대해 증거하는 것이다. 다시 한 번 우리는, 최초의 증언은 예수님의 지상 사역을 목격한 사람들과 관련이 있지만("처음부터 나와 함께"), 성령의 권능을 받아 예수님에 대한 진리를 증거하는 것은 세대를 거쳐 그분을 따르는 모든 신자들의 계속되는 특권과 책임임을 보게 된다.

> 예수 그리스도가 재판을 받으신다. 그러나 이번에는 본디오 빌라도 앞이 아니라 온 세상의 공개 법정이다. 성경적 언어로 세속적인, 불경한, 비기독교 사회를 의미하는 '세상'이 재판관 역할을 맡는다. 세상은 끊임없이 예수님을 판단하며 갖가지 의견을 그분에게 쏟아놓는다. 마귀는 추악한 거짓말로 그분을 고발하고 거짓 증인들을 수백 명씩 소환한다. 성령은 '파라클레토스', 곧 변호인으로서 그분의 주장을 뒷받침하기 위해 우리를 증인으로 소환하신다. 기독교 설교자들은 예수 그리스도를 위해 그분을 변호하고 옹호하며, 세상이 판결을 내리기에 앞서 반드시 듣고 고려해야 할 증거를 법정으로 가져옴으로써 예수님 편에서 증언하는 특권을 부여받는다.
>
> 세상의 반대에 부딪힐 때 그리스도인은 어떻게 반응해야 하는가? 그는 결코 보복하지 않는다. 자기연민에 빠져 상처만 어루만지고 있지도 않는다. 비위에 거슬리는 세상의 증오를 피해 안전하고 격리된 은신처로 숨어들지도 않는다. 오히려 그는 담대히 성령의 능력으로, 예수 그리스도의 증인으로 세상 앞에 나설 것이다. 세상이 여기 있으니, 겉으로는 때로 무심하고 냉담하지만 속으로는 지극히 반역적이고 공격적이다. 그들이 어떻게 듣고 회개하고 고백

> 하고 믿을 것인가? 그들이 어떻게 그들 앞에서 재판을 받고 있는 예수님에게 호의적인 판결을 내릴 것인가? 그 답은 우리의 증언을 통해서다. 교회가 그리스도를 증거해야 하는 이유는 그리스도를 믿지 않는 세상의 반대 때문이다.
>
> 존 스토트[9]

요약

9장에서 우리는 하나님 백성의 선교는 주님이요 구세주이신 그리스도 안에서 우리가 아는 하나님께 온전한 충성을 바치는 것이 포함됨을 보았다. 그 충성에는, 이를테면 사도들처럼 공개적인 법정에서 그리스도를 기꺼이 옹호하는 것도 포함된다. 이 장에서 우리는 증거한다는 것의 성경적 의미가 무엇인지 탐구했다. 예수님은 이 책임을 제자들에게 부과하시지만, 그분은 그 생각과 내용을 그분의 성경, 곧 우리의 구약에서 끌어오셨다.

인류 열방이 자신을 위한 신들을 만들고 살아 계신 하나님을 알지 못하는 세상에서, 하나님의 백성은 하나님의 유일성과 주권, 구원 사역을 증거하도록 부름받는다. 그 부르심이 우리가 선택받은 근본 이유이며, 하나님의 종 됨의 의미 일부이다. 증거하는 일은 아직 하나님을 알지 못하는 사람들을 위한 것일 뿐만 아니라 증인 자신의 믿음과 이해를 강화한다.

하나님 백성의 선교는 말로 하는 증언, 곧 참되신 하나님이 누구신지 그리고 하나님이 열방을 구원하시기 위해 주 예수 그리스도를 통해 하신 일이 무엇인지 그 진리를 옹호하며 말하는 것을 포함한다. '중요 증인'이 되는 과제는 이스라엘, 바울, 그리고 "하나님의 말씀과 예수를 증언하였음으로"(계 1:9) 순교까지 당한 모든 사람의 선교를 규정했던 것처럼 계속해서 우리의 선교를 규정한다.

우리의 증언의 내용은 무엇보다도 좋은 소식이다. 그래서 우리는 다음 장에서 그 좋은 소식이 무엇이고 또 그 소식의 전달자가 된다는 것이 무엇을 의미하는지 살펴볼 것이다.

생각해 볼 질문

1. '간증하다'는 표현을 보면 무슨 생각이 떠오르는가? 흔히 사람들이 하는 간증은 성경이 의미하는 '증거'와 어떤 관련이 있는가? 우리는 그리스도 안에서 하나님의 위대한 진리를 증거하기보다는 우리 자신에 대해 '간증' 하려는 성향을 어떻게 이길 수 있을까?

2. 증거하는 일이 당신의 신앙과 그 신앙에 대한 이해를 강화해 준 경험을 말할 수 있는가?

3. 법정은 때때로 어떤 사람을 '믿을 수 있는 증인'(또는 경우에 따라서는, 믿을 수 없는 증인)이라고 말한다. 그리스도의 '믿을 수 있는 증인'은 어떤 사람인가?

11장

그리스도의 복음을 선포하는 백성

복음전도, 전도자, 복음주의, 복음적, 복음화. 그리스도인들은 익숙하지만, 일반인들 사이에서는 자주 오해받고 남용되는 단어들이다.

우리는 '복음의 사람'이며, 온갖 가능한 방법을 통해 복음을 전하는 것이 하나님 백성의 선교의 본질이라고 즐겨 말한다. 우리는 대부분 '복음'이라는 옛 단어가 '좋은 소식'을 의미한다는 것을 알고 있다. 또한 '좋은 소식'은 신약 성경에서 단어 앞에 '복음-'(evangel-)자가 붙는 모든 헬라어 단어의 핵심이기도 하다.

하나님 백성의 선교는 **나쁜** 소식이 넘쳐나는 세상에 좋은 소식을 전하는 것이다.

이제 신약에서 '**복음**'이라는 어근이 어떻게 사용되는지 조사해 보기로 하자. 그것은 동사와 명사로 약 100번 정도 나오며, 우리의 전도 명령 및 방법을 설득력 있게 기술하고 있다. 우리는 지금 삶을 위한 성경신학을 하고 있다. 따라서 지금까지의 관례대로, 먼저 구약을 살펴볼 것이다. 그렇게 해야 하는 두 가지 타당한 이유가 있다.

첫 번째 이유는 바울이 우리에게 복음은 "성경대로"라고 말한다는 점이다 (고전 15:1-4). 다시 말해, 예수님의 죽음과 부활의 복음 메시지는 구약 성경에 비추어 이해해야 한다. 바울은 구약 성경을 읽으며 복음이 **선포되었다**고 말할 수 있었다. 하나님이 아브라함에게 모든 열방이 그를 통해 복을 받으리라고 약속하셨을 때, 바울은 성경이 "먼저 아브라함에게 복음을 전했다"라고 말한다(갈 3:8).

성경적 복음은 마태복음이 아니라 창세기에서 시작한다. 그것은 '복음'을 분명히 우리의 성경신학 틀 안에 놓는다.

> '복음'은 기독교적 삶에서 매우 기본적인, 매우 근본적인 단어다. 그것은 기독교 신앙에서 어떤 것을 말하는 용어가 될 수 있다. '복음'은 **내가** 그것에 부여하기 원하는 의미로 충만해질 수 있기 때문에, 아무런 의미가 없게 될 수도 있다. 대중음악에 나오는 '사랑'이라는 단어처럼, '복음'은 모든 것을 의미할 수도 있고 아무것도 의미하지 않을 수도 있다. 나는 사람들이 '성경에 근거한' 또는 '우리는 그들을 좋아한다'는 의미로, 회중을 "복음적인 교회"로, 그리고 목사를 "복음의 사람"으로 묘사하는 것을 들은 적이 있다.
>
> 존 딕슨[1]

두 번째 이유는 복음과 전도에 대한 신약의 **어휘**는 실제로 구약에, 특히 이사야서에(그리고 우리가 볼 것처럼 몇몇 시편에) 그 뿌리를 두고 있는 것처럼 보인다는 점이다. '복음'이라는 말은 사실상 바빌론의 포로들에게 전달된 좋은 소식으로 거슬러 올라간다.

바빌론 포로들을 위한 좋은 소식

10장에서 본 것처럼, 우리는 상상할 수 없는 일들—바빌론 유수와 그로 말미암은 땅과 성읍, 성전, 희망의 상실—이 일어났던 이스라엘 역사 당시로 돌아갈 필요가 있다. 그때 이스라엘은 어떤 좋은 소식을 들어야 했다. 그리고 그들은 이사야 40-55장에 기록된 원대한 말씀에서 그 소식을 들었다.

이 장들에서 우리는 네 번에 걸쳐, 앞으로 일어날 '좋은 소식'을 듣는다. 이 장들을 검토해 보자. 그것이 우리의 복음 언어의 근원이기 때문이다. 이사야 40:9; 41:27; 52:7; 61:1 각 절에 사용된 히브리어 단어는 '바사르'이다. 그리고 세 절에서 70인역의 번역자들은 헬라어 '유앙겔리조마이'라는 동사를 선택해서 사용했다. 이 단어는 물론 신약 성경에 사용된 그 단어다. 특히 예수님이나 사도들이 이 본문들을 인용할 때 등장한다. 이사야가 고대한 좋은 소식은 실제로 예수님이 오심으로 도착했다. 그래서 '좋은 소식' 또는 '복음'이라는 말은 구약 성경 70인역에서 가져온 동사에 기인하며, 신약에 나오는 모든 '복음-' 단어들을 형성했다.

'바사르'는 좋은 소식을 전하거나 알리는 것을 의미한다. 그것은 구약 이스라엘의 일상생활에서 흔히 쓰던 말이었다. 가장 흥미로운 사례는 사무엘하 18:19-32일 것이다. 요압이 압살롬을 물리치고 승리한 소식을 다윗에게 전하는 부분인데 압살롬의 죽음을 알리는 '기쁜 소식' 때문에 다윗은 비탄에 빠지게 되었다.[2] 분사 '메바세르'는 그처럼 **좋은** 소식을 전하는 사람, 좋은 소식의 전달자로서 일반적인 전령을 뜻하는 단어인 '말락'과 구별된다.

이 장의 연구의 기초가 되는 단락 맨 앞 절인 이사야 52:7에 나오는 것이 바로 그 **좋은** 소식의 전달자다. 이사야 52:7은 예수님 당시 유대인들이 소망 가운데 자주 인용한 절로, 신약에서도 많이 인용되었다. 다만 신약에서 그것은 더 이상 미래를 위한 소망이 아니라 마침내 도래한 사건에 대한 경축이라는 점이 다르다.[3]

> 좋은 소식을 전하며
>   평화를 공포하며
> 복된 좋은 소식을 가져 오며
>   구원을 공포하며
> 시온을 향하여 이르기를
>   네 하나님이 통치하신다 하는 자의
> 산을 넘는 발이 어찌 그리 아름다운가.

> 네 파수꾼들의 소리로다.
> 그들이 소리를 높여 일제히 노래하니
> 이는 여호와께서 시온으로 돌아오실 때에
> > 그들의 눈이 마주 보리로다.
>
> 너 예루살렘의 황폐한 곳들아,
> > 기쁜 소리를 내어 함께 노래할지어다.
>
> 이는 여호와께서 그의 백성을 위로하셨고
> > 예루살렘을 구속하셨음이라.
>
> 여호와께서 열방의 목전에서
> > 그의 거룩한 팔을 나타내셨으므로
>
> 땅 끝까지도 모두
> > 우리 하나님의 구원을 보았도다
>
> (사 52:7-10; 본문의 전령은 히브리어로 단수다)[4]

그래서 우리는 바빌론 유수로 돌아간다. 이사야 52장은 시온에게 깨어나라고, 황폐해지고 포로로 잡혀간 나쁜 날이 끝날 것을 믿으라고 요청하면서 시작한다. 7절에서 이사야는 포로들에게(그리고 훗날 그의 독자가 될 우리에게) 상상의 나래를 펴라고 요청한다. 우리는 예루살렘의 폐허 속에서 걱정스레 동쪽을 응시한다. 그 방향은 포로로 잡혀가 있는 사람들이 매일 고생 가운데 하나님이 약속하신 승리의 소식, 포로들이 고향으로 돌아가게 되었다는 소식을 기다리는 바빌론이 있는 방향이다.

마침내 7절에서 우리는 동쪽에서 산맥을 넘어 예루살렘을 향해 달려오는 전령의 발을 본다. 한 사람이 달려오는 것을 보니 그는 절뚝거리며 고향으로 돌아오는 패잔병이 아니라 승리의 좋은 소식을 가져오는 전령일 것이다. 그리고 정말 그랬다.

7절의 세 단어가 전령이 지닌 좋은 소식을 구성한다. 그는 가까이 달려와 헐떡거리면서 이렇게 말했을 것이다. "평화!" "좋은 소식이에요!" "구원입니다!" 마침내 그가 도성에 도착해 성 안에 있는 사람들에게 외친다. "하나님이 통치하십니다!"

> 발은 보기 좋은 모습이 아닐 수 있다. 예레미야는 라헬이, 포로가 되어 그녀의 무덤을 지나 터덜터덜 걸어가는 자손들을 지켜보는 모습을 상상한 적이 있다. 여기서 대비되는 환상은 좋은 소식을 가져오는 발이다. 그 점은 그 발이 아름답다는 사실에 암시적으로 드러난다. 사람들은 발로 죄를 범하고(잠 1:16) 발로 처벌을 받았지만(렘 13:16), 이제 발로 위로를 받는다.
>
> 존 골딩게이[5]

하나님이 통치하신다(사 52:7)

이것이 핵심 메시지다. 그리고 이것이 그 전령의 좋은 소식에 담긴 나머지 세 가지 모두 설명하는 진리다. 야웨, 이스라엘의 주 하나님이 통치하신다는 것은 무슨 의미인가? 하나님 나라의 좋은 소식은 무엇을 가져오는가? 그 전령이 말한 모든 것, 그리고 거기에 추가된 구약 성경의 모든 울림이다.

> 하나님의 통치는 무엇을 수반하는가? 그 어느 것도 불완전하거나 실현되지 않은 것이 없는, 모든 것이 서로 적절한 관계를 맺고 있는 상태(평화, 샬롬)를 수반한다. 창조 목적이 실현되는(좋은, 토브) 상태를 수반한다. 모든 속박, 특히 죄로 말미암은 속박으로부터 자유로운 상태(구원, 예슈아)를 수반한다. 하나님이 통치하실 때, 이런 것들이 뒤따른다. 물론, 이것은 기독교 신앙이 좋은 소식(유앙겔리온)으로 간주하는 것과 정확히 일치한다. 이것은 그리스도께서 제자들에게 모든 마을을 다니면서 선포하라고 말씀하셨던 내용이다(마 10:1-7). 즉, 이사야 52:7-10의 예언이 실현되어 이제 가까이 다가왔다는 것이다. 기독교는 이사야가 말한 그대로 세상에 평화, 선, 구원을 수반하는 하나님의

> 보편적 통치에 관한 좋은 소식을 선포하는 자로서 자신을 이해했다.
>
> 존 오스왈트[6]

하나님의 통치는 '샬롬'을 의미한다

하나님의 통치는 평화의 통치가 될 것이다. 그것은 폭력과 갈등, 전쟁이 가져오는 모든 깨어짐과 부서짐의 종식을 의미할 것이다. 하나님의 통치는 온전함과 삶의 충만함을 가져온다. 모든 것이 하나님의 의도하신 모습대로 자리를 잡으며, 우리는 하나님과 우리 자신과 세상과의 관계에서 평화를 누리게 된다.

이것은 문자 그대로 실제 전쟁의 종식을 바랐던 구약 성경의 열망과 비전이었다.[7] 그러나 그것은 모든 관계에서 평화와 조화가 회복되는 것을 포함할 만큼 심오했다. 이 점에서 "평화를 공포하는" 전령의 이미지는, 유대인의 소망에 깊이 뿌리를 둔 것이며, 앞으로 살펴볼 것처럼 그리스도의 사역에 대한 신약 성경의 이해에 영향을 끼쳤다(행 10:36; 엡 2:17).

하나님의 통치는 '선'을 의미한다

하나님이 이사야가 말한 대로 행동하실 때, 그것은 창조세계 전체에 좋은 소식이 될 것이다. 창조세계가 맨 처음에 하나님이 창조하셨을 때 말씀하신 모습으로 회복될 것이기 때문이다. "하나님이 보시기에 심히 좋았더라." 하나님이 모든 창조세계와 모든 인류를 다스리실 때, 그것은 좋을 것이다. 하나님은 좋은 분이시기 때문이다.

하나님의 통치는 '구원'을 의미한다

하나님의 승리는 사람들을 노예 상태로 붙잡고 있는 모든 것의 종식을 의미한다. 그것은 이스라엘이 말 그대로 포로로 잡혀간 것에서부터 온갖 유형의 억압과 중독, 속박에 이르는 모든 것에서 구조되는 위대한 구출이 될 것이다.

하나님의 통치는 악과 죄, 사탄의 사슬을 깨고 심판과 사망의 궁극적인 위험을 제거한다. 구원은 성경 전체에 걸쳐 있는 엄청나게 풍부하고 복합적인 단어다. 그것은 구약 성경에서 야웨의 독특하고 본질적인 특성이었으며, 신약 성경에서는 예수님의 이름이었다.[8]

이와 같이 하나님이 통치하실 때, 평화가 있을 것이며 삶은 좋아질 것이고 우리는 구원을 받을 것이다. 이것이 주님이 보내신 전령의 아름다운 발이 가지고 온 '복음'의 간략한 내용이다. 이것이 복음의 진리다.

하나님이 돌아오신다(사 52:8)

8절에서 달려오는 한 전령의 목소리에 파수꾼들의 합주가 더해진다. 이들은 무너진 예루살렘 성벽을 지키고 있는 상상 속의 초병들이다. 그들은 이제 힘을 합쳐서 큰 소리로 기쁨을 노래한다. 그 이유는? 그들은 이제 전령을 넘어 그 뒤에 계신 분을 볼 수 있기 때문이다. 그들이 보는 것은 야웨 그분이다.

주님이 고향으로 돌아오고 계신다! 통치하시는 하나님은 돌아오시는 하나님이시다. 하나님은 그분 자신의 백성에게로, 그분 자신의 백성과 함께, 그분의 성으로 돌아오신다.

느부갓네살이 예루살렘을 파괴하고 그 백성을 포로로 잡아갔을 때, 포로들만 예루살렘을 떠난 것이 아니었다. 어떤 의미에서, 하나님 자신도 떠나신 것이다. 아마도 에스겔의 사역 전체에서 최저점이었던 끔찍한 환상에서(그의 아내의 죽음에 버금가는), 에스겔은 야웨의 영광이 성전을 떠나고 예루살렘 성을 떠나는 것을 목도했다(겔 8-11장). 하나님이 성전을 떠나셨다. 하나님은 돌아오시기는 할 것인가?

이사야는 이미 이사야 40:3에서 그 대답을 한 바 있다. 하나님이 움직이고 계신다. 그러므로 길을 예비하도록 하라. 실제로, 이것은 "시온을 향한 아름다운 소식"으로 이미 전파되었다(사 40:9). 이제 예루살렘의 파수꾼들이 노래하는 것은 그분을 보고 있기 때문이다! 하나님이 시온으로 돌아오고 계신다!

새로 등장한 페르시아의 왕 고레스의 허락과 지원을 받아 주전 538년에 포로들이 돌아올 때에, 하나님이 참으로 돌아오셨다. 예루살렘 도성에 다시 사람들이 거주했다. 성전이 재건되었다. 예배가 회복되었다.

첫 번째 종려주일에 주님이 자신의 성전에 들어가셨을 때, 그분은 더 의미심장한 방식으로 시온에 다시 돌아오신 것이었다.

그리고 주님이 다시 오셔서 창조세계 전체를 그분의 성전이라 주장하시고 그분의 구속받은 인류와 영원토록 함께 거하실 때, 그분은 다시 한 번 성전에 들어가실 것이다. 그러나 우리의 성경신학은 너무 앞서가고 있다. 그것은 당신이 성경 안에서 이러한 울림과 연결을 볼 때라야 일어나는 일이다.

하나님이 구속하신다(사 52:9-10)

이 노래는 전염성이 있다. 달려오는 한 사람의 전령이 숨이 막혀 간신히 말하는 복음에서부터 출발한 그 노래는(7절) 파수꾼들이 부르는 작은 합창으로 번져 나갔다(8절). 이제 예루살렘의 황폐한 곳들이 구속의 노래를 부르게 되며(9절), 그 노래는 땅 끝까지 퍼져 나갈 것이다(10절). 그 노래들의 주제는 동일하다. 통치하시고 돌아오실 뿐 아니라 구속하시는 분, 주 하나님 그분이다.

그것은 무엇을 의미하는가? **위로**와 **구속**이다.

위로받고 자유롭게 되는 것을 의미한다. 하나님이 그분의 백성을 위해 하신 일을 묘사하는 이 두 단어는["예루살렘"이 단순히 도성을 가리키는 것이 아니라 "백성"(구속받을 하나님의 백성)을 상징한다는 것이 대구법으로 명백히 드러난 점을 주목하라] 이사야가 이미 매우 강조해서 사용했으며, 또 풍부한 의미를 지닌 구절들에서 반복해서 나타난다. "위로하라, 내 백성을 위로하라"는 말을 두 번 반복하며 시작된 이사야 40장은 "부드럽게 말하라"는 말로 화대된다. 문자적으로 그 말은 "마음에 말하라"는 뜻이다. 위로는 고통과 비통, 사별과 슬픔을 완화시킨다. 포로들은 큰 상실과 충격적인 경험으로 오랫동안 고통을 겪었다. 하나님은 위로를 쏟아 부으신다(사 49:13; 51:3).

그러나 위로는 그 자체만으로는 무기력한 말에 불과할 수 있다. 그러므로 두 번째 단어가 중요하다. 하나님이 그분의 백성을 **구속하셨다**. 이 단어도 이미 여러 번 사용되었다(가얄, 사 41:14; 43:1, 14; 44:22, 24; 48:17, 20). 6장에서 자세히 살펴본 것처럼, 이 단어는 이스라엘의 경제 생활에서 유래한다. 6장에서 우리는 '구속하다'라는 단어가 상실, 위험 또는 위협에 처해 있는 가족 구성원을 보호하거나 대변하기 위한 어떤 가족 구성원의 헌신을 뜻했음을 살펴보았다. 그것은 단호하고 강력한 행동, 필요한 대가의 지불(말 그대로, 혹은 수고라는 의미에서), 그리고 자유, 석방 또는 회복의 성취를 의미했다.

이것은 야웨께서 이스라엘을 위해 반복해서 자신에게 적용하시는 단어와 역할이다. 특히 이사야서의 이 장들에서 두드러진다. 그것은 출애굽의 분위기가 느껴지는 단어다. 신학적 의미에서 야웨를 주어로 이 단어가 가장 먼저 사용된 예는 하나님이 이스라엘을 애굽에서 구속하시겠다고 선언하는 데서(출 6:6-8), 그리고 모세가 노래로 그 사건을 경축하는 데서(출 15:13) 나타나기 때문이다. 바빌론 유수에서 돌아오는 것은 출애굽—하나님이 그분의 백성을 포로 상태에서 구속하시는 것—의 재연이 될 것이다.

그 구속은 어떻게 성취되는가? 주님의 '거룩한 팔'이 성취할 것이다. 10절은 하나님이 어떻게 이 위대한 구속을 성취하실지 암시한다. "여호와께서 열방의 목전에서 그의 거룩한 팔을 나타내셨으므로." 우리는 이것이 신인동형적 비유라는 사실을 즉시 간파한다. 당신은 힘든 일을 하기 전에 소매를 걷어붙인다. 어쩌면 전쟁터에서 나온 이미지인지도 모른다. 전쟁터에서 군인은 적과 싸우기 위해 망토를 벗어 버리고 오른팔을 드러낸다.

그렇다. 하지만 우리는 이 예언 전에도 '주님의 팔'을 만난 적이 있다. 그 비유에서는 분위기가 조금 다르다.

- 이사야 40:10-11에서 주님의 팔은 주권적 능력과 부드러운 긍휼(팔로 몸부림치는 양을 들어서 가슴에 안는 목자의 긍휼)이 결합된 것이다.
- 이사야 51:9에서 주님의 팔은 이스라엘 사람들을 애굽에서 끌어내서 바다를 건너게 하는 그분의 위대한 구원의 능력을 나타내는 야웨 자신과 동일시된다.
- 하지만 이사야 51:5에서 주님의 팔은 이사야 42:1-4에서 주님의 종에게 사용되

었던 것과 똑같은 용어로 묘사된다. 이사야 42:1-4은 하나님이 그 종을 통해 그분의 구속 사역을 성취하실 것이라고 말한다. 그 종은 주님의 의인화된 팔이 될 것이다.

- 본문에 바로 이어지는 소위 네 번째 종의 노래인 이사야 53:1에서는, 주님의 팔이 거부당하는 삶을 살고 끔찍하고 부당한 죽음을 맞이할, 그러나 궁극적으로 하나님에 의해 정당성을 입증받고 영화롭게 될 그 종으로 판명되면서 그 인상은 강화된다. 그 종은 주님의 팔이다.

이와 같이 주님의 팔은 여러 가지 모습으로 나타난다. 좋은 소식은 하나님이 그분의 백성을 위해 행동하시고 구속을 성취하실 것이라는 점이다. 어떤 의미에서 하나님은 출애굽 때 하셨던 것처럼 누구의 도움도 받지 않고, 자신의 팔의 권능으로 그렇게 하실 것이다. 그럼에도 불구하고 우리는 주님의 팔이 그 종에게서 구현될 것이라 기대하게 된다. 그 종의 소명과 사역, 고난과 승리가 이 장들을 채울 것이다.

누가 유익을 얻을 것인가? 모든 열방이다.

한 사람의 주자로부터 땅 끝까지 좋은 소식이 퍼져 나간다. 10절은 이 예언자의 매우 특징적인 면을 보여 준다. 즉 그는 하나님의 약속이 직접적으로 그분의 역사적 백성(바빌론 유수 중인 구약 이스라엘)을 위한 말씀이 됨으로써 나아가 보편적 범위와 능력을 가진 말씀이 될 수 있다고 본다. 10절은 그리스도보다 수세기 전 바빌론 포로들에게 희망을 주기 위해 의도된 말을 시편 98:3에서 글자 그대로 취한 부분과 결합하여, 그것을 세상을 위한 구원의 약속으로 마무리 비린다.

그것이 '복음'으로 일컬어지는 것은 당연하다. 그것은 이스라엘만을 위한 좋은 소식이 아니라 **세상을 위한 좋은 소식**이다. 이스라엘의 복음은 모든 열방을 위한 복음이다. 그것은 언제나 그렇게 되도록 의도된 것이었다(이는 바울이 이방인에게 선포한 복음의 정수에 그가 집어넣을 요점이다).

이제 우리가 이사야 52:7-10을 특히 '복음' 선포로 보고 있으니(그것이 동사

'바사르'를 사용하고 70인역 '유앙겔리조마이'를 통해 신약 성경의 복음 어휘에 영향을 끼치기 때문에), 동일한 언어가 사용되는 시편 96편을 살펴볼 가치가 있다. 분명하게 그것은 동일한 보편적 의도로 사용되고 있다. 즉 야웨와 그분의 모든 일에 관한 좋은 소식을 열방에 전파하는 것이다.[9]

> 새 노래로 여호와께 노래하라.
> 　온 땅이여, 여호와께 노래할지어다.
> 여호와께 노래하여 그의 이름을 송축하며
> 　그의 구원을 날마다 **전파할지어다**.
> 그의 영광을 백성들 가운데에
> 　그의 기이한 행적을 만민 가운데에 선포할지어다. (시 96:1-3; 저자 강조)

"전파하다"는 '바사르'인데, 70인역은 그것을 '유앙겔리제스테'("이것을 좋은 소식으로 전파하라")라고 번역한다. 야웨의 이름, 구원, 영광, 기이한 행적에 대한 메시지는 좋은 소식, 열방이 들어야 할 **복음 메시지**가 된다. 시편 96편은 계속해서 열방의 우상숭배의 무익함을 폭로하고, 그들에게 거짓 신들을 포기하고 살아 계신 유일한 하나님과 그분의 거룩한 아름다움을 경배하는 일에 참여하라고 권유한다.

열방 가운데 불려져야 하는 이 '새 노래'의 내용은 무엇인가? 이사야서 본문에서 발견하는 진리, 곧 "야웨가 통치하신다"는 것이다(시 96:10). 야웨께서 통치하시면, 세상의 낡은 질서는 뒤집어지고, 창조세계 전체가 신뢰와 의와 기쁨의 장소로 변화된다(시 96:10-13).

따라서 복음의 진리는 이스라엘의 예언서와 시편에서 발생한 것이다. 그것이 우리가 이제까지 발견한 것이다.

열방에 위로와 기쁨을 전하기 위해 땅 끝까지 퍼져 나가야 하는 하나님 나라의 좋은 소식은, 통치하시는 하나님, 자신의 정당한 기업으로 돌아오시는 하나님, 온 세계를 구속하시는 살아 계신 하나님의 좋은 소식이다. 그리고 하나님은 이 모든 일을 그분의 전능한 팔[부드러운 긍휼로, 고난받는 사랑으로, 우주적 승리로 펴신 팔(그분의 종)]로 이루실 것이다.

복음은 계속 전파된다.

예수님 안에 있는 좋은 소식

본문과 이사야 40:9에 나오는 산 위에 올라가서 외치는 전령의 이미지를 활용한 한 성탄 노래는 "산 위에 올라가서 예수 그리스도가 나심을 전하세"라고 노래한다. 그 노래가 포착한 것은 옳다. 포로살이의 지평 너머에는, 나사렛 예수님이라는 인격으로 그분의 백성 가운데 오신 하나님의 더 큰 지평이 있었기 때문이다. 그리고 이사야 52:7-10에 나오는 이사야의 전령에 따르면, 복음의 세 부분은 그리스도 안에서 더욱 영광스러운 좋은 소식으로 나타난다.

예수님은 그때도 지금도 통치하시는 하나님이시다

최초의 복음서는 "하나님의 아들 예수 그리스도의 복음(유앙겔리온)의 시작이라"라는 말로 시작한다(막 1:1). 그리고 계속해서 이사야 40장을 인용한다. 마가는 세례 요한을 좋은 소식을 가져오는 최초의 사자로 보지만, 마가와 요한은 곧바로 요한이 예언을 성취한 사람은 아니라는 점을 분명히 한다. 그 둘은 예언을 성취한 사람으로 예수님을 가리킨다.

이와 같이 예수님이 공적 사역을 시작하실 때, 그분은 좋은 소식이 도착했음을 선포하면서 좋은 소식의 전령으로 활동하신다. 하나님의 통치는 그분이 오시면서 시작되었다(막 1:14-15).

누가는 같은 동사를 사용해 예수님이 사역 초기에 우리가 본문 몇 장 뒤에서 발견하는 좋은 소식을 선포하는 기름부음 받은 자의 역할을 수행하신다고 기록한다(사 61:1-3).

예수께서…성경을 읽으려고 서시매 선지자 이사야의 글을 드리거늘 책을 펴서 이

렇게 기록된 데를 찾으시니 곧,

"주의 성령이 내게 임하셨으니

　이는 가난한 자에게 **복음**[10]**을 전하게 하시려고**

　내게 기름을 부으시고

　나를 보내사 포로된 자에게 자유를

　눈 먼 자에게 다시 보게 함을 전파하며

　눌린 자를 자유롭게 하고

　주의 은혜의 해를 전파하게 하려 하심이라"

하였더라. (눅 4:16-19; 저자 강조)

얼마나 많은 세월 동안 그 회당에서 그 말씀을 읽었을까? 지역 랍비는 얼마나 자주 사람들에게 그 말씀이 가리키는 분이 오셔서 그런 일을 하실 그 날을 위해 기도하고 믿음을 가지라고 격려했을까? 오 하나님, 그분을 곧 보내주소서! 우리에게, 우리 생애에 이 좋은 소식이 이루어지게 하소서. 어쩌면 내일….

그러다가 어느 날 안식일 아침, 그 지역 목수의 아들이 "오늘!"이라는 말로 마을 전체를 충격에 빠뜨렸다. 더 이상 기다릴 필요가 없다. 너희가 오랫동안 소망하고 기다렸던 것이 여기, 너희 앞에 서 있는 사람 가운데 있다. 옛 문서 속 예언자의 목소리가 지금 너희에게 성경을 읽어 주는 자의 살아 있는 목소리가 되었다. "이 글이 오늘 **너희 귀에** 응하였느니라"(눅 4:21; 저자 강조).

그 본문이 말한 것들은, 예수님이 하나님 나라가 정말로 임했다는 증거로 가리키신 것들이었다. 하나님은 예수님 안에서 예수님을 통해, 그분의 말씀과 행위를 통해 통치하고 계셨다. "그러나 내가 만일 하나님의 손을 힘입어 귀신을 쫓아낸다면 하나님의 나라가 이미 너희에게 임하였느니라"(눅 11:20). 세례 요한이 자신이 메시아가 아닌 사람을 좇고 있는 것은 아닌지 의심했을 때도, 예수님은 동일한 것을 가리키셨다. 이번에는 이사야서의 다른 본문을 언급하며(사 35:5-6), 다음과 같은 중요한 말을 덧붙인다. "가난한 자에게 복음이 전파된다"(문자적으로는 "가난한 자에게 **복음이 전해지고 있다**": 마 11:5).

그리고 예수님이 시작하시고 그분 안에서 정말로 구현된 하나님의 통치는 예수님이 말씀하셨던 방식으로 인간 역사 속에서 계속 이루어진다. 씨가 자라는 것처럼, 효모가 부풀어 오르는 것처럼, 고기가 잡히는 것처럼. 하나님 나라는 그 나라에 '들어간' 이들, 다시 말해 회개하고 그분을 믿음으로 하나님의 통치를 받는 이들, 주 예수 그리스도께 순종함으로 그분의 도에 헌신한 이들, 먼저 하나님 나라와 그분의 정의를 구하는 이들, 정의에 굶주리고 목말라 하는 이들의 삶 속에서, 그들의 삶을 통해 역사한다.

간단히 말해, 하나님의 통치는 **평화**를 만들고 **선**을 행하고 하나님의 **구원**을 선포하는 것이 자신의 사명이라고 이해한 이들 가운데서 발견된다. 이사야의 복음의 전령이 외친 것처럼, "우리 하나님이 통치하신다"는 좋은 소식을 구성하는 것은 바로 이런 것들이기 때문이다. 복음은 **하나님에 관한 좋은 소식**으로, 그것은 **우리를 위한 좋은 소식**이 될 모든 것을 성취하는 기초가 된다.

그러므로 복음은 근본적으로 하나님이 통치하신다는 좋은 소식이다. 그것은 이스라엘이 여러 세기에 걸쳐서 기다려 왔던 좋은 소식이었다. 그들은 하나님 나라가 **무엇을 뜻하는지** 알았다. 문제는 **언제** 임할 것인가 하는 것이었다. 예수님은 좋은 소식을 선포하셨다. "하나님 나라가 왔다!"

이 소식은 또한 세상이 아직도 기다리고 있는 좋은 소식이다. "이 천국 복음이 모든 민족에게 증언되기 위하여 온 세상에 전파되리니, 그제야 끝이 오리라"(마 24:14).

> (구약과 신약에서) 복음의 핵심에는 왕으로서 다스리시는 하나님의 통치, 다시 말해, 그분의 나라라는 개념이 있다. 최초의 그리스도인들이 이 하나님 나라의 복음을 선포했을 때, 그들은 로마 제국의 '복음'을 베낀 것이 아니었다. 그들은 그것이 엉터리임을 폭로했다. 모든 것을 다스리시는 분은 인간 왕이 아니라 하나님이셨다. 이것이 기독교 복음의 중심 주제였다.…

> 세상을 향한 우리의 선교를 이끄는 가장 중요한 생각은 무엇인가?…그 대답은 유일신론(한 분 하나님), 더 정확히는 기독론적 유일신론―그분의 메시아를 통한 한 분 참 하나님의 주권―과 관련이 있다.…간단히 실제적인 용어로 표현하면, 복음 설교와 복음 전파의 목표는 우리의 이웃들이 그들의 삶을 다스리시는 하나님의 왕권 혹은 주권을 인식하고 순종하도록 돕는 것이다.
>
> [하지만] 기독교 복음은 그저 "하나님이 통치하신다"는 개념을 선포하지 않는다. 복음은 하나님의 통치가 세상에 어떻게 드러났는지 그 윤곽을 보여 준다.…복음의 핵심 내용은 하나님의 기름부으심을 받은 왕, 예수님이 하신 일이다. 그분의 탄생과 기적, 가르침, 죽음, 부활을 통해 하나님 나라가 나타났다(그 나라는 그분의 재림 때 완성될 것이다). 그러니까 '복음'을 말한다는 것은 메시아 예수님이 하신 일을 이야기하는 것을 포함한다.
>
> 존 딕슨[11]

예수님은 그때도 지금도 돌아오시는 하나님이시다

우리가 살펴보고 있는 이사야서의 본문은, 하나님이 오시겠다거나 돌아오시겠다고 약속하신 구약의 유일한 본문이 아니다. 그 약속은 여러 본문에서, 특히 바빌론 유수 이후 시기에 발견되는 주제다. 비록 성전은 재건되었으나, 하나님이 성전에 돌아오셔서 모든 위대한 예언적 약속을 지키셨지만 그것으로 진정한 포로 상태의 끝이 도래한 것 같지는 않았다. 그러나 하나님은 그 일을 하실 것이며, 한 전령을 보내셔서 자신이 돌아 오시는 길을 예비하게 하실 것이다(슥 9:9; 말 3:1; 4:5).

예수님은 세례 요한을 오기로 예언된 엘리야의 역할을 완수한 자로 보셨다(마 11:14). 그러나 엘리야는 야웨께서 오시기 전에 와야 했는데, 요한이 엘리야라면 예수님(모든 사람이 요한 뒤에 온 것으로 알고 있는)은 누구신가? 주님의 날이 임했다. 주님 자신이 예수님의 인격으로 오셔서 여기 계셨기 때문이다.

결과적으로, 극적이고 완전히 의도적으로 준비된 예언 연극의 한 부분에서, 예수님은 나귀를 타고 시온에 들어오셨다. 갈릴리에서부터 걸어오신 예수님은 마지막 몇 백 미터를 남겨두고 무엇을 탈 필요가 없으셨다. 보는 눈이 있고 성경을 아는 자들은 예수님이 무엇을 하시려는지 분명히 알았다. 왕이 하나님의 의와 구원을 가지고 돌아오시는 것이다.

이와 같이 본문의 지평은 먼저 하나님이 포로들과 함께 예루살렘으로 돌아오시는 것을 언급하지만, 그 다음에는 예수 그리스도의 첫 번째 오심 속에서 하나님의 돌아오심을 본다. 당연히 신약의 나머지는 재림하시는 예수 그리스도라는 또 한가지 지평을 내다본다. "너희 가운데서 하늘로 올려지신 이 예수는 하늘로 가심을 본 그대로 오시리라"(행 1:11).

복음은 하나님에 관한 좋은 소식이다. 우리에게 오셨고, 처음 약속처럼 돌아오셨고, 다시 오실 하나님, 자기를 거부하는 자에게는 심판을, 그러나 회개하라는 부름에 응답하고 좋은 소식을 믿는 자에게는 구원을 베푸시는 하나님에 관한 소식이다.

이사야 52:7-10의 설교를 준비하면서 그 본문을 들고 산책을 나갔다(종종 하는 일이다). 하지만 이 본문은 **그들에게** 어떤 의미일까? 나는 집 근처 토텐햄 코트 로드를 걸으며 생각했다. "런던 거리에 있는 이 수천 명의 사람들에게는 어떤 의미일까? **그들에게** 예수님이 역사를 통치하시는 주, 다시 오실 창조의 왕, 세상의 구속자와 구주가 되신다는 사실은 무엇을 의미할까?"

아무런 의미도 없다! 이런 대답이 빌딩들 사이로 울려 퍼지는 것 같았다. 전혀 의미가 없다. 그들이 그것에 대해 알지 못하는데, 그들이 예수님에 대해 듣지 못했는데, 이제까지 아무도 그들에게 말해 주지 않았는데, 그것이 어떤 의미를 가질 수 있겠는가?

그러자 내가 가진 본문도 빌딩들 사이에서 울리기 시작했다. 단, 비슷한 질문들을 던지며 이사야 52:7을 인용하는 바울의 말을 통해서였다.

> 유대인이나 헬라인이나 차별이 없음이라. 한 분이신 주께서 모든 사람의 주가 되사 그를 부르는 모든 사람에게 부요하시도다. 누구든지 주의 이름을 부르는 자는 구원을 받으리라.
>
> 그런즉 그들이 믿지 아니하는 이를 어찌 부르리요 듣지도 못한 이를 어찌 믿으리요. 전파하는 자가 없이 어찌 들으리요 보내심을 받지 아니하였으면 어찌 전파하리요. 기록된 바 아름답도다, 좋은 소식을 전하는 자들의 발이여 함과 같으니라. (롬 10:12-15)
>
> 정말로, 발 자체는 아름다울 게 없다. 발이 아름다워질 수 있는 유일한 방법은 복음의 운동화를 신는 것이다(엡 6:15). 그 발은 다음과 같은 일을 기꺼이 하려는 사람들의 발이다.
>
> - "산 위에, 교만의 산 위에 올라가서 말하라". 예수님이 태어나셨다. 그가 통치하신다.
> - "산 위에, 절망의 산 위에 올라가서 말하라". 예수님이 태어나셨다. 그가 돌아오신다.
> - "산 위에, 속박의 산 위에 올라가서 말하라". 예수님이 태어나셨다. 그가 구속자, 구주, 주님이시다.
>
> 크리스토퍼 라이트[12]

예수님은 그때도 지금도 구속하시는 하나님이시다

예수라는 이름은 '구원' 또는 '야웨는 구원이시다'라는 뜻을 담고 있다. 복음서는 예수님의 탄생과 사역 이야기의 충만한 의미를 보여 주기 위해 여러 성경 말씀을 인용한다. 예수님은 정말로 "이스라엘을 속량할 자"이셨다(눅 24:21). 하지만 엠마오 도상의 두 제자는 실제로 희망이 갈보리에서 성취되는 순간에 오히려 그 희망이 박살나 버렸다고 생각했다.

베들레헴에서 '주님의 팔'은 갈보리로 가기 위해 소매를 걷어 올렸다. 마침내 그는 갈보리로 가셨고, 거기서 정말로 주님의 팔을 펼치셨다. 즉, 세상의 구속을 위해 십자가에서 팔을 벌리신 것이다.

그러나 하나님은 그를 죽은 자들 가운데서 일으키심으로써, 죽음에 대해 "노"를, 예수님에 대해 "예스"를, 창조세계에 대해 "예스"를, 예수님이 그들을 위해 부활의 첫 열매가 되신 모든 이들에 대해 "예스"를 단호히 선언하셨다. 그리스도 안에서, "우리가 속량 곧 죄사함을 얻었도다"(골 1:14).

다시 말해서, 이사야의 전령이 전한 복음은 그리스도의 복음이 된다. 물론 그것은 바울도 쉽게 말할 수 있었듯이, 하나님의 복음이다.[13] 그리스도 안에서 이사야의 좋은 소식이 실현된다.

예수 그리스도는 통치하시고, 돌아오시고, 구속하시는 하나님이시다. 하나님은 약속을 지키셨다.

바울이 이해한 좋은 소식

그렇다면 바울은 복음을 어떻게 이해하고 무엇이라 말했는가?

바울은 그것을 정리해 두지 않았다! 바울은 '복음'이라는 용어를 다양한 맥락에서 풍부하고, 활기차고, 역동적인 방식으로 사용하므로 그것을 간단히 요약하기란 거의 불가능하다. 하지만 최소한 시도는 해 봄으로써, 바울에게 공정하지 못한 지나치게 단순하고 짧은 정의를 피할 수 있을 것이다. 또한 복음을 전파하는 하나님 백성의 선교가 무엇인지 이해하기 위한 더 나은 기초를 얻게 될 것이 분명하다.

이 질문에 대한 답을 찾기 위해 나는 바울 서신 전체를 읽으면서 '복음'이라는 단어가 어떻게 사용되었는지 살펴 보았다. 조사해 보니, 바울은 '복음'이라는 단어를 적어도 다음과 같은 여섯 가지를 줄인 말로 사용하고 있었다.

복음은 성경에 비추어 본 예수님 이야기다

첫째, 바울에게 복음은 무엇보다도 하나님이 구원을 성취하기 위해 통로로 삼으신 나사렛 예수에 관한 역사적 사실이다. 복음은 구약 성경의 빛 아래서 이해할 수 있는, 예수의 죽음과 부활 사건에 관한 이야기다. 좋은 소식은 하나님이 성경에 약속하신 것이 예수님 안에서 성취되었다는 것이다.

바울은 이 복음을 '받았다'고 말한다. 즉 그것은 그가 만들어 낸 독특한 생각이 아니었다. 오히려 바울은 예수님를 따르는 이들로 이루어진 초기 공동체 내에서 이미 분명한 언어로 정리되어 있던 나사렛 예수의 삶과 죽음, 부활의 의미를 이해하게 된 것이다. 하지만 바울은 그 복음을 그들로부터 전해들은 것이 아니라 하나님으로부터 직접 '받았으며' 나중에 예루살렘의 신자들과 만나서 확증했다고 말했다.

> 형제들아, 내가 너희에게 전한 복음을 너희에게 알게 하노니 이는 너희가 받은 것이요 또 그 가운데 선 것이라. 너희가 만일 내가 전한 그 말을 굳게 지키고 헛되이 믿지 아니하였으면 그로 말미암아 구원을 받으리라.
>
> 내가 받은 것을 먼저 너희에게 전하였노니 이는 성경대로 그리스도께서 우리 죄를 위하여 죽으시고 장사 지낸 바 되셨다가 성경대로 사흘 만에 다시 살아나사…. (고전 15:1-4; 참고. 갈 1:11-2:10)

바울이 "성경대로"라고 말한 뜻이 로마서 첫머리에 요약되어 있다. 거기서 바울은 '복음'이 본질적으로 성경(즉, 구약 성경)이 말하는 예수님의 정체성, 이야기, 성취였다는 점을 분명히 한다(롬 1:2-4; 참고. 딤후 2:8).

기본적으로 지금까지 우리가 구약 성경을 조사하면서 살펴본 바와 조화를 이루며 바울은 그의 복음을 사실상 다음과 같이 선언한다.

이스라엘의 하나님, 살아 계시며 유일하신 참 하나님은 맨 처음에 아브라함에게 하신 언약의 약속에 실실하셨다. 그 약속은 나중에 율법과 예언서를 통해(롬 3:21) 자세히 진술되고 증거되었다. 메시아이신 나사렛 예수 안에서 그리고 그분을 통해, 하나님은 인간의 죄와 분열의 문제(창 3, 11장)를 해결하기 위해 결정적으로 행동하셨다. 성경에 따르면 하나님은 예수님의 죽음과 부활을 통해 우리의 죄를 담당하시고 죄의 결과인 증오와 죽음을 물리치셨다. 그리고 그리스도를 하나님 오른편(통치의 자리)에 앉히심으로, 하나님의 통치는 이제 세상 속에서 활발히 이루어지고 있다. 그리하여 이제 우리는 카이사르가 아니라 그리스도의 왕권 아래 산다. 이스라엘의 메시아이신 예수님은 주님이시고 하나님이시며 세상의 구주이시다. 그러므로 당신은 무익한 우상을 버리고 당신을 구원할 수 있는 살아 계신 하나님께로 돌아와야 한다. 죄를 회개하고 예수님을 믿으라.

따라서 바울의 복음은 성경에 뿌리를 두고 하나님 나라로 구체화된다. 복음의 내용은 성경 말씀을 성취하고 하나님 나라를 구현하시는 메시아 예수의 사역이다. 좋은 소식이란, 성경에 약속되고 규정된 하나님의 통치가 이제 메시아 예수의 인격과 사역을 통해 임했다는 것이다. 이 점은 바울 서신뿐만 아니라 누가가 사도행전을 마무리하는 부분에도 나타난다. 사도행전 끝 부분에서 바울의 계속되는 복음 사역은 주 예수 그리스도에 관해 가르침으로써 하나님 나라를 선포하는 것으로 기술된다(행 28:23, 30-31).

복음은 구속받은 새 인류, 하나님의 한 가족이다
누가여, 바울은 어디서 그 일을 하고 있었는가? 로마! 그곳은 제국의 심장부, 당시 알려진 세계의 대부분 나라들을 통치하던 곳이다. 이 세상의 가장 강력한 왕국 한가운데서, 바울은 즐겁게 "다른 임금 곧 예수라 하는 이"(행 17:7)에 대해 가르치고 있었다. 참으로 예수님에 대한 좋은 소식은 모든 열방을 위한 보편적인 메시지였다. 앞에서 분명히 본 것처럼, 이것 또한 구약에 깊이 뿌리를 내리고 있었다. 아브라함에게 알려진 하나님의 계획은 언제나 이스라엘을 통해 세상 모든 열방에게 복을 가져다주는 것이었다. 다만 그 방법이 문제였다. **세상** 모든 열방이 어떻게 **이스라엘**을 통해 하나님의 복의 영역으로 들어갈 수 있을까?

열방은 하나님 가족의 중심부에서 멀리 떨어진 바깥에 소외되어 있었다. 하나님은 **이스라엘**과 언약을 맺으시고, 그들을 구속하셨으며, 그들에게 율법을 주셨고, 약속과 희망을 주셨으며, 자신을 낮추어 그들 가운데 거처를 만드셨다. 그에 비해 열방은 바울에 의해 다음과 같이 정확히 기술될 수 있었다.

> 그러므로 생각하라. 너희는 그때에 육체로는 이방인이요, 손으로 육체에 행한 할례를 받은 무리라 칭하는 자들로부터 할례를 받지 않은 무리라 칭함을 받는 자들이라. 그때에 너희는 그리스도 밖에 있었고 이스라엘 나라 밖의 사람이라. 약속의 언약들에 대하여는 외인이요 세상에서 소망이 없고 하나님도 없는 자이더니. (엡 2:11-12)

그러나 이 소망 없는 소외의 암울한 상태는, 바로 복음이 예수 그리스도와 그분의 보혈을 믿는 여느 나라의 사람들을 위해 종식시킨 그것이다.

> 이제는 전에 멀리 있던 너희[이방인]가 그리스도 예수 안에서 그리스도의 피로 가까워졌느니라.
>
> 그는 우리의 화평이신지라 둘(유대인과 이방인)로 하나를 만드사 원수 된 것 곧 중간에 막힌 담을 자기 육체로 허시고 법조문으로 된 계명의 율법을 폐하셨으니 이는 이 둘로 자기 안에서 **한 새 사람**을 지어 화평하게 하시고 또 십자가로 이 둘을 한 몸으로 하나님과 화목하게 하려 하심이라. 원수 된 것을 십자가로 소멸하시고 또 오셔서 먼 데 있는 너희에게 평안을 전하시고(문자적으로는: "평안의 복음을 전하고"—사 52:7 인용) 가까운 데 있는 자들에게 평안을 전하셨으니 이는 그로 말미암아 우리 둘이 한 성령 안에서 아버지께 나아감을 얻게 하려 하심이라. (엡 2:13-18; 저자 강조 및 추가)

십자가의 이 "화평케 하는 사역", 즉 유대인과 이방인을 화해시키고 한 새로운 인류를 창조하는 것은 **단지 복음의 산물이 아니라** 복음의 **핵심**임을 깨닫는 것이 중요하다(엡 3:6). 바울은 이것을 십자가 사역에 포함시킨다. 다시 말해, 바울은 여러 열방에서 온 수많은 죄인들이 구원을 받고 천국으로 가는 길에 들어섰는데, 그 길에서 서로 사이좋게 지내야 한다고 말하는 것이 아니다. 바울은 신 인류의 창조 자체가 그리스도께서 이루신 좋은 소식이라고 말하는 것이다. "화평"은 정확히 이사야 52:7이 선언하는 것처럼, 그 좋은 소식의 일부다. 그리고 바울은 예수님이 우리의 화평**이시며**, 화평케 **하셨고**, 화평을 **선포하셨다**고 말한다(맥락에 비추어 볼 때 선포는 그리스도를 선포하는 사도들의 사역을 말하는 것이 틀림없다).

하나님께는 한 가족만 있다(롬 3:29; 4장; 갈 3:26-29; 그리고 아마도 엡 3:14). 구약 시대에 그것은 민족으로서의 이스라엘, '이스라엘 가족'만을 의미했다. 그러나 이제부터는 그리스도의 사역으로 인해 그 한 가족은, 하나님의 약속대로 모든 열방 출신을 포함한다. 이것이 복음, 곧 열방을 위한 좋은 소식이다.

그러므로 복음은 "모든 믿는 자에게 구원을 주시는 하나님의 능력이 됨이라. 먼저는 유대인에게요 그리고 헬라인에게로다"(롬 1:16; 저자 강조. 내 생각에 바울의 강조점을 반영하고 있다). 바울은 우리에게 익숙한 여러 가지 방법으로 복음의 구원하는 그 능력을 설명한다. 신자들은 하나님의 은혜로, 예수님의 죽음과 부활을 통해 "그리스도 안에서 모든 신령한 복"(엡 1:3)을 보장받는다.

- **우리는 의롭게 된다.** 우리는 심판 날 하나님의 법정에서 받을 판결, 곧 죽기까지 순종하신 예수님을 믿음으로 인해 의롭다고 선포될 사람들에 속한다는 판결을 지금 여기서 앞당겨 받는다.
- **우리는 구원받는다.** 우리는 장차 올 진노에서 구조되며, 모든 사악함과 반역을 향한 하나님의 진노에서 구출된다.
- **우리는 화목된다.** 우리와 하나님 사이의 적대감이 제거되었다. 하나님이 친히 십자가 위 아들을 통해 우리 죄를 담당하셨기 때문이다.
- **우리는 용서받는다.** 하나님은 우리의 죄를 우리에게 되돌리기보다는 우리의 죄를

'떠맡기로'(보통 '용서하다'로 번역되는 히브리 단어) 선택하신다. 왜냐하면 십자가에서 예수님이 우리의 죄를 '떠맡으셨기' 때문이다. 우리의 죄가 우리를 가로막지 못할 것이다.

- **우리는 구속받는다.** 하나님은 이스라엘 민족을 애굽에서 구하신 것처럼, 그리스도의 희생의 피를 통해 죄의 모든 속박에서 우리를 해방시키셨다.
- **우리는 입양된다.** 하나님은 우리를 그분의 자녀로 삼으신다. 구체적으로 그분은 우리를 맏아들처럼(남자든 여자든 상관없이), 그리스도께 속한 유업을 함께 누릴 상속자처럼 대하신다.
- **우리는 생명을 얻는다.** 죄로 말미암은 죽음에서 벗어나 우리는 새 생명, 곧 그리스도의 부활 생명을 받는다.
- **우리 안에 성령이 계시다.** 이스라엘에게 새롭게 됨과 '부활'과 순종을 일으키겠다 하신(예컨대, 겔 37장에서처럼) 하나님의 약속이 이제 우리 안에 부어져, 변화된 삶의 열매를 맺는다.

복음은 온 세계에 소통해야 할 메시지다

이처럼 포괄적인 변화를 가져오는 좋은 소식을 감추어 두어서는 안 된다! 참으로 '복음'의 본질은 이사야 52:7의 성경적 뿌리에서 본 것처럼, 선포해야 할 좋은 소식이다. 그러므로 복음은 "진리의 말씀"으로 들려져야 하며(엡 1:13; 골 1:5,23), 들려지면서 그것은 진리로 받아들여지고 믿어져야 한다(살전 2:13). 이 메시지는 모든 열방에 선포되어야 한다. 이미 살펴본 것처럼, 하나님이 그리스도 안에서 성취하신 아브라함의 약속이 모든 열방을 염두에 두고 있기 때문이다.

따라서 일차적으로 "복음 사역"(빌 2:22)은 어떤 비용이 들더라도 모든 전달 수단을 사용해서 좋은 소식을 알리는 과제를 의미하는 것 같다. 복음에는 본질적으로 말로 하는 차원이 있다. 복음은 그 진리와 의미를 이해할 수 있도록 조리 있게 전해져야 하는 이야기인 것이다.

바울의 자기 이해에 따르면 그가 다메섹으로 가는 길에 예수님을 만난 사건은 단지 회심 사건만이 아니라 복음을 열방에게 선포하라는 임무를 받는 사건이었다. 바울은 그 사건을 보고하는 자리에서 이 점을 언급한다(행 22:14-15; 26:16-18; 참고 갈 1:15-16; 2:7). 바울이 이른 시기에 쓴 편지들에는 육체노동을 하고 고난을 당하면서까지 이 선포 사역을 하는 그의 열정과 헌신의 모습이 풍부하게 나타난다. 실로 삶 전체를 바친 사역이었다(갈 4:13-14; 살전 2:8-9).

또한 바울은 분명히 복음을 열방에 선포하는 일을 지리적 관점으로도 보고 있었다. 바울이 로마서를 쓰면서까지 자신의 선교 사역을 열정적으로 기술한 것은, 그가 지중해 북동 지역에 복음을 전파하는 과제를 완수했다고 생각했기에 서쪽으로 더 멀리 나아가려고(그리고 아마도 북아프리카를 경유해 돌아옴으로써 '열방의 원'을 완성하려고?) 계획하고 있었기 때문이다. 바울의 정확한 의도가 무엇이든, 그가 생각하는 복음 사역은 아직 그리스도를 아는 지식이 전해지지 않은 장소와 사람을 향해 지속적으로 '경계를 넘어서 나아가는 것'이었다(롬 15:19-21; 다시 그가 선호하는 본문인 사 52장을 인용하고 있다).

복음은 윤리적 변화다

"회개하고 복음을 믿으라"고 예수님은 말씀하셨다(막 1:15). 삶의 근본적인 변화가 좋은 소식에 대한 믿음과 함께한다. 이 둘은 서로 떼어낼 수 없다. 사람들이 세례 요한에게 회개의 의미를 물었을 때, 그의 답변은 냉혹할 정도로 실제적이었다(눅 3:7-14).

바울도 동의하는 바다. 복음은 옛 사람의 더러운 옷을 벗어 버리고 그리스도를 닮은 향기 나는 옷을 입는 것과 관련된다. 사실, 바울은 십자가를 통해 성취된 바 유대인과 이방인이 연합해서 하나님의 새로운 국제적 가족이 되는 것과(엡 2:15), 이 공동체가 나타내야 하는 새로운 생활 방식에 대해(엡 4:24) 말할 때 동일한 단어 "새 사람"(카이노스 안트로포스)을 사용한다.[14]

하나는 '복음'이 되고 다른 하나는 '윤리'가 되는 것이 아니다. 에베소서 전반과 후반을 요약하는 이 일반적인 방법은 오해의 소지가 있다. 마치 복음의 교리를 믿는 것과 복음의 윤리를 사는 것을 분리할 수 있는 것처럼 생각하기 쉽다. 둘 다 복음의 본질이다. "참된 의와 거룩함 가운데 하나님을 닮도록 지음받은 것으로" 묘사되는 두 번째 "새 사람"(new humanity)은, 은혜의 복음이 역사한 결과다(참고. 엡 2:10). 복음은 **은혜로 말미암아 선행으로 이어지는** 구원에 대해 말한다. 은혜가 먼저 와서 믿음으로 받아들여진다. 그리고 믿음은 순종을 통해 그 실체를 드러낸다.

이와 같이 바울의 선교적 목표는 그저 전도(지적 동의를 구하는 메시지를 전한다는 의미에서)만이 아니었다. 오히려 바울의 목표는 그 메시지를 받고 믿음으로 반응한 자들 가운데 윤리적 변화가 일어나는 것이었다. 그는 로마서의 시작과 끝에서 충격적인 표현을 사용하여 이런 뜻을 담았다. "[그리스도]의 이름을 위하여 모든 민족이 믿어 순종하게 하시려고"(롬 1:5; 16:26).

"**믿음의 순종**." 이것은 주목할 만한 단일한 소유격 표현이다. 유감스럽게도 많은 번역본들이 이것을 두 개의 동사로 나누어 놓는다("믿고 순종하다"). 그래서 첫 번째 것은 제대로 해도 두 번째 것은 실패할 가능성을 열어 둔다. 바울의 요점은 더 급진적인데, 야고보서 2장에서 발견하는 것과 본질상 똑같은 것이다. 그것은 믿음의 실체를 증명하는 순종이다.

> 우리는 선행으로 구원 받을 수는 없지만, 또한 선행 없이 구원 받을 수도 없다. 선행은 구원의 방법이 아니지만, 구원의 적절하고 필수적인 증거다. 행위로 그 존재를 나타내지 못하는 믿음은 죽은 것이다.
>
> 존 스토트[15]

'생명의 호흡' 같은 표현과 비교해 보라. 누군가에게 생명이 있다는 것을 어떻게 아는가? 호흡을 하는지 확인해 보면 된다. 호흡이 없으면 생명도 없는 것이다. 마찬가지로 순종이 없으면 믿음도 없는 것이다. 야고보가 말한 것처럼, 행함이 없는 믿음은 호흡이 없는 육신처럼 죽은 것이다. 호흡을 확인하고 그들이 살아 있음을 기뻐하라. 순종을 보고 그들이 신자임을 기뻐하라.

어려운 일을 당한 예루살렘 신자들을 돕기 위해 모금을 벌인 고린도 교회의 실제적인 반응에 대해 바울은 이런 식으로 이해했다. 그것은 진짜로 믿음이 있다는 증거였다. 희생을 감수하고 복음에 순종한 것이 곧 그들이 복음을 진실하게 고백한 것이었다(고후 9:12-13).

바울이 단지 복음을 믿는 것이 아니라 **"복음에 순종하는 것"**에 대해 얼마나 자주 말하는지를 살펴보면 정말 놀랍다. 실제로 하나님께 대한 그 같은 순종은, 바울의 말과 행위와 기적의 총체적 사역을 통해 그리스도께서 이루신 일이었다. 또한 로마의 그리스도인들은 순종으로 바울에게 기쁨을 가져다주었다(롬 15:18-19; 16:19).

역으로, 하나님의 진노는 지적인 측면에서 **믿지** 않는 자들에게 임하는 것이 아니라 **순종하지** 않는 자들에게, 곧 "우리 주 예수의 복음에 복종하지 않는 자들에게" 임한다(살후 1:8). 그들이 받는 이중 정죄는 믿음과 순종의 이중 요구가 거꾸로 반영된 것이다. "진리를 **믿지 않고 불의를 좋아하는** 모든 자들로 하여금 심판을 받게 하려 하심이라"(살후 2:12; 저자 강조).

이와 같이 복음을 본질상 윤리적인 것으로, 그저 믿음만이 아니라 순종의 문제로 이해하는 것은 베드로(행 5:32; 벧전 4:17), 야고보(약 2:14-26), 요한(요일 2:3; 3:21-24; 5:1-3), 히브리서 기자(히 5:9)도 마찬가지이며, 예수님도 그러하다(예를 들어, 마 7:21-27; 28:20; 눅 11:28; 요 14:23-24). 잠시 시간을 내서 이 구절들을 전부 읽어 봐도 좋을 것이다. 그 구절들을 다 읽고 나서도 여전히 복음이 영접 기도를 드리는 문제일 뿐이라고 말할 수 있겠는가?

그러니까 바울은 구원을 우리의 공로가 아닌 그리스도께 대한 믿음을 통해서만 받는 하나님의 전적인 은혜의 행위로 이해하지만, 마찬가지로 단호하게 우리 가운데 역사하는 은혜는 변화된 삶의 열매를 맺는다고 주장한다. 부정적으로는 악을 포기하고 긍정적으로는 끊임없이 선을 행하는 변화된 삶이다(엡 2:8-10). 바울은 복음이 이루어 내는 윤리적 변화를 하나님의 은혜의 행위로 본다. 그것은 그리스도의 초림 이래로 역사하고 있는 은혜이며, 그분의 재림의 종말론적 빛에 비추어 우리를 윤리적으로 살도록 만드는 은혜다(딛

2:11 -14).

이런 문제에서 바울의 강조점은 앞선 장들에서 구약에 대해 살펴본 내용과 정확히 일치한다. 구원하는 은혜(선택과 구속에서), 이스라엘을 위한 하나님의 역사는 감사가 넘치는 순종이라는 언약적 틀 안에서 수용되며 윤리적 삶이라는 반응으로 나타나야 하는 것이다.

본질상 복음은 언어적이며 또한 동시에 본질상 윤리적이다. 생명과 호흡처럼 통합적이다.

변화가 없는 곳에는 복음도 없다.

> 예수님, 바울, 다른 신약 기자들의 분명한 가르침에 비추어 볼 때, 복음과 윤리를 이원화하는 것이 많은 기독교 신앙의 특징을 이루고 있는 현실을 어떻게 설명할 수 있는가?
>
> 세계 교회에서 니케아 신조나 그와 동등한 신조가 규칙적으로 반복해서 낭송되는 반면에, 우리 주님의 가르침의 핵심인 산상수훈은 되풀이해서 언급되지 않는 이유는 무엇인가? 어떻게 권력 중심부에서 선호하는 견해와 상충되는 교리적 의견을 고수한다고 해서 사람들이 추방당하고, 투옥되고, 고문당하고, 화형에 처해질 수 있는가? 마찬가지로 어떻게 "그리스도인들"이 다른 사람들의 금은에 대한 탐욕, 살인, 학살, 우상숭배에 사로잡혀서 그리스도의 이름으로 대륙 전체를 빼앗는 일을 할 수 있는가? 그리고 어떻게 이 모든 일이 '그리스도인' 지도자들의 명령에 따라 열렬한 축복을 받아가며 이루어질 수 있는가? 그리스도인이라고 자처하는 자들이 예수님을 신이라 생각해 성찬식을 거행하며 그분을 숭배하지만, 그들에게 그분이 실제로 명령하신 일에는 어떻게 거의 주의를 기울이지 않을 수 있단 말인가? 어떻게 습관적으로 복음주의자들이 "주여, 주여"라고 말하면서 그분을 따르는 자들의 매일의 삶을 향한 주님의 뜻은 무시할 수 있단 말인가(마 7:21)?
>
> 조나단 봉크[16]

복음은 변호해야 할 진리다

좋은 소식은 기득권이 복음으로 인해 위협 받는 자들에게는 나쁜 소식이 될 수 있다. 그러므로 복음의 진리가 부인되고, 왜곡되고, 배신당하지 않도록 보존하고, 명료하게 하고, 옹호하기 위해 싸워야 할 전투가 있다.

- 그리스도의 복음이 특권을 지닌 한 인종 공동체만을 위한 것이 아니라 모든 사람을 위한 것이라는 사실은, 자신들이 '의로운 집단'에 속했다며 권리를 주장하는 자들을 위협한다.
- 복음이 전적으로 하나님의 은혜의 선물이라는 사실은, 자신의 업적을 자랑하는 자들을 불쾌하게 만든다.
- 복음이 살아 계신 하나님의 영광스러운 구원을 미천하게 살다가 수치스럽게 죽은 자의 인격 가운데 두고 있다는 사실은, 자신들의 구원이 그보다 고귀한 종교 판매처에서 나오기를 원하는 자들에게는 웃음거리가 된다.
- 복음이 사람들에게 회개와 근본적으로 변화된 개인적·사회적 윤리를 요청한다는 사실은, 복음의 혜택은 원하지만 그 요구는 거부하는 자들을 짜증나게 한다.

이와 같이 복음에는 논쟁적인 차원이 있다. 복음은 복음과 모순되는 것이나 복음을 부인하거나 거부하는 사람들과 **정면으로 부딪친다**. 복음은 사람들이 갖고 있는 다른 세계관이나 궁극적인 헌신과 명백히 대비되며 대립된다. 그러므로 복음의 종이 되는 데는 대가가 큰 투쟁과 영적 전투가 반드시 따른다(고후 10:4-5).

바울은 초기 선교사 시절부터 이것을 경험했으며 갈라디아서에서는 그 경험에 대해 성찰한다. 갈라디아서에는 "복음의 진리"라는 구절이 두 번 나온다(갈 2:5,14; 참고 1:6-9). 복음의 진리가 위태로워졌음을 인식하게 되면, 상대적으로 사소해 보이는 문제(압력을 느낀 베드로가 다시 유대인들하고만 음식을 먹은 것처럼, 누구랑 먹고 누구랑 먹지 않을 것인지 하는 문제)가 의롭게 되는 것이 율법의 행위로가 아니라 믿음으로 된다는 것의 의미를 변호하고 설명하는 계기로 작동할 수도 있었다. 그리스도 안에서는 유대인이나 이방인이나 차별이 없고, 메시아 안에서는 믿음의 가족이 하나만 존재한다는 것이 복음의 진리라면, 이방인들과 음식 먹기를 거부함으로써 그들과 유대인 사이에 다시 율법의 장벽을 세우는 행동은, 그저 다른 신자들을 불편하게 만드는 일이 아니라 복음을 부인하는 일이었다. 베드로는 책망을 받아 마땅했다(그가 책망을 받은 것이 이번이 처음은 아니었다).

바울 자신이 사명으로 받아들인 것을(빌 1:7: 복음의 변호-편집자주), 신자들에게 그들의 증거뿐 아니라 그들의 행위를 위한 도전으로 삼도록 촉구했다(빌 1:27). 바울은 빌립보의 동료 사역자들 가운데 두 여성이 그와 함께 복음을 위해 힘쓴 것을 칭찬했다(빌 4:3). 비록 그들이 지금은 서로 마음이 하나되기 위해 도움 받을 필요가 있긴 했지만 말이다. 디모데 역시 비슷한 격려가 필요했다(딤후 1:8). 복음은 용기 있는 변호를 요청한다.

복음은 우주를 변혁하시는 하나님의 능력이다

마지막으로, 복음은 역사와 창조세계 속에 역사하는 하나님의 능력이다. 바울에게 이것은 경이롭고도 경축할 만한 사실이었다. 복음은 그 안에 생명을 지니고 있는 것 같았다. 그래서 바울은 복음이 전 세계에 걸쳐 역사하고, 활동하고, 퍼져 나가고, 열매를 맺는 것으로 의인화할 수 있었다. 십자가— 유대인과 헬라인에게는 부끄럽고 어리석은 것— 의 위대한 역설은 부끄러워할 것이 아니었다. 그것은 역사를 변혁시키고 창조세계를 구속하는 하나님의 구원하시는 능력이기 때문이다(롬 1:16).

사실 우리는 바울의 복음 이해에 대한 조사를 이 부분으로 끝내기보다는 오히려 시작할 수 있었다. 바울은 창조에서 새 창조에 이르는 모든 것을 복음의 범위 안에 담을 수 있을 정도로 하나님의 마음과 계획을 우주적으로 파악했다. 물론 그가 그렇게 할 수 있었던 것은 근본적으로 복음은 곧 **그리스도**이시기 때문이다.

그리스도는 단지 좋은 소식의 전달자가 아니다(사 52:7에 따라). **그리스도가**

좋은 소식이시다. 복음은 나사렛 예수가 창세기 이래로 모든 성경에 기록된 하나님의 약속을 성취한 메시아— 왕과 구주— 라고 선포한다.

이와 같이 그리스도의 정체성과 복음의 범위에 대해 바울이 가장 유창하게 요약한 본문에서, 그는 우주 만물이, 그리스도에 의해 창조되었으며, 유지되고 있으며, 그리스도의 십자가 피를 통해 하나님과 화목될 것이라고 선언한다. 그리스도를 통해 드러나는 하나님의 통치는 놀라울 만큼 그 범위가 넓다. 게다가 바울은 이것이 복음이라고 말한다(골 1:15-23. 이 위대한 구절을 다시 읽고 음미하라!).

그리스도, 그분의 교회, 그분의 십자가의 우주적 의미를 조망한 뒤에 바울은 신자들 개인의 화해라는 주제로 넘어간다. 골로새 교회의 그리스도인들은 믿음과 소망 안에 확고히 머물 수 있었는데, 그들의 구원이 모든 시공간을 아우를 만큼 우주적인 복음의 목표와 결합되어 있었기 때문이다(23절). 바울이 "천하 모든 창조물에게" 구원이 전파된다고 말하는 것이 당연하다(23절).[17]

복음의 능력이 영향을 미치는 범위는 복음이 선포되는 범위가 되어야 한다. 복음은 **모든** 창조세계를 위한 좋은 소식이다.

요약

마지막 장에서 실제적으로 성찰해 보겠지만, 바울의 복음 이해에 대한 이 조사로 인해 '하나님 백성의 선교는 복음을 선포하는 것'이라는 말의 의미를 좀 더 심층적으로 이해하기를 바란다. 그렇다면 바울에게 복음은 무엇인가?

- 복음은 역사적**이며** 또한 교회적이다. 복음은 그리스도에 대한 역사적 사실과 그리스도 안에 있는 새로운 인류라는 실체를 포함한다.
- 복음은 믿음**과** 순종이다.
- 복음은 귀에 들려야 하는 메시지**이며** 눈에 보여야 하는 삶이다.
- 복음은 개인적**이고** 우주적이다.

- 무엇보다도 복음은 "하나님의 복음"이다. 복음은 하나님의 은혜, 하나님의 약속, 하나님의 신실하심, 하나님의 구원, 하나님의 아들, 하나님의 백성, 하나님의 영광의 복음이다.

그리고 이 모든 차원을 이해시키기 위해, 바울은 계속해서 그는 '성경'(우리에게는 구약 성경)으로 우리를 안내한다. 예수님이 우리의 구원을 위해 죽으셨다가 다시 살아나신 것은 '성경대로' 이루어진 일이기 때문이다. 그리고 이 장 서두에서 본 것처럼, 신약이 '복음'이라는 단어를 끌어내는 곳이 바로 성경이기 때문이다.

이와 같이 우리의 온전한 복음은 성경 전체의 깊은 우물에서 끌어낸 것이어야 한다. 또한 우리의 선교는 구원하는 은혜에 대한 성경의 위대하고도 감동적인 이야기, 언약 순종에 대한 성경의 변혁적인 요구 및 약속, 의가 거하는 새 창조에 대한 성경의 활기찬 희망과 비전에 걸맞도록 통합되어야 한다. 하나님은 열방에서 나온 그분의 구속받은 인류와 함께 그곳(새 창조)에 거하실 것이기 때문이다.

이렇게 성경 전체에 비추어 복음을 이해할 때, 우리는 복음 선포자로서 우리 자신의 선교적 역할을 보다 겸손하고 냉철하게 평가할 수 있다. 우리는 복음 선포에서 최초의 대행자나 유일한 대행자가 아니다. 따라서 하나님이 그분의 백성인 교회에 증거하는 역할을 부여하신 중요한 뜻을 망각함으로써 우리의 전도 책임을 소홀히 하거나(한 가지 극단), 하나님이 그분의 좋은 소식을 전하는 다른 수단을 갖고 계시지 않다고 생각함으로써 우리의 전도를 자기중심적으로 부풀리지 않도록 하자(다른 한 가지 극단).

> 그러면 전달자는 누구인가?
>
> 최우선적이고도 근본적인 대답은 '하나님 자신'이다. 복음은 하나님의 복음이다. 하나님이 복음을 고안하셨고, 거기에 내용을 부여하셨다. 그리고 복

음을 공포하신다. 하나님이 우리에게 "화목하게 하는 직책"과 "화목하게 하는 말씀"을 위임하셨다고 해서(고전 5:18-19) 앞의 사실이 변경되는 것은 아니다. 하나님은 화목을 성취하시기 위해 "그리스도를 통해" 일하셨고, 지금은 그것을 알리시려고 "우리를 통해" 일하신다. 그러나 지금도 하나님은 여전히 화목자요 선포자시다.

하나님은 구원을 공포하는 사역을 부분적으로 교회에 위임하시기 전에, 좀 더 고귀한 다른 대행자에게 이 일을 맡기셨다. 구약의 예언자들을 제외하면, 복음의 첫 번째 전령은 천사였다. 그리고 천사가 맨 처음으로 복음을 선포하자, 주의 영광이 드러나고 하늘의 천군 천사가 예배드리며 경축했다.

그 다음으로 하나님은 자신의 아들, 메신저이자 메시지이신 예수님을 보내셨다. 하나님은 "예수 그리스도로 말미암아 화평의 복음을 전하사 이스라엘 자손들에게…말씀"을 보내셨다(행 10:36). 따라서 예수님은 하나님과 인간 사이, 유대인과 이방인 사이를 "화평하게 하셨을" 뿐만 아니라 "평안을 전하셨다"(엡 2:14-17). 예수님은 팔레스타인 전역을 돌아다니시면서 하나님 나라의 좋은 소식을 알리셨다.

다음으로 하나님은 그리스도를 증거해 주는 자신의 성령을 보내셨다(요 15:26). 그러므로 성부 자신이 성령을 통해 성자를 증거하신다. 그리고 나서야 하나님은 교회에게 복음 증거에 동참할 수 있는 특권을 수여하신다. "너희도 처음부터 나와 함께 있었으므로 증언하느니라"(요 15:27). 이 겸손하게 하는 진리를 기억하는 것이 중요하다. 최고의 복음전도자는 하나님 아버지시며, 그분은 인간에게 복음전도의 사명을 맡기시기 전에 이미 천사들과 그분의 아들과 그분의 성령을 통해서 복음을 선포하셨다. 순서는 이렇게 되어 있다. 교회는 이 순서의 마지막에 나온다. 그리고 교회의 증거는 항상 성령의 증거에 종속될 것이다.

존 스토트[18]

생각해 볼 질문

1. 이 장은 성경적 복음에 대한 당신의 이해를 어떻게 넓혀 주었는가? 그 결과, 당신이 성경적 복음을 표현하고 나누는 방법은 어떻게 변화될 것인가?
2. 바울이 사용하는 복음이란 단어에서 어떤 요소가 오늘날의 교회에서 가장 소홀히 취급되고 있다고 생각하는가? 당신은 그 소홀한 점을 다시 강조하기 위해 무엇을 할 수 있는가?
3. 복음의 본질이 '좋은 소식'이라면, 어떻게 하면 그 소식이 진정 좋은 소식으로 당신의 공동체에 들리게 할 수 있는가?

12장

보내고 보냄받는 백성

"누구든지 주의 이름을 부르는 자는 구원을 받으리라."
그런즉 그들이 믿지 아니하는 이를 어찌 부르리요 듣지도 못한 이를 어찌 믿으리요. 전파하는 자가 없이 어찌 들으리요. **보내심을 받지 아니하였으면 어찌 전파하리요.** 기록된 바 아름답도다, 좋은 소식을 전하는 자들의 발이여 함과 같으니라. (롬 10:13-15; 저자 강조)

이 놀라운 빈틈없는 수사적 논리는 앞 장과 이 장을 완벽하게 연결해 준다. 11장에서 우리는 하나님의 통치에 대한 좋은 소식을 가져오는—평화와 선과 구원을 선포하는(사 52:7, 바울이 여기에서 인용하는 구절)—전령에 대한 이사야의 위대한 환상이 그리스도의 복음에 대한 신약의 설교에 어떻게 계속 연결되는지(어휘와 내용 면에서) 보았다. 그리고 우리는 하나님 백성의 선교의 본질적인 부분은, 전령의 역할을 수행하는 것, 곧 좋은 소식의 담지자가 되어 그것을 구현하는 것이라고 주장했다. 우리의 선교는 복음의 사람들이 되는 것이다.

그러나 우리는 매일의 삶에서 마주치는 모든 메시지나 전달자를 믿지는 않는다. 우리는 그 메시지가 어디서 나온 것인지 알고자 한다. 신분증명서를 요구한다. 그 정보의 출처를 확인하려고 한다. 대중매체가 넘쳐나고 매체를 조작하는 시대에, 우리는 "정부와 가까운 익명의 소식통"에게서 넘겨받은 "미확인 보고들"을 듣는 데 익숙하다. 따라서 우리는 당연히 회의적이다. 그러나 어떤 사람이 대통령이나 수상을 대신해 성명을 발표할 권한을 지닌 공식 대변인으로 마이크 앞에 서면, 우리는 그가 하는 말은 무엇이든 그가 대표하는 사람의 승인을 받은 것으로, 대표하는 사람의 권위를 지닌 것으로 신뢰한다. 그들은 우리가 듣기 원하며 (이상적인 세계라면) 신뢰하고 싶은 사람을 대신해 메시지를 전하도록 **보냄받았다**.

여기서 바울이 펼치는 주장이 지닌 역학이 그러하다.

사람들은 구원받을 필요가 있다(바울이 지금까지 주장한 것처럼, 유대인과 이방인 둘 다 그렇다). 그것은 오직 예수 그리스도를 통해서만 가능하다. 그러므로 하나님이 이미 이스라엘에게 약속하셨던 것처럼, 사람들은 구원을 얻기 위해 그분을 불러야 한다(바울이 요엘 2:32에서 인용한 "주"는 야웨였지만, 지금은 분명히 예수님을 의미한다는 것은 의미 심장하다). 그러나 예수님을 부르려면 그분을 믿어야 한다. 그리고 그분을 믿기 위해서는 그분을 들어야 한다. (그것이 실제로 바울이 말하는 것이다. 그들은 "그분에 대해 들어야" 하는 것이 아니라 **그분을 들어야** 한다.) 그리고 그들은 어떻게 그리스도를 들을 수 있는가? 그분을 대신해서 "알리는" 어떤 사람을 통해서다. 그러나 사자는 그가 지니고 있는 메시지의 당사자, 곧 그리스도 자신의 권한을 부여받고 보냄을 받아야 한다. 이와 같이 바울이 내린 결론처럼, 구원하는 믿음은 들음을 통해 생긴다. 그리고 들리는 것은 실제로 "그리스도의 말씀"이다(17절).

그러므로 그리스도는 그 과정의 양쪽 끝에 계신다. 그분은 구원하는 믿음의 **대상**이시다. 우리가 구원을 얻기 위해 불러야 하는 분이시다. 그분은 또한 **주체**이시다. 우리를 구원할 수 있는 좋은 소식을 지닌 권위 있는 전달자를 보내는 분이시다. 그리스도의 보내심은 그리스도의 구원 사슬 가운데 첫 번째 고리다.

구원 사역 전체는 처음부터 끝까지 하나님에게서 나온다. 목적을 갖고 계신 하나님이 계획을 품으시고 그리스도를 통해 구원을 얻을 수 있다는 좋은 소식을 지닌 전령을 보내신다. "보내심을 받지 아니하였으면"이라는 마지막 동사는, 이 일에서 하나님의 의도를 강조한다. 사람들은 우연히 또는 되는 대로 구원을 받는 것이 아니라 구원하시는 하나님이 권한을 부여하시고, 위임하시고, 보내시는 행동으로 시작되는 과정에 의해 구원을 받는다.

여기서 바울이 이사야 52:7을 인용한 것을, 이미 밝힌 주장을 분명히 하기 위해 첨가한 생생한 이미지로 보아서는 안 된다. 그것은 그의 주장의 절정으로 의도된 부분이다. 바울의 요점은 이것이다. 다른 사람들이 "듣고" "믿고" "부르고" "구원받을 수 있도록" 사람들이 지금 "선포하도록" "보냄을 받고" 있다는 사실은, 그 자체가 바로 바울 당시에 이미 메시아 예언으로 간주되었던 이 말씀의 성취인 것이다.

성경의 성취인 어떤 일은 사실상 성경의 하나님에 의해 재가를 받는다. 그러므로 보냄과 선포는 하나님의 승인과 성경적 보증을 받는 활동이다. 표현을 만들어 보자면, 그것들은 이야기의 저자가 이야기 안에 기록한 이야기의 일부분이다. 하나님의 선교는 보내고 보냄받는 것이 하나님 백성의 선교의 일부가 되도록 요구한다.

그렇다면 보내고 보냄받는 것의 본질은 무엇인가? 다시 한 번, 삶을 위한 성경신학을 철저히 하기 위해, 우리는 신약을 살펴보기 전에 구약에서 '보냄'이라는 말이 중요하게 사용된 사례를 살펴보아야 한다. 실제로 성경 전체에서 '보냄'이라는 개념 주위에는 우리가 하나님 백성의 선교와 관련하여 채굴할 수 있는 풍부한 성경신학의 보고가 있다.

> 바울의 의미는 어떤 나라가 복음 설교의 특혜를 받을 때, 그것은 신적 사랑의 맹세이며 증거라는 것이다. 하나님의 특별한 섭리 가운데 그분에 의해 세움받지 않은 복음 설교자는 없다. 그러므로 하나님이(단지 설교자가 아니라 하나님 자신이) 복음이 선포되는 나라를 방문하시는 것은 확실하다.…복음은 우연히, 비처럼 구름에서 떨어지는 것이 아니라, 하나님이 보내신 사람의 손을 거쳐 전해진다.
>
> 장 칼뱅[1]

구약의 보내심

히브리어 동사 '살라흐'는 보내다라는 의미다. 그리고 그것은 영어 단어처럼 일상적인 의미로 광범위하게 사용된다. 온갖 종류의 사람과 물건이 각종 이유로 보냄받는다. 그러나 우리가 특별히 찾는 것은 **하나님**이 보내시는 사례들이며, 그 행동과 목적, 결과에 분명한 신학적 차원이 있는 사례들이다. 우리는 하나님이 세상에 그분의 선교의 대행자로 어디에 사람들을 보내시는지, 그리고 그분이 어떤 일을 하도록 사람들을 보내시는지 알아보고자 한다.

광범위하게 말해서, 보내시는 하나님에 대해 언급하는 구약 본문들을 조사한 결과, 두 가지 주요 목적이 두드러지는 것 같다. 하나님이 사람들을 보내실 때, 그것은 흔히 그분의 구출과 구원의 대행자로 행동하는 것이거나, 누군가가 들을 필요가 있는(그들이 원하든 원하지 않든) 메시지를 선포하는 것이다. 때때로 하나님은 두 가지 일을 다 하도록 모세 같은 사람을 보내신다.

다시 말해서, 하나님의 보내심은 구약 이스라엘 안에서 구약 이스라엘을 위해 이루어지는 하나님의 위대한 행동 두 가지—구원과 계시—와 밀접하게 연결되어 있다. 그리고 솔직히 말해 하나님이 자기 백성을 구출할 자를 **보내셨고** 그분의 말씀을 대변할 사람들을 **보내셨기** 때문에 우리가 하나님의 구원 이야기와 하나님의 계시 이야기가 담긴 성경을 갖게 된 것이다. 하나님이 보내시는 하나님이 아니었다면, 성경은 정말로 아주 다른 책이 되었을 것이다.

몇 가지 잘 알려진 예를 살펴보기로 하자.

구원하기 위해 보내심

요셉

하나님이 보내신 사람에 대한 최초의 중요한 언급은 창세기 45장에 기록된 요셉의 말에서 찾아볼 수 있다. 그것은 오래전에 자신을 애굽에 노예로 팔고 그가 죽은 줄 알았던 형들에게 요셉이 자신의 정체를 밝히는 충격적인 순간에 나온다.

요셉이 형들에게 이르되 내게로 가까이 오소서. 그들이 가까이 가니 이르되 나는 당신들의 아우 요셉이니 당신들이 애굽에 판 자라. 당신들이 나를 이곳에 팔았다고 해서 근심하지 마소서. 한탄하지 마소서. **하나님**이 생명을 구원하시려고 **나를** 당신들보다 먼저 **보내셨나이다**. 이 땅에 이 년 동안 흉년이 들었으나 아직 오 년은 밭갈이도 못하고 추수도 못할지라. **하나님**이 큰 구원으로 당신들의 생명을 보존하고 당신들의 후손을 세상에 두시려고 **나를** 당신보다 먼저 **보내셨나니** 그런즉 **나를 이리로 보낸 이는 당신들이 아니요 하나님**이시라. (창 45:4-8; 저자 강조; 참고. 시 105:17)

"**하나님이 보내셨다**"는 말이 세 번 반복된 것은, 요셉의 입을 다시 한 번 빌려서 창세기를 종결짓는 바로 그 신학, 곧 사람들의 행동(악한 행동을 포함하여)을 통해 다스리고 역사하시는 하나님의 주권을 힘차게 표현하는 것이다(창 50:20). 하지만 동시에 이 보내심의 분명한 목적, 즉 생명의 구원이 강조되고 있다("많은 백성의 생명을 구원하게 하시려", 50:20).

하나님은 구원하시려 보내신다.

흥미로운 점은 **다른 사람들이** 저지른 악한 행동의 피해자가 되는 상황이 "하나님의 보내심"으로 일컬어질 수도 있다는 것이다. 요셉은 자발적인 선교사가 아니었다. 하지만 그는 지난날을 되돌아보면서 자신의 놀라운 인생 여정을 신적 보내심으로 해석했다. 동일한 관점이 느부갓네살의 군대가 예루살렘과 저항하는 시민들을 잔인하게 공격하고 이스라엘을 포로로 잡아가는 이스라엘 이야기의 또 다른 종결부에 나타난다.

그러나 하나님은 어떻게 해석하시는가? 하나님은 포로된 자들을 하나님이 포로로 잡혀가게 한 자들이라고(렘 29:4, 7, 14), 정말로 하나님이 거기로 **보내신** 자들이라고 말씀하신다(렘 29:20). 포로로 잡혀간 것을 심판에 의한 보내심으로 인정한다 해도, 그것은 또한 바빌론 도성의 복지를 위한 놀라운 선교로 이끄는 보내심이었다(렘 29:7; 이어지는 13장을 보라). 예루살렘의 초기 신자들에 대해서도 비슷한 설명을 할 수 있다. 하나님은 사실상 그들을 유대 지역과 유대교의 경계를 넘어 "보내고자" 박해 아래 흩어 버리셨다.

모세

상당히 아이러니하게도, 애굽으로 **내려간** 요셉의 형들을 구원하기 위해 하나님이 미리 요셉을 보내신 성경 이야기는, 계속해서 애굽 **바깥으로** 하나님의 백성을 구원하도록 미리 모세를 보내시는 것으로 이어진다. 요셉은 하나님의 백성을 기아에서 구원했고, 모세는 그들을 학살에서 구원했다.

모세의 경우 보내심에는 수동적이거나 회고적인 면이 없다. 처음부터 아주 솔직하다. 심기가 불편한 모세는 선교사들이 흔히 빠지는 두려움 때문에 하나님께 자기 대신 다른 사람을 보내달라고 간청했다(출 4:13). 보냄에 관련된 언어가 출애굽기 3장 이야기에 스며들어 있으며, 한쪽 끝은 하나님의 긍휼히 여기는 마음, 또 다른 쪽 끝은 언약을 지키시는 하나님의 정체성과 연결되어 있다. 출애굽기 3:10-15을 읽고 '보내다'라는 동사가 나타나는 수와 그 이유에 주목하라.

하나님은 약속하셨기에 구원하시고, 구원하시려고 보내신다.

비록 초기에 그 실효성에 의문을 제기하기는 했으나(출 5:22), 이것이 모세가 의지했던 위임이었다(출 7:16). 모세의 유명한 겸손과 자기방어는 그가 말하고 행한 모든 것이 그 자신의 주장이 아니라, 하나님의 보내심의 결과였음을 인정하는 데서 비롯된 것이다(민 16:28). 실제로 모세는 그 이야기에서 자신을 완전히 없애고 위대한 출애굽의 구출은 하나님이 천사를 보내신 일로 간주할 수 있었다(민 20:16). 하지만 미리암은 동생에 대해 그런 식으로 말하지 않았다. 구약과 신약 본문은 모세가 스스로 된 지도자나 선출된 대변자나, 우연히 거기 있던 영웅이 아니었다는 점에 동의한다. 모세는 하나님이 보내신 사람이었나. 그리고 그는 하나님의 구원을 성취하기 위해 보냄받았다.[2] 그러므로 모세가 한 것은 곧 하나님이 하신 것이다. 이는 보내는 관계의 핵심에 속하는 것이다.

> 세계사의 관점에서 볼 때 주전 587년 예루살렘에서 일어났던 사건—그 백성이 패배하고 포로로 잡힌 것, 도성과 마지막에는 성전까지도 파괴된 것—은 강대국의 권위 아래 머무는 수많은 다른 작은 국가들이 흔히 겪는 일이었다. 그러나 실제로는 뭔가 아주 다른 일이었다. 왜냐하면 이스라엘을 통해 만왕의 왕은 그의 백성이 정복자를 넘어서는 존재가 되고 세계가 그 승리에 동참하게 될 길을 예비하셨기 때문이었다.
>
> 리처드 드 리더[3]

사사들

사사들 또한 이스라엘에 하나님의 구원을 가져오기 위해 행동한 사람들이었다. 사사기에서 더 흔히 사용된 언어는 "여호와께서 사사들을 **세우사**"(삿 2:16)이지만 목적은 동일하다. "구원하기 위하여." 그리하여 최초의 사사 옷니엘에 대한 정형화된 묘사에서, 그는 "세움을 받고", 이스라엘 사람들을 억압에서 "구원했으며", 야웨의 영으로 권능을 부여받았다. 그것은 우리가 나중에 살펴볼 것으로, 신적 보내심의 또 한 가지 특징이었다.

보냄과 관련된 언어는, 모세의 보냄을 강력하게 떠올리게 하는 목적(구원)과 약속("내가 너와 함께하리라")과 함께 기드온에게 사용된다(삿 6:14).

장차 올 구원자

이스라엘 사람들을 애굽에서 구출하는 것은 구원자 모세의 일이었다. 그러나 애굽 사람들이 하나님의 심판으로 고난을 당하면서 하나님께 돌아와 부르짖는다면 어떻게 될까? 성경에 기록된 가장 놀라운 종말론적인 비전 중 하나에서, 이사야는 바로 그것, 곧 애굽(틀림없이 모든 열방을 대표하는 나라)이 하나님께로 돌아올 날을 상상한다. 그때에, 출애굽을 상기시키는 내용으로 가득한 본문 한가운데서—구출이 필요한 사람들이 애굽 사람들인 것만 다르다—하나님은 다음과 같이 약속하신다.

이는 그들[애굽 사람들]이 그 압박하는 자들로 말미암아 **여호와께 부르짖겠고 여호와께서는 그들에게 한 구원자이자 보호자를 보내사** 그들을 건지실 것임이라. 여호와께서 자기를 애굽에 알게 하시리니 그 날에 애굽이 여호와를 알고 (사 19:20-21; 저자 강조)

물론 여기서 예견된 구원자는 다름 아닌 주 예수 그리스도, 잃어버린 자를 찾고 구원하기 위해 하나님이 보내신 그분이시다.

말하기 위해 보내심

전달자들은 본질상 보냄받는다. 그리고 그들을 보낸 자를 대신해서 말한다. 우리가 당연하게 생각하는 대중 매체가 없던 고대 세계에서, 메시지를 전파하는 정상적인 수단은 말로 선포하는 것이었다. 사자와 대사의 역할은 사회적·정치적으로 대단히 중요했다. 바로 이러한 문화적 상황에서 이스라엘의 예언자들은 활동했으며, 그들은 야웨의 **보내심을 받았기** 때문에 그분의 권위를 갖고 야웨를 **대신해서 말한다**고 주장했다.

모세

앞에서 살펴본 것처럼, 모세를 보내신 하나님의 주요 목적은 그분의 백성을 구출하는 것이었지만, 모세는 하나님의 계시를 전달하는 과제도 받았다. 그가 자신이 그 과제를 수행할 수 있는 적임자가 아니라고 생각했기 때문에, 하나님은 아론을 붙여서 그를 안심시키셔야 했다(출 4:10-17). 이와 같이 모세는 예언자이기도 했다. 정말로 그는 예언자의 모델이었다. 하나님은 모세가 죽은 뒤의 세대들 가운데 "모세와 같은 선지자"를 일으켜서 하나님의 권위로 하나님의 말씀을 전하도록 하겠다고 약속하셨다(신 18:17-20). 한 관점에서 볼 때, 이것은 하나님의 말씀을 이스라엘에 전할 모든 예언자를 언급하는 총칭 단수다('왕' 또는 '과부' 같은). 하지만 그것은 또한 모세처럼 하나님의 구원과 계시의 대행자가 되시는 예수님 안에서 완전히 성취될 예언으로 이해되었다(행 7:37).

이사야

"내가 여기 있나이다. 나를 보내소서"라는 이사야의 유명한 말을 본문으로 해서 수많은 선교적 설교가 행해졌다. 많은 선교사들이 하나님 앞에서 이 말씀을 그대로 따라 말한 순간에 소명을 받았다고 회상한다. 하지만 나는, 마치 이사야가 관심의 주된 초점이 되어야 할 영웅적인 선교 지원자인 것인 양 무대 중심에 세우면, 하나님이 이사야를 부르시고 보내시는 장면을 잘못 이해하게 된다고 생각한다.

그렇다. 이 순간에 이르기까지 이사야 6:1-7은 오로지 엄청나게 높이 치솟은 하나님의 보좌를 묘사할 뿐이다. 이사야는 성전에서 예배할 때 이스라엘의 하나님과 그분의 초월적 거룩하심을 직면한다. 그 결과 그는 자신의 죄를 의식하고 두려워한다. 이사야 6:5은 놀라운 고백이다. 그 고백은 이사야가 주위 백성들의 죄에 대해 혹평하는 장들 다음에 나오기 때문이다. 이제 강렬하게 자신의 모습을 깨달으며 이사야는 그가 자신이 비난했던 자들보다 더 낫지 않음을 인정한다. 그 순간의 겸손과 뒤이어 행해지는 그 입의 정화는(6-7절) 그의 보냄에서 필수적인 요소다.

그 다음에 이사야는 그 자세에서 하나님의 보좌 주위에서 무슨 일이 일어나는지 엿듣는다. 그곳은 우주를 명령하고 통제하는 중심부이다. 인류 역사를 통치하는 곳, 지금 그 통치가 진행 중인 곳이다. 운영해야 할 세계, 세워야 할 전략, 내려야 할 결정, 보내야 할 메시지들이 있다. 이 하나님은 통제하시는 하나님, 중심에 계신 하나님, 사명을 수행하시는 하나님, 열심히 하나님의 일을 하시는 하나님이시다. 그 와중에 이사야는 한 가지 질문을 듣는다. "그런데 누가 이것을 전달하지? 누구를 보내서 이 일을 하지?" 그러자 이사야는 그 현장의 바깥쪽 바닥에서 손을 들며 말한다. "죄송합니다만…제가 여기 있습니다. 보내 주신다면 제가 한번 해보겠습니다."

이사야는 그 장면의 중심이 아니다. 하나님의 보좌가 아직도 중심이다.

여기에서 일어나고 있는 일은, 이사야의 삶과 사역을 하나님과 하나님의 의제와 하나님의 말씀에 다시 집중시키는 것이다. 이사야서의 나머지는 신비적이고 역설적인 것을 보여 줄 것이지만, 그것은 궁극적으로 그 자신의 세대뿐만 아니라 모든 미래 세대를 포괄하고, 이스라엘뿐만 아니라 전 세계를 포괄한다. 그러나 이사야 자신에게 그 경험은 하나님의 실재와 직면하는 엄청난 경험 중의 하나였으며, 자신의 죄를 두려울 정도로 심각하게 의식하고 하나님의 선교에 근본적으로 다시 집중하는 계기가 되었다.

겸손하고 정화되고 다시 집중한 죄인이 될 때에만 그는 보냄받을 준비가 된 것이다. 오직 그럴 때에만 하나님은 "가라"고 말씀하신다.

예레미야

예레미야 역시 그의 입을 하나님이 만지시는 것을 느꼈다. 하지만 예레미야의 경우에는 그의 입을 깨끗하게 하기 위함이 아니라 그 입에 하나님 자신의 말씀을 채우기 위함이었다(렘 1:9). 이사야가 그 자신의 죄성을 느꼈기 때문에 하나님의 만져 주심이 필요했다면, 예레미야는 그 자신의 젊은이 특유의 부적합성을 느꼈기 때문에 하나님의 만져 주심이 필요하다. 하나님은 그 몸짓에 대해 설명하시면서 그분이 모세에게 약속하셨던 것을 그대로 인용하신다. "내가 내 말을 네 입에 두었노라"(참고. 신 18:18). 그것은 예레미야가 하나님이 세우신 예언자들의 진정한 계열에 속해 있음을 나타내는 것이다.

그것은 또한 성경의 영감의 본질을 분명하게 나타낸다. 예레미야가 한 말은 그 자신의 마음(과 뼈)에서 생각해 낸 그 자신의 말로서, 아모스나 에스겔의 말과는 뚜렷이 다르다. 그러나 더 깊은 수준에서 그 말은 하나님의 말씀이다. 이는 물론 대변인 또는 사자가 됨의 본질이다. 사자의 말은 그의 왕의 말로 추정된다. 그것이 그가 하도록 보냄받은 일이다.

예레미야는 다른 어떤 예언자보다 더 자주 하나님의 보내심과 관련된 언어를 사용한다. 그의 위임은 놀라울 정도로 범위의 제한이 없기 때문이다. 하나님은 그에게 (말 그대로) "내가 너를 누구에게 보내든지 너는 가며, 내가 네게 무엇을 명령하든지 너는 말할지니라"(렘 1:7)라고 말씀하신다. 그러므로 그의 사명과 그의 메시지에는 영역 제한이 없다. 그는 청중을 좁혀 선택할 수 없고 메시지도 자유롭게 줄일 수 없다. 그리고 모두가 아는 것처럼, 하나님은 그를 적의와 위험의 장소로 보내시면서, 정부에 의해서는 반역죄로 그리고 종교 당국에 의해서는 신성모독으로 해석될 말씀을 주신다. 예레미야는 외롭고 위험하고 쓸쓸한 보냄을 받았다. 때때로 하나님의 보내심은 목숨을 구하기 위해 그가 호소할 수 있었던 유일한 것이었다(렘 26:15).

예레미야서를 선교적으로 해석하려면 전달자가 치러야 하는 선교적 대가에 주목할 필요가 있다.

예레미야는 거짓 예언자들에게 둘러싸여 있었다. 물론 그것은 우리가 지금 그때를 돌아보면서 할 수 있는 말이다. 지상의 현실은 틀림없이 혼란스러웠을 것이다. 하나냐 같은 사람은 '거짓 예언자 하나냐'라는 배지를 옷깃에 달지 않았다. 하지만 예레미야는 야웨의 임재 앞에 서 보거나 야웨의 보내심을 받지 않은 많은 사람들이 야웨의 이름으로 말한다는 사실을 알고 가차 없이 비난했다(렘 14:15; 23:21; 28:9, 15; 29:9). 그것은 하나냐의 상징적인 죽음이 나타내는 것처럼(렘 28:15-17), 신명기 13:1-5에 따르면 죽어 마땅한 심각한 범죄였다.

하나님이 보내지 않으셨는데도 사람들이 귀를 기울여 듣는 거짓 예언자들보다 더 문제가 되는 것은, 하나님이 보내셨는데도 사람들이 귀를 기울여 듣지 않는 참 예언자들이 많이 있었다는 점이다. 이 때문에 예레미야는 크게 상심했다(렘 7:25-26; 25:4; 26:5; 35:15). 그 문제 때문에 예수님은 더더욱 괴로워하셨다. 실제로 예수님은 그런 현실을 이스라엘의 전체 역사에서 그들이 하나님의 보내신 모든 종/예언자들을 거부한 것으로 기술하는 비유로 바꾸셨다. 물론 그 절정은 그들이 고대했던 하나님의 아들인 그분 자신을 거부한 것이다(막 12:1-12).

이와 같이 예수님, 예레미야, 그리고 대부분의 예언자들이 주는 교훈은 하나님에 의해 보냄받았다는 사실이 많은 사람들의 수용이나 사명의 성공을 보장해 주지 않는다는 것이다. 그들은 보통 반대되는 상황을 예상했다(렘 1:17-19; 겔 2:3-6; 3:4-9). 게다가 그에 대한 반응으로 (인간적이고 신적인) 커다란 슬픔과 분노가 있다. 하지만 궁극적인 절망은 없다.

왜냐하면 결국 하나님이 보내시는 것은 하나님의 목적을 성취할 것이기 때문이다. 결과를 통제하는 것은 **전달자가 아니라 하나님**이시기 때문이다. 이 위대한 희망은 구약이 하나님이 보내시는 것으로 언급하는 두 가지 다른 것, 즉 하나님의 영과 하나님의 말씀에 근거하고 있다.

성령과 말씀

야웨의 영은 구약 성경에서 보통 사람들이 상상하는 것보다 훨씬 더 중대한 역할을 한다. 특히 성령과 선교의 관계를 오로지 사도행전의 오순절 사건만을 통해 상상하는 사람들은 이 점을 보기가 어렵다. 우리는 하나님이 구원 및 계시 사역을 위해 보내셨던 사람들을 살펴보았다. 성령은 명백히 그 두 사역과 연결되어 있다.[4]

하지만 구약에서는 오직 한 번, 하나님이 자기 영을 "보내시는" 것으로 나온다. 그리고 그것은 전체 창조 질서 내에서 하나님이 생명을 주시는 일과 관련하여 나온다(시 104:30). 에스겔은 하나님의 백성에게 부활 생명을 가져오도록 하나님의 호흡/영에 대해 예언하라는 말씀을 듣는 장면에서 그 언어에 근접한다. 성령에게 명령하시고, 성령을 호흡하시고, 그분의 제자들에게 권능을 부여해 선교할 수 있도록 성령을 보내시는 분은 예수님, 특히 부활하신 예수님이시다(눅 24:49; 요 20:21-22; 행 1:8).

선교사들은 오고 간다. 그들은 그들이 보냄받은 일을 달성할 수도 있고 달성하지 못할 수도 있다. 하지만 하나님이 말하도록 위임하신 자들을 통해 하나님이 보내신 하나님의 말씀은 그와 같은 불확실성을 갖고 있지 않다.

하나님의 말씀은 하나님이 계획하신 대로 전부 열매를 맺는, 완전한 선교사다. 여기에 하나님의 궁극적인 바람을 완수하는, 하나님의 목적을 품은 보내심이 있다.

이는 비와 눈이 하늘로부터 내려서

> 그리로 되돌아가지 아니하고
> 땅을 적셔서 소출이 나게 하며 싹이 나게 하여
> > 파종하는 자에게는 종자를 주며 먹는 자에게는 양식을 줌과 같이
> 내 입에서 나가는 말도
> > 이와 같이 헛되이 내게로 되돌아오지 아니하고
> 나의 기뻐하는 뜻을 이루며
> > **내가 보낸 일에 형통함이니라.** (사 55:10-11; 저자 강조)

이렇게 "보내는" 주제에 대한 성경신학 중 구약 부분은 우리에게 고려할 만한 세 가지 주요한 내용을 제공한다.

구원과 계시를 위해 보내심

첫째, 하나님은 어떤 사람에게 사명을 부여해 보내실 수 있지만, 주로 그것은 그분의 구출의 대행자가 되는 것이거나 그분의 메시지를 전하는 대변자가 되는 것, 또는 둘 다가 되는 것이다. 하나님의 보내심은 하나님의 구원하심과 말씀하심, 하나님의 구원과 계시의 필수적인 부분이다.

이제 우리는 하나님의 선교가 궁극적으로 그분의 창조세계 전체의 구속과 그분의 영광을 땅 끝까지 확장하는 것이라는 사실을 안다. 그러므로 하나님이 그 선교를 완수하시면서 인간 대행자들을 선택해서 보내시고 사용하신다는 사실은 매우 의미가 있다. 하나님 백성의 선교는 그 중요한 목표를 달성하기 위해 하나님이 보내실 수 있는 사람들의 수원지가 되는 것을 포함해야 한다. 그러므로 하나님의 백성에 속한다는 것의 최소한의 의미는 보냄받을 수 있는 상태가 되는 것이다.

권위 있는 보내심

둘째, 보냄받는 사람은 보내는 사람의 임재와 권위를 구현한다. 이는 보통 인간이 보내는 일에서도 사실이었다. 전달자들을 정중하게 대하거나 치욕적으

로 다루는 것은 그들을 보낸 사람을 존경하거나 모욕하는 일이었다. 전달자들에게 반응한 방식은 그들을 보낸 사람에 대한 반응으로 간주되고 그에 상응한 대우를 받았다(삼상 25:39-41; 삼하 10:1-5과 대조해 보라).

마찬가지로 모세의 권위(민 12:8)나 사무엘의 사역(삼상 8:7)을 거부하는 것은 하나님 자신을 거부하는 것이었다. 예수님은 사람들이 성부 하나님이 보내신 자인 그분 자신을 대하는 방식에 대해(요 5:23), 그리고 사람들이 예수님이 보내신 그분의 제자들을 대하는 방식에 대해 동일한 말씀을 하셨다(마 10:40-41; 요 13:16, 20; 15:18-21).

보내심과 고난

셋째, 하나님의 선택으로 보냄받는 것은 커다란 영예와 책임을 짊어지는 것 같지만, 사실 그것은 대개 고난, 거부, 박해, 때때로 죽음을 포함했다. 하나님의 선교는 수많은 보냄받은 자들과 구출자들, 전달자들을 **포함했지만**, 궁극적으로 하나님의 선교를 완수하는 것은 그와 같은 인간 대행자들에게 의존한 것이 아니라, 하나님의 영과 말씀을 통해 역사하시는 하나님 자신의 주권적인 권능에 **의존했다**.

바로 앞 문장의 유일한 예외는 실제로 앞서 언급한 세 가지 점을 모두 구현하신 하나님의 종이셨다. 그분은 분명히 하나님의 구원과 계시의 대행자로 기술되기 때문이다. 그분은 하나님 자신의 임재와 권위를 구현하신다. 그리고 그분은 거부, 폭력 및 죽음의 고통을 당하신다. 그러나 무엇보다도 그분은 하나님의 선교를 **완수하시고** 그 업적 때문에 칭송을 **받으실 것이다**(사 42:1, 4; 53:10).

머지않아 신약 성경에서 그 일이 이루어질 것이다.

보내시는 하나님

실제로 보내는 것은 삼위의 세 인격 모두의 활동이시다. 세상과 관련하여 하나님 자신 안에는 선교적 역학이 있다. 그리고 우리가 구약에서 본 것과 비슷하게, 그것은 주로 구원 및 계시와 관련된다.

성자와 성령을 보내시는 성부 하나님

예수님은 그냥 오시지 않으셨다. 예수님은 보내심을 받으셨다. 그것은 예수님의 자의식 가운데 가장 주목할 만한 차원 중 하나다. 그것은 예수님이 성부 하나님의 뜻을 행하도록 보내심을 받으셨다는 강력한 인식이다. 그것은 분명히 예수님에 대한 요한의 기술에서 자주 나타나는 주제다. 요한복음에서 우리는 약 40번—요한에게서든 예수님 자신에게서든(예를 들어, 요 3:17, 34; 4:34; 5-8장의 여러 곳; 11:42; 17:18; 참고. 요일 4:9, 14)—보냄받으신 예수님에 대해 읽는다. 진실로 예수님은 하나님이 보내신 분이라는 사실을 독자들로 믿도록 하는 것이 요한의 분명한 목적 중 일부다. 그 사실을 믿으면서 그들은 구원과 영생에 이르게 될 것이기 때문이다.

공관복음서는 그 단어를 덜 사용하는 편이지만 전혀 없는 것은 아니다(예를 들어, 마 15:24; 눅 4:18, 43 = 막 1:38; 참고. 하나님이 통치하는 메시아로 예수님을 돌려보내실 것이라고 기대하는, 행 3:20). 바울 역시 메시아 예수의 오심은 우연이 아니라 성부 하나님이 성자를 때 맞춰 보내신 것이라 확신한다(롬 8:3; 갈 4:4). 그리고 히브리서 기자는 예수님을 "우리가 믿는 도리의 사도"라고까지 말했다(히 3:1). 그것은 예수님이 모세처럼, 그러나 더 위대하게, 하나님에 의해 보내심을 받고 임명되셨다는 점을 강조하는 것이다.

하나님이 구약에서 그분의 영을 보내신 이래로, 성부 하나님이 신약에서 동일한 일을 하신다거나(요 14:16, 26; 15:26), 예수님이 성부 하나님의 약속에 따라 그 일을 하실 것이라고 해도(눅 24:49) 놀라운 일이 아니다.

성령과 사도들을 보내시는 성자 하나님

예수님은 구원 및 계시와 관련된 특정한 선교적 과제들과 함께 성령을 보내신다(요 15:26; 16:7-15; 20:22-23).

또한 예수님은 당연히 제자들을 보내신다. 예수님은 지상 생애 동안 두 번 사명을 부여해 그들을 보내시고, 부활 후에는 여러 가지 형태의 대위임령을 부여해 보내신다. 주목할 만한 점으로, 예수님이 제자들을 보내실 때 성부 하나님이 그분을 보내신 것을 모범으로 삼으신 사실을 기록한 것은 바로 요한이다. 그것은 요한이 자신의 복음서 전체에서 거듭 강조한 바였다(요 20:21).

예수님과 사도들을 보내시는 성령 하나님
성령은 예수님을 보내시는 일에 관련되어 있다. 성령이 예수님을 "보내셨다"는 식으로 표현되지는 않지만, 예수님은 분명히 성령과 함께 또는 성령의 권능으로 보내심을 받는다. 예수님의 선교는 바로 성령의 기름부으심에 의해 그분에게 부여된 것이다(눅 4:18-19). 누가는 여러 곳에서 예수님이 행하신 모든 것이 성령의 채우심 또는 인도하심에 의한 것임을 강조한다. 뿐만 아니라 누가는 베드로가 고넬료에게 동일한 사실을 말하는 것으로 기록한다(행 10:38). 바울은 예수님의 부활에서 성령의 도우심을 본다(롬 1:4). 반면에 히브리서는 "영원하신 성령"을 희생적 죽음으로 자기를 드리신 그리스도와 연결시킨다(히 9:14).

예수님과 더불어 성령은 사도들을 보내시는 분이다. 안디옥에서 최초의 선교사들을 선택해서 파송하신 분은 바로 성령이셨다(행 13:1-4). 그리고 나아갈 방향을 지시하고 때로는 방해하시면서 그들의 여정을 인도하신 분도 성령이셨다(행 16:6-7).

그러므로 신약 성경이 예수님 및 교회의 선교에 하나님이 관여하시는 모습을 제시할 때 보내는 것은 놀라울 정도로 서로 연결되어 있다. 성자 하나님은 성부 하나님과 성령 하나님에 의해 보내심을 받는다. 성령 하나님은 성자 하나님과 성부 하나님에 의해 보내심을 받는다. 사도들은 성자 하나님과 성령 하나님에 의해 보내심을 받는다. 오직 성부 하나님만이 보냄받지 않은, 보내시는 분이다. 그분은 성자와 성령을 보내시지만, 그분 자신은 결코 "보냄받지" 않으신다.

따라서 하나님 백성의 선교는 교회 자체가 세운 어떤 외적 구조—기관이 만든 프로그램이나 전략—가 아니다. 선교에 보내는 것은 하나님의 생명에 참여하는 것이다. 보내고 보냄받는 이 차원에서 하나님 백성의 선교는, 삼위일체 하나님이 세상의 구원과 그분의 진리의 계시를 위해 행하셨으며 또 계속해서 행하고 계신, 보냄과 보냄받음의 역학 안에서 파악되어야 한다.

사도들

열두 사도

'사도'라는 단어는 '보냄받은 자'라는 뜻이다. 보냄이라는 말에는 두 개의 헬라어 '펨포'와 '아포스텔로'가 사용될 수 있으며, 둘 다 신약에서 찾아볼 수 있는데 의미상 차이는 거의 없다. 하지만, 예수님이 자신에게 나아오도록 부르신 최초의 열두 제자에게 적용한 명사형 '아포스톨로스'는 그 집단과 관련하여 특별한 의미를 지녔다(곧 살펴볼 것처럼, 더 느슨한 의미로 사용될 수도 있었다).

보냄은 지리적으로 여행하는 것을 **반드시** 포함하는 것이기보다는 어떤 과제를 위해 위임받거나 권한을 부여받는 것으로 이해되었지만, 보냄을 받는 것은 사도직의 본질에 속했다. 제자들은 그들 중 일부가 순회 사역에 관여하기 전에도 예루살렘에서 이미 사도들이었다. 그리고 (빌립처럼) 순회 설교자가 된 사람들이라도 반드시 사도는 아니었다.

첫 제자들

최초의 열두 제자를 부르시는 것과 관련된 복음서의 이야기는 시사하는 바가 많기 때문에 잠시 멈추어서 그 본문을 읽을 만하다. 그 본문은 이 결정적인 행동에 담긴 예수님의 의도에 대해 말해 주기 때문이다(마 10:1-2, 5; 막 3:13-15; 눅 6:12-13).

우리는 무엇을 배우는가? 예수님은 열둘을 택하셨다. 그 수는 확실히 중요하다. 이스라엘의 열두 지파를 나타내기 때문이다. 이 사도들은 우리가 이 책 전체에 걸쳐 살펴본 대로 이스라엘의 역할과 사명을 구현하시는 메시아 안에서 이스라엘의 핵심이 될 것이다.

그들은 사도들이 된 제자들이었지만, 그들은 계속 제자들이었다(그들은 마태복음 28장에서 대위임령의 순간에 여전히 제자로 언급되고 있다). 즉 그들의 주님과 주인이 되시는 예수님의 겸손한 추종자와 학습자로서, 그들은 사도의 역할을 수행해야 했다.

그들은 예수님에 의해 선택받고 부름받았다. 그들은 스스로 정하거나 나머지 제자들에 의해 선출되지 않았다(일반적인 의미에서, 우리는 많은 제자들이 있었음을 안다). 그들의 권위와 기능과 사역이 무엇이든 간에, 그것은 오직 그리스도에게서 나온다.

그들은 "그분과 함께 있어야" 했다. 즉 그들은 예수님과 시간을 보내면서, 그분에게서 배우고, 그분에게 훈련 받고, 그분의 정체성과 사명을 이해하고, 급진적 제자도의 대가를 치르고, 그분의 삶과 가르침과 죽음, 무엇보다도 그분의 부활을 증거하게 될 것이다. 바로 이것 때문에 이 열두 명의 집단은 특별하게 되었다. 그래서 유다가 떨어져 나갔을 때, 그를 대신할 사람을 뽑기 위해 그들이 세운 기준은 동일한 요소를 포함했다. 그는 세례 요한의 때부터 부활에 이르기까지 예수님의 증인이 되어야만 했다(행 1:21-22).

그들은 권위를 가지고 **예수님 자신의 사역을 복제하고 확장해야 했다**. 예수님은 그들을 보내셨다. 그분은 그들에게 권위를 부여하셨다. 그리고 그 권위를 가지고 그들은 예수님이 하신 일 — 하나님 나라의 좋은 소식을 전하고 귀신들을 내쫓고 병든 자를 고치는 일 — 을 해야 했다. 사도들이 말하고 행한 것은 곧 그들을 통해 예수님이 말하고 행하시는 것이었다.

마태는 열두 제자를 보내시는 이야기 앞에 그 후에 **예수님이 행하신 모든 것**을 요약해서 붙여 놓는다(마 9:35-36). 예수님이 제자들에게 하나님께 일꾼을 보내 주십사고 기도하라 말씀하시고 제자들이 예수님이 하신 것과 똑같은 일을 함으로써 그들 자신이 자기 기도의 응답이 되도록 그들을 위임하시는 이야기를 둔다. 누가가 자신이 쓴 첫 번째 책을 "예수께서 행하시고 가르치시기를 시작하심"에 대한 이야기로 묘사할 수 있는 이유다. 또 그것은 우리가 사도행전이라고 부르는 누가의 두 번째 책은 **예수님**이 이 권위를 부여받은 대행자들을 통해 계속해서 행하시고 가르치신 내용을 담고 있음을 암시한다.

> 마태복음 10장은 사도들의 사역이 예수님 자신의 일의 연속임을 분명히 보여 준다. 그들의 메시지는 세례 요한과 예수님의 말씀을 정확히 반복하는 것이다. "천국이 가까이 왔다"(7절). 그들의 치유 사역은 또한 예수님이 이미 수행하신 기적적인 치유의 연속이다. 그들은 병자를 고치고, 죽은 자를 일으키고, 나병 환자를 깨끗하게 하고, 귀신들을 내쫓았다.…예수님은 그분의 선교 과제를 그분의 추종자들에게 맡겨서 역사의 승천 후 기간을 준비하고 계셨다. 그 선교는 **그분의** 권위 아래, **그분의** 명령에 의해 이루어질 것이지만, 그분은 적극적인 책임의 배턴을 그분의 제자들에게 넘기실 것이다.
>
> 마틴 골드스미스[5]

사도 바울

십자가 처형 전에 예수님과 동행한 것을 제외하면, 다소의 사울이 사도 바울로 부름받고 파송되는 장면에서도 앞에 나온 모든 점이 부각된다. 바울은 부활하신 그리스도와 특별한 대면을 했기 때문에 그 자신을 부활의 증인이라고 말할 수 있었다. 그는 자신이 그리스도에 의해 그의 인생 나머지를 차지하는 선교로 보냄받았다는 것을 알았다. 그리고 바울은 복음을 전하는 그의 권위와 수반되는 능력, 치유, 축사의 사역은 오로지 그리스도에게서 온 것이라고 겸손하게 주장했다(행 22:14-21; 26:15-18; 롬 1:1; 갈 1:1, 15-16 — 흥미롭게도, 바울은 예레미야처럼 그의 소명을 그의 출생 앞에 놓는다).

또한 바울은 ("행위와 기사"를 동반한) 복음을 전하는 일에 전념하면서 사도행전 앞 장에 나오는 다른 사도들에 대해 깊이 생각한다. 그는 "주 예수께 받은 사명 곧 하나님의 은혜의 복음을 증언하는 일을 마치려 함에는" 자신의 삶을 조금도 귀한 것으로 여기지 않았다(행 20:24). 그의 "제사장 직무"는 "하나님의 복음을 전하는" 것이었다(롬 15:16-21).

다시 말해, 바울의 삶 전체는 모든 열방에 하나님 나라의 좋은 소식을 전하는 전달자가 되는, 이사야 52:7의 살아 있는 성취가 되는 것에 바쳐졌다(행 20:25). 그것이 베드로 및 다른 사람들과 동등한 사도가 된다는 것의 의미였다(갈 2:8-10).

사도적 우선순위

우리는 사도행전 초반에서 메시지 전달의 결정적인 중요성이 동일하게 강조되고 있음을 발견한다. 사도들은 그들이 보고 들은 것을 말하지 않을 수 없었다(행 4:20). 그리고 복음을 전하려는 결의로 그들은 금지와 위협(4:18-21), 투옥(5:17-42), 순교와 박해(6:8-8:4)를 견뎌 냈다. 예수 그리스도의 복음 메시지를 선포하는 과제는 막지막까지 사도들의 최우선 과제였다. 곧 살펴보겠지만, 그것이 복음에 필수적인 다른 중요한 과제들을 배제하지는 않았다.

선포에 대한 이 사도적 우선순위는 예수 운동이 점차 복잡해지고 또 실제적인 후원 조직이 필요해지는 현실을 잘 헤쳐 나가도록 해주었다. 사도행전 6:1-7은 사도들이 공동체가 커지면서 나타난 사회적 돌봄의 과제와 인종 차별의 갈등에 시간과 힘을 빼앗기지 않고 말씀 선포를 통해 그리스도를 증거하는 자신들의 주된 책임을 잘 감당한 사실을 기록하고 있다.

사도들의 반응은 사도로서 **그들이** 하도록 그리스도께 부름받고 보냄받은 일의 우선순위를 지혜롭게 잘 인식하고 있음을 보여 준다. 반면, 다른 필요한 과제는 경건하고 유능한 사람들에게 맡겨졌다. 하지만 이 구절이 지닌 선교적 함의는 주의 깊게 다룰 필요가 있다.

> 열두 사도의 일과 택함받은 일곱 사람의 일이 꼭 같이 '디아코니아', 곧 '사역' 또는 '섬김'이라고 되어 있는 것은 분명 의도적이다. 전자는 '말씀의 사역 또

> 는 목회적 일이고 후자는 '먹이는 사역' 또는 사회사업이다. 어떤 사역도 다른 것보다 우월하지 않다. 그와 반대로 둘 다 기독교 사역이다. 즉 하나님과 그분의 백성을 섬기는 방식이다. 둘 다 그것을 시행하기 위해서는 신령한 사람, "성령이 충만한" 사람이 필요하다. 그리고 둘 다 전임 기독교 사역이 될 수 있다. 두 사역 간의 유일한 차이는 그 사역이 취하는 형태와, 그것이 서로 다른 은사들과 서로 다른 부르심을 요구한다는 것이다.
>
> 존 스토트[6]

사도행전 6:2에 기록된 사도들의 말은 쉽게 오용될 수 있다. "열두 사도가 모든 제자를 불러 이르되 우리가 하나님의 말씀을 제쳐 놓고 접대를 일삼는 것이 마땅하지 아니하니." 그것은 사도들이 과부들에게 음식을 제공하는 과제를 그들보다 못한 하찮은 것으로 간주한 것처럼 들리게 만들 수 있다. TNIV 성경은 "하나님의 말씀" 앞에 (헬라어에 없는) "의 사역"을 끼워 넣음으로써, 식탁에서 일어나고 있던 것 **또한** "섬김/사역"이라는 사실을 모호하게 함으로써, 그리고 (헬라어에 있는) '디아코네인'이라는 동사를 그저 "시중을 들다"로 번역함으로써 그런 인상을 준다. 그러니까 그 인상은 시중드는 사람보다 설교자("사역자")가 되는 것이 훨씬 더 중요하다는 것이다.

하지만 '섬기는' 또는 '사역하는'이란 단어(디아코니아, 디아코네인)는 (행 6:2에서) 가난한 자들을 위해 음식을 제공하는 것과 말씀을 선포하는 것(4절에서 "말씀 사역") **둘 다**에 사용된다. 그것들은 **둘 다** 교회의 사역이었다. 그것들은 성령이 충만한 사람들에 의해 행해질 필요가 있을 만큼 **둘 다** 중요했다(3절). 사도들의 요점은 가난한 자들에게 음식을 나누어 주는 것이 **그들, 열두 명**이 주로 하도록 부름받고 보냄받은 일이 아니라는 것이다(그 일이 그들이 예수님과 함께 있을 때 훈련받은 일의 일부였을지라도 말이다). 하지만 그 일은 행해져야 한다. 그리고 그것은 그 사역을 위해 선발되고 임명받은 사람들에 의해 행해져야 한다.

그러므로 가난한 사람들을 위한 모든 형태의 사회적·온정적 봉사와 비교해서, 말씀 선포가 **교회 전체의 선교에서** 제일 중요하고 가장 우선한다고 제안하는 일에 이 본문을 사용한다면 본문을 명백히 왜곡하는 것이다. 누가는 2절에서 "열 둘"과 "모든 제자"를 세심하게 구별하면서, 그들이 "**우리가** 마땅하지 아니하니"라고 말했다고 기록한다. 그것은 그들이 전체 제자들에게 해당되는 우선순위가 아니라, **그리스도의 위임된 사도로서 그들 자신에게** 해당되는 근본적인 사역의 우선순위에 대해 말하고 있었음을 의미한다.

누가는 가난한 사람들을 위한 교회의 사회적·경제적 관심은 사도들의 가르침과 연결되어 있었으며, 교회의 빠른 성장은 사도들의 가르침과 전도의 결과인 **동시에** 예수님의 추종자들이 모인 공동체의 사랑과 돌봄의 질의 결과라는 점을 이미 확실히 말한 바 있다(행 2:42-47; 4:32-35).

게다가 말씀 사역은 사도들에게 계속 긴급한 사역이 된 반면, '구제 사역'은 그 일을 **자신의** 사역으로 지정받은 사람들에게 우선 사역이 되었다. 하지만 우리는 또한 그와 같은 우선순위가 상호 배타적이 아니었음을 알 수 있다. 식탁에서 사역했던 사람들도 설교하고 전도할 수 있었다(스데반과 빌립처럼). 그리고 사도였던 사람들도 가난한 자들에게 구제의 손길을 펼 수 있었다(행 11:27-29; 참고 예루살렘의 가난한 자들을 위한 바울의 중요한 모금, 롬 15:25-33; 고전 16:1-4; 고후 8-9장). 실제로, 가난한 사람들을 생각하는 것은 사도들의 교제에 받아들일지 여부를 결정하는 기준이었다(갈 2:9-10).

사실 바울의 선교신학을 다룬 표준 저작들에서 예루살렘의 가난한 자들을 위한 바울의 모금에 대해 거의 언급하지 않는 것은 놀랍다. 하지만 그 일은 바울의 생애에서 수년을 차지했으며, 바울은 그 일을 그가 쓴 가장 긴 서신 세 곳에서 언급한다. 고린도후서에서는 두 장 전체를 할애하기까지 한다. "가난한 자들을 위한 바울의 위대한 열정"에 대해 말하는 제이슨 후드(Jason Hood)는 다음과 같이 지적한다. "바울의 모금 및 소유물과 관대함에 대한 다른 가르침은 그의 이신칭의에 대한 가르침보다 그의 서신들에서 더 많은 지면을 차지한다. 하지만 바울 신학자들과 현대의 교회 지도자들은 자주 그 모금에 마땅한 주의를 기울이지 못한다."

후드는 계속해서 사도들과 그들의 전도 계승자들에게 유일하게 적합한 우선순위는 선포와 교회 개척이라고 주장하는 이들이 주목해야 할 점을 주장한다. 로마서 끝에서 바울은, 그때 예루살렘의 가난한 자들에게 모금을 전달하기 위해 지중해 서부로 가서 전도 사역을 하려던 계획을 **연기한다**. 바울은 이것을 '복음 사역'을 방해하거나 소홀히 하는 것으로 간주하기는 커녕 오히려 역사하는 복음을 실제로 보여 주는 중대한 표현으로 보았다.

> 바울에게 있어 가난한 자들을 돌보는 것은 '복음 사역'과 경쟁이 될 수 없다. 모금을 전달하기 위해 유대로 돌아가는 것이 바울이 로마를 방문하는 것보다 우선한다. 그가 로마인들에게 설명한 것처럼(롬 15장), 이 방문은 스페인으로 가는 길에 있는 로마제국 서부에서 복음 사역을 개시하는 위대한 계기가 될 것이었다. 우리는 바울이 이 선교를 완수했는지 알지 못하지만, 그가 모금을 전달했다는 것은 안다. 그 모금은 지극히 중요해서, 바울에게 있어서 그것을 전달하는 것은 그때 최전방 지역에 가서 복음을 전하고 교회를 개척하고자 하는 그의 바람보다 더 긴급한 문제였다.
>
> 제이슨 후드[7)]

사도들: 다른 사람들

이와 같이 열두 명의 사도가 있었다. 그런데 혹시 다른 사도들은 없었을까?

틀림없이 최초의 열두 사도는 초대교회 내에서 독특한 지위와 역할을 갖고 있었다. 그들은 예수님의 삶, 죽음, 부활에 대한 권위 있는 증거의 원천이었다. 따라서 그들의 목소리, 그리고 후에 그들 가운데 몇 사람이 쓴 저작들은 알려져야 했고 결정적인 가치가 있을 만큼 대단히 중대했다. 그들은 예루살렘 교회에서 기초적인 역할을 했다. 누가는 그들이 거기서 지도자로 활동했음을 자주 언급한 바 있다. 심지어 박해로 말미암아 많은 신자들이 다른 곳으로 흩어졌을 때에도, 그리고 선교 운동이 안디옥 같은 다른 중심지에서 진행되고 있을 때에도 그러했다(행 5:27-32; 8:1, 14; 9:27; 11:1; 15:1-6, 22; 16:4).

하지만 또한 우리는 더 일반적인 의미에서 여러 과제를 수행하도록 보냄 받은 '사도'로 묘사되는 수많은 다른 사람들에 대해 듣는다. 여기에 최초의, 권위 있는 열두 명 및 바울에 속하지 않은 사도들이 언급된 성구 목록이 있다.

- **고린도전서 15:7**. 바울은 예수님이 부활 후에 "모든 사도"에게 나타나셨다고 말한다. 그러나 5절에는 베드로와 열두 명만 기재되어 있다. 따라서 이것은 어떤 종류의 사도적 사역을 하는 사람들로 이루어진 보다 광범위한 집단을 언급하는 것 같다.

- **사도행전 14:14**. 바나바는 바울과 함께 사도로 불린다. 아마도 위임된 '선교사'라는 의미에서 그런 것 같다. 바나바는 초대교회에서 중요한 인물이었지만, 열두 사도에는 속하지 않았다. 그러나 그는 안디옥 교회에서 지명되고, 위임되고, 파송되었다.

- **고린도후서 8:23**. 바울은 디도의 역할을 헬라 교회들이 예루살렘 교회에 보내는 재정적 선물을 관리하는 일에서 그가 신뢰하는 대표로 묘사하고 있다(8:16-24). 그러나 디도와 동행한 다른 사람들이 있었다. 바울은 그들을 문자 그대로 "교회의 사도들"이라고 묘사하는데, 그것은 보통 '대표' 또는 '전달자'로 번역된다. 바울은 또한 그들을 "그리스도의 영광"이라고 인정한다.

- **빌립보서 2:25**. 바울은 에바브로디도를 "나의 형제요 함께 수고하고 함께 군사된 자요 너희 사재[문자 그대로 **너희 사도**]로 내가 쓸 것을 돕는 자"라고 따뜻하게 말한다. 이것은 디도의 역할과 거의 동일하다. 에바브로디도는 빌립보 교회의 대표와 전달자로서 바울의 선교 사역을 재정적으로 후원하는 일을 하도록 파송되었다.

- **로마서 16:7**. 아마도 남편과 아내로 추정되는 안드로니고와 유니아는 바울에 의해 "사도들 가운데 뛰어난" 자라고 인정받는다. 이것은 그들이 사도들에 의해 훌륭한 부부로(또는 그저 "사도들에게 잘 알려진 부부로", ESV) 간주되었다기보다는, 거의 확실하게 바울이 그들을 훌륭한 사도로 보았음을 의미한다. 우리는 그

들의 사도직이 무엇이었는지 알지 못하지만, 그들은 "이방인의 모든 교회"를 섬겼던 브리스길라나 아굴라(16:3-4)와 비슷하게 순회 전도나 교회에서 가르치는 일을 했을 것이다. 아마도 빌롤로고와 율리아(15절)는 우리가 모르는 또 하나의 부부팀이었을 것이다.

- **고린도전서 12:28-29; 에베소서 4:11.** 바울은 하나님이 그분의 교회에 주신 사역의 은사 목록에 예언자, 목사, 교사, 전도자, 치유자, 관리자 등과 함께 사도들을 포함시킨다. 아마도 그는 교회의 기초 말뚝으로, 열두 명의 독특하고 대신할 수 없는 지위를 언급하는 것이리라. 그러나 다른 사역들의 폭넓음과 복수성과 다양성에 비추어 볼 때, 바울은 아마도 더 광범위한 사도적(선교사적) 역할, 특히 우선적으로 교회를 개척하고 양육하는 것을 언급하는 것 같다.

선교사들을 보내고 후원하는 교회들의 특징

신약은 우리에게 앞서 언급한 사람들과 같은 개인들, 여러 가지 사명을 띠고 사방으로 돌아다녔던 개인들에 대해서만 말하지 않는다. 신약은 또한 선교에 관해 주목할 만한 교회들에 대한 여러 예를 제공한다. 물론 **예루살렘**에는 '모교회'가 있었다. 그 교회는 사도들의 설교의 권능에다가 최초의 신자들의 영적 교제, 사회적 공동체, 경제적 온정심이 결합되어서 놀랄 만한 성장을 이루었다. 그러나 예루살렘이 교회 확산의 유일한 중심지는 아니었다.

안디옥은 북서 지역 선교의 중심지가 된다. 그 선교적 확장의 근거는 하나같이 분명하다. 즉 그 교회는 인종적으로 **잘 섞이고**(또한 복음의 국제적 비전과 능력에 이미 마음이 열려 있으며), 바울과 바나바에 의해 **잘 가르침을 받았고**(그래서 바울이 훗날 에베소 교회에서 가르친 것과 같은 "하나님의 뜻을 다" 이해했고), 성령과 예언, 가르침, 분별의 은사를 행사하는 것에 마음이 열려 있는 사람들의 **인도를 잘 받는** 교회였다(행 11:19-26; 13:1-3).

그 다음에 유럽에서 복음의 최초의 거점이었던 **빌립보** 교회는 더 먼 서쪽 지역에서 이루어진 바울의 선교 사역을 후원하는 중심지가 된다. 바울은 또한 인근에 있는 데살로니가 교회로부터 퍼져 나가는 복음의 메시지에 대해 따뜻하게 말한다(살전 1:7-8). 하지만 그는 빌립보의 그리스도인들만이 거듭 재정적 후원을 보냄으로써 그와 함께 복음 안에서 교제(코이노니아)를 나누었다고 말한다. 우리가 성경에서 보는 빌립보서는 본질적으로 '감사'의 편지인 동시에 그들의 '사도' 에바브로디도의 손을 통해 관대한 선물을 받았다는 영수증이다(빌 4:14-20).

요한삼서-이중적 신실함

선교사를 보내고 후원하는 교회로 상당히 도외시된 또 다른 예가 있다. 그 교회는 성경 끝에 숨겨져 있는데, 요한삼서를 받은 공동체다.

아마도 그 교회는 에베소나 그 인근에 있는 교회 중 하나로, 어떻게든 요한과 관련된 교회였을 것이다. 그 편지를 쓴 "장로"는 요한의 제자 중 한 사람일 수도 있지만, 요한의 이름이 편지에 붙어 있기 때문에 우리는 그냥 요한을 저자로 언급할 것이다. 그 교회 안에는 문제와 분열이 있었던 것 같다. 요한은 전달자인 "형제들"을 보냈지만, 그들은 가서 엇갈린 반응을 받았다. 가이오 같은 사람은 그들을 환영하고 후원했다(1-8절). 디오드레베 같은 다른 이들은 그들을 방해하고 내쫓았다(9-10절). 요한이 가이오에게 하는 말은 유용한 정보를 주며, 또 우리에게 선교사를 보내고 후원하는 교회가 무엇인지 보여 주는 좋은 모델이 된다.

요한은 가이오가 두 가지 분야에서 신실하다고 칭찬한다. **진리에 대한 신실함**(3-4절)과 **형제자매들에 대한 신실함**(5-8절)이다. 둘 다 선교에 헌신한 교회에 반드시 있어야 하는 것들이다.

진리에 대한 신실함

진리에 대한 신실함은 속기식 표현(보아하니 저자가 종이와 잉크가 부족하기 때문에, 이해할 수 있는 일이다)이지만, 요한 서신의 나머지로부터 우리는 그것이 다음과 같은 내용을 포함했을 것임을 안다.

- 성육신의 진리(예수님은 인간의 몸을 입으신 참 하나님이셨다)
- 예수님의 메시아 되심(그분은 구약 이야기와 약속을 성취하셨다)
- 십자가와 우리의 죄를 위한 예수님의 대속적 죽음의 진리
- 예수님의 육체적 부활의 진리
- 구세주와 주님으로서 예수님의 유일성의 진리

이 모든 것은 복음의 본질적 진리의 일부분이다. 가이오는 그것을 믿고, 그대로 살고, "그 안에서 행했으며", 동일한 것을 하는 이들을 후원했다. 따라서 자연스럽게 가이오와 그와 같이 생각하고 살았던 교인들은 그리스도의 이름으로 오고간 사람들의 선교를 후원했다.

선교는 진리에 대한 전폭적인 헌신에서 나오는 것이기 때문이다. 안디옥 교회가 바울과 바나바의 신실한 가르침을 받은 후에 선교를 후원했던 것처럼, 요한삼서의 교회는 가이오가 신실하게 "진리 안에서 행하는" 것에 근거하여 선교를 후원했다.

선교사를 보내는 교회는 진리를 행하는 교회다. 애석하게도, 그 반대도 사실이다.

선교사들에 대한 신실함

요한은 가이오에게 "사랑하는 자여, 네가 무엇이든지 형제 곧 나그네 된 자들에게 행하는 것은 신실한 일이니"라고 쓴다(5절). TNIV 성경이 "자매"라는 말을 덧붙인 것은 옳다. 왜냐하면 헬라어 '아델포이'가 남자와 여자를 포함하는 총칭이기 때문이다. 어떤 번역본들은 "친구들" 또는 "우리 동료들"이라는 말을 덧붙인다. 그런데 그들은 누구였는가?

아마도 이 사람들은 우리가 앞의 표에서 본 순회 선교사들이었을 것이다. 그들은 돌아다니면서 전도, 교회 개척, 그리고 그로 말미암아 생기는 모든 일(지역교회 연결시키기, 가르침, 지역교회의 리더십 세우기, 네트워킹, 편지와 소식 전하기, 자원 나누기, 질문 전달 및 답변 받아오기, 그릇된 가르침 바로잡기, 인내를 격려하기 등)을 하는 사

람들이었다. 바울의 생애에서 우리는 그와 같은 목적을 갖고 여행을 한 수많은 남녀들을 발견한다. 그중 현저한 사람으로 아볼로, 뵈뵈, 브리스길라와 아굴라, 디모데, 디도가 있다(예를 들어, 롬 16:1-2; 고전 3:6; 엡 6:21-22; 살전 3:2; 딛 1:5; 딤후 4:12).

그러므로 요한삼서는, 우리 식으로 말하면 지역교회와 해외 선교사들의 관계에 대해 이야기하는 것이다. 근본적으로 요한은 그것을 "사랑"의 관계로 묘사한다(6절). 그러나 그것은 세 가지 독특한 방식으로 실제적인 형태를 띤 사랑이었다. 보냄, 감, 후원함이다.

보냄(요삼 6절)

요한은 가이오와 그 교인들에게 "네가 하나님께 합당하게 그들을 전송하면 좋으리로다"라고 쓴다. 이는 도전적인 책임이다. "그들을 전송하라"는 말은 작별 인사를 하는 것 이상을 의미했다. '프로펨포'라는 동사는 신약 다른 곳에서는 어떤 사람의 여행을 위해 필요한 준비를 하는 것을 뜻하는 전문 용어다(행 15:3; 21:5; 롬 15:24; 고전 16:6, 10-11; 고후 1:16; 딛 3:13). 그것은 음식, 요금 또는 하룻밤 숙박비를 위한 돈, 안전을 위한 동료, 저쪽 편에 있는 사람을 위한 소개서나 추천서를 포함했을 것이다.

게다가 요한은 이 모든 일이 "하나님께 합당하게" 선교사들을 위해 행해져야 한다고 말한다. 그것은 하나님을 바라보고 **그분의** 승인을 기대할 수 있는 방식으로라는 뜻이다. 또는 우리가 전송하는 사람이 예수님 자신인 것처럼 대하라는 뜻이다. 우리가 예수님을 위해 무엇을 못하겠는가? 그와 같은 관점과 그와 같은 이상이라면, 교회든 선교단체이든 간에, 선교 파트너들을 내보낼 준비를 하는 방식을 변화시키지 않겠는가?

선교, 교회나 선교단체, 또는 훈련기관에 사람을 보내는 책임을 맡은 모든 이들은 자신의 벽과 탁상용 달력, 컴퓨터 화면에 요한삼서 6절을 모토로 써 붙여야 한다.

> 나는 학기 초에 열방 기독교 대학의 전체 교직원이 모인 자리에서 요한삼서 6절을 본문으로 설교한 적이 있다. 나는 우리가 보내는 기관이 아니라 훈련기관이지만, 이 절의 도전은 우리와 함께 있는 학생들을 위해 우리가 하는 모든 일(가르침, 요리, 청소, 수업료 관리, 건물 유지, 유인물 인쇄 등 무엇이든)에 적용된다고 강조했다. 그 모든 것이 우리가 보내고 있는 자들을 위해 "하나님께 합당하게" 행해질 필요가 있었다.
>
> 다음날 나는 비서가 작은 카드 위에 그 본문을 인쇄해서 그녀의 컴퓨터 화면 위쪽에 붙여 놓은 것을 보고 기뻤다. "네가 하나님께 합당하게 그들을 전송하면 좋으리로다." 내가 전한 메시지는 제대로 전달되었다.

감(요삼 7절)

요한은 보내는 자들로부터 가는 자들에게로 방향을 돌려서, 그들에 대해 두 가지 점을 주장한다.

첫째, 그들은 관광객이 아니다. 그들은 "주의 이름을 위하여" 나간다. 물론 그렇게 하면서 요한은 주 예수 그리스도의 이름만을 뜻하는 것이다. 구약에서 야웨의 이름은 승리를 쟁취하고, 제사장들이 축복하고, 예언자들이 말하는 권능과 권위였던 것처럼, 신약에서 예수님의 이름은 그분의 임재, 권능, 권위를 의미한다.

선교사들은 그리스도의 이름을 위해 세상에 나간다. 그리스도의 권위를 갖고, 그리스도의 임재와 함께, 그리스도의 영광을 위해.

둘째, 그들은 연설가처럼 그들 자신의 기술을 포함해서 그들이 갖고 있는 것을 팔아서 사는 상업적 여행객이 아니다. 1세기 지중해 세계에는 순회 강연자들이 넘쳐 났다. 그들은 당시의 텔레비전 전도자 같은 사람들로, 대중의 귀와 지갑을 노렸다. 바울은 그 자신을 그와 같은 사기꾼들과 구별 지어야 했다(고후 2:17). 요한은 이런 그리스도인 선교사들이 세속적인 원천에서 재정적 후원을 받지 못하고 있음을 교회에 상기시킨다. 그들이 나가는 것은 하나님의 이름에 대한 충성은 물론이요 하나님의 백성에 대한 믿음의 행위였다.

후원함(요삼 8절)

요한의 결론이 단호하게 뒤따라 나온다. "그러므로 우리가 이 같은 자들을 영접하는 것이 마땅하니 이는 우리로 진리를 위하여 함께 일하는 자가 되게 하려 함이라." 여기에서 "우리가 마땅하니"는 약하다. 그것은 "우리가 하지 않을 수 없다", "우리는 그들에게 빚을 지고 있다"라고 번역하는 편이 더 낫다.

기독교적 교제에는, 그리스도의 이름으로 보냄받는 자들을 후원할 의무가 따른다. 바울은 고린도전서 9장에서 공통적인 인간성, 구약의 예, 예수님의 가르침 등 여러 가지 논거를 들어서 이것을 강력하게 주장한다. 선교 파트너들이 필요한 것들을 적절히 제공하지 않는 교회는 그들의 선교사들이 "믿음으로" 정말 훌륭하게 산다고 말할지 모른다. 하지만 교회가 신약의 분명한 명령에 불순종하여 산다면 그것은 위선이다. 그와 같은 재정적 제공은 참으로 바울이 표현한 것처럼 "그리스도의 복음에 복종"하는 문제이기 때문이다(고후 9:12-14).

후원하는 일에는 관대하게 주는 것이 포함되며, 그것은 확실히 하나님 백성의 선교의 주요 부분이다. 그것은, 바울이 빌립보 그리스도인들에게 감사하며 말했던 것처럼 "복음 안에서 교제"하는 문제다.

마지막으로 요한은 그의 단호한 주장 전체를 다음과 같은 마지막 구절로 마무리 짓는다. "이는 우리로 진리를 위하여 함께 일하는 자가 되게 하려 함이라." **그들**(선교사들)이 진리를 위해 일하고 **우리**(후원자들)는 돈을 지불하는 것이 아니다. 보내는 자와 보냄받는 자, **우리 모두가** 진리를 위해 함께 일하는 것이다. 그것이 기독교 선교의 책임과 특권이다.

> 연보의 은혜는 성령의 은사다(롬 12:8). 하나님의 은사는 모든 신자에게 어느 정도씩 후하게 부여되기도 하고 일부에게는 특별할 정도로 주어지기도 한다.

> 예컨대, 모든 그리스도인이 복음을 다른 사람들과 나누도록 부름받지만, 일부는 전도자의 은사를 받는다. 모든 그리스도인이 다른 사람들을 위한 목양적 돌봄을 실천하도록 부름받지만, 일부는 목사로 부름받는다. 바로 이런 식으로 모든 사람이 관대하도록 부름받지만, 일부는 특별한 "연보의 은사"를 받는다. 상당한 재정 자원을 맡은 사람은 그러한 자원에 대한 선한 청지기가 되어야 할 특별한 책임이 있다.
>
> 존 스토트[8]

요약

그렇다면, 하나님 백성의 선교는 그들에게 성삼위 하나님 안에서 비롯된 보내고 보냄받는 장구하고 풍요로운 전통에 참여할 것을 요청한다. 성경의 하나님은 보내시는 하나님이시다. 성부, 성자, 성령의 관계 안에서조차 보내시는 하나님이시다.

그 역동적인 보내심은 먼저 하나님이 구원의 대행자와 계시의 전달자로서, 구약 이스라엘 내에서 그리고 구약 이스라엘에게 보내셨던 사람들의 많은 예를 통해 진행된다. 무슨 목적에서든, 하나님에 의해 보냄받는 것은 하나님의 권위를 갖고 가는 것을 의미했지만(예를 들어, 구출하거나 그분의 이름으로 말함에 있어), 거기에는 자주 고난과 거부 또한 따랐다.

하나님의 보내심의 긴 이야기는 하나님이 세상을 구원하시기 위해 세상에 보내신 분에게서 절정에 이른다. 예수님은 구약의 보내심의 모든 차원을 구현하시지만, 최고로 탁월한 점은 우리가 요한복음 17장에 나오는 그분의 기도와 그분의 절정의 외침 "다 이루었다!"에서 듣는 것처럼, 그분이 마침내 완전하게 그분이 보냄받으신 목적을 완수하셨다는 것이다.

그 후에 예수님으로부터 그분이 다시 오실 때까지 교회의 선교가 진행된다. 예수님이 제자들에게 마지막으로 하신 말씀과 행동이 보냄, 위임, 명령을 형성한다. 오늘날 예수님의 제자들인 사람들은 복음서에 나오는, 그분과 함께 있도록 부름받고 그분의 일을 하기 위해 그분의 이름으로 땅 끝까지 그리고 세상 끝까지 가야 하는, 복음서에 기록된 예수님의 제자들처럼 되어야 한다.

그렇다면 교회는 그리스도의 이름과 복음의 진리를 위해 보냄, 감, 후원함의 사역을 통해 개척되고 양육되고 연결된 세계 공동체가 되어야 한다.

우리는 어디로 보냄받는가? 예수님은 하나님 아버지께서 그분을 세상에 보내신 것처럼, "세상에"라고 말씀하셨다. 그러므로 우리는 "세상에" 있어야 한다. 하지만 다른 의미에서 우리는 세상에 속하지 않는다. 우리는 어떻게 세상에 삼킴을 당하지 않으면서 세상의 공적 무대에서 선교를 수행해야 하는가? 다음 장에서 그 주제를 다룰 것이다.

생각해 볼 질문

1. 당신은 어떤 점에서 하나님에 의해 "보냄받았다"고 생각하는가? 반드시 지리적이나 육체적인 점에서가 아니라, 그분의 명령 아래 살고 그분의 뜻을 행한다는 점에서 생각해 보라.
2. 독특한 지위와 역할을 지닌 열두 사도와, 신약이 우리에게 보여 주는 광범위한 의미에서의 사도들(“보냄받은 자들”)을 어떻게 구별할 것인가? 오늘날에도 사도가 있는가? 그렇다면 그들은 무엇이 되어야 하며, 무엇이 되지 않아야 하는가?
3. 당신의 교회와 요한삼서에 묘사된 선교적 교회의 모습은 어떻게 닮았는가? 특히 "진리에 대한 신실함"과 "(선교에 종사하는) 형제자매들에 대한 신실함"이라는 두 가지 도전을 생각해 보라.
4. 당신의 교회가 선교에 사람을 내보내는 일을 할 때, 당신이 의식적으로 "하나님께 합당하게 그들을 전송하는" 것을 목표로 한다면 어떤 변화가 일어나겠는가?(요삼 6절)

13장
공적 광장에서 살아가는 백성

우리는 순회 기독교 선교사로 보냄받고 받아들여진 사람들—그리스도의 이름을 위해 국경을 넘어 여행하며 기독교 교회들의 후원을 받는 자들—에 대해 생각하면서 지난 장을 마쳤다. 그러나 하나님 백성의 선교를 선교사들에게만 맡겨둘 수 없다(교회의 사역을 우리가 보통 '사역자'라고 부르는 사람들에게만 맡겨둘 수 없는 것처럼).

대다수의 신자들은 전통적 의미에서 여행하는 선교사들로 보냄받지 않는다. 그것은 오늘날만큼이나 신약 교회에서도 사실이었던 것 같다. 대부분의 그리스도인은 대개 일상 세계에서 일하고, 생활비를 벌고, 가족을 부양하고, 세금을 내고, 사회와 문화에 기여하고, 사람들과 어울리고, 자신의 몫을 하며 산다. 그렇다면 어떤 점에서 (우리가 공적 광장이라고 부를) 그 영역에서의 신자들의 삶은 하나님 백성의 선교의 일부분인가? 그와 같은 일상적인 생활은 우리의 신앙을 증거하고 충분한 돈을 벌어서 선교사들과 '진짜 선교'를 후원할 수 있는 기회를 주는 것 외에 다른 목적을 갖는가?

그것이 이 장에서 우리가 생각할 문제다. 공적 광장에 있는 하나님 백성의 선교. 나는 이 표현을 가장 광범위한 의미에서 사용한다. 또 한 가지 용어는 '직장'(marketplace)인데, 이것 역시 광범위한 의미로 사용한다. 그저 순전히 경제적 또는 재정적 구조로서의 '시장'(the market)이 아니라, 사람들이 생산적 프로젝트와 창조적 활동을 하면서 협력하는 세계 전체—일, 교역, 직업, 법, 산업, 농업, 공학, 교육, 의술, 대중매체, 정치와 정부, 심지어 레저, 스포츠, 오락까지 포함하는—를 말하는 것이다.

이 모든 것을 말하는 구약 성경의 단어는 '성문'(the gate)이었다. 성문은 모든 도시나 마을에 있는 공적 광장으로, 사람들은 거기서 만나 어떤 종류든 자신의 일을 보았다. 이것은 인간의 사회적 참여의 세계로, 우리가 대부분의 시간을 보내는 곳이다.

하나님과 공적 광장

하나님은 공적 광장에 관심을 가지시는가? 많은 그리스도인이 하나님이 관심을 갖지 않으신다고 가정하면서 매일을 살아가는 것 같다. 혹은 최소한 하나님은 전도를 위해 일상생활에 관심을 가지시는 것 외에는 일상생활의 세계 자체에 관심을 갖지 않으신다고 추정한다. 하나님은 교회와 그 일들, 선교 사역과 선교사들, 사람들을 천국으로 데려가는 것에 대해서는 관심을 가지시지만, 사회와 공적 장소들이 땅에서 움직이는 방법에 대해서는 관심을 갖지 않으시는 것 같다.

이와 같은 이분법적 사고로 인해 똑같이 이분법적인 그리스도인들의 삶이 생겨난다. 이는 하나님이 그들에게 가장 원하실 거라고 생각되는 것과 그들이 꼭 해야만 하는 것 사이에 존재하는 확연한 단절로 말미암아 그들 안에 엄청난 내적 불안을 갖게 만드는 이분법이다. 우리 가운데 많은 이가 하나님께 정말로 중요하지 **않다고** 믿게 된 장소와 일—소위 세속적 일의 세계—에 중요한 시간의 내**부분**—우리의 일하는 삶—을 투자하는 반면, 남은 시간을 하나님께 **중요하다고** 배운 유일한 것, 곧 전도에 할애할 수 있는 기회를 찾기 위해 애쓰고 있다.[1]

하지만 신구약 성경이 분명하고 포괄적으로 묘사하는 하나님은, 인간의 사회적·경제적 삶의 공적 무대에 몹시 관심을 가지시는 분으로, 그 무대에 관여하시고, 책임을 지시고, 많은 계획을 갖고 계신 분이다.

하나님이 우리의 직장에 관여하시는 것에 대해 성경이 말하는 몇 가지 중요한 주장을 생각해 보자. 각 경우에 이런 주장들이 거기서 살고 일하는 그리스도인들에게 제기하는 몇 가지 문제에 대해 생각해 볼 것이다. 그러면 우리가 공적 광장에 참여할 뿐 아니라 그 안에서 역사하시는 하나님을 반대하는 세력들과 대결한다는 점에서, 하나님 백성의 선교에 대해 생각하는 성경적 발판을 마련하게 될 것이다.

성경은 하나님과 공적 광장, 곧 모든 인간의 일들이 다양하게 행해지는 세계에 대해 무어라고 말하는가?

하나님은 공적 광장을 창조하셨다

일은 하나님의 발상이다. 창세기 1-2장은 우리에게 일하시는—생각하시고, 선택하시고, 계획하시고, 실행하시고, 평가하시는—분으로 하나님의 최초 모습을 제공한다. 그러므로 하나님이 하나님의 형상을 따라 사람을 만들기로 결정하셨기 때문에, 인간이 일을 하면서 하나님의 본질의 무언가를 나타내는 일꾼이 되는 것은 당연한 일이다.

구체적으로 하나님은 사람에게 땅을 다스리고(창 1장), 땅을 돌보고 보존하는 과제를 부여하셨다(창 2장). 이에 대해서는 이미 3장에서 탐구한 바 있다. 이 엄청난 과제는 남자와 여자의 상호보완적인 협력을 필요로 했을 뿐만 아니라, 인간 삶에 대한 몇 가지 다른 기본적인 경제적·생태학적 차원을 함축한다. 하나님은 우리에게 지면 곳곳에 매우 다양한 자원이 흩어져 있는 세상을 주셨다. 어떤 장소들에는 비옥한 땅이 많다. 다른 장소들에는 막대한 광물 매장층이 있다. 그러므로 공통적인 요구를 채우기 위해서는 다른 장소에 살고 있는 집단들 간에 교역과 교환이 필요하다.

결과적으로 그 과제는 경제적 관계를 만들어 내며, 따라서 사회적·경제적 영역 전반에 걸쳐 공정성과 정의가 필요하다. 우리가 일할 때 사용하는 원료를 나누고, 일한 결과물을 분배하기 위해서는 정의가 있어야만 한다. 성경은 인간의 이 위대한 경제적 노력이 이 세상에서 인간의 삶을 위한 하나님의 목적의 필수 요소라고 증거한다. 일은 우리를 위한 하나님의 의도였기 때문에 중요하다. 일은 하나님이 우리를 만드실 때 생각하셨던 것이다. 일은 **그분의 창조 안에 있는 우리의** 일부분이다. 3장에서 본 것처럼, 일은 인간으로서 우리 사명의 일부분이다.

따라서 일은 '저주'의 결과가 아니다. 물론 현재 우리의 타락으로 인해 모든 일이 무수히 많은 해로운 방식으로 영향을 받는다. 그러나 일 자체는 인간 본성의 본질에 속한다. 우리는 일하시는 분인 하나님처럼 일꾼이 되도록 창조되었다. 이는 '문화 명령'이라고 불려 왔다. 우리가 공적 영역에서 하는 모든 일은, 개인적 일이든 가족에 속한 일이든 아니면 공동체 전체에 속한 일이든, 역사상 모든 문화와 문명에 이르기까지 우리의 창조됨과 연결되어 있다. 따라서 우리의 창조자는 일에 관심을 가지신다. 물론 공적 광장과 직장은 우리의 죄성으로 인해 오염되고 왜곡되어 있다. 하지만 그것은 인간 존재의 모든 영역에서도 마찬가지다. 질병과 죽음이 궁극적으로 죄의 결과라는 사실이, 그리스도인들이 의사가 되지 말아야 하거나 장례식장을 운영하지 말아야 하는 이유가 되지 않는 것처럼, 우리의 타락은 공적 영역에서 물러날 이유가 되지 않는다.

> 직장에서 예수님을 따르고자 애쓰는 사람들에게 물어야 하는 첫 번째 질문은 이것이다. 당신은 당신이 하는 일을 필요악 또는 전도의 기회를 제공하는 맥락으로만 보는가? 아니면 그 일을 창조세계를 위한 하나님의 목적에 참여함으로써 하나님을 영화롭게 하는 수단으로, 그래서 **본질적인** 가치를 지닌 것으로 보는가? 당신이 매일 하는 일과 창조세계와 사회에서의 인간의 책임에 대해 성경이 가르치는 것은 어떻게 관련되는가?

하나님은 공적 광장을 감독하신다

우리는 감사(auditor)의 기능을 잘 안다. 감사는 어떤 회사의 활동과 주장에 대해 독립적이며 공정하고 객관적인 조사를 시행한다. 감사는 모든 서류와 증거를 검토한다. 감사에게는 모든 장부가 공개되며 모든 결정을 알려 준다. 그에게는 어떤 감추인 비밀도 없다. 적어도 이론상으로는 그렇다.

성경에 따르면, 하나님은 공적 광장에서 진행되는 모든 일을 심판하시는 독립적인 심판관이시다. 구약 성경은, 보시고 아시고 평가하시는 하나님인 야웨에 대해 되풀이해서 말한다. 이것은 가장 보편적인 의미에서 사실이며 모든 개인에게 적용된다(시 33:13-15).

그러나 그것은 특별히 공적 광장에서 사실이다. 이스라엘은 하나님이 "성문에서", 현대 용어로 말하면 직장, 공적 무대에서 정의를 요구하신다는 말을 되풀이해서 들었다. 아모스는 하나님이 성소보다 "성문"에서 일어나는 일에 더 관심을 가지신다고 주장함으로써 청중들을 놀라게 했다(암 5:12-15).

그뿐 아니라 하나님은 은밀한 곳에 있는 탐욕스러운 마음이나 사업상 거래에서 비밀스럽게 이루어지는 이야기를 들으신다. 다시 아모스는 신적 감사가 당시의 부패한 사업가들이 사악한 의도로 중얼거리는 말을 다 듣고 계시는 모습을 기술한다(암 8:4-7). 그리고 하나님은 성전에만 계셔서 종교 의식 가운데 일어나는 일만을 보신다고 생각하는 자들에게 하나님이 평상시에 공적으로 일어나는 일을 지켜보신다는 말씀은 충격으로 다가온다(렘 7:9-11).

하나님은 감사이시다. 공적 무대에서 일어나는 모든 것을 독립적으로 조사하는 감독관이시다. 그러므로 여느 감사가 그래야 하는 것처럼, 하나님이 요구하시는 것은 완전한 진실과 투명함이다. 이것은 공직에 몸담고 있는 인간 재판관들에게 기대하는 표준이다. 사무엘의 사례는 흥미로운 사실을 드러낸다. 그는 자신이 공인으로서 활동한 경력을 옹호하면서 하나님을 증인이라고, 자신의 신적 감사라고 부른다(삼상 12:1-5).

> 직장에서 예수님을 따르고자 애쓰는 모든 이에게 물어야 하는 두 번째 질문은 이것이다. 당신의 모든 활동 가운데 신적 감사를 인정하고 순종하는 부분은 무엇인가? 하나님에 대한 책임은 당신이 하는 매일의 일에 어떻게 영향을 끼치는가?

하나님은 공적 광장을 통치하신다

우리는 종종 마치 그 자체가 '스스로 법이 되는' 아주 독립적인 것처럼, '직장의 힘'에 대해 또 사업과 정치 전 영역에 대해 이야기한다. (종종 대문자 M을 사용하는) '시장'(The Market)은 객관화되고 일종의 신적인 자율적 능력을 부여받는다. 아무튼 개인적 수준에서 우리는, 개인적으로 통제할 수 있는 범위를 넘어선 힘, 수백만에 달하는 다른 사람들의 선택에 의해 결정되는 힘에 휘둘리고 있다고 생각한다. 아니면 어떤 경우에는, 2008-2009년의 재정 위기가 보여 준 것처럼, 수백만 명의 사람이 소수의 무모하고 무책임한 선택에 휘둘리는 것 같았다. 그리고 그 소수도 똑같이 전체 '시장'을 통제할 수 없는 공황 상태에 내동댕이쳐지는 것처럼 보였다.

성경은 좀더 미묘한 견해를 갖고 있다. 인간의 공적 생활은 책임져야 할 선택들로 이루어져 있다. 그 점에서, 직장에서 일어나는 모든 일은 인간의 행동, 선택, 도덕적 책임의 문제다. 하지만 동시에 성경은 그 모든 것을 하나님의 주권적 통치 아래 놓는다. 두 번째 것(하나님의 궁극적 통제)뿐만 아니라 첫 번째 것(인간의 선택)도 강조함으로써, 성경은 운명론이나 결정론에 빠지는 것을 피한다. 성경은 역설의 양면을 다 단언한다. 인간은 우리의 선택과 행동 그리고 그것이 만들어 내는 공적 결과에 대해 도덕적 책임이 있다. 그렇지만 하나님은 최종 결과와 운명을 주권적으로 통제하신다.

많은 성경 이야기가 이것을 분명히 보여 준다. 요셉 이야기는 가족의 영역과 국가 권력의 최고 수준에 있는 공적 무대 사이를 왔다 갔다 한다. 요셉은 정치적·사법적·농업적·경제적·외교적 문제에 관련되어 있다. 그 이야기에 나오는 모든 배우는 좋든 나쁘든, 자신의 동기, 말과 행위에 대해 책임이 있다. 그러나 요셉의 말을 통해 드러나는 창세기 저자의 관점은 아주 분명하다(감질나게 하는 신비를 간직하고 있기는 하지만 말이다).

> 요셉이 그들에게 이르되 두려워하지 마소서. 내가 하나님을 대신하리이까. 당신들은 나를 해하려 하였으나 하나님은 그것을 선으로 바꾸사 오늘과 같이 많은 백성의 생명을 구원하게 하시려 하셨나니. (창 50:19-20)

예언서 본문을 살펴보면, 예언자들이 당시의 대제국들에 주의를 돌리면서 야웨의 언약 백성 이스라엘에 대한 통치만큼이나 **그들에** 대한 야웨의 통치를 단언한다는 점은 특별한 의미가 있다. 군사는 물론이요 직장까지, 그들의 모든 공적 일이 그 통치에 포함된다.

이사야 19:1-15은 애굽 전체를 하나님의 심판 아래 놓는다. 거기에는 애굽의 종교, 관개(물대기), 농업, 어업, 섬유 산업, 정치가, 대학들이 다 포함된다.

에스겔 26-28장은 거대한 무역 도시 두로에 대한 일관된 탄식인 반면에, 29-32장은 애굽의 엄청난 제국 문화에 대해 비슷한 파멸을 쏟아 붓는다. 두 경우 모두, 경제적·정치적 권력의 공적 광장은 하나님의 주권적 활동의 중심이다.

다니엘 4장은 자신의 도성을 보고 흐뭇해하는 느부갓네살의 교만을 다음과 같이 기술한다. "이 큰 바벨론은 내가 능력과 권세로 건설하여 나의 도성으로 삼고 이것으로 내 위엄의 영광을 나타낸 것이 아니냐"(단 4:30). 그러나 하나님의 판정은 느부갓네살의 모든 건축 프로젝트가, 다니엘이 지적하는 것처럼, 가난하고 억압받는 자들이 희생당한 결과로 탄생했다는 것이다. "그런즉 왕이여, 내가 아뢰는 것을 받으시고 공의를 행함으로 죄를 사하고 가난한 자를 긍휼히 여김으로 죄악을 사하소서. 그리하시면 왕의 평안함이 혹시 장구하리이다"(단 4:27).

느부갓네살이 배워야 했던 교훈을 우리가 여기서 강조하는 것이다. 즉, 하나님은 다른 모든 것과 마찬가지로 공적 광장도 통치하신다. 다니엘의 더 생생한 말로 표현하면, "하나님이 다스리시는 줄을…지극히 높으신 이가 사람의 나라를 다스리시며 자기의 뜻대로 그것을 누구에게든지 주시는 줄을 알기까지 이르리라"(단 4:26, 32).

> 직장에서 예수님을 따르는 이들에게 물어야 하는 세 번째 질문은 이것이다. 당신은 직장에서(직장 생활은 하나님 나라와 그 정의를 구하는 또 다른 방법이다) 하나님의 통치를 어떻게 감지하는가? 그 통치를 감지할 때, 그것은 당신의 일에 어떤 영향을 미치는가? 정말로 일요일에는 '하늘이 다스리지만' 월요일부터 금요일까지는 시장이 다스리는(토요일은 신과 인간이 하루 쉬는 날이고) 것이 사실인가?

하나님은 공적 광장을 구속하신다

보통 기독교적 가정은 이 세상에서 일어나는 모든 일이 임시적이고 일시적인 것에 불과하다는 것이다. 인간 역사는 영원으로 가기 위한 대기실에 불과하다. 그렇다면 그것은 정말로 그다지 중요하지 않다. 이와 같은 부정적인 비교 위에, 베드로후서에 나오는 언어에 대한 잘못된 해석에서 끌어낸 생각이 더해진다. 그것은 전 세계와 모든 물리적 창조세계가 정말로 완전히 소멸될 것이라는 생각이다. 그와 같은 전망을 가진다면, 현재 지역적 또는 세계적 공적 광장에서 우리가 하는 일에 어떤 영원한 가치를 부여할 수 있겠는가?[2]

그러나 성경은 다른 전망을 제시한다. 하나님은 자신이 만드신 모든 것을 구속할 계획을 갖고 계시다("여호와께서는 그 지으신 모든 것에 긍휼을 베푸시"기 때문이다, 시 145:9). 그리고 거기에는 **하나님이 처음에 만드신 것을 가지고 우리가** 만든 모든 것, 곧 우리가 위대한 문화 명령 안에서 창조세계를 사용해 만든 모든 것의 구속이 포함될 것이다. 물론 우리가 행한 모든 것은 우리의 사악하고 타락한 본성에 의해 오염되고 왜곡되었다. 그리고 그 악한 원천에서 흘러나오는 모든 것은 하나님에 의해 제거되고 정화되어야 할 것이다. 그것이 정확히 우리가 구약 성경과 신약 성경에서 보는 모습이다. 그것은 소멸이 아니라 구속의 비전이며, 다른 어떤 것으로 대체되는 것이 아니라 창조가 회복되고 갱신되는 비전이다.

물론 성경은 공적 광장, 곧 죄와 부패, 탐욕, 불의, 폭력으로 점철된 사회와 직장에서 사는 인간 생활을 제시한다. 이는 지역적·세계적 차원에서 찾아볼 수 있다. 노점이나 구멍가게에서 이루어지는 교활한 상행위로부터 국제 교역의 거대한 왜곡과 불공평에 이르기까지 여러 가지 모습으로 나타난다. 그리스도인으로서 우리는 공적 차원에서 나타나는 죄에 대해 철저히 이해할 필요가 있다. 그리고 우리는 우리 선교의 일부분을 그리스도의 이름으로, 예언자적으로 죄에 맞서 대결하도록 부름받는 것으로 볼 필요가 있다. 그러나 하나님께 공적 광장의 부패는, 그것을 증발시켜 버릴 이유가 아니라 그것을 정화하고 구속할 이유가 된다.

이사야 65:17-25은 새 창조, 새 하늘과 새 땅을 영광스럽게 기술한다. 더 이상 권태와 부패를 당하지 않는 인간 생활을 고대한다. 가족과 일에 성취가 있을 것이며, 좌절과 불의의 저주가 영원히 사라질 것이며, 하나님과 친밀하고 즐거운 교제가 있을 것이며, 환경의 조화와 안전이 있을 것이다. 개인 생활, 가정 생활, 공적 생활, 동물의 삶, 이 모든 삶 전체가 구속되고 회복되어서 적절한 열매를 맺고 하나님께 영광을 돌릴 것이며 인간은 성취를 느끼면서 즐거워할 것이다.

신약 성경은 십자가를 통해 그리스도에 의해 성취된 구속에 비추어, 특히 부활에 비추어 이 비전을 진척시킨다. 바울은 하나님이 그리스도를 통해 **창조하신** 것뿐만 아니라, 그분이 그리스도를 통해 **구속하려고** 계획하시는 것에도 포괄적으로 그리고 되풀이해서 "만물"을 포함시킨다. 그리스도의 사역을 기술하는 두 곳에서 "만물"은 모든 창조 질서를 의미한다는 것이 이 본문에서 분명하다(골 1:16-20). 그 우주적 구속 계획 때문에, 창조세계 전체는 좌절로부터 해방되고 자유로워지는 때인 미래를 고대할 수 있다(롬 8:19-21).

우주의 파멸에 대해 말하는 데 종종 사용되는 그 본문조차도(사실, 내 생각에 그것은 실제로 구속적 정화를 묘사하는 것이다),[3] 즉시 정의가 충만한 새 창조를 기대하는 것으로 넘어간다(벧후 3:13).

그리고 성경 전체의 마지막 비전은 우리가 세상에서 어떤 천상의 낙원으로 도피하는 것이 아니라, 하나님이 다시 우리와 함께 살기 위해 정화되고 회복된 창조세계 안으로 내려오시는 모습이다. 그때 인간 문명의 모든 열매가 하나님의 도성에 들어오게 될 것이다(계 21:24-27, 사 60장을 기반으로 한다).

왕과 만국의 "빛", "영광", "존귀"는 그들의 삶과 노력으로 방대한 양의 인간 문화와 문명을 만들어 낼 인간 세대의 산물이 결합된 것이다. 다시 말해, 새 창조 때 하나님의 위대한 도성에 들어올 것은 대대로 축적된 방대한 양의 인간이 일한 결과물일 것이다. 이 모든 것이 정화되고 구속되어 새 창조세계에서 영원한 삶을 풍요롭게 하기 위해 그리스도의 발 아래 놓이게 될 것이다.

그렇다면 월요일 아침에 대한 우리의 관점은 바뀌어야 하지 않겠는가?

내가 다른 곳에서 이 주제에 대해 쓴 글이 있다.

역사 속에서 모든 열방의 삶을 풍요롭게 하고 영광스럽게 한 모든 것을 새 창조세계를 풍요롭게 하기 위해 가져오게 될 것이다. 새 창조는 백지장이 되지 않을 것이다. 마치 하나님이 이 창조세계에서 이루어진 인간 역사의 삶 전체를 구겨서 우주의 쓰레기통에 던져 버리시고, 그런 다음 우리에게 다시 시작할 수 있는 새 종이 한 장을 건네시는 것처럼 되지는 않을 것이다. 새 창조세계는 인간 문명이 옛 창조세계에서 성취한 모든 것—그러나 정화되고, 순화되고, 소독되고, 성화되고, 축복받은—이 상상할 수 없을 정도로 비축된 대서 **시작할** 것이다. 그리고 구속받은 인류의 창조적 능력을 발휘하면서, 우리는 그것을 즐기고 또 우리가 지금 상상할 수 없는 방법으로 그 위에 건설할 수 있는 영원을 갖게 될 것이다.

나는 성경이 말하는 것처럼, 하나님이 **어떻게** 새 창조세계에 있는 하나님의 도성에 인간 문명의 부를 구속하시고 정화하셔서 가져오실 수 있는지 모른다.…그러나 내가 부활체의 영광 가운데 거기에, 나라는 사람 그대로, 그러나 구속되고 모든 죄에서 벗어나, 또 어서 새로 시작하고 싶어 몸이 근질거리는 상태로 있으리라는 것을 안다.

우리는 과거 천년 동안의 '잃어버린 문명들'에 대해 한탄한다. 우리는 고고학적 유물이나 장편 서사 영화를 통해 부분적으로만 그 문명들을 복원할 수 있다. 그러나 요한계시록 21장을 진지하게 받아들인다면, 그 문명들은 영원히 '상실'되지 않는다. 그들의 영광을 하나님의 도성에 가지고 올 왕들과 나라들은 그리스도의 재림 때 존속하는 자들로 국한되지 않을 것이다. 누가 어떤 나라가 흥하거나 망할 것이라고, 또는 어떤 문명이 지난 천년의 잃어버린 문명들처럼 '상실' 될 것이라고 말할 수 있는가? 그렇지 않다. 그 약속은 인류 역사의 모든 시대, 모든 대륙, 모든 세대에 걸쳐 이어진다. 시편 기자의 기도는 어느 날 응답될 것이다. 과거, 현재, 미래의 모든 역사를 위해.

> 여호와여, 세상의 모든 왕들이 주께 감사할 것은
> 그들이 주의 입의 말씀을 들음이오며
> 그들이 여호와의 도를 노래할 것은
> 여호와의 영광이 크심이니이다. (시 138:4-5)

이 전망에 대해 생각해 보라! 우리에게 이용가능한—실제적이고 잠재적인—모든 인간 문화, 언어, 문학, 예술, 음악, 과학, 상업, 스포츠, 기술적 업적. **영원히 악과 죄의 독을 빨아내 버린 그 모든 것.** 하나님을 영화롭게 하는 그 모든 것. 하나님의 사랑스럽고 만족스러운 미소 아래 있는 그 모든 것. 우리가 하나님과 함께 즐길 수 있고 또 참으로 하나님이 즐기시는 그 모든 것. 그리고 우리가 탐구하고, 이해하고, 진가를 인정하고, 확대할 수 있는 영원.[4]

> 고대 왕들은 국가의 광범위한 형태의 문화 생활에 대한 주요 권위자로 복무했다. 다른 국가와 맞섰을 때, 그들은 각자의 문화의 **지참인이요 대표자들**이었다.

> 그렇다면 왕들을 한데 모은다는 것은 중요한 의미에서 그들의 국가 문화를 한데 모으는 것이었다. 특정 국가의 왕은 오늘날 많은 다른 종류의 지도자들—산업계 지도자, 예술, 오락, 성 분야에서 여론 형성자, 교육 지도자, 가족 문제의 대표자 등—이 나누어 가진 광범위한 권위를 단독으로 가질 수 있었다. 바로 이 때문에 이사야와 요한은 거룩한 도성에 왕들이 들어오는 것을 "만국의 부"가 모이는 것과 연결시킬 수 있었던 것이다.
>
> 리처드 마우[5)]

인간의 공적 상호작용과 공적 광장에서 일어나는 모든 역사는 버려지거나 파괴되는 것이 아니라, 새 창조에서 구속되고 성취될 것이다. 그렇다면 인간의 모든 생산적인 일은 창조와 그것이 우리에게 부과했던 명령 때문만이 아니라, 새 창조와 그것이 우리 앞에 놓는 종말론적 희망 때문에 그 자체의 가치와 영원한 중요성을 가진다. 그와 같은 희망을 품고 우리는 진심으로 바울의 권고를 따를 수 있다. "항상 주의 일에 더욱 힘쓰는 자들이 되라. 이는 너희 수고가 주 안에서 헛되지 않은 줄 앎이라"(고전 15:58). "주의 일"은 '종교적인' 일만 의미하는 것이 아니라, "주께 하듯" 하는 어떤 일을 의미한다. 노예들이 하는 육체노동까지도 그 일에 포함된다(골 3:22-24).

우리는 두 가지 수준에서 반응해야 한다. 한편으로 우리는 세상에 **건설적으로 참여하도록** 부름받는다. 세상은 하나님의 세상이요, 그분에 의해 창조되고 사랑받고 소중하게 여겨지고 구속받을 것이기 때문이다. 다른 한편으로 우리는 세상과 **용기 있게 대면하도록** 부름받는다. 세상은 하나님께 반역하는 세상이요, 하나님의 비난과 궁극적인 심판 아래 처해 있는 다른 신들의 놀이터이기 때문이다.

하나님 백성의 선교는 **동등한 성경적 확신을 가지고 둘 다를 행하는** 지속적인 긴장 가운데 살 것을 도전한다. 그것은 본질적으로 "세상에 있으나 세상에 속하지 않는" 것이다. 다행스럽게도 성경은, 항상 그렇듯 우리에게 그것이 의미하는 바를 보여 주는 풍부한 예를 제공한다.

> 그러므로 직장에서 예수님을 따르는 이들에게 물을 네 번째 질문이 생긴다. 당신이 매일 하는 일은 그 일이 하나님이 어느 날 구속하실 것에 크게 기여할 뿐 아니라 그분의 새로운 창조세계에 포함될 것이라는 지식에 의해 어떤 식으로 변화되는가?

공적 광장에 선교적으로 참여하기

하나님의 백성은 창조된 세계에 참여하도록 부름받는다. 성경은 우리에게 하나님의 백성을 위한 하나님의 부르심 및 하나님의 선교와 전적으로 일치하도록 '세속적인' 공적 광장에 참여하는 여러 가지 방법을 가르친다.

국가를 섬기도록 배치됨

고위 공직을 구하는 데 유리한 몇 가지 일이 있다. 하지만 도저히 권할 수 없는 일들도 있다. 외국에 노예로 매매되었다가 '행방불명되어 죽은 것으로 추정된' 자가 집으로 돌아온다? 좋은 출발이 아니다. 침략자에 의해 포로로 잡혀 적국에 끌려가서 다른 아이들과 함께 경멸받는 소수 인종이 되는 것은? 그런 일은 일어날 수 없을 것 같다. 또한 동방의 폭군에게 납치되어 성노예가 되는 것은 어떨까? 전혀 아닌 것 같다.

하지만 먼저 요셉, 다니엘, 에스더의 이야기를 살펴보라. 그들은 모두 마지막에 가서는 이방 제국 정부의 정상을 차지하고 그 자리에서 하나님과 하나님의 백성을 섬기기까지 한 사람들이다. 그들의 이야기의 시작과 그들이 나중에 차지한 지위의 차이는 한 가지 공통 요인을 가리킨다. 하나님의 손이다. 그들 가운데 아무도 그들이 차지한 자리를 선택하지 않았지만, 분명히 요셉과 다니엘은 하나님이 목적을 가지고 자신들을 그 자리에 두셨음을 인정했다.

우리는 그들로부터 무엇을 배울 수 있는가?

첫째, 그들은 그 모든 모호함에도 불구하고 그들이 일부가 된 공적 광장의 **현실을 받아들였다**. 다니엘과 세 친구는 자신들이 넘을 수 없는 선에 이르기 전에는 그 문화를 받아들였다(단 1장). 그들은 바빌론식 이름, 바빌론 언어로 이루어진 바빌론식 교육을 받아들이고, 바빌론 직업 세계에 들어갔다. 요셉도 분명히 애굽 언어를 매우 유창히 말할 정도로 배웠다. 그래서 그의 형들은 그가 애굽인이 아니라는 사실을 알아채지 못했다(창 42:23). 에스더는 거절의 대가로 순교하는 것 외에는 다른 선택의 여지가 거의 없었지만, 마음에 들지 않는 문화적 관례를 받아들였으며, 또 모르드개의 도움을 받아 그것을 생명을 살릴 수 있는 기회로 보게 되었다.

둘째, 그들은 정부와 사회적 유익을 위해 **건설적이고 양심적으로 일했다**. 다니엘의 정적들까지도 이 점에서는 그에게 흠을 잡을 수 없었다.

> 총리들과 고관들이 국사에 대하여 다니엘을 고발할 근거를 찾고자 하였으나 아무 근거 아무 허물도 찾지 못하였으니 이는 그가 충성되어 아무 그릇됨도 없고 아무 허물도 없음이었더라. (단 6:4)

다니엘이 도시 문제를 담당하고 있을 때면 보통 바빌론 사람들의 생활 형편이 좋았다고 상상할 수 있다. 요셉의 경우, 요셉의 가족들이 기아에서 구출되기 전에, 이미 많은 애굽인이 그의 현명한 행정에 의해 구출되었다(창 41장). 에스더의 업적은 물론 그녀 자신의 민족을 위한 것이었지만, 선한 목적을 위해 공직을 사용하는 원리는 분명하다.

셋째, 그들은 자신의 **진실성을 지켰다**. 요셉에게 그것은 도덕적 온전함이었다. 그의 고용인의 신뢰도 주요한 요인이었기는 하지만(창 39:7-10). 다니엘과 그의 친구들에게 그것은 그들이 언약의 하나님께 충성을 바친 반면, 왕에게 전적인 충성 바치기를(왕의 식탁에서 먹는 것과 같은 일이 나타내는 것처럼) 거부한 것이었다. 훗날 그것은 우상숭배와 같은 더 공공연한 문제들이 되었지만, 그때도 그들은 진실성을 확실히 고수했다. 이것은 쉽지 않은 일이었다.

신약 성경에는 공직에서 섬기는 신자들의 증거가 더 적지만, 추론에 의거해서 이론을 세울 수 있다면, 바울이 다른 곳에서 기독교 사역을 말할 때 사용한 단어(롬 13:4에서 두 번 '디아코노스' 그리고 6절에서 '레이투르고스')를 사용해서 로마의 통치 당국을 "하나님의 종"이라고 말할 수 있었기에, 그는 그리스도인들이 공직에서 섬기는 것을 허락했을 것이다. 정치적·사법적 섬김은 둘 다 하나님의 섬김이 될 수 있다. 곧 살펴볼 것처럼, 에라스도가 그 좋은 예다.

정부를 위해 기도하도록 명령받음

다음 장에서 우리는 하나님 백성의 선교의 한 차원으로서 기도에 대해 살펴볼 것이다. 그러나 이 시점에서 구약 성경과 신약 성경이 하나님의 백성에게 이스라엘 사람이든 그리스도인이든 간에, 다른 신자들만을 위해서가 아니라 그들이 속한 국가를 위해서도 기도하라고 명령한다는 점을 언급하는 것이 적합하다.

첫 번째 예는 예레미야가 바빌론 포로들에게 보내는 충격적인 편지에 나온다.

> 너희는 내가 사로잡혀 가게 한 그 성읍의 평안을 구하고 그를 위하여 여호와께 기도하라. 이는 그 성읍이 평안함으로 너희도 평안할 것임이라. (렘 29:7)

포로로 잡혀간 사람들은 바빌론을 **위해** 주께 기도하는 것은 고사하고, 바빌론**에서** 주께 기도하는 것이 가능하다는 생각조차 하기 힘들었을 것이다. 그들은 자신이 바빌론에 원하는 것이 무엇인지 정확히 알았다(시 137:8-9). 그리고 자신이 누구의 샬롬을 위해 기도해야 하는지도 알았다(시 122:6).

그러나 예레미야는 "그러지 말라"고 말한다. "너희가 하나님이 너희를 거기에 두셨기 때문에 거기 있다는(그래서 너희가 **과정 중에** 있다고 생각하지 말고 그곳의 거주자들이 되어야 한다는, 4-6절) 사실을 받아들인다면, 너희는 계속적인 **사명**—열방에 복이 되는 아브라함의 사명―을 지닌 것이다. 그리고 그것에는 아브라함이 소돔과 고모라를 위해 기도했던 것처럼 그들을 위해 기도하는 것이 포함된다."

증거는 없지만, 나는 다니엘이 예레미야의 이 편지를 읽고 그 말하는 바를 실천했다고 생각된다.[6] "다니엘은 기도의 사람이었다. 그는 매일 세 번 기도했다"(내가 어린 시절부터 기억하는 또 다른 노래, 참고. 단 6:10). 그의 기도 목록 맨 위에는 누가 있었을까? 느부갓네살. 믿어지는가? 느부갓네살(다니엘의 도시를 파괴하고 그의 동포를 살해한 사람)이 왕위에서 쫓겨날 것이라는 이야기를 다니엘이 들었을 때, 고소해 하지 않고 매우 속상해서 왕에게 그 사실을 말해 주려고 했다는 사실을 달리 어떻게 설명할 수 있겠는가? 그러나 다니엘은 느부갓네살에게 그 운명을 피할 수 있는 방법에 대한 몇 가지 세심한 조언과 함께 그 사실을 말해 주었다(단 4:19-27). 백성의 원수에 대한 그와 같은 관심이 기도가 아니라면 어디에서 나왔겠는가? 당신이 어떤 사람을 위해 매일 기도하고 있다면(시 137편의 끝에 나오는 기도를 하는 것은 고사하고), 그를 계속 미워하기란 어렵다.

신약 성경에 나오는 이 같은 명령은 모든 형태의 통치자들을 위한 기도를 명시한다. 바울 당시에 그들은 거의 전부가 믿지 않는 이방 남녀들이었을 것이다(우리가 아래서 살펴볼 것처럼, 에라스도 같은 몇 가지 예외를 빼고).

그러므로 내가 첫째로 권하노니 모든 사람을 위하여 간구와 기도와 도고와 감사를 하되 임금들과 높은 지위에 있는 모든 사람을 위하여 하라. 이는 우리가 모든 경건과 단정함으로 고요하고 평안한 생활을 하려 함이라. 이것이 우리 구주 하나님 앞에 선하고 받으실 만한 것이니 하나님은 모든 사람이 구원을 받으며 진리를 아는 데에 이르기를 원하시느니라. (딤전 2:1-4)

선교적 관점에서 우리는 바울이 그와 같은 정치 지도자들을 위한 기도로부터 복음의 구원하는 능력 및 전파로 얼마나 매끄럽게 옮아가는지 주목해야 한다.

> [롬 13:4-6에서] 국가의 사역에 대해 쓰면서, 바울은 두 번이나 다른 곳에서 교회의 사역자들에 대해 사용했던 것과 똑같은 단어를 사용한다.… '디아코니아'는 매우 다양한 사역을 포괄하는 용어다. 입법자, 공무원, 행정 장관, 경찰, 사회사업가, 세무원 등으로 국가를 섬기는 사람들도 목사, 교사, 복음전도자 혹은 행정 담당자로 교회를 섬기는 사람들과 마찬가지로 "하나님의 사자"다.
>
> 존 스토트[7]

도시의 안녕을 구하도록 명령받음

예레미야가 바빌론 포로들에게 보낸 편지로 돌아가서, 그 첫 구절을 면밀하게 살펴보자. "너희는 내가 사로잡혀 가게 한 그 성읍의 **평안[샬롬]**을 구하라"(렘 29:7a). 잘 알려진 것처럼, 샬롬은 놀라울 정도로 광범위한 단어다. 샬롬은 갈등 또는 전쟁이 없는 평화를 넘어서 전면적인 안녕과 복지로 나아간다. 샬롬은 삶의 온전함과, 구약 성경이 언약에 충실한 자에게 주어지는 하나님의 복으로 포함시켰던 그런 종류의 번영을 말한다.

예레미야가 포로로 잡혀간 사람들에게 바빌론 이웃들을 위해 그와 같은 복을 구하라고 권고한 것은 정말로 놀랍다.

"하지만 그들은 우리 적인데요!"

"그래서 어떻다는 건가? 그들을 위해 기도하고, 그들의 안녕을 구하시오."

예레미야가 포로로 잡혀간 사람들에게 준 이 놀라운 명령과 예수님이 제자들에게 부여하신 놀라운 사명은 대동소이하다. "너희 원수를 사랑하며 너희를 박해하는 자를 위하여 기도하라"(마 5:44).

> 인도에서 훈련 중인 목사들을 가르칠 때, 나는 일요일마다 푸네에 있는 각각 다른 교회에 한 그룹을 데리고 다녔다. 그러고 나서 강의실에 돌아와서 그들에게 그들이 관찰한 것에 대해 성찰해 보라고 요청했다. 우리는 기도 시간을

> 비교해 보았다. 성공회 전통을 갖고 있는 한 교회에서, 기도는 주로 공식적이고 전례 중심이고 간단명료했으며 그리 길지 않았다. 오순절 계통의 모임에서, 기도는 시끄럽고 임의적이고 매우 길었다. 하지만, 첫 번째 경우에 기도는 세계를 포함하고, 주와 국가 정부의 지도자들을 거명한데 반해, 두 번째 경우에 기도는 거의 전적으로 자신에게만 초점을 맞추었다. 나는 디모데전서 2장과 관련하여, 한 교회는 "거룩한 손을 드는 것"(8절)을 회피했지만 적어도 1-2절에는 순종한 반면에, 다른 한 교회는 우리 팔이 아플 때까지 손을 들어 올렸지만, "임금들과 높은 지위에 있는 모든 사람"을 위한 기도는 없었다고 지적했다. 어느 것이 더 '성경적'이었는가?

다니엘과 그의 친구들이 바빌론에 정착하고 정부 직책을 받아들일 수 있는 자유를 만들어 낸 것은 그와 같은 조언이었음에 틀림없다. 그리고 그들이 차지한 그와 같은 직책은 분명히 '그저 하나의 직업'이 아니었다. 우리는 그것이 그들이 사무실에서 성경 공부를 하거나 집에서 전도 모임을 갖는 동안 생계를 꾸려 가도록 돕는 어떤 형태의 '자비량'이었다는 말도 들은 바 없다. 내가 알기로는, 그들이 그런 일을 했을 수 있다. 이야기의 나머지가 보여 주는 것처럼, 그들은 자신의 신앙을 감추지 않았다.

그러나 본문이 강조하는 것은 그들이 일등급 학생, 모범적인 시민, 열심히 일하는 공복이었으며, 또한 신뢰성과 진실성으로 유명했다는 것이다. 왕조차도 자신이 그와 같은 사람들에 의해 이익을 보고 있음을 인정했다. "성읍의 평안"은, 예레미아가 마땅히 그렇게 해야 한다고 말한 것처럼 그들이 추구하는 바였다. 그리고 평생 그렇게 하면서, 그들이 섬기는 하나님에 대해, 그리고 그분의 도덕적 요구와 심판, 자비에 대해 증거할 수 있는 기회가 중요한 시점마다 생겼다. 실제로 처음 여섯 장 매 장마다 한 번씩.

신약 성경을 살펴보면, 고위직 시 공무원인 동시에 기독교 신자였던 한 사람이 있다. **에라스도다.**

에라스도는 바울이 교회 개척 사역을 할 때 그를 도운 사람 중 하나였다(행 19:22). 바울이 고린도에서 로마서를 썼을 때, 마지막 인사말에 에라스도가 포함되어 있는데, 거기에서 그는 "이 성의 재무관"(롬 16:23)으로 묘사된다. 그 구절은 에라스도가 이 중요한 로마 도시에서 조영관(aedile)의 자리에 있었음을 강하게 시사한다. 그것은 로마 행정에서 주요한 책임을 수행하는 정치적 지위였는데, 상당한 개인적 부와 시를 위해 관대하게 베풀 수 있는 마음을 요구했다.

하나님을 섬기는 것과 공직에서 공동체를 섬기는 것은 양립 가능한 일이었다. 실제로 그와 같은 공적 봉사와 자선 행위는 바울이 그리스도인들에게 참여하도록 강하게 격려했던 것의 일부분이었다. 바울은 그들이 "선을 행해야" 한다고 되풀이해서 강조했는데, 그 단일 동사는 로마제국에서 전문적인 의미를 지녔던 단어였다. 그 의미는 시민 후원자로서 공적 봉사를 하는 것이었다.

> 바울은 보통 그가 편지에서 언급하는 그리스도인들의 현재 직업이 무엇인지 언급하지 않았다. 에라스도의 경우 그의 직업을 언급하면서, 바울은 독자들에게 부유한 그리스도인이 도시의 안녕을 구하면서 수행할 수 있는 역할에 대한 예를 제공할 수 있었다. 에라스도가 이 공직을 맡은 것은 로마서 13:3-4과 베드로전서 2:14-15에 언급된 도시 후원자로서 그리스도인의 역할을 실행한 것이었다. 그는 로마서가 기록된 그해 동안 조영관이라는 힘든 직무를 맡아서 수고했다.…에라스도는 상당한 재력을 가진 그리스도인으로, 두 영역에서 적극적이었다. 사도적 팀의 일원으로 에베소에서 바울을 섬긴 후에, 그는 마게도냐에 있는 교회들로 파송되었다. 그는 그 후에 고린도에서 시를 후원하는 일에 관여했다.…그해 동안 고린도에서 에라스도가 수행한 직무는 헌신과 책임을 요구했다. 그 의무들이 보여 주는 것처럼 그 자리는 한직이 아니었다.
>
> 이것이 옳다면, 초대교회는 복음/교회 사역과 후원자로서 고린도의 안녕

> 을 구하는 것을 이분법적으로 생각하지 않았다. 이 결론은…에라스도라는 인물 안에서 확인되는 것 같다.…바울은 도시의 세속적·영적 복지는 동전의 양면으로, 별개의 영역이 아니라는 점을 시사하는 것처럼 편지를 썼다. 이 유명한 그리스도인 시민은 이러한 활동을 둘 다 수행하면서 결코 그 둘을 양립할 수 없거나 자율적인 독립체로 여기지 않았을 것이다. 두 역할은 그 도시에 살았던 자들의 안녕과 관련된 것이었다. 그것은 바울이 사도행전 10:38에서 "그가 두루 다니시며 선한 일을 행하시고"라고 기록된 그리스도의 사역을 모방하는 것으로 보았던 것이었다.
>
> 브루스 윈터[8]

일상적인 일을 통해 생계를 꾸리도록 명령받음

바울이 개척해 세운 교회들 가운데서 일부 사람들이 일상적인 일은 더 이상 가치가 없다고 생각한 것 같다. 그래서 게을러졌으며, 그들은 자신의 게으름을 그리스도의 재림을 열렬히 기대한다는 영적 이유로 합리화했다. 바울은 그리스도의 재림에 대해서는 그들과 의견을 같이했지만, 그들이 일을 주저하고 정상적인 인간의 책임을 다하지 않는 것에는 동의하지 않았다.

> 또 너희에게 명한 것 같이 조용히 자기 일을 하고 너희 손으로 일하기를 힘쓰라. 이는 외인에 대하여 단정히 행하고 또한 아무 궁핍함이 없게 하려 함이라.…게으른 자들을 권계하라. (살전 4:11-12; 5:14)

바울은 이 점에서 스스로 일을 해서 생계를 꾸렸던 자신을 예로 든다. 데살로니가후서 3:6-13에 기록된 바울의 긴 권고는 전문을 다 읽어 볼 가치가 있다. 그것은 바울이 강하게 느꼈던 문제를 분명하게 다룬다. 그리스도인들은 부지런한 일꾼이 되어야 한다.

"선을 행하라"는 바울의 잦은 권고를 그저 "멋진 사람이 되라"는 말로 해석하지 않아야 한다. 앞에서 언급한 것처럼, 그 용어는 공적 봉사와 자선 행위라는 공통의 사회적 함축을 지녔다.[9] 그리스도인들은 공적 무대에 가장 큰 공적 유익을 가져옴으로써 성경적 복음을 권할 수 있는 사람이 되어야 한다.

그리스도인들은 좋은 시민과 좋은 일꾼이 되어야 하고, **그럼으로써** 좋은 증인이 되어야 한다. 일은 여전히 창조적으로 선하다. 일을 하는 것은 **선하다**. 그리고 일을 함으로써 **선을 행하는** 것도 좋은 일이다. 이 모든 것 또한 하나님 백성의 선교의 일부분이다.

바울 서신을 살펴보면, 새로운 회심자들이 세속 세계에서 갖고 있던 직업을 버리고 선교사로 나가야 한다고 말하는 것 같지는 않다. 분명히 몇 사람은 그렇게 했지만 말이다. 그와 반대로, 바울은 그들 대부분이 자기 자리에 그대로 머물러서 일하고 생계를 꾸리고 세금을 내고(롬 13:6-8), 또 공동체에서 선을 행하는 것을 생각하는 것 같다. 우리는 자신이 맡은 자리로 돌아간 빌립보 감옥의 간수, 섬유업을 계속한 루디아, '고린도의 시장'으로서 자신의 사역과 바울의 사역을 돕는 일을 어떻게든 병행한 에라스도를 상상할 수 있다.

그와 같은 사람들은 공적 광장에서 복음을 따라 살면서 선교적으로 참여했다. 그런 종류의 신자들은 1세기 못지않게 21세기의 세계에도 필요하다.

> 나는 아르헨티나에서 랭햄 설교 세미나를 인도하고 있었다. 아침 식사를 하면서 그 행사의 책임자와 이야기를 나누었다. 그는 아르헨티나에서 그 운동을 이끌어 가는 지도자였다. 나는 세미나 기간 동안 모임을 인도하고 가르치는 것을 돕던 세 사람을 특히 칭찬했다. 그들은 모두 세속 직업에 종사하지만 성경을 가르치는 일에 헌신한 아르헨티나 그리스도인들이었다. 내 친구는 즉시 이렇게 말했다. "맞습니다. 그들은 훌륭한 설교자입니다. 하지만 그게 전부가 아닙니다. 그들은 훌륭한 남편이요, 훌륭한 아버지요, 훌륭한 시민입니다." 나는 그녀에게 그들이 훌륭한 시민이라고 말한 이유가 무엇인지 물었다. 그녀는 이렇게 말했다. "그들은 미국으로 가려고 하지 않고, 여기 아르헨티나에 계속

> 머물러 있습니다. 그들은 정직합니다. 열심히 일하고 세금을 꼬박꼬박 냅니다. 그들은 우리나라에 복이 됩니다." 그것은 공적 광장에서 진정하고, 성경적이고, 아브라함적이고, 바울적이고, 통합적인 선교다. 나는 그 말에 큰 감동과 은혜를 받았다.

공적 광장에서의 선교적 대결

하지만 세상에 관여하면서 복음에 따라 살다 보면 불가피하게 세상과 충돌하게 된다. 공적 광장은 그 대결이 일어나는 무대다. 하나님 백성의 선교는 눈을 부릅뜨고, 고개를 들고, 영적 갑옷을 착용하고 그 대결에 개입하는 것을 포함한다.

우리는 다르게 살도록 부름받는다

따라서 우리는 공적 광장에서 지역적·세계적 직장에 관여해야 한다. 그러나 직장에서 **성도로서** 그렇게 해야 한다. 우리는 거룩하도록 부름받은 자들이다. 그것은 다른 것, 구별되는 것을 의미한다. 7장에서 성경신학에서의 구별됨이라는 주제에 대해 깊이 탐구한 바 있다. 그것은 처음에 이스라엘에게 애굽이나 가나안의 문화와 다르게 살라고 부르신 사건으로부터 시작했다.

> 너희는 너희가 거주하던 애굽 땅의 풍속을 따르지 말며 내가 너희를 인도할 가나안 땅의 풍속과 규례도 행하지 말고 너희는 내 법도를 따르며 내 규례를 지켜 그대로 행하라. 나는 너희의 하나님 여호와이니라. 너희는 내 규례와 법도를 지키라. 사람이 이를 행하면 그로 말미암아 살리라. 나는 여호와이니라. (레 18:3-5)

우리는 거룩함이 실제로 이스라엘에게 의미했던 것이 바로 이 본질적 구별됨임을 보았다. 그것은 야웨의 거룩하심(곧 유일한 독특성/구별되는 타자성)에 근거했으며, 가정에서만큼이나 매일의 일상적인 사회 생활 가운데서, 곧 공적 광장에서 윤리적으로 나타나야 했다. 이스라엘이 그들의 하나님 야웨께서 거룩하신 것처럼 거룩해야 한다는 요구로 시작하는 레위기 19장은, 계속해서 그 거룩한 차이가 드러나야 하는 모든 상황을 분명히 설명한다. 거기에는 개인적·가정적·사회적·사법적·농업적·상업적 영역이 모두 포함된다.

성경에서 하나님 백성의 구별됨은 종교적일 뿐만 아니라(우리는 대부분의 다른 사람들과 다른 신을 섬긴다) 윤리적이다(우리는 다른 표준에 따라 살도록 부름받는다). 그리고 여기에는 사적 도덕은 물론 공적 도덕도 포함된다. 그 둘은 분리될 수 없다.

세상의 "소금"과 "빛"이라는 예수님의 두 가지 말씀은(마 5:13-16) 세상에 선교적으로 참여하는 것이 무엇을 의미하는지 가르쳐 주는 여전히 중대한 통찰이다.[10]

그 말씀에는 강한 대조가 암시되어 있다. 제자들이 소금과 빛이 되어야 한다면, 세상은 부패하고 어두워야만 한다. 비유의 중요한 점은 이 대조에 달려 있다. 예수님은 세상을 그대로 놔두면 매우 빨리 부패하게 될 고기나 생선에 비유하신다. 당시에 소금은, 고기나 생선을 소금물에 담그거나 소금에 완전히 절여서 보존할 때 주로 사용되었다. 그 후에 예수님은 세상을 해가 진 뒤의 방에 비유하신다. 그 방은 어둡다. 손상과 위험을 피하기 위해 등불을 켜야 한다. 이와 같이, 우리가 사는 세상, 공적 광장은 부패하고 어두운 장소다. 이 점에서 소금과 빛은 **선교적**(어떤 목적을 위해 사용된다)이면서 **대결적**(부패와 어두움에 도전하면서, 그 둘을 변화시킨다)이다.

고기 조각이 부패하고 있다면, 고기를 탓해야 소용없다. 그것은 고기를 그대로 놓아 둘 때 일어나는 일이다. 물어야 할 질문은, 소금은 어디에 있는가이다. 밤에 집이 어둡다면, 집을 탓해야 소용없다. 그것은 해가 질 때 일어나는 일이다. 물어야 할 질문은, 빛은 어디에 있는가이다. 사회가 더 부패하고 어두워진다면, 사회를 탓해야 소용없다. 그것은 억제하지 않고 도전하지 않은 채로 둘 때 타락한 인간 본성이 하는 일이다. 물어야 할 질문은, 그리스도인들은 어디에 있는가이다. 공적 광장에서 실제로 성도―하나님의 구별된 백성, 하나님의 대항문화―로 살아야 할 성도는 어디에 있는가? 직장에서 일하고 증거하는 하나님의 백성으로 사는 것을 자기 사명으로 알고, 그 대가를 지불하는 이들은 어디에 있는가?

도덕적 진실성은 기독교적 구별됨에 필수적이며, 결국은 공적 무대에서 기독교 선교를 하는 데 필수적이다. 진실성은 우리의 사적·공적 '모습'이, 우리 삶의 성과 속이, 일터에 있을 때의 내 모습과 교회에 있을 때의 내 모습이, 말하는 것과 행하는 것이, 우리가 믿는다고 주장하는 것과 실제로 실천하는 것이 양분되어 있지 않음을 의미한다. 이것이 비기독교 세계에 살면서 일하는 모든 신자가 직면한 중대한 도전이다. 이는 끝없는 윤리적 딜레마를 발생시키고 또 종종 양심의 고통스러운 곤경을 만들어 내기도 한다. 내적으로 외적으로, 실로 전쟁터다. 그러나 사회에서 소금과 빛으로 효과적으로 기능하려면 피할 수 없는 싸움이다.

우리는 우상숭배에 저항하도록 부름받는다

그러나 그리스도인들이 공적 광장에서 윤리적으로 구별되도록 부름받는 이유는 무엇인가? 그 대답은 우리가 세상에 대한 다른 견해를 갖고 있기 때문이다. 우리는 다른 곡조에 맞춰 춤을 추고, 다른 리듬을 따라 행진한다. 2장으로 되돌아가서 말하자면, 우리는 다른 이야기 속에서 살고 있다.

우리는 세상을 성경의 오직 한 분 초월적인 하나님의 창조세계로 본다. 따라서 우리는 바울 당시에 아덴의 **아고라**에서 그랬던 것처럼, 오늘날에도 공적 무대에 꽉 들어차 있는 유혹적인 신들을 거부한다. 실제로 우리는 두 관점에서 세상을 본다. 둘 다 성경적이지만, 때로 함께 유지하기 어려운 관점들이다. (이 장에서 그 작업을 해보려 한다).

한편으로 우리는 골로새서 1:15-23에 비추어 세상을 본다. 그 세상은 그리스도에 의해 창조되고, 그리스도에 의해 유지되고, 그리스도에 의해 구속된 세상이다. 그것은 하나님의 세상이며, 그리스도의 유업이고, 우리의 집이다.

그것은 하나님이 그분의 영광을 위해 살도록, 그분의 정체성을 증거하도록, 창조를 돌보는 일에 관여하도록 우리를 배치하신 곳이다. 따라서 생산적인 일은 무엇이든 세상을 향상시키며 하나님을 기쁘시게 한다. 그러므로 우리는 2장에서 검토한 성경적 이야기에 따라 이 세상에서 살아간다. 그 이야기는 인간의 삶, 일, 야망과 성취 전부를 하나님의 창조, 구속, 미래 계획이라는 맥락 가운데 둔다. 공적 광장은 이 세계의 일부분이며, 우리는 하나님 아래서 하나님을 위해 그 세계에 참여한다.

그러나 다른 한편으로,

> 또 아는 것은 우리는 하나님께 속하고 온 세상은 악한 자 안에 처한 것이며 또 아는 것은 하나님의 아들이 이르러 우리에게 지각을 주사 우리로 참된 자를 알게 하신 것과 또한 우리가 참된 자 곧 그의 아들 예수 그리스도 안에 있는 것이니 그는 참 하나님이시요 영생이시라. 자녀들아, 너희 자신을 지켜 우상에게서 멀리하라. (요일 5:19-21)

이것은 요한이 보는 세상이다. 인간과 사탄이 하나님께 반역하는 세상, 하나님을 미워하고, 그리스도를 미워하고, 하나님의 백성을 미워하고, 할 수 있다면 셋 모두를 죽이려는 세상(예수님의 경우, 세상은 그분을 죽였다고 생각했다). 그리고 공적 광장은 이 세상의 일부분이며 온갖 추함—인간의 죄와 귀신적 악의 추함, 그리고 살아 계신 한 분 하나님의 자리를 찬탈하는 신들과 우상들의 불경스러운 결합—을 나타낸다. 이것은 우리가 사랑하지 **말아야** 하는 세상이다. 죄악 가득한 세상의 갈망은 우리를 하나님에 대한 사랑으로부터 떼어놓고 본질적인 우상숭배에 빠지게 하기 때문이다(요일 2:15-17).

그래서 요한은, 그리스도 안에서 우리가 살아 계신 참 하나님을 알고 또 "하나님의 아들이 나타나신 것은 마귀의 일을 멸하려 하심이라"(요일 3:8)는 점을 우리에게 확언하고 나서, 우상을 멀리하라는 경고로 결론을 내린다. 우상은 우리 주위에, 특히 공적 광장, 직장, 일의 세계에 있기 때문이다.

일은 창조적으로 선하지만, 성경은 일을 우상으로 바꾸려는 유혹을 잘 인식하고 있다. 우리가 행하고 성취할 수 있는 것을 위해 살 때, 거기서 우리의 정체성과 성취감을 끌어낼 때, 그것은 우상이 된다. 이는 탐욕 때문에 일할 때 더욱 그렇다. 바울은 탐욕을 우상숭배와 동일시한다. 열 번째 계명을 어기라, 그러면 첫 번째 계명을 어기게 된다(골 3:5; 참고. 신 8장, 특히 17-18절).

경력, 지위, 성공 같은 우상숭배는 모두 공적 광장에서 가장 우세한 신들 중 하나인 소비주의와 연결되어 있다(적어도 서구에서, 그리고 서구의 문화적 영향을 받는 곳 어디에서나). 물론 여기서 깊이 분석할 수 없는 다른 우상들도 아주 많다. 인종적 우월성, 민족적 자부심과 애국주의, 개인적 자유, 군사적 안전, 건강과 장수, 아름다움, 명성 등. 이런 우상들 중 일부는 대중매체나 국가 선전에 서식하고, 어떤 것들은 광고 속에 침투해 있으며, 많은 것이 공적 무대를 항상 채우고 있는 가정과 대화 가운데서 간과되고 도전받지 않은 채 그냥 돌아다닌다. 그 우상들의 능력은 그 수준에서 더욱 크게 나타난다.[11]

신들의 세상에서 하나님을 위해 살다 보면 불가피하게 갈등에 직면하게 된다. 따라서 공적 광장에서의 하나님 백성의 선교는 끊임없는 영적 전쟁으로의 부르심이다. 그리고 그 전쟁의 첫 번째 과제는 적을 알아내는 것, 거기에도 적이 있다는 것을 알아내는 것이다. 문제는 그리스도인들이 문화가 있는 곳이 어디든 그들이 속한 문화의 영향을 크게 받고 있으며, 그들이 매일 사는 공적 광장이 하나님과 복음에 반대하는 영적 실체들로 얼마나 오염되어 있는지 전혀 모른다는 것이다.

공적 광장의 신들을 분별하는 것이 첫 번째 중대한 선교적 과제다. 싸우기 위해 무장하는 것은 그 다음이다.

영적 전쟁에 대한 바울의 고전적 설명이 그가 결혼, 가정, 직장 속에서 살아가는 그리스노인들에 대해 가르친 바로 다음에 나온다는 사실은 의미심장하다. 그 모든 영역에는, 우리가 "서서"(가라앉거나 시대의 흐름에 순응하기보다는), "평안의 복음"(엡 6:15, 사 52:7을 떠올림)을 전하는 전달자로서 우리의 역할을 수행하려면 싸워야 하는 싸움이 있다. 우리의 영적 싸움은 공적 광장을 포함해 삶 전체에서 일어난다. "우리의 씨름은[문자적으로 "우리의 레슬링은"] 혈과 육을 상대하는 것이 아니요 통치자들과 권세들과 이 어둠의 세상 주관자들과 하늘에 있는 악의 영들을 상대함이라"(엡 6:12).

여기는 "통치자들과 권세들과 주관자들"에 대해 상세히 분석하는 자리가 아니다. 그것들에 관해 다룬 다른 자료들이 많이 있다.[12] 개인적으로 나는 두 가지 반대 극단을 거부한다. 그것들을 단순히 인력 구조나 정치 권력, 경제 세력, 사회적 관행을 나타내는 암호로 '비신화화하는' 자들, 그리고 그것들을 정치 권력이나 경제 세력의 세계와 전혀 무관한 영적·귀신적 존재로만 보는 자들. 내가 보기에는 둘 다 성경적으로 타당하다.

세상에는 사탄적이고 귀신적인 존재가 실제로 역사하며, 인간 대행자 속에서 그를 통해 움직인다. 이것은 어떤 구조나 세력이 '자기 생명'을 갖고 있는 것처럼 보이는, 관련된 인간 의지의 총합보다 큰 인간 제도 집합의 경우 특히 사실이다.

그리스도인들이 살며 일하도록, 자신을 둘러싼 우상숭배를 알아보고 저항하도록, 그리고 십자가의 능력으로 하나님 나라의 좋은 소식을 보여 주는 증거와 이정표를 제시하면서 우상숭배에 맞서 싸우도록 부름받은 곳이, 십자가의 능력으로(6장을 보라) 우상숭배의 권세들을 패배시킨 곳이 바로 영적·인간적 권세가 그처럼 결합하여 역사하는 공적 광장이다.

우리는 고난당하도록 부름받는다

전쟁은 고난을 야기한다. 영적 전쟁도 예외는 아니다. 이 세상의 신들이 지배하는 공적 광장에서 단순하게 살고 일하고 증거하면서 하나님 백성의 선교를 계속하는 사람들, 자신의 성경적 세계관에서 비롯된 구분되는 윤리적 기준을 따라 살기로 선택하는 사람들, 가이사나 맘몬이 아니라 예수님을 주로 고백하는 사람들—이런 사람들은 어떻게든 고난을 겪게 마련이다.

하나님 백성의 고난—개인적이든 집단적이든—과 관련된 성경 자료는 너무 방대해서 관련 구절을 열거하는 것 외에는 할 수 없을 정도다. 불가피하게 명백한 것은, 성경에서 고난은 하나님의 소명과 자신의 사명에 **충실했던** 수많은 사람의 삶에서 필수적이라는 것이다. 고난을 믿음이 부족한 표시라거나 불순종의 결과라고 생각하는 왜곡된 대중 신학이 있기에 하는 말이다. 욥의 친구들은 요즘에도 살아 있어서 번영신학과 복음주의적 경건이라는 외피를 입고 목소리를 내고 있다. 물론 하나님의 백성은 범죄했을 때 고난을 겪었다. 하지만 많은 사람은 충실했기 때문에 고난을 겪었다.

예수님은 이것을 경고하셨으며, 또 다른 충격적인 선언을 하시면서 제자들에게 고난을 기뻐하라고 말씀하셨다. 그들은 좋은 성경적 선례를 돌아볼 수 있고 앞으로 하나님의 인정을 기대할 수 있기 때문이었다.

> 나로 말미암아 너희를 욕하고 박해하고 거짓으로 너희를 거슬러 모든 악한 말을 할 때에는 너희에게 복이 있나니 기뻐하고 즐거워하라. 하늘에서 너희의 상이 큼이라. 너희 전에 있던 선지자들도 이같이 박해하였느니라. (마 5:11-12)

사도행전은 고난이 초기 신자들 가운데서 곧 일어났지만, 그들은 그 특권을 기뻐하고 계속 증거함으로써 예수님이 말씀하신 대로 행했다고 기록한다(행 5:40-42). 이야기는 초기 시절부터 박해가 계속 더 심하게 일어난 반면, 교회는 계속 성장했다고 기록한다. 이 두 가지는 통합적으로 관련된 것으로 보아야 한다.

바울에게 고난이 닥치리라는 것은 그가 위임받을 때부터 작정된 사실이었다(행 9:16). 그리고 그가 신자들에게 고통을 가한 사람들 중 하나였기 때문에, 그는 앞으로 자신에게 어떤 일이 생길지 잘 알고 있었다. 실제로 그는 많은 고난을 받았다. 그러나 그것은 적대적인 세상으로 부름받은 그의 선교적 소명에 따르기 마련인 부작용 그 이상이었다. 바울에게 고난은 실제로 그의 사도직과 그가 선포하는 복음 진리의 타당성을 입증하는 증거의 일부분이었다. 고린도후서 11-12장에 기록된 그의 역설적인 주장들은 그가 한 유명한 말에서 절정에 이른다. "그러므로 내가 그리스도를 위하여 약한 것들과 능욕과 궁핍과 박해와 곤고를 기뻐하노니 이는 내가 약한 그때에 강함이라"(12:10). 이러한 주장들은 자기 학대나 허세가 아니라, 복음의 능력을 증명하는 진정한 증언이다.

예수님을 위한 고난에 대해 잘 알았던 베드로는 그의 편지에서 다른 어떤 것보다 이 주제에 대해 많이 쓰고 있다. 그가 베드로전서에서 신앙 때문에 고난당하는 자들에게 준 격려 말씀의 요지는 세 구절로 요약할 수 있다. **이상히 여기지 말라**(4:12), **보복하지 말라**(2:23), 그리고 **항복하지 말라**(3:13-17; 4:19). 무엇보다도 그의 독자들은 자신이 누구를 위해 고난당하는지, 주 예수 그리스도의 모범을 기억하고 영감을 받아야 했다.

바울과 베드로가 언급한 종류의 고난은 분명 공적 광장에서 일어났지만, 요한계시록은 직장이 하나님 및 하나님의 백성을 반대하는 우상숭배적이고 야만적인 세력들과 하나님 간에 싸움이 벌어지는 주된 맥락이 될 것이라고 더 분명히 밝힌다. 요한계시록 13:16-18에 나오는 저 악명 높은 "짐승의 수"는 문신이나 바코드, 신용카드 번호를 수반하는 종말론적 악몽이 아니라, 직장을 통제하는 우상숭배에 절하기를 거부하는 자들에게 일어날 수 있는 직장 배제의 종류를 으스스하게 폭로한 것이다.

그러나 이 모든 것에 대해 보통 지적되지 않는 한 차원이 있다. 선교에 대한 많은 책은 하나님 백성의 고난의 필요성에 대해 경고한다. 고난은 그리스도를 신실하게 고백하는 자들에게 불가피하다는 것이다. 박해와 순교는 지금까지도 선교 역사와 선교 경험의 가장 중요한 요소다. 등한시된 요소는 **하나님의 고난**이다.

하나님 백성의 선교는 우리가 하나님의 선교에 참여하는 것이다. 그러므로 선교하면서 겪는 하나님 백성의 고난은 선교하시는 하나님의 고난에 참여하는 것이다. 그리고 하나님의 선교는, 성경 전체 이야기를 통해 죄와 악의 파괴로부터 그분의 창조세계 전체를 구속하시려는 하나님의 결의다. 하나님께 그것은 수세기에 걸쳐 이스라엘의 불충성과 반역을 통과해 가는— 불충성과 반역의 열매를 맺고, 그것 때문에 심판을 받고, 그것을 고치는— 긴 여정을 포함했다. 그 후에 그것은 궁극적인 고난— 그리스도 안에서 하나님이 십자가에서 세상의 죄를 담당하셨을 때—으로 이끌었다. 그때 이래로 하나님은 그분의 백성이 땅 끝까지 그분 나라의 전달자가 되는 희생을 치렀을 때 그들과 함께 고난을 겪으셨다.

다른 곳에서 나는 "십자가는 하나님 선교의 불가피한 대가였다"라고 쓴 적이 있다. 그렇다면 십자가를 참으셨던 분이 우리에게 자신을 따르려면 우리 자신의 십자가를 지라고 말씀하신 점을 고려할 때, 고난당하시는 하나님의 고통스러운 선교와 자기 자신을 동일시하는 사람들에게는 불가피하게 치러야 하는 대가가 있다. 그 대가는 예수님의 최종적 승리로 어느 날 정당성이 입증될 것이다. "그는 그 앞에 있는 기쁨을 위하여 십자가를 참으사 부끄러움을 개의치 아니하시더니 하나님 보좌 우편에 앉으셨느니라. 너희가 피곤하여 낙심하지 않기 위하여 죄인들이 이같이 자기에게 거역한 일을 참으신 이를 생각하라"(히 12:2-3).

> 바울의 사상과 삶을 그가 선포한 메시지와 그가 수행한 선교와 결합시킨 접착제는, 예수 그리스도의 사도로서 그가 당한 고난이었다. 바울의 고난은 그리스도 안에서 최고 절정으로 계시된 하나님의 구원하시는 능력을 세상에 알리는 도구였다. 그러므로 고난당하는 바울을 거부하는 것은 그리스도를 거부하는 것이었다. 고난당하는 바울과 동일시하는 것은 그가 십자가의 "미련함"과 "거리끼는 것"에 의해 구원받았다는 확실한 표시였다.
>
> 스코트 해프먼[13]

섬김에서 고난이 차지하는 자리와 선교에서 수난이 차지하는 자리는 오늘날 거의 가르쳐지지 않고 있다. 하지만 복음전도 또는 선교의 효율성에 있어서 가장 커다란 단 하나의 비밀은 기꺼이 고난받고 죽으려는 마음이다. 그것은 인기에 대한 죽음일 수도 있고(인기 없는 성경의 복음을 충실히 전파함으로

> 씨), 또는 자존심에 대한(성령을 의지하여 겸손한 방법을 사용함으로써), 인종적·국가적 편견에 대한(다른 문화에 동일시됨으로써), 물질적 안락에 대한(검소한 생활 방식을 채택함으로써) 죽음일 수도 있다. 하지만 열방에 빛을 가져오려면 종은 반드시 고난받아야 하며, 씨는 여러 배 결실을 맺으려면 반드시 죽어야 한다.
>
> 존 스토트[14]
>
> 마지막으로, 우리는 하나님이 고난과 죽음의 현 질서를 초월하는 새 창조를 가능하게 하기 위해, 알려진 인간 고통 가운데 가장 격렬한 고통이 하나님과 관련된 것을 적절하게 묘사할 수 있을 만큼, 그렇게 자신을 주시는 일에 관여하신다는 점에 주목한다. 그러나 그와 같은 사건은 오로지 하나님의 내적 생명이라는 측면에서만 생각되지는 않는다. 하나님의 고난은 지상에 있는 하나님의 종의 고난에 대한 하늘의 고난이다. 고난당하는 종은 하나님의 고난을 떠맡으신다. 그리고 이 세상에 있는 악의 세력들을 극복하기 위해 최종적으로 필요한 것을 하신다. 그것은 죽음에 이르는 고난이다.
>
> 테렌스 프레다임[15]

결론-공적 광장에서 일하는 그리스도인들에게 주는 개인적 메시지

이 장은 이 책에서 쓰기가 가장 힘들었다. 특히 고난을 다룬 마지막 부분이 그랬다. 이 장의 주된 처음 두 부분은 매우 성경적이다. 하나님은 일과 사회적 참여의 세계를 창조하셨으며 계속해서 그것에 열렬히 관심을 갖고 관여하신다. 그리고 성경은 온갖 종류의 공직을 섬김으로써 하나님을 섬긴 많은 사람에 대해 서술한다. 우리는 그들의 모범으로부터 많은 것을 배울 수 있다.

하지만 전쟁과 고난 부분은, 그 주제에 대해 아무것도 모르는 사람이 쓰기 쉽지 않다. 솔직하게 말해서, 상대적으로 우호적인 서구에 사는 많은 그리스도인과 마찬가지로, 나는 내 신앙 때문에 고난을 겪은 어떤 의미 있는 경험에 대해 말할 수 없기 때문이다.

그럼에도 불구하고 이 글을 쓰면서 혼자 조용히 바다를 내다볼 때, 나는 저 바다 건너 그리고 전 세계에 걸쳐 형제자매들이 이 순간에도 그리스도를 믿기 때문에 온갖 가능한 방법으로 희롱당하고, 매 맞고, 억울하게 고소당하고, 감옥에 갇히고, 억압당하는 것을 안다. 히브리서 11:35-38의 언어는 아직도 적용된다.

나는 교회가 불타고, 목사들이 참수당하고, 보통 신자들의 삶은 궁핍해지고 비참해지는 나라에 있는 친구들로부터 이메일을 받는다. 그리고 때때로 그 메일을 읽고 나서 울고, 종종 그들을 위해 기도한다. 그러나 나는 내가 상상하는 것 외에, 그것이 어떤 것인지 전혀 알지 못한다.

이 책을 읽는 어떤 사람은 그와 같은 환경에서 살고 있을지도 모른다. 그 경우 내가 할 수 있는 것은, 이 책을 통해 한 손을 뻗어 사랑과 기도로 당신을 껴안는 것이다. 주님이 당신을 위로하시고 강하게 해주시고 당신이 계속 그분께 충실할 수 있도록 붙잡아 주시기를 바란다.

또한 나는 우리나라와 서구 '기독교권' 여러 지역에서, 공적 광장에서 기독교 신앙을 고백하는 것을 반대하는 흐름이 거세게 일고 있음을 안다. 환자에게 기도를 해주거나 일터에서 하나님을 언급했다는 이유로 직장을 잃는다. 아이러니한 것은 그들이 희롱과 증오라는 죄목으로 고발당하는 자들이 된다는 것이다! 한편, 여러 전문직에 종사하는 그리스도인들은 쉽고 분명한 해결책이 없는 윤리적 딜레마에 끊임없이 직면한다. '그리스도인이 해야 할 일'을 찾아내기란 불안하고 스트레스 많은 일일 수 있다.

다시 한 번 나는 세속 세계의 끝자락에서 그리스도인으로 살아가는 신자들에게 안타까운 마음을 표하고 싶다.

이 특별한 주제에 대해 내가 겁쟁이처럼 말하는 느낌을 가지고 있음을 고백한다. 나 자신의 노동 생활은 세속 직장에서 이루어지지 않기 때문이다. 나는 목회 사역을 하기 전에 몇 년간 교사로 일했으며, 그런 다음 내 인생 나머지 기간 동안 신학 교육과 기독교 기관의 지도자로 사역해 왔다.

하지만 나는 매일 세상의 직장에 관여하는 모든 그리스도인에 대해 엄청난 존경과 진심 어린 큰 관심을 가지고 있다.

- 당신은 하나님이 창조하신 세계인 동시에 사탄이 (일시적으로) 찬탈한 세계, 게다가 당신이 하나님의 선교에 참여할 세계인 공적 광장으로 매일 출근한다.
- 당신은 현 세계의 다니엘이다. 적어도 당신은 다니엘이 될 수 있고 되어야 한다.
- 당신은 예수님이 "세상에 있으나 세상에 속하지 않은" 자라고 말씀하신 바로 그 제자다.
- 당신은 세상의 공적 광장에 살면서 일하지만, 인생에서 궁극적 목표와 가치를 또 다른 원천, 곧 하나님 나라에서 발견한다.
- 당신은 세상의 소금과 빛이다.

공적 광장에서 생계를 꾸려 나가는 수백만 명의 그리스도인들이 세상의 소금과 빛이라는 예수님의 말씀이 뜻한 바를 진지하게 받아들였다면 세상은 어떻게 되었을까?

당신이 매일 하는 일이 중요한 것은 그 일이 하나님께 중요하기 때문이다. 일은 그 자체로 본질적 가치를 지니고 있다. 그것이 어떤 식으로든 사회의 필요, 다른 사람들에 대한 봉사, 지구 자원에 대한 청지기직에 기여한다면, 그 일은 창조세계를 위한 하나님의 계획과 새 창조세계에 차지할 자리가 있다. 그리고 당신이 예수님의 제자로서 성심껏 그분을 증거하고, 당신의 신앙에 대해 묻는 사람들에게 항상 대답할 준비를 하고, 필요한 경우에 그리스도를 위해 기꺼이 고난을 받으려 한다면, 예수님은 당신이 결코 알지 못했던 방식으로 당신의 삶이 열매를 맺도록 하실 것이다. 당신은 하나님 백성의 선교에 참여하는 것이다.

하나님이 당신을 강하게 만드셔서 당신 종족의 수가 늘어나기를 바란다.

생각해 볼 질문

1. 이 장 첫 부분의 발문에 나온 네 개의 질문으로 돌아가서, 이제 그 질문들에 어떻게 답할지 검토해 보라. 다음 주에 당신의 일터로 돌아갔을 때, 그것은 어떤 영향을 끼칠 것인가?
2. 공직에서 일한 신자들에 대해 조사한 다양한 성경적 자료들은 어떤 식으로 세속 세계에서 살아가는 그리스도인들에 대한 당신의 견해에 영향을 끼쳤는가?
3. 선교에 관한 책이 한 장 전체를 할애해 세상에서 이루어지는 일상적인 일에 대해 논할 것을 예상한 적이 있는가? 이 장을 읽고 난 지금, 그것을 포함시킨 것이 옳았다고 생각하는가? 그것은 하나님 백성의 선교에 포함되어야 하는 것에 대한 당신의 이해에 어떤 식으로 영향을 끼쳤는가?
4. "모든 것이 선교라면, 아무것도 선교가 아니다." 이 장을 읽고 나서, 당신은 이제 이처럼 "사람을 바보로 만드는 말"에 대해 성경적으로 어떻게 반응하겠는가?
5. 당신이 직장 생활을 하는 공적 무대에 실재하는 사탄적 악과 영적 전쟁에 대해 더 분별력을 갖도록 당신은 어떻게 노력할 것인가?
6. 그 같은 문제들을 좀더 성경적으로 다루고, 자신의 신앙이나 윤리적 입장 때문에 공적 무대에서 분투하고 고난당하는 사람들을 후원하기 위해 당신의 교회는 무엇을 할 수 있는가?

14장
찬송하고 기도하는 백성

"선교는 예배가 존재하지 않기 때문에 존재한다." 존 파이퍼(John Piper)의 책 「열방을 향해 가라」(Let the Nations Be Glad, 좋은씨앗)의 맨 앞부분에 나오는 이 인상적인 말이, 성경적 주제를 조사해 온 이 책의 마지막 장으로 극적으로 인도한다. 지극히 당연한 일이지만, 파이퍼는 교회가 존재하는 궁극적인 이유는 영원토록 하나님을 예배하고 즐거워함으로써 그분을 영화롭게 하는 것이라고 지적한다. 그리고 세상은 아직도 살아 계신 하나님을 예배하지 **않고** 그분을 즐거워하지 **않는** 사람들로 가득하기 때문에, 교회의 선교는 하나님을 예배하고 즐거워하는 무리 안으로 그들을 데려오는 것이다. 이것은 자명한 진리로, 앞으로 더 나아가기 전에 여기서 지지할 필요가 있다.

선교의 목표로서 예배

모든 선교의 목표는 살아 계신 한 분 참 하나님을 예배하고 그분께 영광을 돌리는 것이다. **모든** 인간 생활의 목표가 하나님을 사랑하고 예배하고 영화롭게 하고 즐거워하는 것이기 때문이다. 예배는 우리의 가장 깊은 성취와 풍성함이 있는 곳이다. 하나님의 형상을 따라 만들어진 피조물인 인간이 지닌 궁극적 잠재력의 만족은 하나님을 예배하고 영화롭게 하는 것과 완전히 일치한다.

다른 식으로 말하면, 하나님과의 관계를 즐거워하면서 하나님을 영화롭게 하는 그 관계를 유지할 때, 우리는 인간으로서 가장 온전하다. 그것이 새 창조에서 이루어지는 삶의 모습을 성경이 묘사하면서 아주 온전한 인간 삶에 대한 묘사와 대단한 장관을 이루는 하나님에 대한 예배를 매끄럽게 결합시킬 수 있는 이유다. 그 둘은 각각 다른 하나의 본질적인 일부가 될 것이기 때문이다(사 65:17-25; 계 21-22장).

> 교회의 궁극적 목표는 선교가 아니다. 예배가 궁극적 목표다. 선교는 예배가 존재하지 않기 때문에 존재한다. 사람이 아니라 하나님이 궁극적이시기에, 선교가 아니라 예배가 궁극적인 것이다. 이 시대가 끝날 때, 그리고 셀 수 없이 많은 구속받은 자들이 하나님의 보좌 앞에 엎드릴 때, 선교는 더 이상 없을 것이다. 선교는 일시적으로 필요한 것이다. 그러나 예배는 영원히 지속된다. 그러므로 예배는 선교의 연료이자 목표다.
>
> 존 파이퍼[1]

그러므로 **하나님의 선교**는, 그분을 사랑하고 예배하고 영화롭게 하고, 그 과정에서 최고의 기쁨을 발견하는 하나님과의 관계로 인간을 이끌어옴으로써 궁극적인 행복과 복을 구하도록 하나님을 몰아가는 역동적인 신적 사랑이다. 따라서 **하나님 백성의 선교**는 하나님의 그 구속적 사랑의 대행자가 되는 것이다. 우리는 다른 사람들이 살아 계신 하나님을 예배하고 영화롭게 하도록 하기 위해 산다. 거기서 그들이 가장 크고 영원한 성취와 기쁨을 발견할 것이기 때문이다. 따라서 우리는 전도를, 우리가 다른 사람들에게 강요하는 어떤 것이 아니라 우리가 그들을 위해 궁극적으로 할 수 있는 최선의 것으로 보아야 한다.

그것이 바울이 자신의 선교의 궁극적인 목표—자신뿐만 아니라 참으로 예수 그리스도의 선교의 궁극적인 목표—로 보았던 것이다. 로마서 말미에서 바울은, 그 편지에서 진술한 자신의 주장 전체를 요약하고 그것을 자신의 평생의 사역과 관련시킨다. 그가 로마서 첫머리에서 말했던 것처럼, 하나님의 위대한 선교는 모든 열방을 믿음의 순종으로 이끄는 것이다(롬 1:5). 즉 아브라함에게 하신 약속의 성취와 주 예수 그리스도께서 하신 일을 통해, 하나님은 그분을 신뢰할 뿐 아니라 순종의 삶으로 그 신뢰를 나타내는(아브라함에게 그랬던 것처럼) 구속적인 축복의 자리로 **모든 열방**을 데려오신다. 복음은 그것을 가능하게 만드는 메시지인 동시에 그것을 성취하는 능력이다.

바울은 로마서 첫머리에서 이것을 진술하고 끝에 가서 다시 다룬다(롬 16:26).[2] 하지만 이번에는 모든 열방을 믿음의 순종으로 이끄는 이 복음 사역이 어떻게 궁극적으로 하나님의 영광을 위하고 또 열방에게 기쁨이 되는지 강조하면서 더 자세히 진술한다. 이 위대한 전망을 지지하기 위해 구약 성경을 하나하나 인용하면서, 또 바울이 그것을 성취함에 있어 메시아 예수의 자기를 희생하는 종의 직분과 그 자신의 선교사적 사도직이 어떻게 연결되는지 깨달으면서, 바울이 얼마나 흥분했는지 살펴볼 가치가 있다. 이 구절을 읽으면서 "이방인"을 "열방"으로 읽도록 유념하라. 그것은 헬라어로 동일한 단어(타 에트네)이다. 대부분의 영어 성경에 나타난 번역상의 변화는 바울의 선교신학과 실천에서 중요한 위치를 차지하는 이 점을 모호하게 할 수 있다. 바울은 자신의 선교를 철저하게 아브라함적 방식으로 보았다. 즉, 이 세상에 있는 모든 열방을 축복하는 것으로 보았던 것이다. 무엇이 이보다 더한 기쁨을 만들어 낼 수 있겠는가?

내가 말하노니 그리스도께서 하나님의 진실하심을 위하여 할례의 추종자가 되셨으니 이는 조상들에게 주신 약속들을 견고하게 하시고 이방인들[열방들]도 그 긍휼하심으로 말미암아 하나님께 영광을 돌리게 하려 하심이라. 기록된 바

    "그러므로 내가 열방 중에서 주께 감사하고

        주의 이름을 찬양하리이다."[3]

또 이르되

    "열방들아, 주의 백성과 함께 즐거워하라"[4] 하였으며

또

"모든 열방들아, 주를 찬양하며

　　모든 백성들아, 그를 찬송하라"[5] 하였으며

또 이사야가 이르되

"이새의 뿌리 곧 열방을 다스리기 위하여

　　일어나시는 이가 있으리니

　　열방이 그에게 소망을 두리라"[6] 하였느니라.

　…그러나 내가 너희로 다시 생각나게 하려고 하나님께서 내게 주신 은혜로 말미암아 더욱 담대히 대략 너희에게 썼노니 이 은혜는 곧 나로 이방인[**열방**]을 위하여 그리스도 예수의 일꾼이 되어 하나님의 복음의 제사장 직분을 하게 하사 이방인[**열방**]을 제물로 드리는 것이 성령 안에서 거룩하게 되어 받으실 만하게 하려 하심이라.

　그러므로 내가 그리스도 예수 안에서 하나님의 일에 대하여 자랑하는 것이 있거니와 그리스도께서 이방인들[**열방들**]을 순종하게 하기 위하여 나를 통하여 역사하신 것 외에는 내가 감히 말하지 아니하노라. 그 일은 말과 행위로 표적과 기사의 능력으로 성령의 능력으로 이루어졌으며. (롬 15:8-12, 15-19: 저자 추가)

　나의 복음과 예수 그리스도를 전파함은 영세 전부터 감추어졌다가 이제는 나타내신 바 되었으며 영원하신 하나님의 명을 따라 선지자들의 글로 말미암아 모든 민족[**열방**]이 믿어 순종하게 하시려고 알게 하신 바 그 신비의 계시를 따라 된 것이니 이 복음으로 너희를 능히 견고하게 하실 지혜로우신 하나님께 예수 그리스도로 말미암아 영광이 세세무궁하도록 있을지어다, 아멘. (롬 16:25-27: 저자 추가)

　요한계시록에 기록된 성경의 위대한 마지막 비전은 한층 더 나아가서, 모든 열방이 함께 하나님을 찬양하는 것뿐만 아니라 창조세계의 모든 피조물이 하나님께 영광 돌리는 것을 본다.

내가 또 들으니 하늘 위에와 땅 위에와 땅 아래와 바다 위에와 또 그 가운데 모든 피조물이 이르되
　보좌에 앉으신 이와 어린 양에게
　　찬송과 존귀와 영광과 권능을
　세세토록 돌릴지어다 하니. (계 5:13)

하지만 예수 그리스도의 복음을 통해 하나님을 예배하고, 신뢰하고, 순종함으로써 모든 열방이 하나님을 영화롭게 하도록 한다는 점에서, 예배가 **선교의** 궁극적 **목표**라는 점을 인식하는 것만으로는 충분하지 않다. 우리는 예배가 어떻게 **선교의 수단**이 되는지도 알 필요가 있다.

이것에 대해 우리가 먼저 언급해야 하는 분명한 실용적인 이유가 있다. 다른 사람들로 하여금 살아 계신 하나님을 찬송하고 그분께 기도하도록 하는 것이 이 땅에 존재하는 이유인 사람들은 스스로 그렇게 할 필요가 있는데, 그렇지 않으면 그들의 선교는 전부 위선이며 불가능하다. 하지만 더 심오한 이유는 하나님을 영화롭게 하고 그분을 영원히 즐거워하는 것이 새 창조세계에서 구속받은 인류가 영원토록 누릴 즐거운 특권이 될 것이기에, 현 시점에서 그와 같은 찬송과 기도를 드리는 것은 미래를 기대하는 행동이자 미래를 가리키는 이정표가 될 것이다. 담대하고 긍정적으로 그렇게 할 때, 우리는 다른 사람들을 현재의 예배 경험뿐만 아니라 미래의 구속받은 영원한 영광으로 초대하는 것이다.

그러면 찬송과 기도가 선교적 차원을 지닌다고 볼 수 있는 몇 가지 주제를 성경신학에서 추적해 보자.

> 하나님이 모든 무릎이 예수님 앞에 꿇고 모든 입이 그분을 고백하기 원하신다면, 우리도 그래야 한다. 우리는 그분의 이름을 존귀하게 하기 위해 "질투해야" 한다(성경에서 때로 그렇게 표현하듯이). 그 이름이 알려지지 않은 채로

있을 때 괴로워하고, 그 이름이 무시될 때 상처받으며, 그 이름이 모욕당할 때 분개하고, 언제나 그 이름에 합당한 영광과 존귀를 받게 되기를 갈망하고 결심해야 한다. 선교의 모든 동기 중 가장 고상한 동기는, 대위임령에 대한 순종도(그것이 중요하긴 하지만), 소외되고 멸망당하는 죄인들에 대한 사랑도(특별히 우리가 하나님의 진노를 심사숙고해 볼 때, 그것이 강력한 동기이긴 하지만) 아니고, 오히려 예수 그리스도의 영광에 대한 열심(불타는 열렬한 열심)이다.…이 같은 선교의 최고 목표 앞에서, 모든 사소한 동기는 시들고 사라져 버린다.

존 스토트[7]

하나님의 바로 그 본질, 하나님의 장엄하심과 선하심은 경배와 감사를 불러일으킨다. 그와 같은 반응은, 이 **야웨 하나님은 사람의 사랑과 충성을 받으실 만한 분이라는 사실을 모든 사람에게 선포하면서** 하나님께 영광을 돌리는 데 기여한다. 그렇기 때문에 찬송은 예배일 뿐만 아니라 증언이다. 그것은 하나님을 찬양하는 것인 동시에 **그분을 선포하는 것으로, 다른 사람들도 하나님을 예배하도록 이끄는 것**이다(저자 강조).

새뮤얼 밸런타인[8]

선교적 찬송

찬송하도록 창조됨

이 책 전반에 걸쳐 우리는 '하나님의 백성은 무엇을 위해 존재하는가?'라는 문제에 대한 답을 찾아 왔다. 구약 성경의 관점에서 하나님의 백성에 대해 생각하면서, 하나님이 아브라함과 그의 후손을 통해 이 땅의 모든 열방이 복을 받게 될 것이라고 아브라함에게 하신 약속의 결정적인 중요성을 살펴보았다. 따라서 구약 이스라엘은 인류 모든 열방이 복을 받도록 하기 위해 창조된 것이다. 이스라엘은 다른 나라들을 위해 존재하는 나라였다.

하지만 다른 본문들은 하나님이 이스라엘을 창조하신 다른 목적을 진술하고 있다.

> 내 이름으로 불려지는 모든 자
> 곧 내가 **내 영광을 위하여** 창조한 자를 오게 하라.
> 그를 내가 지었고 그를 내가 만들었느니라. (사 43:7; 저자 강조)

> 내 백성, 내가 택한 자에게 마시게 할 것임이라
> 이 백성은 내가 **나를 위하여** 지었나니
> **나를 찬송하게** 하려 함이니라. (사 43:20b-21; 저자 강조)

> 띠가 사람의 허리에 속함 같이 내가 이스라엘 온 집과 유다 온 집으로 내게 속하게 하여 그들로 내 백성이 되게 하며 **내 이름과 명예(praise)와 영광**이 되게 하려 하였으나 그들이 듣지 아니하였느니라. (렘 13:11; 저자 강조)

이 본문들은 하나님이 자신의 영광을 위해, 자신을 찬송하도록 이스라엘을 창조하셨다고 단언한다. 그렇다면 여기에 모순은 없는가? 이스라엘은 열방을 위해 창조되었는가, 아니면 하나님께 찬송과 영광을 돌리기 위해 창조되었는가?

대답은 물론 '둘 다'이다. 이미 살펴본 것처럼, 열방에 복을 주시는 하나님의 궁극적인 목적은 그들로 하여금 하나님을 자신의 최대 행복으로 알고 그분을 영화롭게 하도록 하려는 것이기 때문이다. 이처럼 세계적인 목적을 위해 이스라엘이 존재하는 것은, 그들 자신이 그 지식과 예배를 구현하는 백성이 되어야 한다는 요건과 밀접히 관련되어 있다.

이 점은 시편 100편에서 가장 명료하게 드러난다. 이 시편은 이스라엘이 하나님에 의해 창조되었고 하나님께 속한 백성이라는 사실을(3절), 하나님을 예배하고 찬송하라는 요청들(2절과 4절) 사이에 배치하고 있다. 이것은 참으로 수평적으로는 "온 땅"(1절)에, 수직적으로는 "모든 세대"(5절)에 보급된다. 다시 말해, 하나님을 찬송하기 위해 창조된 백성인 이스라엘의 존재는(2-4절) 모든 공간과 모든 역사를 채우는 하나님의 영광(1절과 5절)과 밀접한 관련이 있다.

이와 같이 하나님 백성의 선교는 그들이 하나님께 찬송과 영광을 돌리기 위해, 그리고 세계 열방을 동일한 찬양의 오케스트라로 데려오기 위해 창조되었다는 사실에서 유래한다.

찬송하도록 구속받음

창조와 구속의 언어는 물론 매끄럽게 섞여 있다. 특히 이스라엘이 하나님에 의해 창조되고 구속되었다고 말하는 이사야서에서 그렇다. 신약 성경의 경우, 하나님의 구속 사역은 바울과 베드로의 두 핵심 본문에서 찬송과 영광을 하나님께 돌리는 책임과 연결되어 있다.

에베소서 1:3-14

이 놀라운 구절에서(믿을 수 없을 정도로 문장 전체가 하나로 이어진 헬라어 구절이다) 바울은 6절("그의 은혜의"라는 말을 덧붙여서), 12절, 14절에서 세 번 **"그의 영광의 찬송"**이라는 구절을 사용한다.

6절에서 바울은 "그의 은혜의 영광을 찬송하게 하려고" 영원부터 우리를 그분께 속하도록 선택하신 하나님의 사랑에 대해 말한다.

12절에서 바울은 메시아 예수에 대해 알고 그분을 신뢰하는 첫 백성이 된 나라인 구약 이스라엘에 대해 아주 분명히게 말한다. 그들은 "그의 영광이 찬송이 되도록"(이 표현은 위에서 언급한 것과 같은 구약 본문들을 떠올린다) 부름받았다.

그 다음 14절에서 바울은 이제 유대인은 물론 이방인도 포함하는("너희도", 13절) 구원 사역 전체를 "그의 영광을 찬송하게 하려 하심이라"고 요약한다.

이 삼중적 강조는 바울이 구약 교회론—하나님의 백성으로서 자신의 정체성 및 역할에 대한 이스라엘의 자기 이해—의 우물에서 얼마나 깊이 물을 길어 마셨는지를 보여 준다. 이스라엘은 살아 계신 하나님께 찬송과 영광을 돌리기 위해 창조되었고 구속되었다. 그리고 **그들에게** 해당되었던 것은 무엇이든 필연적으로 **그리스도인들**— 이제 예수 그리스도를 통해 하나님의 언약 백성이 된 모든 열방—에게도 해당되었다.

이처럼 하나님 백성의 **예배하는** 삶과 (에베소의 국제적·다인종적 공동체 같은) 열방 가운데 그 예배를 확대하는 그들의 **선교적** 기능은 서로 필수적이었다.

> 하나님의 영광은 하나님의 계시이며, 그분의 은혜의 영광은 하나님이 자신을 은혜로운 하나님으로 드러내시는 것이다. 하나님의 은혜의 영광을 찬송하며 사는 것은 우리가 은혜로운 하나님이신 그분을 말과 행동으로 예배하는 것이며, **다른 사람들도 그분을 알고 찬송하게 하는 것이다**. 이것이 구약 성경에서 이스라엘을 향한 하나님의 목적이었다(사 43:21; 렘 13:11). 또한 오늘날 그분의 백성을 향한 하나님의 목적이기도 하다(저자 강조).
>
> 존 스토트[9)]

베드로전서 2:9-12

베드로는 다른 방식으로 동일한 주장을 펼치는데, 이 구절에서는 구약 성경을 더 상기시킨다. 2장 앞부분에서 베드로는 그리스도 안에 있는 하나님의 백성을 구약의 성전에(바울이 엡 2:21-22에서 "산 돌"에 비교한 것처럼), 또한 거기서 제사를 드렸던 제사장들에게(벧전 2:5) 비교했다. 그러나 하나님의 "왕 같은 제사장들"(9절)인 그리스도인 신자들이 이제 드릴 수 있게 된 "신령한 제사"는 무엇인가? 그것은 그들이 열방 가운데서 "선한 삶"을 살아가며 그 삶의 일부로 "선포하는" 예배와 찬송이다. 이것이 얼마나 필수적인지 알기 위해, 그 둘을 나란히 놓을 필요가 있다(안타깝게도 많은 성경 번역본이 11절 앞에서 단락을 나누거나 새로운 제목을 붙인 나머지, 베드로의 주장의 긴급한 흐름을 이해하기 어렵게 만들고 있다).

> 그러나 너희는 택하신 족속이요 왕 같은 제사장들이요 거룩한 나라요 그의 소유가 된 백성이니 이는 너희를 어두운 데서 불러내어 그의 기이한 빛에 들어가게 하신 이의 아름다운 찬송을 선포하게 하려 하심이라.…
>
> 너희가 이방인[**열방**] 중에서 행실을 선하게 가져 너희를 악행한다고 비방하는 자들로 하여금 너희 선한 일을 보고 오시는 날에 하나님께 영광을 돌리게 하려 함이라. (벧전 2:9, 12; 저자 추가)

베드로의 생각은 성경으로 속속들이 물들어 있기에 그가 사용하는 거의 모든 구절이 하나 이상의 구약 성경 본문을 상기시킨다. 9절—"너희를 어두운 데서 불러내어 그의 기이한 빛에 들어가게 하신 이의 아름다운 찬송을 선포하게 하려 하심이라"—에 표현된 하나님의 백성이 되는 목적은 전반부에서 분명히 출애굽을 암시한다. 그리스도인들도 자기 나름대로 하나님의 구속을 체험했다("어두운 데서 빛에").

그러나 그 구절의 후반부—"아름다운 찬송을 선포하게 하려 하심이라"—는 두 개의 특별한 구약 성경 본문을 염두에 두고 있다(이것이 행동하는 삶을 위한 성경신학이다!).

이사야 43:21(앞에서 인용). "찬송"(아레타스)으로 번역된(우리말 성경에는 "덕"으로 번역되어 있음—역주), 베드로가 사용한 단어는 이사야 43:21의 70인역과 동일하다. "나를 찬송하게 하려 함이니라." 그것은 구약 성경이나 신약 성경에서 "찬송"을 뜻할 때 가장 흔히 사용하는 단어는 아니다. 그리고 실제로 그것은 구약 성경에서 단 네 번 이와 같이 복수 형태로 나타나는데, 모두 이사야서에 나타난다(사 42:8, 12; 43:21, 63:7). 그것은 하나님에 대해 좋은 점을 일반적으로 단언하는 것이 아니라, 특별히 그분의 위대한 구원과 자비 행위를 경축하는 찬송을 언급하는 것이 분명하다. 베드로와 마찬가지로 이사야는 그와 같은 찬송을 하나님 백성의 책임으로 상상하는데, **다른 백성이 동일한 일을 하도록 이끌려는 분명한 의도를 갖고 있다**(사 42:12에서 "…그의 찬송을 전할지어다"는 이방 나라들을 언급하는 것이다). 이것은 선교적 찬송이다.

시편 9:14. "선포"(엑상겔로)로 번역된, 베드로가 사용한 단어는 시편 9:14의 70인역과 동일하다. "그리하시면 내가 주의 찬송을 다 전할 것이요"(70인역에서는 15절이다). 이 단어는 공예배의 맥락에서 하나님의 전능하신 행위(전체 이스라엘을 위한 하나님의 역사적 구속 행위든, 아니면 예배자를 위한 개인적 행위든 간에)를 선포하는 것을 나타낸다. 이 단어가 시편에서 사용될 때, 그것은 하나님이 하신 일을 찬송과 경축의 행위로 공적으로 선포한다는 의미를 지닌다(시 71:15; 73:28; 79:13; 107:22).

그러므로 베드로는 여기서 두 가지를 주장하는 것이다.

첫째로, 그는 그리스도인들이 구약 이스라엘의 정체성과 칭호(택함받고, 제사장 같고, 하나님께 속한 거룩한 백성)를 물려받는 것처럼 이스라엘의 창조와 구속의 목적(하나님의 찬송을 선포하고 그분께 영광을 돌리는 것)도 물려받는다고 주장한다.

그러나 둘째로, 그는 그와 같은 선포적 찬송은 하나님과 예배자들 간의 사적인 관계를 목적으로 하는 것이 아니라, 그 찬송이 공적 무대로 넘쳐흘러서 하나님이 열방을 그분께로 이끄시는 한 수단이 된다고 주장한다. 다시 말해서, 부분적으로 그것은 하나님의 백성이 되어 나머지 열방이 하나님의 복을 누리게 하는 아브라함적 위임을 성취하는 것을 의미한다.

하나님 백성의 찬송은 선교적이다. 그리고 하나님 백성의 선교는 찬양을 포함한다.

하나님의 찬송을 선포하는 공적 예배에는 전도하는 능력이 있다. 공적 예배가 개인 전도와 동일시될 수는 없지만, 분명히 그것을 보완한다. 존 딕슨은 매우 효과적으로 요점을 짚어 준다.

복음 전파의 주제는 베드로전서 중반에서 크게 나타난다. 2:12에서 베드로는 신자들에게 선한 삶을 살아서 그들의 이교도 이웃들이 하나님께 영광을 돌리게 하라고 권고한다(마 5:14-16과 비교해 보라). 3:1에서 베드로는 아내들에게 경건한 행위를 통해 믿지 않는 남편들을 믿음으로 이끌도록 권고함으로써 이 점을 납득시킨다. 그런 다음, 몇 단락을 지나서 3:15에서는 "너희 속에 있는 소망에 관한 이유를 묻는 자에게는 대답할 것을 항상 준비하라"고(다음 장에서 탐구할 진술) 당부한다. 이런 장들의 선교적 취지를 고려할 때 베드로는 베드로전서 2:9("너희를 어두운 데서 불러내신 이의 아름다운 찬송을 선포하게")에서 표현된 종류의 전도를 생각하고 있는 것 같다.

그런데 베드로는 어떤 종류의 전도를 말하는 것인가? 한때 나는 베드로가 **개인** 전도를 말하는 것이라 추정하고 그렇게 가르쳤다. 나는 "찬송을 전할지어다"라는 구절을 친구와 가족에게 복음을 말하라는 것을 의미한다고 해석했다. 나는 이제 그것이 성급한 판단이었다고 생각한다. "찬송을 전할지어다"라는 표현은…신조, 기도, 그리고 항상 존재하는 시편 노래와 함께 이스라엘의 공적 찬양에 대한 구약 성경의 묘사로부터 곧바로 나온다.

베드로 시대의 성경적 유대주의가 이미 이런 공적 찬송이 외부자들에게 유익하다고 생각했다는 점을 염두에 둘 때, 베드로는 베드로전서 2:9에서 대화식 전도보다는 하나님의 백성이 모여서 주님의 구원의 경이를 말과 행위로 경축할 때 이루어지는 전도에 대해 말했을 가능성이 훨씬 더 크다.…베드로의 말은 우리가 개인 전도라고 부르는 것과 실제로 상관이 없으면서도 강하게 전도적이다.

우리가 성경을 봉독하고, 신조를 고백하고, 설교를 하고, 시편과 찬송가와 신령한 노래를 부르면서, 함께 하나님의 찬송을 선포하는 것은 하나님의 백성인 우리의 가장 중요한 예배 행위 중 하나다.…찬송이 매우 중요한 한 가지 이유는 하나님이 더없이 소중한 분이시기 때문이다. 우리에게는 찬송을 고귀하고 거룩한 활동으로 볼 다른 이유가 필요하지 않다. 그러나 베드로전서에 담긴 강한 선교 주제와 더불어 똑같이 강한 찬송 전도에 대한 유대인의 성경 전통을 고려할 때, 우리는 공적 찬송이 매우 중요한 이차적 이유를 찾아낼 수 있다. 공적 찬송을 통해 우리는 우리의 이야기를 엿듣는 사람들에게, 아직 어두운 데서 그의 기이한 빛으로 불러냄을 받지 못한 사람들에게 하나님의 자비와 능력을 알린다.[10]

> 예배는 증거를 포함한다. 이 두 가지를 하나로 묶는 요인이 바로 하나님의 이름이다. 예배란 "성호를 자랑하는" 것이며, 그 이름을 "찬송하고", "송축하고", "경외하는" 것이 아니고 무엇이겠는가? 증거란 다른 사람들에게 "주의 이름을 전파하는" 것이 아니고 무엇이겠는가? 이런 표현은 시편에 많이 나오며, 예배와 증거가 적절히 조화를 이루는 모습은 시편에서 가장 쉽고도 분명하게 발견할 수 있다.…예배는 '가치를 아는 것'(worth-ship), 전능하신 하나님의 가치를 인정하는 것이다.…그러므로 내가 하나님을 진정으로 예배하면서, 다른 사람들이 하나님께 예배드리는 것에 대해서는 전혀 관심을 갖지 않기란 불가능하다.…증거로 이어지지 않는 예배는 위선이다. 하나님의 가치를 전하려 하지 않으면서 그분의 가치를 칭송한다고 말할 수는 없다.
>
> 존 스토트[11]

찬송을 통해 증거함

이와 같이 우리는 창조주 하나님께 영광을 돌리기 위해 **창조되었다**. 우리는 구속자 하나님의 찬송을 선포하기 위해 **구속받는다**. 창조주요 구속자이신 하나님을 알지 못하는 열방 가운데서 우리가 그 모든 일을 행하는 것이 그 둘을 선교적인 것으로 만들어 준다. 예배와 증거는 밀접하게 연결되어 있다.

내가 성경 전체에서 가장 선교적인 노래 중 하나로 평가하는 시편 96편의 취지가 그러하다. 처음 세 절은 "온 땅"을 향해 찬송하라고 놀랍게 요구하지만, (적어도 처음에는) 분명 그 시가 이야기하는 위대한 실체를 경험한 이들이 부르도록 의도된 것이다.

> 새 노래로 여호와께 노래하라.
> 　온 땅이여, 여호와께 노래할지어다.
> 여호와께 노래하여 그의 이름을 송축하며
> 　그의 구원을 날마다 전파할지어다.

그의 영광을 백성들 가운데에

그의 기이한 행적을 만민 가운데에 선포할지어다. (시 96:1-3)

"새 노래를 부릅시다!" 작곡가가 외친다.

"그래요. 그런데 가사가 뭐죠?" 우리가 답한다.

"야웨의 **이름**, 야웨의 **구원**, 야웨의 **영광**, 그리고 야웨의 **놀라운 행위**를 노래합시다."

"하지만 그건 옛 노래잖아요!" 우리는 이의를 제기한다. "그건 이스라엘이 애굽에서 구속받고, 시내 산에서 야웨의 이름을 배우고, 성막에서 그분의 영광을 보고, 그분의 손으로 행하신 구원의 행위를 거듭해서 경험한 이래로 우리가 부른 위대한 노래잖아요. 그게 어떻게 새 노래가 되죠?"

"우리에게는 옛 노래일지 모르지만, '열방 가운데서', '모든 백성 가운데서'는 새 노래가 될 거예요." 시편 기자는 단념하지 않고 응답한다.

그것이 이 위대한 요청의 취지인 것 같다. 이스라엘의 경축하는 예배는 열방을 향한 증거가 될 것이다. 이스라엘의 옛 노래는 열방의 새 노래가 된다.

하지만 열방이 어떻게 듣는다는 말인가? 우리는 의아해할지도 모른다. 우리는 대개 구약의 이스라엘 사람들이 타문화 선교와 전도에 관여한다고 생각하지 않는다. 정말 그렇다. 요나조차도 마지못해 가서 하나님의 메시지를 전했다. 하지만 증거의 기능을 지닌 이스라엘의 예배를 열방이 접할 방법이 적어도 두 가지는 있었다.

첫째, 예루살렘은 솔로몬 시대부터 국제적인 도시였다. 그래서 주변의 많은 나라 사람들이 무역, 문화, 정치 활동을 위해 왕래했다. 그들 중 많은 이가 성전을 방문하고 이스라엘의 하나님 야웨를 경험했을 것이다. 솔로몬은 성전 봉헌기도를 드리면서 바로 그런 모습을 상상했다(왕상 8:41-43). 모든 관광객의 어머니 격인 스바 여왕이 가장 모범적인 사례다(왕상 10장).

둘째, 바빌론 유수 이래로 메소포타미아와 지중해 동부 지역에는 상당수의 유대인들이 디아스포라 공동체를 이루고 살았다.[12] 유대인들의 믿음과 예배, 성경은 다른 이들 사이에서 화제가 되었고, 그들 중 많은 이가 그 매력에 끌려서 신약 성경이 "하나님을 경외하는 사람들"[우리말 성경에는 "경건한 유대인들"로 번역되어 있다]이라 일컫는 사람이 되었다. 우리도 그들 중 하나다.

그 몇 세기 동안 유대인의 관습을 철저히 조사했던 존 딕슨은, 신약 교회가 순회 전도 선교를 시작하기 오래전에 어떻게 이스라엘의 예배가 선교적 차원을 지녔는지 다시 한 번 지적한다. 바울은 분명, 선교 사역 중에 일상적으로 방문했던 회당에 모이던, 하나님을 경외하는 변방의 이방인들을 효과적으로 사용했을 것이다.

> 신구약 중간기에 많은 유대인이 선교 행위로서 공적 예배의 개념을 진지하게 받아들였다는 사실을 알면 당신은 놀랄지도 모른다. 그들은 회당이나 성전에서 하나님을 집단적으로 찬송하는 것이 이방인들로 하여금 주님께 무릎을 꿇도록 설득하는 하나님의 방법 중 하나라는 사실을 아주 잘 알고 있었다. 어떤 경우에 유대인들은 큰 성공을 거두었다. 우리는 1세기의 수많은 회당이 유대인들의 하나님을 더 알기 원하는 많은 이방인을 끌어들였다는 사실을 안다.
>
> 고대 이스라엘의 시편 찬송부터 예수님 시대의 회당 예배에 이르기까지, 참되신 하나님에 대한 공적 찬송은 선교적 기능을 수행하는 것으로 여겨졌다. 선교적 기능의 수행이 그런 모임들의 목적은 아니었지만—이 모임들이 유대식 '구도자 예배'였다고 말하는 것은 아니다—그것은 하나님에 대한 집단적 찬송의 중요한 부산물로 간주되었다.[13]

이로써 유럽 대륙의 회심이 ("많은 매를 맞은") 두 유대인이 "기도하고 하나님을 찬송하매 죄수들이 들었던"(행 16:25) 감옥에서 시작된 이유를 알 수 있다. 또한 그 사도 바울이 고린도 교회가 하나님을 바르게 예배한다면, 그들의 모임에 참석했던 불신자가 "엎드리어 하나님께 경배하며 '하나님이 참으로 너희 가운데 계신다' 전파하리라" 확신했던(고전 14:25) 이유를 알 수 있다.

그것은 선교적 찬송이다.

> 유대인 디아스포라만큼 이방인 공동체에 복음을 전하기 위해 하나님의 섭리에 의해 마련된 수단은 없다. 그리스도의 공동체는 가는 곳마다 머지않아 열방에 복음을 전할 수 있는 도구—언약적 약속 및 책임이 따르는 선택과 모든 사람을 향한 하나님의 계시인 성경 아래 사는 백성—를 세웠다.…누군가가 말해 주기 전에는, 그리스도 안에서 하나님의 언약이 성취되었다는 좋은 소식을 구약의 이스라엘과 열방은 알 수 없었다.
>
> 리처드 드 리더[14]

선교적 기도

열방과 구별된 표시로서의 기도

이스라엘은 열방을 향한 가시적 모델로 존재하도록 만들어졌다. 8장에서 살펴본 것처럼, 이 사실은 하나님의 법을 지키고 하나님이 이스라엘에게 제시하신 방식대로 살게 만드는 중요한 요인이었다. 신명기 4:6-8에서 모세는, 이스라엘의 사회 정의와 함께 그들의 예배야말로 열방의 호기심과 감탄을 불러일으키는 특징적인 표지로 본다.

> 너희는 지켜 행하라 이것이 여러 민족 앞에서 너희의 지혜요 너희의 지식이라 그들이 이 모든 규례를 듣고 이르기를 이 큰 나라 사람은 과연 지혜와 지식이 있는 백성이로다 하리라. 우리 하나님 여호와께서 우리가 그에게 기도할 때마다 우리에게 가까이 하심과 같이 그 신이 가까이 함을 입은 큰 나라가 어디 있느냐. 오늘 내가 너희에게 선포하는 이 율법과 같이 그 규례와 법도가 공의로운 큰 나라가 어디 있느냐? (신 4:6-8)

이처럼 이스라엘의 기도 생활은 선교적으로 의도된 것이었다. 그것은 하나님이 가까이 계심을 나타내는 표지였다. 모세는 이스라엘이 다른 사람들의 눈에 띄어 칭찬을 받기 **위해** 기도해야 한다고 말하는 것이 아니라(그것은 예수님의 가르침과 모순된다), 기도함으로 하나님과의 관계를 정상적으로 나타내는 것이 그들을 창조하신 살아 계신 하나님의 실체를 증거하는 한 부분이 되어야 한다고 말하는 것이다.

> 기도가 이토록 중대한 자리를 차지한다는 사실은 하나님의 원대한 목표, 곧 모든 열방에서 구속받는 자들의 기쁨을 위해 하나님의 영광을 유지하고 보여 주시려는 목표를 재확인해 준다.…하나님의 선교적 목적은 그분이 하나님이라는 사실만큼이나 확고부동하다. 하나님은 모든 백성과 방언과 족속과 나라로부터 하나님을 열렬히 예배하는 자들을 불러냄으로써 이 목적을 이루실 것이다(계 5:9; 7:9). 그리고 하나님은 기도를 통해 그 일을 하실 것이다. 그러므로 세상을 향한 하나님의 목적 가운데 기도가 차지하는 엄청난 위치는 아무리 강조해도 지나치지 않다.
>
> 존 파이퍼[15]

열방을 향한 축복으로서의 기도

창세기 18장에서 우리는 아브라함과 그의 세 손님이 점심 식사를 하는 장면을 살펴보았다(5장을 보라). 그때 19절에 각별한 주의를 기울였다. 거기서 하나님은 모든 열방에 복 주시려는 선교적 목적을, 자신이 아브라함을 선택하신 것과, 아브라함의 미래 공동체와 소돔의 특징을 나타내는 세계 사이의 윤리적 대조와 연결하신다. 아브라함은 가족을 가르치라는 명령을 받았지만, 하나님이 그에게 자신의 계획을 계시하신 뒤에 아브라함이 했던 첫 번째 일은 도시를 위해 기도하는 것이었다.

소돔을 위한 아브라함의 중보는 주목할 만한 구절이다(창 18:22-33). 그것은 아브라함이 그의 후손을 위한 모범—육체적·영적—이 되었던 한 방법을 제시한다. 소돔이 하나님의 심판을 받을 기로에 놓여 있음을 알게 된 아브라함은, 소돔에 등을 돌리지 않고 오히려 소돔을 바라보며 기도했다. 모세와 다니엘은 비슷한 궁지에 처한 이스라엘을 위해 아브라함의 모범을 따랐던 사람들이었다(출 32-34장; 단 9장). 열방을 위한 중보기도는 열방을 향한 선교의 본질적인 부분이다.

이스라엘 사람들은 그들이 어느 곳에서나 기도할 수 있다는 것을 알았다. 하나님이 어느 곳에나 계시기 때문이다. 다윗이 이 사실을 알고 위로를 받았고(시 139편), 요나가 기도한 아주 낯선 장소가 그것을 증명했다(욘 2:1). 그러나 무엇보다도 이스라엘 사람들은 성전에서 기도했다. 성전은 하나님이 의도하신 '기도의 집'이었기 때문이다. 또한 우리는 성전이 제사의 장소라는 것도 안다. 그러나 성전 봉헌 의식을 거행할 때 솔로몬이 그날의 제사에 대해서는 한 마디도 하지 않고(제사는 드렸지만) 기도에 대해서 많이 말했다는 점은 주목할 만한 사실이다.

실제로, 성전 봉헌 때 솔로몬이 드린 기도는 기도에 대한 것이었다! 그는 이스라엘이 특별히 성전에서 혹은 성전을 "향하여" 하나님께 기도하게 될 다양한 상황을 그려 본다. 그 다음에 하나님께 그들의 기도를 듣고 응답해 달라고 요청한다(왕상 8:22-53).

그리고 나서 솔로몬은, 8장에서 살펴본 것처럼, 기도의 초점을 다른 열방의 백성에게까지 확대한다. 그들도 성전을 찾아와서 기도할 것이다. 앞서 말한 것처럼, 예루살렘은 온갖 이유로 방문한 외국인들로 가득한 국제 도시였다. 그들이 이스라엘의 하나님 야웨께 자신들의 요청을 가져온다면 어떻게 될까?

"이방인이 주께 부르짖는 대로 이루사"라고 솔로몬은 기도한다. 이스라엘을 위해서도 해주시겠다고 약속하신 적이 없던 것을 외국인을 위해 해 달라고 요청하는 것이다. 하나님이 열방의 기도를 듣고 응답하시기를 바라는 놀라운 기도인데, 솔로몬이 그 요청을 견고히 하기 위해 드는 근거는 바로 하나님의 선교적 마음이다. "땅의 만민이 주의 이름을 알고 주의 백성 이스라엘처럼 경외하게 하시오며"(왕상 8:43). 선교적 기도로 표현된 아브라함의 위임이다.

솔로몬은 열방을 **위해** 기도한다. 열방이 야웨 하나님**께** 기도할 수 있게 해 달라고 기도한다. 그리고 그분 자신의 이름을 위해 그들에게 응답해 달라고 하나님**께** 기도한다. 이것은 분명 구약 성경에서 가장 선교적인 순간 중 하나다. 다음 순간에 이르기까지는 그렇다.

예레미야 29장에서 예레미야는 기도하지 않는다. 그는 다른 이들에게 기도하라고 권고하는 편지를 쓰고 있다. 실제로 그는 솔로몬의 기도에 그려진 상황 가운데 하나에 처해 있는 이스라엘 사람들에게 편지를 쓰고 있다. "범죄하지 아니하는 사람이 없사오니 그들이 주께 범죄함으로 주께서 그들에게 진노하사 그들을 적국에게 넘기시매 적국이 그들을 사로잡아 원근을 막론하고 적국의 땅으로 끌어간 후에"(왕상 8:46). 그렇다. 이스라엘은 바빌론에 포로로 잡혀 있다. 하지만 그들은 절망 가운데서, 미래에 귀환하리라는 일말의 희망을 품고 하나님께 기도하고 있다. 그러나 그것은 예레미야가 촉구한 기도의 내용이 아니다. 놀랍게도 예레미야는 **바빌론을 위해** 기도하라고 가르친다! 원수를 위해 기도하라! 그들의 **샬롬**을 구하라.

예레미야 29:7은 예수님의 가르침을 위한 내용을 제공한다. "너희 원수를 사랑하며 너희를 미워하는 자를 선대하며 너희를 저주하는 자를 위하여 축복하며 **너희를 모욕하는 자를 위하여 기도하라**"(눅 6:27-28; 저자 강조).

13장에서 살펴본 것처럼, 예레미야의 이 명령은 하나님의 백성이 공적 무대에, 심지어 적진의 심장부에 하나님의 복, 하나님의 임재, 하나님의 능력을 가져오기 위해 존재한다는 강력한 성경적 전통의 일부다. 기도는 그 일을 이루는 한 가지 강력한 수단이다.

솔로몬은 외국인들이 스스로 하나님께 기도하게 되기를 기도하는 반면, 예레미야는 이스라엘에게 외국인들을 위해 기도하라고 요청한다. 두 사람 모두 하나님이 자기 이름의 영광을 위해, 그리고 기도하는 자와 기도 대상자들의 **샬롬**을 위해 그와 같은 기도에 응답하실 것을 믿었다.

그것이 선교적 기도다.

열방의 우상숭배를 전복하는 기도

앞에서 말한 것처럼, 나는 다니엘이 1차 포로들에게 읽혔던 예레미야의 편지에 대해 들었다고 생각한다(다니엘과 그의 젊은 친구들이 1차 포로 집단에 속해 있었기 때문이다). 다니엘은 그 편지를 진지하게 받아들여 매일 세 번 기도하는 시간에 바빌론을 위해 기도했을 것이다. 나는 이것이 느부갓네살에 대한 그의 애정과 하나님의 심판을 피할 수 있도록 느부갓네살을 돕고자 했던 그의 마음에 대한 합리적인 설명이 된다고 생각한다(단 4장; 이 책 13장을 보라).

하지만 다니엘 6장에는 다니엘의 기도와 관련해서 한층 강력한 요소가 나타난다. 다니엘은 다리오 왕의 우상숭배적인 **자만심**에 아랑곳하지 않고 기도에 힘쓴다. 자신들의 출세에 걸림돌이 되는 부지런하고 진실한 사람 다니엘을 제거하려는 정부 관리들의 아첨에 넘어간 다리오가 한 달 동안 그의 왕국에 있는 모든 사람이 그 자신 외에는 어떤 신에게도 기도해서는 안 된다는 칙령을 내린 것을 기억할 것이다. 그것은 아무리 생각해도 터무니없는 칙령이었다. 첫째로, 그 칙령은 왕이 곧 신이라고 주장했다. 우리가 아는 것처럼, 애굽의 바로가 그런 시도를 한 이래로 그것은 언제나 위험한 계획이었다.

둘째로, 그것은 '신'이 된다는 것의 의미에 대한 희석된 견해를 나타낸다. 마치 페르시아 제국의 다인종 다종교적 상황에서 주변에 있는 것으로 여겨진 어떤 다른 신들이 몇 주 동안 점잖게 기도 응답에 유예 조치를 취하고 모든 요청을 신이 되고 싶어 하는 이 건방진 인간 왕에게 돌리게 할 수 있는 것처럼 말이다. 그렇지만 그 모든 부조리에도 불구하고, 그것은 교만한 국가 권력에 흔히 있는 일이다. 국가는 시민에 대해 마치 자신이 모든 혜택의 유일한 원천이 되는 것처럼 행동하면서 그 보답으로 최고의 충성을 요구한다. 우리노 왕이나 대통령을 신격화하지는 않을지 모르나, 쉽사리 애국심을 신념으로, 애국심의 부족을 이단으로 바꾸어 버린다.

그러나 다니엘은 자신이 충실하게 섬겼던 왕 외에 어떤 신도 인정해서는 안 된다는 요구에 직면해서 어떤 행동을 취했는가? 다니엘은 그 요구를 전복시켰다. 다니엘은 자신이 살아 계신 한 분 하나님으로 알았던 분께 기도하기를 멈추지 않았다. 그 일이 그를 곤란하게 만들 것을 알았든 몰랐든 간에, 그는 감추려 하지 않았다(단 6:10: 어차피 그가 할 수 있던 것이라고는 집 창문을 닫는 것이 전부였다!).

다리오는 하나님이 아니었기 때문이다. 페르시아 제국은 하나님이 아니었다. 야웨만이 하나님이셨다. 따라서 기도 행위는 모든 인간적 정치적 권위자를 상대화하고 전복시키는 행위였다.

기도는 "더 높은 보좌가 있다"고 말하는 것이다. 기도는 더 높은 권위자에게 호소하는 것이다. 간단히 말해, 기도는 정치적 행위다. 기도는, 모든 인간적·정치적 권력은 궁극적이 아니라 종속적이며, 절대적이 아니라 상대적이라고 단언한다. 그 권력이 살아 계신 하나님에 대한 순종과 일치하는 한 순종하지만(다니엘이 이 시점까지 분명히 그랬던 것처럼), 주제넘게 하나님이 금하신 것을 명하거나 하나님이 명하신 것을 금할 때는 불순종해야 한다.

다니엘이 보인 반응은 예수님의 초기 추종자들(아직 '그리스도인'이라 불리지 않을 때)의 반응에서도 어렵지 않게 찾아볼 수 있다. 예수님에 대해 말하지 말라는 권력자들의 분명한 명령에 직면했을 때, 그들은 기도한다. 기도를 하면서 그들은 하늘과 땅, **모든 열방과 그 통치자들에 대한** 하나님의 주권을 강력하게 천명하며, 또 담대하게 예수님께 순종하기 위해 국가에 불순종할 것을 기도한다(행 4:23-31).

이 또한 선교적 기도다.

기도와 선교 사역
신약 성경에서 우리는 기도가 예수님의 선교, 사도행전의 교회, 그리고 선교 사역과 관련하여 바울이 교회에 준 가르침에 끊임없이 등장하는 방편임을 발견한다.

예수님
예수님의 기도 생활보다 나사렛 예수님의 인격에 나타난 하나님 아들의 육화된 인간성을 분명히 보여 주는 것은 별로 없다. "나와 아버지는 하나이니라"고 예수님은 말씀하실 수 있었다. 하지만 그 사실이 예수님이 인간으로서 성부 하나님께 의존하고 기도할 필요성까지 없앤 것은 아니다.

예수님의 지상 선교는 세례를 받는 것으로 시작되었다. 그리고 놀랍게도 삼위일체 하나님이 다 등장해서 예수님의 정체성에 대해 확언해 주는 사건은 바로 예수님이 기도하실 때 일어났다(눅 3:21). 광야에서 금식하며 고투하고 시험받으실 때도, 예수님은 기도하셨다. 치유 사역에 몹시 바쁘셨지만 기도하는 시간을 소홀히 하지 않으셨다(막 1:35). 선교를 위해 열두 제자를 선택하신 것도 심야기도 후에 이루어졌다(눅 6:12-14). 제자들의 지상 선교 훈련은 그들을 대신해 영적 전쟁에 관여하시는 예수님과 함께 수행되었다(눅 10:17-21). 예수님이 베드로를 위해 기도하셨기에, 베드로는 예수님을 세 번 부인한 후에도 좌절하지 않고 회개하고 계속 자신의 사명을 수행해 나갈 수 있었다(눅 22:31-32). 죽기 전에 제자들과 마지막 저녁을 보내실 때도, 예수님은 그들을 위해 그리고 교회의 계속되는 세계 선교를 위해 기도하셨다(요 17장). 겟세마네 동산은 무엇보다 기도의 고뇌였다. 잔인한 십자가 처형조차도 예수님의 기도를 멈출 수 없었다.

물론 예수님은 제자들에게 기도하는 법을 가르치셨다. 근본적으로 선교적 기도인 주기도문으로 기도하면서 일하는 것은 유익하지만, 여기서는 내 동료인 휴 파머(Hugh Palmer)[16]가 '또 다른 주기도문'이라 명명한 것을 살펴보고자 한다. 그가 지적한 것처럼, 예수님이 제자들에게 기도할 **내용**에 대해 명백하게 말씀하신 경우는 주기도문을 제외하면 복음서에서 이것이 유일하다. 그리고 이 기도는 맥락과 내용 면에서 틀림없이 선교적이다.

> 무리를 보시고 불쌍히 여기시니 이는 그들이 목자 없는 양과 같이 고생하며 기진함이라. 이에 제자들에게 이르시되 추수할 것은 많되 일꾼이 적으니 그러므로 추수하는 주인에게 청하여 추수할 일꾼들을 보내 주소서 하라 하시니라. (마 9:36-38)

휴 파머는 우리가 예배드릴 때 '주기도문'은 정기적으로 사용하면서도 '또 다른 주기도문'은 거의 사용하지 않는 이유가 무엇인지 묻는다. 만일 이 기도가 수천 년에 걸쳐 내려오면서 암송하고 반복하고 (실행하는) 기도가 되었다면, 기독교 선교 이야기는 어떻게 되었을까? 물론 이 기도는 위험한 기도다. 이 기도는 기도한 사람 자신이 응답해야 하는 경향이 있기 때문이다. 제자들이 예수님의 말씀대로 행했다면, 그들이 자신의 기도의 응답이 되어 예수님이 그들을 세상으로 내보내시는 일이 곧바로 일어났을 것이다(마 10장).

> 선교에서 기도가 대단히 중요한 이유는 무엇인가? [골로새서 4:2-4은] 그 답을 제공한다. 기도하면서 우리는 환경에 낙심하지 않고 모든 일을 통제하시는 하나님의 손에 복음 사역을 맡긴다. 현재 전도자는 "감옥에" 갇혀 있을지라도 하나님은 "전도할 문"을 열어 주실 수 있기 때문이다.
>
> 존 딕슨[17]

사도행전

사도행전에 등장하는 기도의 사례들을 전부 열거하려면 지면이 부족하지만, 모든 사례를 주목하면서 사도행전을 살펴보면 유익한 공부가 될 것이다. 특히 기도가 교회의 선교와 얼마나 밀접한 관련이 있는지 주목해서 보라. 몇 가지 예만 살펴봐도 알 수 있을 것이다.

오순절이 되기 전 부활하신 그리스도께서 제자들에게 땅 끝까지 가서 자신의 증인이 되어야 한다고 말씀하신 뒤에 제자들이 보인 첫 반응은 모여서 기도하는 것이었다(1:12-14). 기도는 점점 늘어나는 신자들의 핵심적인 구성 요소였다(2:42). 기도는 반대와 박해에 직면해서 그들이 보인 반응이었으며 (4:23-31; 12:12), 새로운 전도가 필요한 상황에서 그들이 행한 최초의 행위였다 (8:14-15). 안디옥 교회가 성령에 이끌려 최초로 의도적인 원심적(centrifugal) 이방인 선교에 착수한 것은 예배, 기도, 금식이라는 맥락에서였다(13:1-3). 기도는 유럽 땅에서 이루어진 최초의 전도 활동이었으며(16:13), 늦은 밤 찬양과 합해졌을 때 기적을 일으킬 만큼 효과적인 행동이었다(16:25).

바울

바울은 하나님의 능력과 복음의 능력에 대한 무한한 믿음을 가지고 있었다. 하지만 그는 기도의 능력도 알고 있었다. 그는 이 세 가지가 하나님의 선교를 성취하는 데 신비스럽게 합력한다는 사실을 알았다. 바울 자신의 생명은 하나님의 구출에 달려 있었다. 그가 표현한 대로, 다른 사람들의 기도의 "도움을 받았다." 우리는 곤경이나 위험에 처했을 때 다른 이들에게 기도해 달라고 요청하는 것이 무슨 의미인지 안다. 하지만 이 경우 바울의 기도는 특히 복음을 선포하는 선교 과제를 수행할 수 있도록 구출받고자 하는 바람에 초점이 맞추어져 있었다(고후 1:9-11; 빌 1:19-26).

구출되기를 바라는 기도조차도 담대히 복음을 선포할 수 있도록 기도해 달라는 요청과 연결되었다. 잠시 시간을 내서 다음 세 기도를 읽어 보면 유익할 것이다(살후 3:1-2; 골 4:2-3; 엡 6:18-20).

바울이 기도를 가르치면서 이보다 더 자주 **전도**를 위한 기도를 요청하지 않는 이유에 대해서는 약간의 논쟁이 있어 왔다. 바울은 그의 교회들이 전도 활동에 관여하는 것을 기대하지 않았을까? 그런 주장이 있었지만, 내가 보기에 그런 견해는 이미 결정적으로 논박된 것 같다.[18] 좀더 개연성이 있는 주장은 카슨(D. A. Carson)의 견해로, 바울에게 선교와 기도는 둘 다 똑같이 포괄적인 실재였다는 것이다. 온갖 종류의 선교를 위해서는 온갖 종류의 기도가 있어야 한다.

우리는 하나님이 전체 교회에 맡기신 여러 과제를 구분해서 그중 일부 과제에 '선교'라는 꼬리표를 붙이고 다른 것들에는 다른 이름을 붙인 다음, 어느 하나를 위해서만 특별 기도를 하는 경향이 있다. 그러나 이는 신약 성경의 가르침과 다르다.

우리는 선교를 별개의 프로젝트로(또는 별개의 프로젝트들로), 종종 타문화와 관련된 일로 생각하는 경향을 보여 왔다. 그 결과 따로 떼어내 생각할 수 없는 이 기능을 위한 특별 기도를 요청하는 일이 벌어졌다. 그러나 바울은 사도로서(참으로 이방인의 사도로서) 자신의 삶에 대한 특별한 소명을 제외하고는 선교를 총체적 방식, 심지어 우주적 방식으로 본다. 하나님의 영광, 그리스도의 통치, 복음의 신비에 대한 선포, 남자와 여자의 회심, 교회의 성장과 발전, 우주적 권세의 격파, 거룩함의 추구, 교회 안에서의 경건한 교제와 연합에 대한 열망, 유대인과 이방인의 하나됨, 모든 사람에게 그러나 특별히 동료 신자에게 선을 행함—이런 것들이 솔기 없는 옷처럼 짜여 있다. 모든 요소는 하나님이 그 중심에 계시고 예수 그리스도께서 그분의 영광과 그분 백성의 선을 위한 변화에 영향을 끼치는 비전으로 결합되어 있다. 이것은 다루는 주제가 광범위하지만, 감사와 중보기도가 하나님을 중심으로 하는 통일된 비전에 의해 결합된다는 것을 의미한다. 하지만 더 단편적인 접근을 하는 우리는 바울 사도의 포괄적인 비전에 박혀 있는 어떤 종류의 연결을 찾아내려고 한다.[19]

이는 내가 성경 이야기의 윤곽을 따라 이 책 전반에 걸쳐 주장한 하나님 백성의 총체적 선교의 몇 가지 핵심 요소에 대한 훌륭한 진술이다. 기도는 성경 전체의 이야기를 따르게 마련이다. 소돔을 위해 기도한 창세기의 아브라함에서부터 요한계시록의 성도와 순교자들의 기도에 이르기까지.

영적 전쟁으로서의 기도
성경이 전쟁 이야기이기 때문에 기도가 항상 따른다. 역사 가운데 하나님이 가차 없이 악과 어둠의 세력을 물리치시고, 그리스도의 십자가에서 그 세력을 결정적으로 패배시키시고, 이야기의 마지막 절정에 가서 그 세력을 몽땅 제거할 위대한 전쟁 말이다. 이는 결과가 보장된, 하나님의 '하나님 되심'이 보증하는 전쟁이다. 하나님은 승리하실 것이다.

기도는 그 궁극적인 승리와 그 승리로 이끄는 싸움에 참여하는 것이다. 이것은 하나님의 선교이며, 하나님 백성의 선교는 하나님의 세계인 현장에서 하나님의 동역자가 되는 것이다. 전쟁이 주님의 전쟁이라면, 전쟁에 참여하는 자들은 자신들의 사령관과 지속적으로 긴밀한 소통을 유지해야 한다. 이는 처음부터 끝까지 악한 자 및 그의 부하 귀신들과 싸움을 하셨던 예수님의 사역에서조차 분명하다. 그리고 기도는 그분의 가장 효과적인 무기였다. 우리 또한 마찬가지다.

그러므로 바울이 에베소서 6장에서 영적 전쟁을 위해 하나님의 전신갑주를 입으라고 가르친 뒤에 바로 이어서 기도를 언급하는 것은 놀라운 일이 아니다. 실제로 에베소서 6:10-20은 바울의 놀라운 단일 문장 중 하나다. 그 문장은 처음에 "우리의 씨름은 혈과 육을 상대하는 것이 아니요 통치자들과 권세들과 이 어둠의 세상 주관자들과 하늘에 있는 악의 영들을 상대함이라"는 사실을 상기시킨 다음, 싸움에 필요한 장비들을 설명하는 데 그치지 않고 이어서 "모든 기도와 간구를 하되 항상 성령 안에서 기도하고 이를 위하여 깨어 구하기를 항상 힘쓰며 여러 성도를 위하여 구하라"고 말한다.

기도는 진리, 의, 믿음, 구원만큼이나 우리의 갑옷과 무기의 일부다. 그와 같은 기도는 본질적으로 선교적이다. 복음을 위한 싸움에 기도가 동반되기 때문이다. 피터 오브라이언(Peter O'Brien)은 에베소서의 이 위대한 절정을 '바울의 대위임령'이라 부른다.

우리의 환경은 바울의 환경과 크게 다를지도 모른다. 우리의 영적 은사와 기회는 바울의 것과 크게 다를지도 모른다. 그러나 우리는 바울 사도와 동일한 영적 전쟁에 참여한다. 우리는 "굳게 서리"는 동일한 명령을 받았으며, 동일한 신적 무기(특히, 기도라는 본질적으로 영적인 무기)를 사용할 수 있으며, 동일한 수비 및 공격 자세를 취할 수 있다. 우리는 유혹을 거부해야 하며 복음을 전파하는 일에 뜨겁게 헌신해야 한다. 이것들은 부가적 선택 항목이 아니다. 반드시 해야 하는 일이다. 어디에 있든지 성령의 능력으로 복음을 효과적으로 전하라는 사도 바울의 말을 '바울의 대위임령'이라고 명명할 수 있는 이유가 여기에 있다.[20]

하나님은 기도가 교회의 선교에서 중대한 자리를 차지하게 하셨다. 기도의 목적은 이 전쟁에 참여하는 모든 이에게 승리는 주님께 속한다는 점을 명백히 하는 것이다. 기도는 우리에게 은혜를 가져오고 하나님께 영광을 돌리게 하기 위해 하나님이 정하신 수단이다.…그것이 곧 선교 사역이 기도로 전진하는 이유다. 하나님의 주된 목적은 하나님이 영광을 받으시는 것이다. 하나님은 열방이 그분을 예배하게 되는 선교적 목적을 달성해 주권적인 승리를 거두실 것이다. 하나님은 그 전쟁에 개입해 주 전투원이 되심으로써 이 승리를 확보하실 것이다. 그리고 하나님은 **기도를 통해** 모든 참여자에게 자신이 전쟁에 참여하고 있음을 분명히 하실 것이다. 기도는 그 능력이 주님으로부터 온다는 것을 보여 주기 때문이다.…

기도는 세상이라는 전쟁터에서 말씀을 전파하기 위해 싸우는 교회의 무전기다. 기도는 성도들의 일시적인 안락을 늘려 주는 내선 전화가 아니다.…기도는 현역 군인들을 위한 것이다. 그들의 기도는 열방을 찾는 일에서 하나님이 최고이심을 입증해 준다. 선교가 기도로 전진할 때, 선교는 하나님의 능력을 높인다. 선교가 사람의 경영으로 움직일 때, 선교는 사람을 높인다.

존 파이퍼[21]

영적 전쟁은 지역 악령의 이름을 밝히거나, 땅에 대한 권리를 주장하거나, 귀신들을 묶는 것이 아니다. 그것은 전적으로 복음에 관한 것이다. 복음의 삶을 살고, 복음의 연합을 지키고, 복음의 진리를 선포하는 것이다. 적대적인 세상, 기만적인 원수, 죄에 물든 자신의 본성 앞에서 그 일을 하는 것이다. 그리고 복음의 기회를 위해 주권적인 하나님께 기도하는 것이다. 복음의 진보는 경건, 연합, 선포, 기도를 통해 이루어진다.

팀 체스터[22]

요약

찬송과 기도는 하나님 백성의 가장 기본적인 활동 중 두 가지, 그들을 확연히 알아볼 수 있도록 해주는 두 가지다. 이 책 전반에 걸쳐 살펴본 것처럼, 하나님 백성의 선교에 다른 어떤 활동이 포함될 수는 있지만, 찬송과 기도는 그들이 하나님의 백성으로 선교에 관여하는 두 가지 방편이 된다. 이 장에서 우리가 성경신학의 주제로서 찬송에 대해 살펴본 것처럼, 찬송은 우리가 창조되고 구속받은 목적이며, 모든 민족과 창조세계가 하나님께 찬송과 예배를 드리고 그분을 영화롭게 하는 데서 자신의 가장 큰 기쁨을 발견하도록 하시려는 하나님의 뜻에 동참하는 것이 우리의 선교적 과제다. 또한 우리는 기도가 성경 전체에 걸쳐 하나님 백성의 표지로 나타나면서 선교를 뒷받침하고, 어떤 상황에서는 선교의 한 차원으로 여겨지기도 한다는 사실을 살펴보았다.

새뮤얼 밸런타인은 구약 성경의 기도에 대한 신학을 조사하면서 훌륭한 결론을 내린다. 그는 성전의 주요 기능 중 하나를 물려받은 '기도의 집'으로서 교회의 역할은 "공동체와 세상을 하나님 안에 유지하고" 또 "하나님을 공동체와 세상 안에 유지하는" 것이라고 주장한다. 우리의 선교가 정말로 세상을 이처럼 사랑하사 세상을 구원하고 궁극적으로 그 안에 다시 거하기 위해 그분의 독생자를 주신 하나님의 선교에 동참하는 것이라면, 이것은 기도의 목적을 표현하는 도전적인 방법이다. 교회에 대한 밸런타인의 마지막 말은 이 장을 마무리하기에 적절한 도전이다.

우리가 믿음의 공동체로서 하나님께 받은 책임을 이행하지 않는다면 어떻게 될까? 자신과 자신이 사는 세상이 하나님 안에 있게 하기 위해 기도하지 않는다면 어떻게 될까? 하나님이 세상에 계시도록 기도하고 싸우지 않는다면 어떻게 될까? 그렇게 하지 않는다면, 교회는 도둑이 모여들어서 강탈한 물건들을 계산하고 하나님으로부터 숨는 강도의 소굴이 되거나, 하늘을 가리키지만 이 땅에서는 아무 쓸모가 없는, 빛나고 멋진 건물이 되고 말 것이다. 어느 경우이든, 하나님은 비통해하시고 세상은 빈곤해진다.

> 나는 나를 구하지 아니하던 자에게 물음을 받았으며
> 나를 찾지 아니하던 자에게 찾아냄이 되었으며
> 내 이름을 부르지 아니하던 나라에
> 내가 여기 있노라, 내가 여기 있노라 하였노라. (사 65:1)[23]

생각해 볼 질문

1. 이 장을 읽고 나서 당신의 개인 기도 생활은 (기도에 대한 이해와 습관 면에서) 어떻게 변화되었는가?

2. '선교적 기도'에 대한 당신의 이해는 '선교사들을 위해 기도하는 것'(물론 이것은 필수적이다)을 넘어 어떻게 확장되었는가?

3. '예배드리는 것'과 '선교하는 것'에 대해 생각할 때, 교회는 이분법적으로 생각하는 잘못을 범하고 있지 않은가? 모든 공적 예배를 '구도자 예배'로 바꾸지 않으면서도, 교회의 공적 예배에서 선교적 차원(공적 예배를 이해하는 방식과 드리는 방식에서)을 강화하는 방법은 무엇인가?

3부
적실성에 대한 검토

15장
이제까지의 여정과 앞으로의 여정

그래서 어떻게 할 것인가?

성경 본문을 살펴보는 여정을 끝내면서 우리는 이 질문을 던져야 한다. 특히 삶을 위한 성경신학을 정립하는 일을 할 때는 더욱 그렇다(사람들은 이것 외에 어떤 종류의 성경신학이 관여할 가치가 있는지 궁금해하지만). 따라서 이 마지막 장에서는 2부에서 다룬 이야기의 일부를 종합해 보려고 한다.

우리는 이 책 전반에 걸쳐 질문을 던졌다. "하나님의 백성은 무엇을 위해 이 땅에 있는가? 하나님이 그분의 백성에게 기대하는 것에 대해 성경은 뭐라고 말하는가? 그들은 어떤 목적 또는 사명을 위해 존재하는가?" 이런 질문들에 답하는 과정에서 우리가 발견한 것은 무엇인가?

성경을 통한 우리의 여정

우리는 땅만큼 광범위하고(우리는 땅을 돌보라는 명령을 받았다, 3장), 모든 열방만큼 폭넓은(우리는 열방을 위해 하나님의 복을 전하는 대행자가 되어야 한다, 4장) 사명을 지니고 있음을 보았다. 우리는 모든 열방이 정말로 복을 받아야 한다고 아브라함에게 하신 약속을 성취하시고자 하는 하나님의 열망이 하나님의 의와 공도를 행하며 사는 아브라함의 백성(이제는 그리스도 안에 있는 모든 이를 포함한다)과 밀접한 관계가 있음을 보았다(5장). 우리는 구속받고 하나님의 구속 행위의 포괄성을 반영하는 방식으로 세상에서 구속적 삶을 살도록 부름받는다(6장). 우리는 세상에서 하나님을 대표하고 변화된 삶으로 세상을 하나님께 이끄는 사람이 되어야 한다(7-8장). 우리의 부르심의 이 모든 차원에는 선교와 관련된 급진적인 윤리적 차원이 있다. 우리는 선교를 삶으로 **살아내야** 한다. 내가 종종 말하는 것처럼, 성경적 윤리 없이는 성경적 선교도 없다.

그 다음에 우리는 계속해서 선교는 살아 계신 한 분 하나님이라는 진리에 대한 근본적인 충성을 요구한다는 점을 보았다. 우리는 그 하나님을 그분의 계시 및 구원의 위대한 역사적 행위들을 통해, 그리스도 안에서 결정적으로 알게 되었다(9장). 우리는 하나님이 하신 일에 대해 우리가 보고 들은 것을 알고 말해야 한다. 따라서 우리 메시지의 핵심, 우리가 살아가는 방식과 더불어 우리가 선포해야 하는 말은 근본적으로 그리스도 안에서 살아 계신 하나님을 증거하는 문제다(10장). 성경적 복음의 넓이를 조사한 결과 우리가 나누어 줄 수 있는 엄청나게 좋은 소식을 갖고 있음을 알게 되었다. 이제 우리는 하나님이 그리스도 안에서 세상을 그분 자신과 화해시키셨으며, 나사렛 예수의 십자가와 부활을 통해 하나님 나라가 임했으며, 예수님이 주님이라는 사실을 세상에 말하기 위해 나아간다(11장).

이처럼 우리는 선교를 하는 과정에서, 하나님이 자신의 선교의 많은 다른 측면을 성취하기 위해 세상에 보내신 역사 속 모든 이의 대열에 합류한다. 보내고 보냄받는 것은 교회의 삶과 선교의 근본적인 차원이다(13장). 그러나 세상에 보냄받는 교회는 또 다른 의미에서 이미 세상 가운데 있다. 모든 신자는 하나님이 그들을 두신 사회라는 공적 무대에서 살고 있으며, 그들은 대부분 인간의 사회적·경제적 상호작용이 일어나는 직장에서 일하며 생계를 꾸리고 있다. 그래서 우리는 선교를 공적 세상 **안에서** 공적 세상 **위해** 일어나는 어떤 것으로 보아야 한다. 세상은 하나님이 창조하신 곳이며 (몹시 타락했지만) 새 창조세계에서 하나님이 궁극적으로 구속하실 곳이기 때문이다(13장).

마지막으로 우리는, 교회가 존재해야 할 좀더 근본적인 이유, 타락한 세상의 구속을 넘어 영원토록 지속될 존재 이유에 대해 살펴보았다. 그것은 하나님께 예배와 찬송과 영광을 돌리기 위해 사는 것이며 모든 열방의 백성들을 그와 같은 목표로 데려오는 것이다. 인간의 가장 큰 성취는 하나님을 영화롭게 하고 그분을 즐거워하는 데서 발견할 수 있다. 그러므로 찬송과 기도는 선교 사역을 위한 배경 음악이 아니다. 찬송과 기도 그 자체가 선교적 행동이며 하나님의 선교가 우리에게 요구하는 다른 모든 것에 통합되어야 한다(14장).

하나님 백성의 선교와 관련해 근본적인 질문에 답하면서, 우리는 성경을 두루 살폈고 구약 성경과 신약 성경의 본문 및 주제들이 긴밀히 연결되어 있음을 거듭 확인했다. 그래서 처음부터 하나님의 백성이 자신의 이야기를 아는 것이, 더 정확히 말해 그들이 참여하도록 부름받은 하나님의 이야기—창조부터 새 창조에 이르는 위대한 성경 이야기—를 아는 것이 얼마나 중요한지 강조했다(2장).

따라서 우리에게 필요한 첫 번째 '적실성에 대한 검토'는, 1장에서 제안한 것처럼 선교가 온 세상에 온전한 복음을 전하는 온 교회와 관계가 있다면, 성경 전체를 사용해야 함을 의미한다고 말하는 것이다. 즉, 성경의 '선교사' 관련 대목에서 한두 절을 가져다가 '선교에 대한 성경신학'이라고 부르는 일을 하지는 않을 것이다.

나는 하나님 백성의 선교와 관련 있는 성경 본문과 주제들을 탐구하면서, 이 책에 포함시킬 수 있는 것이 더 많이 있다고 확신한다. 예를 들어, 지혜서의 적실성에 대한 논의는 포함하지 못했다. 지혜서는 하나님의 세상에서 사는 법에 대해 우리에게 많은 것을 가르쳐 준다. 하지만 선별할 수밖에 없었다.

적어도 우리는 하나님이 창조하신 세계의 주민인 우리를 위해 하나님의 목적을 기록한 창세기에서부터 시작했다. 그리고 하나님의 새 창조세계에서 모든 피조물이 찬송하며 경배를 드릴 때 그분의 구속받은 백성이 참여하는 비전을 기록한 요한계시록으로 끝을 맺었다. 그 노정에서 성경의 장관을 이루는 풍경 대부분을 잠깐이나마 들여다보았다. 아브라함, 모세, 출애굽과 시내 산, 이스라엘의 왕, 예언자, 시편 기자들, 예수님의 삶과 죽음 및 부활, 사도행전의 교회, 바울과 베드로와 야고보 및 요한이 쓴 서신들, 요한계시록. 그 모든 것에서 우리는 하나님 백성의 선교와 관련하여 삶을 위한 성경신학의 풍부한 자양분을 발견했다.

나의 전작 「하나님의 선교」의 기본 주장이, 전 우주적 구속이라는 **하나님의 위대한 선교**를 파악하고 묘사하기 위해서는 여러 부분으로 이루어진 성경 전체를 포괄적으로 읽는 것이 필요하다는 것이었다면, 이 책 「하나님 백성의 선교」의 주장은 하나님이 사랑하시고, 택하시고, 부르시고, 구속하시고, 빚으시고, 그리스도의 이름으로 세상에 보내신 **백성**인 우리에게 그것이 함축하는 의미가 무엇인지 파악하고 묘사하기 위해서는 마찬가지로 성경 전체를 포괄적으로 읽는 것이 필요하다는 것이다.

각 장 끝에는 공부한 성경 본문들의 적실성에 대해 좀더 생각해 볼 수 있도록 몇 가지 질문을 덧붙였다. 하지만 나는 1장에서와 같은 3중적 틀을 바탕으로 마지막 성찰을 해 보려 한다. 하나님 백성의 선교는 **세상** 안에서 **세상**을 위해 수행되는 것으로, 하나님의 **복음**을 중심에 두고 동시에 **교회**에 책임이 큰 특권을 부여하기 때문이다.

세상

검토한 수많은 본문에서 우리는 선교가 일어나는 세상에 대해 살펴보았다. 특별히 다음 두 영역을 좀더 살펴볼 필요가 있다.

창조세계를 섬김

3장에서 창조에 관한 성경신학 및 창조세계 안에서 우리가 담당해야 할 책임에 대한 기초를 놓았다. 그렇다면 그것은 창조세계와 관련된 **선교**에 관한 성경신학이 되는가? 나는 그렇다고 믿는다. 먼저 1장에서 선교와 선교 사역을 구분한 것을 상기해 보자. 나는 분명 생태학적으로 책임을 지는 행위는 온 땅의 주인이신 분에 대한 기독교 제자도의 일부로서, 모든 그리스도인에게 옳고 선하다고 주장했다. 이 점에서 그것은 가장 광범위한 의미에서 '선교'의 일부분이다.

그러나 한 걸음 더 나아가, 하나님은 일부 그리스도인들을 생태학적 '선교 사역'으로 부르신다. 의료, 교육, 지역 사회 개발, 그리고 다른 많은 유형의 섬김을 각각 다른 사람들에 대한 하나님의 부르심으로 여기는 것처럼―하나님은 그들을 선교적으로 사용하실 수 있다―그리스도인들이 특별한 선교적 부르심으로 받아들일 수 있는 생태학적 역할들이 많이 있다. 과학 조사, 서식지 보호, 정치적 지지 등. 국제 아 로사(A Rocha International)는 이 분야에서 선구적이고 예언자적인 역할을 담당해 온 기독교 환경운동 단체다.[1)]

「하나님의 선교」에서 나는 그리스도인들이 창조세계를 돌보는 특별한 과제에 대한 부르심을 적법한 선교적 소명의 하나로 간주해야 한다고 믿는 몇 가지 이유를 피력했다. 하나님 백성의 선교가 이 차원에서 적실함을 역설하기 위해, 그 책에서 몇 부분을 인용하고자 한다.

창조세계를 돌보는 것은 오늘날 긴급한 문제다

이 말을 반복할 필요가 있을까? 갈수록 가속화되는 환경 파괴의 사실을 무시하는 것은 눈 가리고 아웅하는 것보다 나쁜 처사다. 환경 파괴의 목록은 우울할 정도로 길다.

- 대기, 바다, 강, 호수, 큰 대수층(지하수를 함유한 다공질 삼투성 지층―역주)의 오염
- 우림과 많은 서식지의 파괴 그리고 거기에 종속된 생물 형태에 미치는 무시무시한 영향
- 사막화와 토양 손실
- 생물 종(동물, 식물, 새, 곤충들)들의 손실과 그 종들에 의존하고 있는 필수적인 생물의 다양성이 엄청나게 감소하는 현상
- 몇몇 종을 사냥해서 멸절시킴
- 오존층 파괴

- '온실 가스' 증가와 그에 따른 지구 온난화

이 모든 것은 온 세상 및 그곳의 인간과 인간 외의 거주자들에게 영향을 끼치는, 광대하고도 상호 관련된, 임박한 손실과 파괴의 재앙이다. 그것에 관심을 갖지 않는 것은 지독하게 무지하거나 무책임하리만치 냉담한 처사다.

과거에 그리스도인들은 언제나 본능적으로 크고 긴급한 일들에 관심을 가져 왔으며, 또 그것들을 선교 소명과 실천이라는 전반적인 개념에 마땅히 포함시켜 왔다. 이러한 것들에는 질병, 무지, 노예제 그리고 다른 많은 형태의 야만 행위와 착취라는 악들이 포함된다. 그리스도인들은 과부, 고아, 난민, 재소자, 정신이상자, 굶주리는 사람들을 위해 일했다. 그리고 가장 최근에는 '빈곤을 종식시키는' 일에 헌신하는 사람들의 숫자가 늘어났다.

이제 땅 자체의 고통이라는 무서운 사실에 직면하여, 우리는 하나님이 그분의 피조물을 그처럼 오용하는 것에 대해 어떻게 반응하시는지 묻고, 우리의 선교 목적을 조정해서 하나님께 중요한 것을 포함시켜 나가야 한다. 예수님이 우리에게 말씀하시듯이, 하나님이 참새 한 마리가 언제 땅에 떨어질지 아실 정도로 자신의 피조물을 돌보신다면, 우리는 어느 정도로 피조물을 돌봐야 할까? 예수님이 하나님은 자신의 자녀들을 더 세밀히 돌보신다는 점을 가르치기 위해 그 말씀을 하셨다 해도, 하나님이 우리를 참새보다 **더 많이** 돌보시기 때문에 우리는 참새를 **전혀** 돌볼 필요가 없다고 주장하거나, 우리가 참새보다 훨씬 더 귀한 존재이기 때문에 참새들은 전혀 가치가 없다고 주장하는 것은 성경을 완전히 왜곡하는 것이다.

하지만 피조물을 돌본다고 하면서, 점차 많아지는 문제들에 대해 부정적이거나 소극적으로만 반응하지 않아야 한다. 다음과 같이 열심히 돌봐야 하는 훨씬 더 긍정적인 이유가 있다.

창조세계를 돌보는 것은 창조주에 대한 사랑과 그분의 명령에 대한 순종에서 나온다

"너의 하나님을 사랑하라"는 것은 첫째이자 가장 큰 계명이다. 인간의 경험에서 누군가를 사랑한다는 것은 그에게 속한 것을 돌보는 것이다. 어떤 사람의 재산을 쓰레기 취급하면서 그 사람을 사랑한다고 주장할 수는 없다. 우리는 성경이 이 땅은 하나님의 재산이라는 것을, 그리고 그 땅이 그리스도께 속했다는 것을 얼마나 힘주어 단언하는지 살펴보았다. 예수님은 그 땅을 만드시고, 구속하시고, 상속받으시는 분이다. 따라서 그리스도를 위해 이 땅을 잘 돌보는 것은 분명 그분을 사랑하는 모든 하나님 백성의 부르심에서 근본적인 것이다. 하나님을 사랑하고 예배한다고 말하면서, 또 예수님의 제자라고 주장하면서, 그분의 소유권의 흔적을 지닌 땅에 아무런 관심이 없는 그리스도인들이 있다는 것은 납득하기 어렵다. 그들은 땅이 오용되는 것에 관심이 없으며, 사실상 낭비와 과소비적인 생활방식으로 그렇게 오용시키는 데 기여한다.

"너희가 나를 사랑하면 나의 계명을 지키리라"(요 14:15)고 예수님은 말씀하셨다. 예수님이 자주 그렇게 하셨던 것처럼, 그것은 신명기에 나오는 실제적인 윤리적 헌신을 반영하는 말씀이었다. 그리고 주님의 명령은 이 땅을 돌보라는 기본적인 창조 명령과 더불어 시작된다. 그 명령에 순종하는 것은 창조에 새겨진 다른 의무 및 책임들(이를테면 땅에 충만하는 과업, 생산적인 일과 휴식의 리듬을 지키는 것, 결혼 등과 같은)과 마찬가지로 인간의 사명과 의무다.

그리스도인이 된다고 해서 인간이 되는 의무와 책임에서 벗어나는 것은 아니다. 또한 독특하게 기독교적인 사명이 있다 해서 우리의 인간적 사명이 무효가 되는 것도 아니다. 하나님은 우리가 기독교에 대해서뿐만 아니라 인류에 대해서도 책임을 지도록 하시기 때문이다. 그러므로 **그리스도인**인 우리는, 이중적인 의미에서 피조물을 적극적으로 돌보는 것을 하나님을 사랑하고 순종하는 것의 근본적인 일부로 보아야 한다.

창조세계를 돌보는 것은 선교에 대한 우리의 동기를 시험한다

성경적 선교신학의 궁극적인 출발점과 종착점은 하나님 자신의 선교가 되어야 한다. '하나님의 온전한 뜻'이란 무엇인가? 하나님이 헌신하신 중차대한 선교 및 역사의 궁극적인 성취는 무엇인가? 그것은 인간의 구원뿐만 아니라 창조세계 전체의 구속이다. 하나님은 그분의 아들의 부활과 비슷한 방식으로, 변혁과 갱신을 통해 그분의 구속받은 백성들의 부활체가 거할 곳으로서 창조세계를 새롭게 창조하는 일을 하고 계신다.

따라서 총체적 선교가 인간들만을 포함한다면(설령 인간들을 총체적으로 포함한다 해도!) 그리고 그리스도께서 화목케 하기 위해 피를 흘리신(골 1:20) 나머지 피조물을 배제한다면, 그러한 선교는 결코 총체적인 것이 아니다. 생태학적 사업을 하면서 다른 피조물들을 섬기는 일을 통해 하나님을 섬기라는 부르심에 응답한 그리스도인들은, 하나님의 선교가 목표하는 모든 것이라는 광범위한 틀 안에서 정당한 자리를 차지하는 전문적 형태의 선교를 하고 있는 것이다. 그들의 동기는 창조세계에 대한 하나님 자신의 마음을 인식하고 그에 합당하게 반응하려는 것이다. 창조세계를 돌보는 일에 관여하는 그리스도인들은 어려운 형편에 처한 인간을 돌보는 일에 관심이 없다는 주장은 절대 사실이 아니다. 그와 반대로, 인간 외의 피조물을 돌보는 그리스도인들의 애정 어린 마음은 어려운 형편에 처한 인간에 대한 관심에서 비롯된 것이다.

창조세계를 돌보는 것은 자비와 정의의 성경적 균형을 구현한다

우리는 자비를 구현해야 한다. 하나님의 피조물을 돌보는 것은 본질적으로 이타적 형태의 사랑으로, 우리에게 감사를 표하거나 보답할 수 없는 피조물들을 위해 일하는 것이다. 이는 참으로 성경적이고 경건한 형태의 이타주의다. 이 점에서 창조세계를 돌보는 것은 하나님의 사랑과 동일한 특징을 지닌다. 하나님이 그분을 향한 우리의 불쾌한 적의에도 불구하고 인간을 사랑하신다는 의미에서뿐만 아니라, "여호와께서는 긍휼을 베푸시며 그 **지으신 모든 것에** 사랑을 베푸시는도다"(시 145:9, 13, 17, 저자 사역)라는 의미에서도 그렇다.

또한 예수님도 하나님이 새를 사랑으로 돌보시고, 풀과 꽃을 아름답게 만드시는 것을 인간에 대한 하나님의 훨씬 더 큰 사랑의 본보기로 사용하셨다. 하나님이 인간 외의 피조물을 그렇게 세밀하게 자비로 돌보신다면, 그분을 본받기를 바라는 사람들은 얼마나 더 그렇게 해야 할 것인가? 나는 특히 아로샤 직원들이 새의 발에 고리를 끼우는 프로그램을 시행하면서 무의식적으로 다정하게 새들을 보살피는 모습을 보며 큰 감동을 받았다. 그들은 하나님이 창조하신 이 자그만 피조물을 따스하게 보살피면서 진정 그리스도를 닮은 태도를 보여 주었다.

우리는 정의를 구현해야 한다. 환경 활동은 강자에 대항해서 약자를, 권력자에 대항해서 무방비한 자를, 공격자에 대항해서 침해당한 자를, 탐욕스런 자의 귀에 거슬리는 소리에 대항해서 아무 목소리도 내지 못하는 자들을 변호하는 한 형태이기 때문이다. 그리고 이것들은 또한 하나님이 정의를 시행하시는 행동에 표현된 그분의 성품의 특징들이기도 하다. 시편 145편은 하나님의 사랑뿐 아니라 그분의 **의**를 규정하면서, 하나님이 모든 피조물에게 먹을 것을 주시는 것에 대해 말한다(시 145:13-17). 사실상, 그것은 피조물에 대한 하나님의 돌보심을 하나님이 그분의 백성을 해방시키시고 그 백성의 정당성을 입증해 주시는 의의 행동과 정확히 대비시킨다. 그래서 구약 성경의 창조적 전통과 구속적 전통을 아름답게 조화시킨다.

그러므로 구약 성경이 의로운 **사람**이 어떤 사람인지 규정할 때, 가난하고 궁핍한 **사람들**에 대해 실제적 관심을 표하는 데 그치지 않는다는 것(물론 그것이 지배적인 특징이기는 하지만)은 놀라운 일이 아니다. "의인은 가난한 자의 사정을 알아준다"(잠 29:7). 하지만 또한 "의인은 자기의 **가축**의 생명을 돌보아 준다"(잠 12:10). 성경적 선교는 성경적 의와 마찬가지로 총체적이다.[2]

사회를 섬김

우리는 모든 분야—정치, 경제, 법, 가정 등—에서 인간 사회에 대한 하나님의 관심을 보여 주는 강력한 성경적 증거를 살펴보았다. 4장에서 복에 대한 성경적 이해가 풍요롭고 다양하므로, 우리는 '열방에 복을 주는' 개념이 광범위하다는 점에 주목했다.

그리스도인들이 열방에 복이 될 수 있는 여러 가지 방법을 누가 셀 수 있는가? 그리고 모든 그리스도인이 매일의 일상적인 일과 사회 참여를 '복이 되는', 하나님이 그들을 두신 '도시의 안녕을 구하는' 기회로 본다면, 그것은 그들이 하나님 백성의 선교에 긴밀하게 개인적으로 참여한다는 의식에 어떤 영향을 끼칠 것인가? 우리는 선교를 유급 전문 사역자들과 선교사들에게 제한함으로써 하나님의 선교에 어떤 피해를 입혀 왔는가? 우리가 입으로 전해야 하는 복음은 세상에서 매일 기독교적 삶을 사는 일상 속에 담긴 복음의 복으로 가득한 생활에서 흘러나온다면 더 풍성해지고 효과적이 될 것이다.

특히 13장에서 우리는 하나님이 분명히 그분의 백성이 공적 무대, 곧 세상의 직장에 관여하기를 기대하신다는 점을 살펴보았다. 이 또한 하나님의 백성인 우리가 구현할 성경적 선교의 일부분이라면, 교회는 그것을 더 진지하게, 적어도 두 가지 실제적이고 적절한 방식으로 다룰 필요가 있다.

예언자적 과제

우리는 그저 목사로 부름받는 것이 아니라 예언자 역할을 하도록 부름받는다. 다시 말해, 교회의 역할은 어떤 사회적 또는 경제적 (또는 군사적) 기업들이 공적 무대에 등장하든 아무 생각 없이 축복해 주는 것이 아니다. 그것은 기독교 세계가 만들어 낸 엄청나게 심각한 왜곡 중 하나다.

하나님의 백성은 비판적 거리를 유지하고 독립적인 '신적 감사'를 대신해 말하도록 부름받는다. 이는 우리가 높은 위치에서 우월감을 갖고 말한다는 의미가 아니다. 우리가 자신의 죄성을 알기 때문이다. 그러나 그것은 우리가 하나님의 계시로부터 배운 기준에 따라 평가와 비판 또는 승인의 목소리를 내야 함을 의미한다. 우리는 악을 버리고 선을 붙잡아야 한다. 이 일은 그 차이를 인식할 수 있도록 조율된 마음을 요구한다.

교회는 집단적으로 공적 광장에서 이 예언자적 역할을 수행할 수 있다. 하지만 그렇게 한 대가로 항상 — 때로는 직장에서 임명한 사목들로부터 — 고통을 받게 될 것이다. 우리는 주위에서 진행되는 모든 것에 성경적으로 관여할 필요가 있으며, 또 그렇게 할 수 있는 용기를 회복할 필요가 있다. 공적인 목소리를 내는 직업을 가지는 모든 경우에(정치, 언론계, 방송 및 대중 매체), 그리스도인들은 그 부르심의 최전방 선교적 본질을 이해할 수 있도록 교회의 후원과 격려를 받는 것이 필요하다.

목회적 과제

직장에서 성도로서 매일의 삶을 사는 사람들을 후원하는 것 또한 교회의 역할이다. 바울은 하나님이 그분의 교회에 "성도들이 봉사의 일을 하도록" 목사와 교사들을 주셨다고 말한다(엡 4:12). 나는 여기서 "봉사의 일"이 그저 기독교적 활동(예컨대, 교회 사역 혹은 전도)을 의미하는 것이 아니라, 교회를 포함한 사회 전반에서 하는 모든 형태의 봉사를 의미한다고 믿는다.

이는 여전히 교회에 스며들어서 그 효과에 심각한 손상을 입히는 가장 흔한 오해 중 하나를 바로잡는다. 믿거나 말거나, 하나님은 목사를 후원하기 위해 교회를 만드신 것이 아니다. 오히려 하나님은 성도를 구비시키기 위해 교회에 목사와 교사들을 주셨다.

사람들이 자기 사역을 하는 목사들을 후원하기 위해 일요일에 교회에 가는 것은 아니다. 목사가 **자기** 사역을 하는 사람들을 후원하기 위해 일요일에 교회에 가는 것이다. 그리고 **그들의** 사역, 선교로서 참으로 중요한 그들의 사역은 교회 담장 **바깥에서**, 세상에서, 직장에서 소금과 빛이 되는 것이다.

> 이 교회는 매주 1,500명의 선교사를 파송한다. 그들 중 일부는 해외에서도 섬기고 있다.
>
> 휴 파머
> 올 소울즈 교회 목사

모든 교회는 사람들이 교회를 떠나 밖으로 나가는 문 안쪽에 눈에 잘 띄게 다음과 같은 공지문을 써 붙여야 한다. "당신은 지금 선교지로 나갑니다."

그러므로 목사와 목사들을 훈련하는 이들을 향한 도전은 다음과 같다.

- 당신은 해외에 '선교사'를 보낼 뿐만 아니라 온 교회가 매일 근무 시간에 세상에서 선교에 참여하고 있다고 봄으로써, 교인들을 선교를 위해 동원하고, 훈련하고, 후원하고 있는가?
- 당신은 직장에서 일하는 그리스도인들이 그들이 살고 일하는 세계를 이해할 수 있도록 돕고 있는가? 아니면 그저 그들 앞에 죽은 뒤에 가게 될 더 좋은 세상이 있다는 사실만을 제시하고 있는가?
- 당신은 책임적인 시민에 대한 성경의 가르침을 교인들에게 가르치고 있는가?
- 당신은 신자들에게 하나님이 그들을 두신 '도시의 안녕을 추구하도록' 격려하고 있는가?
- 당신은 기독교적·윤리적 증거를 유지할 수 있는 성경적 세계관을 확립하고 있는가?
- 당신은 그리스도인들이 일터에서 직면하는 윤리적 문제들을 가지고 씨름할 수 있도록 도우면서 신실함, 진실성, 용기 및 인내를 격려하고 있는가?
- 당신은 적대적인 세상과 매일 충돌하면서 일터에서 상처입고 위축된 자들을 긍휼의 마음으로 돌보고 있는가?

이와 같은 후원 사역을 하기 위해, 목사는 교인들이 세상에서 직면하는 문제와 유혹을 알 필요가 있다. 변화처는 직장의 현실을 제대로 알아서 오로지 종교적 활동만을 하는 영적 거품 속에 고립되어 살지 않도록 해야 한다.

우리는 또한 '선교로서의 사업'이라는 일반적인 표현 아래 점차 발전하고 있는 운동이 나타내는 선교적 이해와 관례에서 일어나는 발전에도 보조를 맞추어야 한다. 이는 '자비량'은 단지 전도라는 '진짜' 일을 위해 스스로 후원하는 수단이 아니며, 또 기독교적 증거를 금지하는 나라들에 접근하기 위한 위장 수단도 아니라는 점을 인식하는 것이다. 오히려 그것은 적당한 사업에 참여하는 것이 본질적으로 사회를 위해, 인간의 안녕을 위해, 긍정적인 사회적·영적 목적을 위해 본질적으로 가치가 있다는 확신이다. 하나님을 위해 하나님의 세계에서 행하는 건전한 사업에는 선교적 차원이 있다.[3]

> 나는 인도의 기독 대학원생 수련회에서 강연했던 때를 슬프게 기억한다. 그들은 모두 전문직을 가진 '평신도'였다. 구약 윤리를 가르치면서, 우리는 인도의 그리스도인들이 매일 직면하는 윤리 및 양심의 매우 복잡한 문제에 대해 논의하고 있었다. 그 문제들은 뇌물과 부패로부터 착취와 폭력에 이를 정도로 다양했다. 나는 그들에게 그들의 교회 목사에게 그런 문제를 말할 수 있는지 물어보았다. 그러자 허허로운 웃음소리가 들렸다. "우리 목사님은 그런 일에 대해서는 결코 말하거나 생각하거나 설교하지 않아요." "게다가 어떤 목사님은 그런 일에 관련되어 있어요."

복음

복음의 온전성을 회복함

이 책을 읽고 눈이 열려서 하나님의 복음의 영광스러운 부요함을 볼 수 있기를 바란다. 성경은 죄의 영향을 받은 인간 삶의 모든 영역에 대해 말하며(그것은 인간 삶의 모든 영역에 죄가 있음을 의미한다), 또 그것을 변혁시킬 수 있는 가장 놀라운 좋은 소식을 우리에게 제공한다. 문제는 우리가 성경의 좋은 소식 중 한 측면에 집중함으로써 다른 측면들을 해치는 경향이 있다는 것이다. 하나님이 하나로 합쳐 놓으신 것을 우리는 갈라놓았다. 그러고 나서 우리는 애초에 갈라놓지 않았어야 했던 것들에 대해 그것들이 어떻게 '관련되는지' 분명히 설명하려고 애쓴다.

앞서 조사하면서 주목했던 거대한 '전체' 가운데 일부를 떠올려 보자. 애석하게도 우리에게는 복음이 통합하는 것을 너무나 자주 양끝으로 갈라놓는 경향이 있다.

개인적/우주적

우리는 우주적·총체적 차원의 복음에서 개인을 분리시키고, 그런 다음 개인에게 우선순위를 부여하는 경향이 있다. 우리는 개인 구원과 개인 전도를 모든 노력의 중심에 놓는다(물론, 개인 전도는 헌신의 본질적인 일부다). 그러나 에베소서와 골로새서 1:15-26에 소개된 바울의 복음 메시지 순서는 **창조세계**(그리스도에 의해 창조되고, 그리스도에 의해 유지되고, 그리스도에 의해 구속된 하늘과 땅의 모든 것), 그 다음에 **교회**(그리스도를 머리로 모신), 그 다음이 개별 이방인 **신자**(너희도)다.

바울은 이 **모든 것**이 "그[그리스도]의 십자가의 피로 화평을 이루"었다고 한다. 그러므로 우리가 구원받아 창조세계 **밖으로** 나가는 것이 아니라 하나님이 그리스도를 통해 구속하신 **창조세계의 일부로** 들어오시는 것이다. 교회는 영혼들이 천국에 이를 때까지 머무는 영혼을 위한 쉼터가 아니라, 창조세계를 향한 하나님의 의도인 하나됨의 모습을 생생히 보여 주는 곳이다.

이 '전체'를 갈라놓은 결과, 불완전한 형태의 성경적 복음을 가지고 전도하는 그리스도인들이 세상과 공적 광장, 사회 및 열방을 위한 하나님의 계획에 거의 관심을 갖지 않게 되었을 뿐 아니라, 창조세계를 위한 하나님의 뜻을 이해조차 못하게 되었다. 그래서 우리의 선교 노력은 하나님의 선교 영역보다 훨씬 작아질 위험에 처해 있다.

믿음/행함

우리는 복음을 믿는 것과 복음대로 사는 것을 분리시키고, 그런 다음 믿는 것에 우선순위를 두는 경향이 있다. 다시 말해, **행하는** 신앙에서 **믿는** 신앙을 떼어낼 수 있다고 생각하는 것 같다. 사람들은 생활 속에서 일어나는 일로 인해 크게 염려하지 않으면서도 머릿속에서 일어나는 어떤 것으로 인해 구원받을 수 있다고 생각하는 것 같다. 바른 기도를 드리고 바른 교리를 믿는 한, 그 밖의 다른 일은 궁극적으로 중요하지 않으며, 부수적인 별개의 일이다.

하지만 이 책에서 되풀이하여 본 것처럼, 성경에서는 믿음과 순종이 분리되지 않는다. 물론 우리는 선행에 의해 또는 선행 때문에 구원받는 것이 아니라, 오직 그리스도께서 하신 일로만 그리고 그분을 믿음으로써 구원받는다는 점을 강조하는 것이 중요하다. 그러나 우리를 구원하고 그리스도와 연합시키는 믿음은 필연적으로 순종을 통해 그 실체와 진정성을 나타낸다. 바울은 실제로 자신의 선교 사역을 "모든 열방 중에 믿음의 순종"을 가져오는 것으로 규정한다(롬 1:5; 15:18; 16:26). 그것은 아브라함, 예수님, 바울 그리고 야고보를 떠올리는 한 쌍의 단어다. 당신이 하나님의 말씀을 믿지 않는다면 그 말씀에 순종할 수 없다. 그러나 만일 하나님의 말씀에 순종하지 않는다면, 그 말씀을 믿는다고 주장할 수 없다. 행위 없는 믿음은 죽은 것이다.

이 '전체'를 갈라놓은 결과, 스스로 신자요 복음주의자라고 일컫지만 실제 삶은—도덕적 기준이든, 사회정치적 편견이든, 실제 행위든—주위의 문화와 구분하기 어려운 사람들이 전 세계에 나타났다. 그들은 성경적 의미에서 '스캔들'이다. 다른 사람들이 그리스도의 말씀을 진지하게 고려하는 것을 방해하는 걸림돌이다.

선포/시위

복음은 들려야 하는 좋은 소식인 동시에 보여야 하는 좋은 소식이다. 복음은 말과 행위가 필요하다. 복음은 메시지와 증거가 필요하다. 우리는 이것들을 분리하고 말과 메시지를 우선시하는 경향이 있다. 우리는 너무 쉽게 선교를 '복음을 **선포하는** 것'이라 말한다. 선포는 절대적으로 중요하지만(좋은 소식은 그냥 말로 전달**되어야 하기** 때문이다), 그것이 복음을 전달하는 방법으로 성경이 묘사하는 전부는 아니다.

베드로는 예수님의 사역을 요약하면서, 하나님이 이스라엘에 보내신 메시지—화평의 좋은 소식—를 말하고 **그와 함께** 성령의 기름부음을 받고 능력을 받으신 후에 "두루 다니시며 선을 행하"셨다고 말한다(행 10:36-38).

바울의 사역에서도 동일한 결합을 찾아볼 수 있다. 로마서 15장에서 바울은 그의 모든 선교 사역에 대해 성찰하면서 "그리스도께서 이방인들[열방]을 **순종하게** 하기 위하여 나를 통하여 역사하신 것 외에는 내가 감히 말하지 아니하노라. 그 일은 **말**과 **행위**로 표적과 기사의 능력으로 **성령의 능력**으로 이루어졌으며"라고 말한다(롬 15:18-19; 저자 강조). 어떤 사람들의 말처럼, 말(words), 행위(works), 기사(wonders)가 모두 있다.

이 '전체'를 갈라놓은 결과, 말은 많지만 삶이 뒷받침되지 않는 자들의 위선을 사람들이 알아차렸고, 그로 인해 전도를 위한 우리의 노력은 때로 세상의 조롱을 받는다. 삶에 진실성이 부족한 것이 복음 메시지를 받아들이는 데 심각한 장애물이라는 사실이 여러 조사를 통해 밝혀졌다.

지금까지 나는 우리 가운데 많은 이가 양 극단 중 앞의 것을 우선시하는 경향이 있다고 말했다. 물론 그 반대편을 우선시하는 사람들도 있다. 그들은 교회의 사회적 차원과 급진적 사회윤리를 강조하며, 사회에서 정의를 추구하는 힘을 지닌 그리스도인들이 존재해야 할 필요성을 강조한다. 비록 전도를 통해 그리스도의 이름이 선포되지 않더라도 말이다. 더 나아가 그들은 세상에서 가장 빈핍한 자들의 가난과 고통을 경감하는 일에는 열렬히 관심을 기울이지만, 사람들이 주 예수 그리스도를 믿고 그분의 교회로 편입되는 일에는 현저하게 관심을 기울이지 않는다.

이 같은 생각이나 실천에 대해 무슨 말을 하더라도, 그것은 분명 '총체적 선교'가 아니다. 이 용어는 때때로 사회 경제 활동을 강조하는 선교 개념에 부적절하게 적용된다. 전도에 대한 관심이 없는 사회 활동은 사회적 관심이 없는 선도만큼 비총체적이다. 가난하고 굶주린 이들에게는 관심을 갖지만 사람들이 예수님에 대한 좋은 소식을 듣는 일에 관심을 갖지 않는 것은, '총체적 선교'는 고사하고 예수님의 모범조차 따르지 않는 것이다.

성경이 그 둘을 통합적인 하나로 결합하는 근거를 풍부하게 제공하는데도 우리가 계속 인위적으로 그 둘을 나누어 버리는 이유는 무엇인가?

> **아미티 재단**은 중국의 기독교 개발 기관이다. 쓰촨성에 대규모 지진이 지나간 후에 그들은 다른 많은 그리스도인과 함께 구호와 재건 활동에 열심히 참여했다. 구 유메이 목사와 그녀의 남편은 그들의 마을에서 앞장서서 도움의 손길을 펼쳤다.
> "많은 사람이 지진 전에는 교회를 알지 못했습니다." 구 목사는 말한다. 도울 수 있는 일이 있는 곳마다 교인들이 가서 양초와 라이터, 모기 방충제를 나누어 주면서 구호 활동에 참여할 때, 교회는 미안추의 사람들 사이에 더 잘 알려졌다. "사회사업과 하나님의 사랑으로 말미암아 사람들은 교회가 있다는 것을 인식하게 되었습니다." 구 목사는 말한다.
> 그 후로 그 교회는 최소한 다섯 배 이상 성장했다. 현재 그 교회는 교회가 세운 열세 개의 새로운 설교처에서 일하는 사역자들을 위한 특별 리더십 과정을 운영하고 있다.[4]

수위성?

이 문제는 1974년 개최된 제1차 로잔대회 이후 10년 동안 로잔 운동 내에 약간의 분열을 일으킨 근원이었다. 존 스토트는 1982년 미국 미시건 주 그랜드 래피즈에서 이 문제를 신학적으로 철저하게 생각할 수 있도록 협의회―복음 전도와 사회적 책임의 관계에 대한 협의회(CRESR)―를 개최했다. 총체적 선교에 헌신하는 사람들 중에서도 전도가 수위성을 갖는다고 주장하는 이들이 있었으며, 지금도 여전히 그런 주장을 하는 이들이 있다. 나는 CRESR 보고서가 이 문제에 대한 응답으로 수위성이 무엇을 의미하는지 세심하고도 분명하게 설명한 방식이 여전히 매우 유익하다고 생각한다. 내가 주장한 것처럼, 그 보고서가 애초에 분리시키지 않았어야 했던 두 가지를 "화해시키려고" 시도하고 있지만 말이다. 문서 전체를 세심하게 연구할 가치가 있지만, 다음의 발췌문이 이 문제의 핵심을 잘 다루고 있다.[5]

발췌문의 결론에 나오는 문장을 보면 초안 작성자들은 **선교적 실천에서** 그 같은 구별이 있을 수 없음을, 설령 구별하는 일이 있다 해도, 알고 있었다.

예수님을 주와 구주로 선포하는 것(복음전도)은 사회적 함의를 갖는다. 그것은 사람들에게 개인적 죄는 물론 사회적 죄도 회개할 것을, 그리고 옛것에 도전하는 새로운 사회 속에서 의와 평화의 새로운 삶을 살 것을 요청하기 때문이다.

주린 자에게 음식을 주는 것(사회적 책임)은 전도적 함의를 지닌다. 사랑의 선행은, 그리스도의 이름으로 행해진다면, 복음을 드러내고 추천하기 때문이다.

그러므로 복음전도는 일차적으로 사회적 의도를 갖고 있지 않을 때에도 사회적 차원을 지니며, 반면에 사회적 책임은 일차적으로 전도적 의도를 갖고 있지 않을 때에도 전도적 차원을 지닌다고 말할 수 있다.

그러므로 복음전도와 사회적 책임은, 상호 구별되면서도, 우리가 복음을 선포하고 복음에 순종하는 데 본질적으로 관련되어 있다. 동반자 관계는 실제로는 결혼인 것이다. 이것은 우리에게 복음전도와 사회적 책임 간의 동반자 관계가 동등한가 동등하지 않은가, 곧 그것들이 똑같이 중요한가 아니면 하나가 다른 하나보다 우선하는가 하는 문제를 야기한다. 로잔 언약은 "희생적 봉사라는 교회의 선교 가운데 복음전도가 우선한다"(6항)라고 단언한다. 그 구절 때문에 동반자 관계가 깨질까봐 우리 중 몇몇은 거북해 했지만, 우리는 이미 언급한 바 있는 특별한 상황과 소명에 덧붙여 두 가지 방법으로 그것을 지지하고 설명할 수 있다.

첫째, 복음전도는 특정한 우선권을 갖는다. 이는 시간적 우선권을 언급하는 것이 아니라 논리적 우선권을 언급하는 것이다. 어떤 상황에서는 사회적 사역이 우선할 것이기 때문이다. 기독교의 사회적 책임이 있다는 사실은 사회적으로 책임 있는 그리스도인들을 전제하며, 그들은 오직 복음전도와 제자화에 의해서만 그렇게 될 수 있다. 사회 활동이 복음전도의 결과요 목표라면 (우리가 주장한 대로) 복음전도는 사회 활동에 선행해야 한다. 더불어 어떤 국가에서는 사회적 진보가 지배적 종교 문화에 의해 방해 받고 있다. 따라서 복음전도만이 그것을 변화시킬 수 있다.

둘째, 복음전도는 사람들의 영원한 운명과 관련이 있으며, 구원의 복음을 전할 때 그리스도인들은 아무도 할 수 없는 일을 하는 것이다. 이웃을 위한 진정한 사랑은 우리로 하여금 이웃을 전인으로서 섬기도록 이끌 것이기에, 육체적 굶주림과 영적 굶주림을 만족시키는 것 사이에서 혹은 육체를 치유하는 것과 영혼을 구원하는 것 사이에서 선택해야 하는 경우는 거의 없다. 그럼에도 불구하고 선택을 해야 한다면, 우리는 모든 인간의 궁극적[6] 필요가 예수 그리스도의 구원의 은혜이며, 따라서 한 인간의 영원한 구원이 그의 일시적이고 물질적인 안녕보다 훨씬 중요하다고 말해야 한다(참고. 고후 4:16-18). 태국 성명서가 표현한 대로, "인간의 모든 비극적 필요 가운데 인간이 그들의 창조주로부터 소외된 것과 또 회개하고 믿기를 거부하는 자들을 기다리는 영원한 죽음이라는 전율할 현실보다 큰 것은 없다." 하지만 이 사실이 우리로 하여금 인간의 가난과 억압이 심화되는 현실에 무관심하게 만들어서는 안 된다.

우리는 그 선택이 대체로 개념적이라고 믿는다. 실제로는, 예수님의 공적 사역이 그랬던 것처럼, 적어도 개방 사회에서, **그 둘은 분리할 수 없다**. 그 둘은 서로 경쟁하기보다 서로에 대한 관심을 계속 증가시키면서 서로를 지지하고 강화한다.[7]

복음주의 그리스도인들은 하나님 앞에서 매일 경건의 삶을 드리는 것이 중요하다고 강조한다. 여기서 성경 읽기와 기도는 핵심적인 활동이다. 물론, 성경 읽기와 기도는 별개의 활동이다. 그러나 기독교 제자도를 실천하는 데 전자 또는 후자가 '수위성'을 갖는다고 주장하고, 회의를 하고, 갈라놓고, 출판하고, 캠페인을 벌이는 복음주의자들에 대해 들어본 적이 있는가? "성경 읽기와 기도 중 어느 것이 수위성을 갖는가?" 하는 문제는 실제 삶에서 아무런 의미가 없다. 둘 다 중대하다. 둘 다 성경적이다. 둘 다 하나님과 살아 있는 관계를 유지하는 데 필수적이다. 그런데 왜 우리는 선교에 대해서는 그와 같이 통합적으로 이해할 수 없는가?

'통합적 선교'는 현재 이런 이해를 나타내는 데 널리 사용되는 용어다. 나는 이 표현이 성경적으로 진실하며 타당하다고 생각한다. 선교가 살아 있는 역동적 실체라면, 우리에게는 그것이 포함하는 모든 것을 위한 유기적 유추가 필요하다. 아마 숨을 쉬고 물을 마시는 것이 그와 같은 유추를 제공한다고 볼 수 있다. 그것들은 각각 다른 활동이지만, 둘 다 통합적이고 살아 있는 인간 육체에 아주 필요한 것이다. 어느 하나가 '수위성'을 갖는다고 말하는 것은 실제로 아무런 의미가 없다. 어느 하나를 등한시하면, 당신은 죽을 것이기 때문이다.

어떤 사람들은 '수위성'보다 '중심성'이 선교에서 전도를 언급하기에 더 좋은 단어라고 제안한다. 이것은 바퀴의 모델에 적용된다. 바퀴는 반드시 중심에 바퀴통(차축과 엔진에 연결되는)과 테두리(도로에 연결되는)를 갖고 있어야만 하는 통합적 물건이다. 테두리가 없다면, 바퀴통은 선회하는 차축의 끝에 지나지 않는다. 바퀴통이 없다면, 테두리는 어디론가 돌다가 곧 쓰러지고 마는 굴렁쇠에 지나지 않는다. 바퀴통과 테두리는 별개의 것이지만, 그것들이 통합적으로 함께 움직이지 않으면, 어느 것도 바퀴가 되지 못한다. 복음전도가 하나님의 복음 능력이라는 엔진에 연결된 바퀴통과 같다면, 그 바퀴통을 상황, 곧 도로에 접속시키고 견인하기 위해 그리스도인이 세상에 관여하면서 복음을 생생하게 나타내 보이는 것이 필요하다.

> 통합적 선교는 복음을 선포하고 드러내 보이는 것이다. 그것은 그저 복음전도와 사회 참여가 나란히 행해져야 한다는 의미가 아니다. 오히려 통합적 선교에서 우리가 사람들에게 삶의 전 영역에서 사랑과 회개를 요구하기 때문에 우리의 선포는 사회적 결과를 맺는다. 그리고 우리가 예수 그리스도의 변혁시키는 은혜를 증거하기 때문에 우리의 사회 참여는 전도의 결과를 맺는다. 우리가 세상을 무시하면 우리는 세상을 섬기도록 우리를 보내신 하나님의 말씀을 저버리는 것이다. 하나님의 말씀을 무시하면 우리는 세상에 가져갈 것이 아무 것도 없다. 정의와 이신칭의, 예배와 정치 활동, 영적인 것과 물질적인 것, 개인적 변화와 구조적 변화는 함께 속한다. 그리고 예수님의 삶에서 그랬던 것처럼, 존재, 행위, 말은 우리의 통합적 과제의 핵심이다.
>
> 통합적 선교에 대한 미가 선언[8]

복음의 종으로서 우리의 겸손을 회복함

하나님 백성의 선교는 우리가 방금 개요를 서술한 것처럼 온전한 복음을 이해하는 복음의 백성이 되는 것이다. 그러나 복음의 백성은, 그 정의상 겸손한 백성이다. 복음은 위대하고 영광스러운 것이며, 우리는 그저 그 복음의 순종적인 종일 뿐이다. 또는 우리가 성경에서 발견하는 다른 비유 몇 가지를 사용해 말하면, 우리는 복음의 청지기다(우리는 소유하지 않는다). 또한 우리는 복음의 증인이다(우리는 지어내지 않았다).

혹은 바울이 더 생생하게 표현한 것처럼, 복음은 보배이며 우리는 그 보배를 담아두는 질그릇에 불과하다(고후 4:7). 성경의 세계에서 질그릇은 어떤 것을 나르는 가장 흔한 방식이었다. 그것은 당시에 쇼핑백이었다. 그것은 우리의 선교적 역할에 대한 적절한 겸손한 묘사다. 복음을 위한 쇼핑백.

물론 나는 1장에서 전달자의 삶의 질에 대해서는 관심을 기울이지 않고, 교회를 오로지 전달 기구로만 상상하는 것의 위험성에 대해 말했다. 요점은 복음 사역은 자신을 내세우지 않는 겸손함 가운데 행해져야 한다는 것이다. 그렇지 않으면 그것은 복음 자체를 부인하는 것이다.

이 점을 적절하게 적용할 수 있는 두 가지 방법이 떠오른다. 하나는 상대적으로 심각하지 않고 또 하나는 극도로 심각하다.

누구의 증언이며 누구에게 하는 증언인가

10장에서 우리는 증거라는 성경적 주제에 대해 탐구했다. 우리는 하나님이 살아 계신 하나님이신 그분을 증거하는 증인이 되도록 이스라엘을—그들이 분명히 마비되고 실패한 상태에 처해 있을 때에라도(귀가 멀고 눈이 먼)—부르신 사실에 경탄했다. 그들의 증거는 틀림없이 그들 자신에 대한 것이 아니라, 그분에 대한 것이었다. 마찬가지로, 신약 성경에서 예수님은 제자들에게 "너희는 내 증인이 될 것이라"고 말씀하신다. 성경에서 증언의 요점은 증언을 하는 사람보다는(그들의 이야기가 아무리 흥미 있다 할지라도) 그 증언이 증거하거나 대신하는 사람, 또는 그 증언이 말해 주는 사건에 있다.

그러면 우리가 '증언한다'고 할 때 그것은 무엇을 의미해야 하는가? 복음주의 진영에서는 '증언'(간증)에서 나의 경험이 중요하다는 전통이 생겨났다. 전도 훈련에는 '증언(간증)을 준비하는' 일이 포함된다. 당신이 어떻게 그리스도인이 되었는지 자신의 이야기를 말하는 것이다.

이 관례를 폄하할 마음은 없다. 하나님이 나를 위해 행하신 선한 일들을 공적으로 선언하는 것을 지지하는 성경의 증거는 풍부하다(특히 시편에). (거기에서조차 '나보다는 '하나님이 하신 일'이 강조되고 있기는 하지만 말이다.) 그러나 10장에서 살펴본 본문들을 성찰해 볼 때, 우리는 우리의 '증언'이 하나님과, 주 예수 그리스도와, 그 심판의 경고 및 그 영광의 희망과 함께 성경적 구속 이야기의 진리를 증거하는, 더 객관적인 요소를 지니도록 해야 한다는 것을 알 수 있다. 그렇지 않으면 '증언(간증) 시간'은 교묘한 형태의 자기 자랑으로, 자신이 권하고 있다고 추정되는 복음의 반대편에 서는 것으로 타락할 수 있다. 복음의 겸손은 우리로 하여금 다른 식으로 증언(간증)문을 작성할 것을 요구한다.

우리의 '증언'(간증)을 들을 때, 사람들은 "그 사람 멋진 이야기를 하네! 대단한 경험을 했군!"이라고 생각하며 돌아가는가? 아니면 하나님의 경이로움, 예수님의 아름다움과 복음의 영광에 놀라서 숨이 턱 막히는가?

매춘 복음

바울은 그 자신을 "하나님의 말씀을 혼잡하게 하는"(고후 2:17) 자들, 곧 설교나 전도 사역을 생계 수단으로 삼는 자들과 날카롭게 구분했다. 고대 헬라 세계에는 자신의 철학을 여흥을 위해 군중들에게 파는 일을 하는 여행 강사들이 넘쳐났다. 그리고 그중 일부는 유명해지고 부자가 됐다. 그들은 그 당시 텔레비전 전도자였다. 바울은 그들처럼 되기를 거부했다.

유감스럽게, 오늘날에도 그들처럼 '번영 복음'이라는 가르침을 전달하는 자들이 있다. 그들에게 복음은 소비자의 필요와 욕구에 호소할 수 있도록 포장되고 광고되며, 매우 강렬한 수단을 통해 전달되고, 세일즈맨을 엄청나게 부자로 만들어 주는, 조작된 상품이 되어 버렸다.

나는 물질적 복을 포함하는 성경적 번영에는 타당한 면이 있음을 잘 안다. 나는 '번영' 교사들이 성경의 약속과 영적 영역에서 악한 모든 것을 극복하는 하나님의 능력을 진지하게 대한다는 사실을 안다. 하나님이 여전히 성경에 기록된 기적을 행하시는 하나님이심을 안다. 그들의 저술에서 이런 교사들 중 일부가 근면과 가난의 도전 및 기회의 결핍을 극복할 필요성을 강조하고 있음을 안다. 그런 가르침이 고질적인 가난이 있는 곳에서 번성하며, 그 자체로 하나님을 통탄하게 하고 교회를 포함한 인류 공동체를 수치스럽게 하는 상황을 돌파해 나가는 방법에 대해 구체적인 희망을 제공한다는 것도 안다.

그런데 여전하다.

수많은 번영의 가르침을 부채질하는 것이 탐욕이라는 점은 틀림없다. 많은 설교와 저술이 성경이 우리에게 끊임없이 경고하는—십계명에서부터 예수님의 경고와 바울의 비난에 이르는—물질적 부에 대한 지나친 욕구에 호소한다. 그 가르침의 가장 노골적이고 분명한 결과는, 그 가르침에 관여하는 자들이 가장 많은 번영을 누리면서 끝난다는 점이다.

돈을 요구하는(종종 공격적으로 요구하는) '복음'이 그와 같은 관례를 단호히 비난하는 신약 성경의 복음과 조금이라도 일치할 수 있는가? 풍요와 과식, 승용차, 자가용 비행기에 과도한 지출을 하는 생활방식이 인자, 고난받는 종, 십자가에 달리신 그리스도의 모습을 어떤 식으로든 나타낼 수 있는가?

그런 복을 파는 '복음'은 종교개혁 이전에 교회에서 면죄부를 판 추문과 다르지 않다. 당시 사람들은 면죄부를 사면 연옥의 고통에서 일찍 벗어날 수 있다는 말을 들었다. 지금 사람들은 돈을 내면 이 세상의 장애물로부터 벗어날 수 있다는 헛된 희망에 속는다.

정말로 **무언가**를 파는 '복음'은 돈을 받고 몸을 파는 매춘 복음이요, 십자가의 고난당하는 은혜를 부인하는 것이다.

이 자리를 빌려, 참으로 21세기 교회가 이 이단의 정체를 밝히고 그것이 하나님 백성의 선교에 끼어들지 못하도록 거부하기를 간절히 바란다.[9]

> 도착하는 모든 사도를 마치 주님이 오신 것처럼 환영하라. 그는 하루 이상 머무르지 않아야 한다. 하지만 필요한 경우에는 다음 날도 머무를 수 있다. 3일 동안 머무르면, 그는 거짓 예언자다. 떠날 때 사도는 다음 숙소에 도착할 때까지 필요한 음식을 제외하고는 어떤 것도 받지 말아야 한다. **돈을 요구하면, 그는 거짓 예언자다.**…
>
> 너희는 주님의 이름으로 너희에게 오는 모든 사람을 환영해야 한다. 나중에 너희가 그를 시험할 때, 그가 누군지 알게 될 것이다. 옳고 그름에 대한 통찰력이 너희에게 있기 때문이다. 도착하는 여행자라면, 할 수 있는 대로 그를 도우라. 그러나 그는 너희와 이틀 이상, 또는 필요한 경우에라도 사흘 이상 머무르지 않아야 한다. 만일 그가 너희와 함께 정착해 살기를 원하고 기술을 가진 장인이라면, 그는 생계를 위해 일을 해야 한다. 하지만 그에게 직업이 없다면, 너희는 잘 판단해서 그가 그리스도인으로서 빈둥거리지 말고 너희와 함께 살 수 있는 조치를 취하라. **그가 거부하면, 이는 그리스도를 이용하는 것이다. 너희는 그와 같은 사람을 경계해야 한다.**
>
> 디다케[10] 11:4-6과 12:1-5(저자 강조)

복음에 대한 확신을 회복함

복음의 종으로서 자신에 대해 겸손한 것은 복음 자체에 대해 자신이 없거나 소심한 것을 뜻하지 않는다. 그와 반대로, 종의 가장 큰 기쁨은 그의 주인의 장려함을 가리키는 것이다. 마찬가지로 복음의 종의 가장 큰 특권은 하나님의 영광스러운 복음을 최대한으로, 그 넓이와 높이와 깊이 전체를 칭송하는 것이다.

복음에 대한 확신을 회복하는 것보다 하나님 백성의 선교에서 더 중요한 것은 별로 없다.

복음의 진리

우리는 복음의 **진리**에 대한 확신을 거듭 확언하고 그 위에 우리의 삶 전체를 건설할 필요가 있다. 이것은—종교적 또는 반종교적—진리 주장이 경쟁하는 세상에서 항상 일어나는 싸움이다. 진리의 가능성을 부인하는 포스트모던 세계에서 더 치열하게 일어나는 싸움이다. 포스트모더니즘은 본질적으로 어떤 원대한 이야기로 표현된 불신의 입장이다. 그것은 **이야기들**— 모든 역사와 문화가 인간의 복수성과 상대성이라는 대축제에서 꽃수레를 장식할 때 사용하는 다수의 이야기들— 을 엄청나게 믿는다. 그러나 보편적인 진리를 주장하는 이야기(Story)는 축제 곳곳에서 도전을 받을 것이다.

이 같은 세상에서 우리는 계속 선교를 수행해 나가면서, 성경은 **유일한 이야기**(the Story), 인생, 우주 및 모든 것을 이해하는 원대한 이야기를 말한다고 선포한다. 그리고 그 이야기는 궁극적으로 좋은 소식, 곧 복음이다. 정말로 나쁜 소식이 무엇인지 말해 주기 때문이며, 오직 하나님만이 모든 악한 이야기와 그 이야기의 끔찍한 종말을 구속하기 위해 행하셨다고 선포하기 때문이다. 그 이야기는 하나님이 세상을 너무도 사랑하셔서 독생자를 주신 것, 하나님이 그리스도 안에서 세상을 그분 자신과 화해시키신 것, 나사렛 예수의 십자가와 부활이 새 창조를 시작하셨다는 것, 그리고 이 세상 나라가 우리 하나님과 그리스도의 나라가 될 것이라는 사실을 말한다.

복음의 유일성

우리는 복음의 **유일성**에 대한 확신을 재차 천명할 필요가 있다. 복음은 한 분 유일하신 살아 계신 하나님에 대한 메시지이며, 하나님이 그분 안에서 살고 죽고 다시 살아나신 한 분 유일한 인간에 대한 메시지이기 때문이다. 이것은 1세기의 종교 다원주의 상황에서 처음 선포되었을 때 추문이었다. 그리고 21세기의 다원주의 아래서도 역시 추문이다.

그러나 우리가 살펴본 성경신학은(특히 9장에서) 그리스도의 유일성과 오직 그분 안에만 있는 구원에 대해 자신 있게 확언해야 한다는 점을 가르친다. 그 확신은 성경 전체와 그 성경이 한 분 하나님과 그분의 계획—아브라함에서부터 모든 열방에 복을, 창조세계에 구속을 가져다주는 데까지 아우르는—에 관해 말해 주는 이야기에 광범위하고 확고하게 토대를 둔 것이어야 한다.

이 하나님의 구속을 성취하고 **이** 이야기를 완성하는 분이 **이** 예수님이라면, 예수님의 유일성에 대한 우리의 확언은 굳건히 설 것이다. 그리스도는 우리가 유일하다고 말하기 때문에, 또는 그분이 다른 종교적 경쟁자들보다 낫기 때문에 유일하신 것이 아니다. 그분이 유일하신 이유는, 성경적으로 소중한 그분의 창조세계 안에서 성경적 진단이 내려진 우리 세상을 성경에 규정된 대로 구속하기 위해 성경에 계시된 계획을 성경의 하나님이 그분 안에서 성취하셨기 때문이다.

복음의 능력

더 나아가 우리는 복음의 **능력**에 대한 확신을 거듭 천명할 필요가 있다. 그것은 바울의 큰 자랑거리였다. 바울 자신은 아무것도 아니었지만, 그는 복음이 하나님의 능력임을 볼 수 있었고 **증명할** 수 있었다. 바울은 모든 인종적·사회적·종교적 배경을 가진 사람들의 **변화된** 삶을 가리킬 수 있었다. 우리도 그렇게 할 수 있다.

하지만 유감스럽게도 우리는 또한 복음이 주는 혜택은 요구하지만 변화시키는 복음의 능력에 대한 증거는 되지 못하는 삶을 가리킬 수도 있다. 이제 마지막으로 그 문제를 다룰 차례다.

교회

우리는 이런 사람들과 관련하여 하나님 백성의 선교에 대한 성경신학으로부터 그들에게 어떤 성찰을 제공할 수 있는가? 선교를 과제로, 프로젝트로, 이상으로, 전략으로, 광범위한 성취로 이야기하기가 너무나 쉽다. 그러나 우리가 이 책의 중심부 장들을 거쳐 오면서 배운 것이 있다면, 하나님이 그분의 원대한 구속적 선교에 그분 자신과 동반자 관계로 부르신 백성은 자신을 돌아볼 필요가 있다는 것이다. 그들은 하나님의 이름으로 부름받고 하나님의 선교를 위임받는 엄청난 특권에서 비롯되는 도전에 끊임없이 맞닥뜨릴 필요가 있다.

회개하고 돌아오라

기록된 예수님의 첫 번째 명령은 "가라"가 아니라 "회개하라"였다. 이 점에서, 예수님은 구약의 위대한 예언자들의 반열에 오르셨다. 그것은 하나님의 백성이 존재하는 모든 세기에 걸쳐 그들에게 선포된 예언자들의 한결같은 메시지였기 때문이다. 우리는 구약 성경에서 가장 심오한 선교적 구절들 가운데 몇몇이 이스라엘의 실패를 폭로하고 급진적 회개를 요구하는 맥락에서 어떻게 나타나는지 살펴본 바 있다.

교회도 그와 같이 되어야 한다. 자신을 돌아보지 않고는 세상에서 선교할 수 없다. 이는 우리가 선교에 참여하기 전에 완전해지기까지 기다려야 한다는 말이 아니다. 만일 그렇다면 신구약에서 어떤 선교도 이루어지지 않았을 것이다. 그것은 우리의 선교적 책임의 일부는 교회 자체의 실패와 결점을 직시하는 것이어야 한다는 의미다. 그것들이 우리를 통한 하나님의 선교를 지독하게 방해하는 장애물이기 때문이다.

현대 교회의 실패에 대해 분석하려면 책을 한 권 새로 써야 할 것이다. 그리고 그 일을 잘 해낸 책들이 많이 있다. 하지만 분명히 적어도 세상에 대한 우리의 증거를 망치고, 그리스도의 모습을 훼손하고, 그분의 변화시키는 은혜의 복음을 부인하는 다음과 같은 부끄러운 현실들을 포함시켜야 할 것이다.

- 전 세계적 그리스도의 몸 가운데 지극히 작은 일부가, 날마다 가난과 싸우는 대다수 신자들이 상상할 수조차 없을 정도로 풍요로운 수준의 삶을 사는 추문
- 인종 부족 피부색과 카스트의 구분, 세계 몇몇 지역의 기독교 공동체들 **내에서** 그리고 그 공동체들 **간에** 일어나는 폭력 불의 억압 및 학대 등 타락한 인류를 갈

라놓는 동일한 기준을 가지고 교회 내부를 갈라놓는 여러 가지 균열의 추문
- 세계 교회의 구석구석에서 찾아볼 수 있는, 지위 탐욕 권력 탐닉의 추문. 하나님 나라에서 종됨, 첫째와 꼴찌, 가장 작은 자와 가장 큰 자에 대한 예수님의 가르침이 하나님의 양떼를 이끈다고 크게 주장하는 자들에 의해 일상적으로 무시되는 현실
- 교회가 지배적인 문화관과 국가관을 비판 없이 받아들여 경건으로 치장하고, 어떤 이교도 애국자 못지않게 열정과 편견을 갖고 그것을 지지하는 이념적 포로의 추문
- 성경에 나타난 하나님의 계시 중 가장 핵심적인 진리와 관련된, 그리고 성경의 지배를 받기보다 세상을 닮기로 결심한 것 같아 보이는 일부 교회들의 윤리적 문제와 관련된, 거짓 가르침의 추문

이 모든 것과 그 밖에 더 많은 것이 그리스도의 이미지를 훼손하며 하나님의 은혜의 복음이 담고 있는 정화시키고 변화시키는 능력을 부인한다. 이 모든 것은 성경이 정죄하는 여러 가지 추문과 원칙상 똑같다. 이와 같은 일에 대해서는 회개 외에 다른 반응은 있을 수 없다. 그리고 변함없는 마음의 상태로 그와 같은 회개를 포함하지 않는 효과적인 선교란 있을 수 없다. 옛 우상과 추문은 한 번 추방당한 뒤에라도 재빨리 처음 있던 자리로 슬며시 되돌아오기 때문이다.

그런 다음 우리는 야웨의 도로 돌아와야 한다. 5, 7, 8장에서 강하게 살펴본 대로, 하나님의 백성이 하나님의 도를 행하지 않으면 열방에 보여 줄 수 있는 선교가 없기 때문이다. 교회가 '세상과 대조되는 사회', 선교적 거룩함으로 빛나는 놀라운 능력에 의해 세상을 하나님께로 끌어들이는 공동체가 되어야 할 필요는 성경신학이 하나님 백성의 선교와 관련해 교회 앞에 내놓는 가장 큰 도전 중 하나다.

가서 제자 삼으라

회개하고 야웨의 도로 돌아가자마자, 그 방향으로 우리를 안내하는 그분의 대위임령, 그 영원한 말씀을 다시 듣게 된다. 앞에서도 보여 주려고 했지만, 그것은 **첫 번째** 대위임령이 아니다. 나는 아브라함에 대한 하나님의 부르심과 약속이 첫 번째 대위임령이라 생각한다. 그러나 부활하신 주님이 제자들에게 하신 마지막 말씀은 세계 선교의 과제를 수행하는 데 엄청난 영향력을 행사한다.

마태복음 마지막에 나오는 대위임령은 최고의 자리로 여겨지는 경향이 있다. 그것은 분명 현대 선교 운동을 이끄는 본문의 역할을 수행해 왔다. 하지만 유감스럽게도 그 본문은 항상 그것이 담고 있는 모든 내용 그대로 읽히지 않았다.

앞서 언급한 추문 목록에 덧붙일 수 있는 딱한 이분법 중 하나로, 대위임령은 오로지 각처에 가서 복음을 전하라는 전도 명령으로만 종종 묘사되어 왔다. 하지만 실제로 그 본문에서 중심이 되는 단 하나의 명령법 동사는 "제자를 삼으라"는 것이다. 물론 제자를 삼기 위해 전도가 필요하며, 따라서 제자를 삼는 과정에 첫 번째로 추가된 명령 내지 조치는 "그들에게 세례를 주라"는 것이다. 세례는 복음 전파를 전제하며, 그 복음에 주 예수 그리스도에 대한 회개와 믿음으로 반응할 것을 전제로 한다. 그러나 두 번째로 추가된 명령—이렇게 부를 수 있을지 모르나, 대위임령 세 번째 행—은 그들에게 "내가 분부한 모든 것을 가르쳐 지키게 하라"는 것이다. 이와 같은 가르침은 제자 삼기의 본질에 속한다.

기본적으로 신약 성경은 제자들에 의해, 제자들을 위해, 제자 삼도록 기록되었다. 하지만 종종 우리는 결정을 내리고, 회심자를 얻고, 그리스도인을 만드는 일을 강조해 왔다. 실제로 그리스도인이라는 단어는 신약 성경에 세 번 나타나는 반면, "제자 삼다"라는 단어는 269번 나타난다.

> 교회는 세상과 대조되는 사회라는 생각은 나머지 사회에 대해 **반대를 위한 반대를 한다는 뜻이 아니다.** 더군다나 세상과 대조되는 사회로서 교회는 엘리트적 사고를 갖고 나머지 사회를 경멸한다는 뜻도 아니다. 그것의 유일한 의미는 **다른 사람들을 대신한** 그리고 **다른 사람들을 위한** 대조다. 그것은 '세상의 소금', '세상의 빛', '산 위에 있는 동네'라는 이미지에서 최고로 표현된 대조 기능이다(마 5:13-14). **교회가 자신을 위해 존재하는 것이 아니라 전적으로 세상만을 위해 존재하기 때문에, 교회는 세상이 되어서는 안 되며 자신의 모습을 유지하는 것이 반드시 필요하다.** 교회가 자신의 모습을 잃어버리면, 교회가 그 빛을 잃고 그 짠맛을 잃어버리면, 교회는 더 이상 사회를 변화시킬 수 없다. 선교 활동이나 사회 참여를 아무리 열심히 해도 더 이상 도움이 되지 않는다.…
>
> 교회를 세상과 대조되는 신적 사회로 만드는 것은, 자기 힘으로 쟁취한 거룩함이나 알량한 노력이나 도덕적 성취가 아니라, 사악한 자를 의롭다 하시고 실패를 받아들이시고 죄인과 자기 자신을 화해시키시는 하나님의 구원하시는 행위다. 오직 이 화해의 선물 안에서만…여기서 세상과 대조되는 사회라고 일컫는 것이 번성하는 것이다.
>
> 게르하르트 로핑크[11]

신약 교회의 모든 관례와 더불어 대위임령은 **전도를 넘어서는 선교**가 있음을 말해 준다. 바울은 분명히 이것을 믿었다. 3년에 걸쳐 에베소 교회에 하나님의 뜻을 다 가르쳤을 때, 그는 '선교사'가 아니었단 말인가? 바울은 아볼로(선형적인 타문화 선교사: 그는 아프리카에서 회심하고, 아시아에서 교육받았으며, 유럽에 파송되었다)의 선교를 긍정했는데, 그의 선교는 가르치는 선교였다(행 18:24-27). 또한 바울은 심는 자와 물 주는 자 둘 중 어느 하나가 다른 하나보다 더 중요하다고 말한 적이 결코 없다(고전 3:5-9).

복음전도와 가르침/제자화는 **함께** 우리 선교의 필수적이며 본질적인 부분이다. 바울은 디모데에게 "전도인의 일을 하라"고 말하고, 또 건전한 교리를 가르치고, 다른 사람들을 가르칠 수 있도록 다른 사람들을 양육하라고 말했다. 그리고 바울은 하나가 다른 하나보다 중요하다고 암시하지 않았다. 그것들은 모두 디모데에게 위임된 선교의 본질적인 부분이었다. 바울에게 선교는, 교회 개척만큼 교회 양육도 포함했다.

복음전도를 제자도에서 떼어내고 복음전도에 우선권을 부여한 결과, 천박함과 미성숙, 거짓 가르침에 미혹당함, 깊이 없는 교회 성장, 그리고 급속한 위축이 이어졌다(예수님이 씨 뿌리는 자의 비유에서 경고하셨던 것처럼 마 13:20-22).

우리는 대위임령을 째깍거리는 시계로 여겨서는 안 된다. 주님이 돌아오시기 전에 마지막 민족이 복음을 '듣게' 되기를 마냥 기다리는 것이 아니다. 이 같은 생각 때문에 대임령은 '완수해야 할 과제', '미완성 과업'으로 바뀌어 버렸다. 그러나 제자들에게 제자를 삼으라고 명령하는 이 위임령은 결코 '완수'할 수 없는 자기복제 명령이다. 모든 열방에 복음을 전할 수는 없다는 점에서 그런 것이 아니라(우리는 전할 수 있으며 전해야만 한다), 제자 삼는 것과 이미 복음을 들은 사람들을 다시 제자화하는 것은 수많은 인생과 세대를 거쳐 이어지는 과제라는 점에서 그렇다.

바울이 (고린도와 에베소에) 오래 머물면서 선교 활동을 하고 교회를 양육한 **관례**에서(살전 2:10-12), 그의 **우선순위**에서(살전 2:17-3:13; 고후 2:12-13; 10:13-16), 그리고 그가 **자신의 임무를 묘사**한 데서(골 1:24-2:7; 롬 1:1-15; 15:14-16), 신자들이 그리스도 안에서 온전히 성숙해지도록 훈계하고 가르치는 일과 관련해 바울이 **개척 교회의 양육**을 그의 선교 과제의 필수적인 특징으로 이해했음이 분명히 드러난다. 바울에게는 복음을 선포하는 것이 그저 최초의 설교를 하거나 설교와 함께 회심자를 거둬들이는 것만을 의미하지 않았다. 그것은 회중을 견고히 세워 주는 광범위한 양육과 강화 활동을 포함했다.

피터 오브라이언[12]

땅 끝까지

대위임령은 세계 종말을 위한 시간표가 아니다. 하지만 그것은 분명히 땅 끝까지 이르게 하는 궤도다. "모든 민족을 제자로 삼으라"고 예수님은 말씀하셨다. 하늘과 땅의 주인이신 예수님은 어떤 제자들이 인식할 수 있던 것보다도 '모든 민족'이라는 개념이 지닌 규모를 잘 알고 계셨다. 구약 성경과 신약 성경에서 우리는, 땅 끝이 좋은 소식, 곧 위대한 구속의 역사에 대해 듣기까지 그리고 예수님이 모든 백성 가운데서 제자들을 삼으실 때까지, 하나님은 만족하지 않으실 것이라는 사실을 안다.

따라서 (거의) 마지막으로 적실성에 대해 검토하는 이 부분은 제자 삼는 과제의 중요성과 긴급성을 계속 강조하는 것이어야 한다. 세계 모든 민족이 이해할 수 있는 방식으로 우리 주 예수 그리스도의 복음을 듣고 회개와 믿음과 순종으로 반응할 수 있는 기회를 가져야 한다.

2010년에 출간되는 책에서, 어떤 의미로든 자신을 그리스도인이라고 부르는 인류의 비율이 1910년 당시의 비율에서(약 3분의 1) 거의 변하지 않았다는 사실은 분명 또 하나의 추문이다. 이것은 교회가 지난 세기에 경이적으로 성장하고 1910년 때보다 더 많은 나라에 뿌리를 내렸지만, 아직도 주 예수 그리스도의 이름과 하나님이 세상의 구원을 위해 그분의 십자가와 부활을 통해 하신 일을 말하는 좋은 소식을 들어 본 적이 없는 수많은 개인과 수많은 백성이 있음을 의미한다. 수많은 사람이 아직 하나님의 말씀 일부라도 그들의 모국어로 존재하기를 기다린다.

그러므로 아직 어떤 형태로도 복음 메시지를 접하지 못한 사람들, 자신의 언어로 번역된 성경의 어떤 부분도 갖고 있지 못한 사람들, 기록된 말씀이 아닌 다른 형태로 말씀을 들을 필요가 있는 구전으로 소통하는 수많은 사람, '기독교 국가'로 알려진 나라들이 행한 끔찍한 폭력과 함께 기독교 메시지를 접한 사람들, 또는 서양 문화를 연상하지 않을 수 없는 충격적인 부도덕과 함께 기독교 메시지를 접한 사람들에 대해 여전히 도전은 남아 있다.

땅 끝까지 복음을 전해서 온 세상이 하나님의 영광을 아는 지식으로 충만해지는 선교적 도전은 우리 앞에 다양하고 복잡한 과제가 놓여 있음을 직시한다. 그 구절에 담긴 단어들의 완전한 의미에서 볼 때 세계 복음화는, 예수님이 승천하시기 전 제자들에게 그 명령을 주셨을 때와 마찬가지로 지금도 교회의 긴박한 우선순위로 남아 있다.

물론 땅은 '끝'이 없는 지구다. 선교적 관점에서 '땅 끝'은, 바다 건너 먼 곳만큼이나 당신이 오늘 걷는 거리에서도 찾을 수 있다. 보내고 보냄받는 요한삼서 6-8절의 세 가지 기능(보내고, 가고, 후원하는)을 수행하는 교회의 선교적 과제는, 국제 선교에서만큼이나 국내 선교에서도 필요하다.

> "오직 성령이 너희에게 임하시면 너희가 권능을 받고 내 증인이 되리라." 최종적 승리는 아직 나타나지 않았지만, 성령의 은사는 그 승리가 온다는 표지다. 또는 우리가 성령에 참여한다는 것은 장차 올 시대의 능력을 미리 맛보는 것이다. 성령은 우리가 증인이 될 수 있도록 우리에게 주어진다. 성령은 지금 세상을 최종적 심판인 그 심판 아래 가져오며, 숨겨져 있는 승리의 표지들을 부여하며, 그리스도의 전달자들이 하는 말에 하나님 자신의 능력을 제공하는, 그리스도에 대한 주된 증인이기 때문이다. 성령에 의해, 모든 열방과 방언의 사람들은 그리스도 안에 나타난 하나님의 전능한 행위들을 인정하게 된다.
>
> …그리스도의 백성들이 그분을 위해 왕과 총독 앞에 섰을 때 그들에게 할 말을 주시는 분은 바로 성령이시다. 예수님 자신의 사역에서와 마찬가지로 사도들의 사역에 따르는 표적과 기사를 주시는 분도 바로 성령이시다. 복음 설교의 말씀이 듣는 자들에게 능력(하나님의 선택의 실제 도구가 되는 능력, 살전 1:4-5) 있게 전달되는 것도 바로 성령에 의한 것이다. 장차 올 세상의 표지요 전조가 되는 성령의 은사는 교회가 복음을 모든 열방에 전함으로써, 이 현재의 세상을 완성시킬 수 있게 하는 수단이다.
>
> 레슬리 뉴비긴[15]

하나님의 영광을 위하여

대위임령과 관련된 세 이야기가 예배라는 틀 안에 담겨 있다는 것은 주목할 만하다(마 28:17; 눅 24:52; 요 20:28). 찬송과 기도를 하나님 백성의 선교에서 필수적인 것으로 봄으로써 2부를 마무리한 것처럼, 예배에서 이 책을 마무리해야 한다.

선교적 백성은 예배하는 백성이어야 한다. 그렇지 않다면 그들의 선교는 무엇을 위한 것이란 말인가? 시편 96편의 말로 표현하면, 선교는 야웨의 새 노래─주의 이름, 구원, 영광, 전능한 행위를 축하하는 새 노래─를 부르고 나서 함께하자고 열방을 초대하는 것이다.

그러나 예배는 또 다른 일을 한다. 예배는 우리가 그분께 의지하고 있음을 끊임없이 상기시킨다. 우리는 그분의 선교를 섬기는 것이다. 이는 하나님 백성의 선교가 하나님의 성령의 능력으로 수행되어야 함을 의미한다.

그래서 우리는 예배를 언급하면서 마치고자 한다. 하나님에 대해 진술하기보다 하나님의 교회에 대해 진술하는, 하나님이 우리에게 맡기신 다면적 선교를 상기시키는 찬송가의 형태로 말이다.

한 영국 선교사가 쓴 이 놀라운 찬송가를 차근차근 살펴보면서, 거기 담겨 있는 특정한 성경 본문의 울림과 암시를 노트에 적어 본다면 대단히 흥미로울 것이다. 분명 베드로전서 2:9-11에 의해 촉발되었을 이 찬송가는, 베드로를 따라가며 성경 전체에서 그 주제와 도전들을 끌어낸다. 같은 작업을 시도한 이 책을 마무리하기에 적합하다.

여기에 노래로 된 하나님 백성의 선교가 있다.

> 선택받은 영광스러운 하나님의 교회, 거룩한 나라, 택함받은 족속
> 하나님의 특별한 백성, 왕 같은 제사장, 은혜의 상속자
> 너희를 부르신 목적을 알고, 그분의 능하신 일을 모두에게 보이라.
> 끝 모를 사랑, 인간의 필요를 모두 채우는 은혜를 말하라.

어둠 가운데서 그분의 가장 놀라운 빛으로 너희를 부르셨네.
너희 안에 그분의 진리 가져오시고, 보지 못하는 너희로 보게 하셨네.
너희 빛을 사방에 비추어라. 하나님의 이름이 영광 받으시도록.
십자가에 달리신 그리스도 예수에게서 모두가 소망과 목적을 발견하네.

한때 소외된 백성, 하나님의 사랑 모르는 사람이었네.
그분께서 자비를 베푸사 너희로 천국 시민 삼으셨네.
그분의 사랑 흘러 보내세, 다른 이들도 아버지의 사랑 알도록.
아버지의 따뜻하고 한없는 복, 그들도 알고 나누도록.

택함받은 거룩한 하나님의 교회, 그분이 뜻하신 백성이 되리.
믿음 안에 강하고 주님 명령에 속히 응답하네.
희생과 기도로 소명을 이루는 왕 같은 제사장,
삶을 드려 기쁘게 섬기리, 그분을 찬양하고, 그 사랑을 선포하리.

제임스 세든(James E. Seddon, 1915-1983?), *Lux Eoi*에 맞춰 노래[14]

주

1) Christopher J. H. Wright, *The Mission of God: Unlocking the Bible's Grand Narrative*(Downers Grove, IL: IVP, and Nottingham: IVP, 2007). 「하나님의 선교」(IVP).

1장 우리는 누구이며 무엇을 위해 여기에 있는가

1) John Stott, *The Contemporary Christian: An Urgent Plea for Double Listening*(Leicester: IVP, 1992), p. 335. 「현대를 사는 그리스도인」(IVP).
2) Wright, *Mission of God*, p. 62.
3) 로잔언약은 1974년 빌리 그레이엄이 주관한 제1차 로잔세계복음화대회의 산물이다. 로잔언약은 존 스토트가 이끄는 그룹이 작성했다. 여기서 인용한 구절은 6항에서 가져온 것이다.
4) 이 표현은 세계교회협의회가 1961년 뉴델리 보고서에서, 그 전에는 1958년 램버스 협의회 보고서에서 사용했다.
5) Lesslie Newbigin, *The Household of God: Lectures on the Nature of the Church*(London: SCM, 1953), xi. 「교회란 무엇인가?」(IVP).
6) 창 48:16에 처음 나타나지만, 출애굽기(6:8; 15:13)에서 두드러지게 나타난다.

2장 자신이 속한 그 이야기를 아는 백성

1) N. T. Wright, *The New Testament and the People of God*(Christian Origins and the Questions of God 1; London; SPCK; Minneapolis: Fortress, 1992), p. 361. 「신약 성서와 하나님의 백성」(크리스챤다이제스트).
2) 같은 책, p. 360.
3) Philip Greenslade, *A Passion for God's Story: Discovering Your Place in God's*

Strategic Plan(Carlisle: Paternoster, 2002), pp. 42-43.
4) John Stott, "The Bible in World Evangelization", in *Perspectives on the World Christian Movement*(eds. R.D. Winter and S.C. Hawthorne; Pasadena: William Carey Library, 1981), p. 4(저자 강조), 「퍼스펙티브스」(예수전도단).
5) John Stott, *Through the Bible through the Year: Daily Reflections from Genesis to Revelation*(Oxford: Candle Books, 2006), p. 334.
6) '머리말'의 주1)을 보라.

3장 창조세계를 돌보는 백성

1) Dave Bookless, *Planetwise: Dare to Care for God's World*(Nottingham: IVP, 2008), p. 25. 이 책은 창조 및 그것이 그리스도인들의 제자도, 예배, 생활방식, 선교에 지니는 함축에 대해 전체 성경이 가르치는 바를 탁월하게 개관한 작은 책이다.
2) 생태 윤리와 선교에 대한 성경적 기초에 대해 더 자세하게 논의한 책으로는 Christopher J. H. Wright, *Old Testament Ethics for the People of God*(Leicester: IVP, and Downers Grove: IVP, 2004), pp. 103-145, 「현대를 위한 구약 윤리」 (IVP); idem, Mission of God, pp. 397-420를 참고하라.
3) Michael E. Wittmer, *Heaven Is a Place on Earth: Why Everything You Do Matters to God*(Grand Rapids: Zondervan, 2004), p. 83. Wittmer의 책은 이 책의 전반적인 논거의 기저를 이루는, 창조로부터 새 창조에 이르는 주요한 성경 주제들을 탁월하게 개관한 책이다.
4) Huw Spanner, "Tyrants, Stewards-or Just Kings?" in *Animals on the Agenda: Questions about Animals for Theology and Ethics*(eds. Linzey Andrew and Dorothy Yamamoto; London: SCM, 1998), p. 222.
5) Bookless, *Planetwise*, p. 136.
6) Michael S. Northcott, *The Environment and Christian Ethics*(Cambridge: Cambridge University Press, 1996), pp. 180-181.
7) 마가복음의 끝 부분이 긴 사본에서(마가복음의 더 오래된 사본들은 16:8에서 끝을 맺고 있다—역주), 예수님은 제자들에게 "온 천하에 다니며 온 창조세계에 복음을 전파하라"(막 16:15)고 말씀하셨다. 이것은 마가가 입수한 원래의 본문에는 없었을지 모르나, 참된 성경적 통찰을 분명히 반영한다. 예수님의 죽음과 부활의 복음은, 시 96편의 기자가 틀림없이 동의했을 만큼 참으로 온 창조세계에 대한 좋은 소식이다.
8) Wittmer, *Heaven Is a Place on Earth*, pp. 201-203.

4장 열방에 복이 되는 백성

1) 아브라함의 선택이라는 이 주제와 그것이 선교에 지니는 함축에 대해 훨씬 자세하게 연구한 것으로, *Mission of God*의 6장과 7장을 보라. 이 장의 다음에 나오는 부분의 일부는 그 조사에 광범위하게 의지한다.
2) Richard Bauckham, *Bible and Mission: Christian Mission in a Postmodern World*(Carlisle: Paternoster; Grand Rapids: Baker Academic, 2003), pp. 34-36. 「세계화에 맞서는 기독교적 증언」(새물결플러스).
3) 로잔신학실행그룹의 아프리카 지부가 작성한 "번영 복음에 대한 보고서"의 단락 2(원문 강조). 이 보고서 전문은 www.lausanne.org/all-documents/a-statement-on-the-prosperity-gospel.html에서 읽을 수 있다.
4) 히브리어 동사의 형태는 '니팔'로 알려져 있다. 그것은 재귀형일 수도 있고 수동태일 수도 있다. 그러므로 번역은 다양하게 이루어진다. "너로 말미암아 열방이 스스로를 축복할 것이다"(재귀형) 또는 "너를 통하여 열방이 복을 받을 것이다"(수동태). 전자의 의미는 열방이 아브라함과 그의 백성 안에서 하나님의 축복을 보고 그들이 아브라함이나 이스라엘을 서로를 축복하는 모델로 사용하게 되리라는 것이다. "네가 아브라함처럼 복을 받게 되기를 바란다." 이 경우에, "네가 복이 될 것이다"(2절 끝)라는 말은 사람들이 축복을 언급할 때 아브라함이 그들의 입술에 오르내리는 이름이 될 것이라는 의미다. 이것은 분명히 가능한 일이며 그와 같은 관례의 다른 경우들에 맞는다(예를 들어, 창 48:20; 룻 4:11-12; 시 72:17; 슥 8:13). 하지만, 헬라어역 구약 성경(70인역)을 포함한 고대 번역본들과 사도 바울은(갈 3:8) 모두 그것을 수동적 의미로 번역한다. 어쨌든 그 의미가 재귀형이면("모든 열방이 **너로 말미암아** 스스로를 축복할 것이다"), 그것은 열방이 아브라함과 아브라함의 하나님을 알고 그 근원으로부터 복을 구하게 될 것이라는 뜻이다. 하나님은 창 12:3의 첫 번째 행에서 그와 같은 사람들에게 복 주기로 약속하신다. 그리하여 궁극적으로 재귀적 의미는 수동적인 것을 포함하게 되고 "복을 받을 것"이라는 수동적 의미를 지니게 된다.
5) Bauckham, *Bible and Mission*, p. 33.
6) 칭의론은 최근 바울에 대한 소위 '새 관점'에 대한 지지자들과 반대자들 사이에서 상당히 논란이 되는 주제다. 나는 여기서 그 토론에 끼어들고 싶지 않지만, 내가 볼 때 분명히 바울은, 하나님이 메시아 예수의 죽음과 부활을 통해 성취하신 것을 그분이 아브라함에게 하신 약속이 실현된 것으로 보았다. 그래서 바울은 전에는 구약의 이스라엘만 누리던 복에 **모든** 열방이 포함된 것을 복음의 핵심으로 이해했다.
7) R. W. L. Moberly, "Christ as the Key to Scripture: Genesis 22 Reconsidered", in

He Swore an Oath: Biblical Themes from Genesis 12-50(eds. R.S. Hess et al.; Carlisle: Paternoster and Grand Rapids: Baker, 1994), p. 161.

5장 하나님의 도를 행하는 백성

1) John Calvin, Genesis(The Crossway Classic Commentaries: Wheaton, IL: Crossway, 2001), p. 177. 「창세기」(성경교재간행사).
2) 다음에 나오는 창 18:19에 대한 해설은 Mission of God, pp. 358-369에서 자세히 논의한 내용을 축약한 것이다.
3) Richard Nelson Boyce, The Cry to God in the Old Testament(Atlanta: Scholars Press, 1988)를 보라.
4) Philip Esler["The Sodom Tradition in Romans 1:18-32", Biblical Theology Bulletin 34(2004): 4-16]는 유대인들은 죄와 심판을 생각할 때 소돔의 특징이었던 이러한 악덕 행위와 악의 목록을 생각했으며, 바울도 소돔의 죄에 대해 잘 알고 있었다고 말한다.
5) 이 용어들에 대한 훨씬 자세한 분석과 토론 및 관련 도서목록은 내가 쓴 책 Old Testament Ethics for the People of God, pp. 253-280에서 찾아볼 수 있다.
6) 여기에서 목적을 나타내는 표현이 강조되고 있다. 그 절들은 (히브리어에서 쉽게 그렇게 할 수 있었던 것처럼) w'라는 흔히 나오는 접속사가 아니라, lema'an이라는 목적을 가리키는 접속사로 결합되어 있기 때문이다. 이 접속사는 '…을 하기 위해' 또는 '…을 할 목적으로' 라는 뜻을 가지고 있다.

6장 구속적 삶을 살도록 구속받은 백성

1) 창 48:16이 유일한 예외다. 거기에서 야곱은 하나님이 한평생 그를 보호해 주신 일을 상기한다.
2) N. T. Wright, Jesus and the Victory of God(London: SPCK, 1996), pp. 557-559. 「예수와 하나님의 승리」(크리스챤다이제스트).
3) 구약 경제 및 기독교 윤리와 관련해서 레위기 25장과 그것의 다양한 규정 및 폭넓은 맥락에 대해 상세히 논의한 책으로, Christopher J. H. Wright, God's People in God's Land: Family, Land and Property in the Old Testament(Grand Rapids: Eerdmans and Carlisle: Paternoster, 1990)와 Old Testament Ethics for the People of God, pp. 146-181를 보라.
4) Wright, Mission of God, pp. 271-272.
5) 앞의 책, pp. 275-276.

6) 여기에는 이러한 결함이 있는 대안들에 대해 토론할 지면이 없다. 하지만 나는 그것들과 그것들이 기독교 선교의 사고 및 실천에 끼치는 영향에 대해 *Mission of God*, pp. 253-280에서 탐구한 바 있다.

7) Richard Patterson and Michael Travers, "Contours of the Exodus Motif in Jesus' Earthly Ministry", *Westminster Theological Journal* 66(2004): 25-27(또한 46-47)를 보라. 이 글은 구약 성경과 신약 성경에 등장하는 출애굽 주제를 포괄적으로 분석한 훌륭한 개요다.

8) 이 구절은 감사가 우리가 순종해야 하는 명령(우리의 의무)인 동시에 누려야 하는 즐거움(우리의 기쁨)이라는 성경적 강조점을 정확히 포착한다.

9) 구약 이스라엘의 이러한 경제 조치에 대한 충분한 분석에 대해서는 내가 쓴 책 *Old Testament Ethics for the People of God*, pp. 146-211와 *God's People in God's Land* 그리고 두 책에 실린 참고문헌 목록을 보라.

10) NIV나 TNIV는 똑같은 히브리어나 헬라어에 대해 서로 다른 단어를 사용하는 경우가 너무 많아서, 원문에 나타난 중요한 언어적 **관련성**을 모호하게 만드는데, 헬라어 원문이 의도적으로 다른 단어들을 사용하고 있는 이 본문에서도 똑같은 영어 단어인 '죄'(sins)를 사용한다. 그 결과 NIV나 TNIV는 원문에 나타난 중요한 언어적 **차이**를 모호하게 만든다.

11) Tim Chester, *Good News to the Poor: Sharing the Gospel through Social Involvement*(Leicester: IVP, 2004), pp. 96-97.

12) 나는 이 같은 총체적 선교 이해에 대해 *Mission of God*, pp. 265-323에서, 특히 출애굽 및 희년과 관련해 논의한 바 있다.

13) Rene Padilla, "The Biblical Basis for Social Ethics", in *Transforming the World? The Gospel and Social Responsibility*(eds. Jamie A. Grant and Dewi A. Hughes; Nottingham: IVP, 2009), pp. 187-204(특히 p. 191).

14) Wright, *Mission of God*, pp. 314-316.

15) Chester, *Good News to the Poor*, p. 97.

7장 세상을 향해 하나님을 대표하는 백성

1) Terence E. Fretheim, *Exodus*(Interpretation: A Bible Commentary for Teaching and Preaching: Louisville: John Knox, 1991), p. 209. 「출애굽기」(한국장로교출판사).

2) 이것은 구약 성경에서 뿐만 아니라 바빌론 유수 후 열방 가운데 흩어진 유대인들에게도 매우 영향력 있는 본문이었다. 그것은 그들이 비유대인들에게 매력적인 윤리

적 명령을 담고 있으며, 또 이것이 그들의 '사명'의 일부분이라는 확신을 심어 주었다. 후기 구약 유대주의에서의 이 개념에 대한 완전한 논의는 John P. Dickson, *Mission-Commitment in Ancient Judaism and in the Pauline Communities: The Shape, Extent and Background of Early Christian Mission*(WUNT 2.159; Tubingen: Mohr Siebeck, 2003), pp. 51-60를 보라.

3) John I. Durham, *Exodus*(Word Biblical Commentary: Waco, TX: Word, 1987), p. 263. 「출애굽기」(솔로몬).

4) John Goldingay, *Old Testament Theology: Volume One: Israel's Gospel* (Downers Grove, IL.: IVP, 2003), p. 374.

5) 다음 부분에 나오는 요점에 대한 완전한 주해 및 논의는 *Mission of God*, pp. 369-375에서 찾아볼 수 있다.

6) Durham, *Exodus*, p. 263.

8장 다른 사람들을 하나님께로 끌어들이는 백성

1) John Stott, *Favourite Psalms*(London: Candle Books, 1988), p.68. 시편 67편에 대한 해설에서 인용. 「나의 사랑하는 시편」(참빛미디어).

2) 신 4장 전체에 대한 더 완전한 논의에 대해서는 *Mission of God*, pp. 378-380를 보라. 다음에 나오는 부분은 그 내용을 개작한 것이다.

3) TNIV는 "큰 나라가 어디 있느냐?"로 번역함으로써 그 의미를 다소 왜곡한다. 이 본문은 실제로 "다른 큰 나라가 어디 있느냐?"라고 말한다. 요점은 이스라엘보다 큰 나라가 없다는 것이 아니다. 더 정확히 말하면, 본문은 이스라엘이 다른 나라들처럼 큰 나라임을 전제하고 있으나, 그 위대성을 놀라운 관점에서 **규정한다**는 것이다. 즉, 그들의 위대성은 군사적 힘이나 지리적 크기나 수적 규모가 아니라 기도할 때 가까이 계시는 살아 계신 하나님과 그들의 헌법과 법에 구현된 사회 정의에 있다.

4) "The Thailand Statement", in *Making Christ Known: Historic Mission Documents from the Lausanne Movement 1974-1989*(ed. John Stott; Grand Rapids: Eerdmans, 1996), pp. 160-161.

5) Simon J. DeVries, *I Kings*(Word Biblical Commentary; Waco, TX; Word, 1985), p. 126. 「열왕기상」(솔로몬).

6) 그것은 약간 희귀한 단어(에조르)다. 어떤 곳에서 그것은 둔부를 두르는 속옷을 언급한다. 그러나 이스라엘이 '이름, 명예, 영광'을 나타내는 옷으로 비교되고 있는 11절에 비추어 볼 때, 이 맥락에서 그것은 바깥에 두르는 장식띠를 말한다. 비슷하게 비유적으로 사용된 예는 사 11:5이다. 거기에서 하나님은 공의로 허리띠를 삼으시

고 "성실로 그의 몸의 띠(에조르)를 삼으신다."
7) 이것은 겔 36장에서 에스겔이 "야웨의 이름을 더럽히는", 곧 "야웨께 오명을 안겨 주는" 이스라엘에 대해 말할 때 의미하는 것이다.
8) John Stott, *Christian Mission in the Modern World*(London: Falcon, 1975), p. 30. 「현대기독교선교」(성광문화사).
9) John Dickson, *The Best Kept Secret of Christian Mission: Promoting the Gospel with More Than Our Lips*(Grand Rapids: Zondervan, 2010), pp. 92-93.

9장 살아 계신 한 분 하나님과 구세주를 아는 백성

1) 물론 고전은 J. I. Packer, *Knowing God*(Downers Grove, IL: IVP, 1979, 「하나님을 아는 지식」, IVP)이다. 또한 Christopher J.H. Wright, *Knowing Jesus through the Old Testament*(Oxford: Monarch, and Downers Grove, IL: IVP, 1992, 「구약의 빛 아래서 그리스도를 아는 지식」, 성서유니온선교회); idem, *Knowing the Holy Spirit through the Old Testament*(Oxford: Monarch, and Downers Grove, IL: IVP, 2006, 「구약의 빛 아래서 성령님을 아는 지식」, 성서유니온선교회); idem, *Knowing God through the Old Testament*(Oxford: Monarch, and Downers Grove, IL: IVP, 2007, 「구약의 빛 아래서 하나님을 아는 지식」, 성서유니온선교회)을 보라.
2) 하나님이 그분의 창조세계 전체에 알려져야 한다는 이 한 분 살아 계신 하나님의 결심은 성경적 선교의 핵심 동인이다. 나는 그것을 *Mission of God*, pp. 75-135에서 매우 자세하게 논의한 바 있다.
3) 앞의 책, pp. 129-130.
4) 행 3:25-26은 오늘날 아브라함의 후손이 누구인가 하는 골치 아픈 문제와 관련하여 중요한 본문이다. 베드로는 약속된 아브라함의 복은 이스라엘 민족(그의 동료 유대인)에게조차 오직 회개와 믿음을 통해서만 온다고 주장한다.
5) 아마도 이 순간에 이것을 말한 사람은 베드로가 아니라 요한일 것이다. "우리가 보고 들은 바"는 요한의 증언에 나오는 전형적인 표현이기 때문이다(요일 1:1, 3).
6) 물론, 엄격하게 말해서 그것은 모세가 연설하고 있던 자들의 눈앞에서 일어나지 않았다(출애굽 당시 어린아이였던 사람들은 제외하고). 이들은 애굽에서 나온 지 한 세대가 지난 사람들이었기 때문이다. 그러나 구약은 그 세대들이 역사적 기억 속에서 함께 연합된 것으로 본다. 그리고 그들의 부모들이 목격한 것은 이제 그들이 심사숙고할 수 있는 공적으로 증명된 사건들로 간주되었다.
7) 구약에서 어떻게 "신들"이 어떤 것(something)이나 아무것(nothing)도 아닌 존재

로 간주되었는지, 그리고 어떤 의미에서 그렇게 간주되었는지에 대한 문제를 더 자세히 논의한 것으로, *Mission of God*, pp. 75-104, 136-190를 보라.

8) Dickson, *Best Kept Secret*, p. 31.

9) John Stott, *Our Guilty Silence*(London: Hodder and Stoughton, 1967), p. 23. 「존 스토트의 복음전도」(IVP).

10) Dickson, *Best Kept Secret*, pp. 34-35.

10장 살아 계신 하나님을 증거하는 백성

1) 이것이 증인이라는 말이 사도행전 전반부에서 사용되는 방식이다. 행 1:22; 2:32; 3:15; 4:33; 5:32; 10:39-41; 13:31을 보라.

2) John Goldingay, *The Message of Isaiah 40-55: A Literary-Theological Commentary*(London, New York: T & T Clark, 2005), p. 201.

3) John N. Oswalt, *The Book of Isaiah: Chapters 40-66*(New International Commentary on the Old Testament; Grand Rapids: Eerdmans, 1998), p. 148.

4) 예수님이 엠마오로 가는 두 제자에게 천진스레 물으신 것처럼, 그것은 성경에서 아주 대단히 풍자적인(웃기기까지 하는) 행 가운데 하나임에 틀림없다. 그 주말 예루살렘에서 일어난 모든 일의 초점이었던 예수님은 그들이 무슨 이야기를 하는지 전혀 모르는 척 하신다. 정말 "무슨 일이냐?"(눅 24:19)

5) 또한 행 1:22; 2:32; 4:33; 5:32; 10:39-41; 13:31을 보라.

6) Richard Bauckham, *Jesus and the Eyewitnesses: The Gospels as Eyewitness Testimony*(Grand Rapids: Eerdmans, 2008).

7) '증언하다'(testifying)는 '증거하다'(bearing witness)를 대체할 수 있는 영어 번역이다. 헬라어에서는 비슷한 단어들이 별 차이 없이 사용된다 '마르티레오'와 '디아마르티로마이'.

8) 그녀는 남편을 다섯이나 두었고 당시 그녀가 남편 아닌 사람과 살고 있었다는 이유로 종종 비난을 받는다. 물론 여성이 그렇게 사는 것은 아니었다. 따라서 그녀는 상당한 사회적 오명을 뒤집어썼을 것이다. 그러나 그 당시 문화와 이혼 관례에 비추어 볼 때, 이것은 성적으로 문란한 여자가 연속적으로 난잡한 행위를 한 경우보다는 외도를 하는 남자들에게 연속적으로 학대를 당한 경우일 가능성이 많다.

9) John Stott, *The Preacher's Portrait*(Grand Rapids: Eerdmans, 1961), pp. 61-63. 「설교자란 무엇인가」(IVP). 이 책은 물론 다섯 가지 성경적 이미지를 사용해서 설교자의 사역과 성격을 묘사하고 있다. 그러나 "증인"에 대해 말하는 3장의 내용은 모든 그리스도인에게 해당된다. 그것은 신약 용어를 포괄적으로 조사할 뿐 아니라

우리 기독교 선교의 이 측면과의 관련성을 예리하게 다룬 훌륭한 글이다.

11장 그리스도의 복음을 선포하는 백성

1) Dickson, *Best Kept Secret*, pp. 111-112.
2) '바자르'가 좋은 소식을 가져온다는 뜻으로 일상적으로 사용된 다른 예는 다음과 같은 것들이 있다. 삼상 31:9; 왕하 7:9; 복음전도는 한 거지가 다른 거지에게 빵을 찾을 수 있는 곳을 말해 주는 것이라는 말을 만들어 낸 절. 또 흥미로운 한 가지 사례는 시 68:11에서 찾아볼 수 있다. 이 구절은 하나님의 결정적인 말씀으로 성취한 위대한 승리를 말하는 것 같다. 그리고 그것은 승리의 좋은 소식을 선포하는 사람들에 의해 널리 알려진다. 실제로 "그것을 공포하는 자들의 무리"는 '메바제르'로 여성 복수다. 그것은 그들의 남자들이 전투를 하고 이긴 후에 그 승리의 좋은 소식을 말하는 행복한 여인들의 모습을 암시한다(참고 ESV). 이것은 내가 대학생 시절 참석하곤 했던 형제단 모임의 매우 존경받는 지도자가 이해할 수 없었던 것 같은 문법의 미세한 점이다. 그는 공동기도서 번역본에서 그 구절을 다음과 같이 사용하는 것을 좋아했다. "주님은 말씀을 주셨습니다. 설교자들의 무리는 위대했습니다." 그는 이 구절을 그들의 모임에서 복수의 설교자들이 나서서 말하는 근거로 삼았다. 그는 그 본문의 "설교자들"이 여성들이라는 사실을 알면 충격을 받았을 것이다. 그러나 그때에는 그나 나나 히브리어를 몰랐다.
3) 구약 이후 유대주의와 바울의 복음 이해에 이 본문이 끼친 영향을 철저하게 논의한 것으로, Dickson, *Mission-Commitment in Ancient Judaism and in the Pauline Communities*, pp. 153-177를 보라.
4) 참고. 하나님이 앗수르 사람(니느웨)들을 물리치시고 승리의 메시지를 담고 있는 나훔 1:15에서 동일한 이미지가 앞서 사용되었다.
5) Goldingay, *Message of Isaiah*, p. 452.
6) Oswalt, *Book of Isaiah Chapters 40-66*, p. 368.
7) 참고. 시 46:9-10; 사 9:5-7.
8) 구원에 대한 성경적 이해를 폭넓게 조사한 책으로 Christopher J. H. Wright, *Salvation Belongs to Our God*(Nottingham: IVP, and Downers Grove, IL: IVP, 2007)을 보라.
9) 많은 시편이 다른 동사들을 사용하지만, 열방에 야웨의 행위에 대한 보편적 선포, 열방 가운데 야웨를 경축하거나 모든 열방에 야웨를 찬양하자는 초대와 같은 동일한 주제를 지니고 있다. 예를 들어, 시 9:11(그것은 모든 열방에 대한 하나님의 심판과 연결되어 있다); 22:27-28; 47:8-9; 49:1; 57:9-10; 66:8; 67; 68:32; 87;

98:2; 99:2-3; 102:21-22; 105:1-2; 108:3; 117; 126:2; 138:4-5; 148:11. 열방을 이스라엘의 찬양의 영향권 내로 데려오는 이런 자료가 상당히 많다는 사실은 그것이 보통 받는 것보다 많은 주목을 받을 가치가 있다. (유감스럽게도, 주목 받는 경우에도 각주로 나타난다. 그러나 당신이 그 각주들을 주의 깊게 읽어 보면 그것들이 엄청나게 보편적인 범위를 지니고 있음을 알 수 있다.) 열방 및 열방에 대한 하나님의 선교에 대한 광범위한 구약 신학과 관련해서 그것을 더 깊이 분석한 것으로, Wright, *Mission of God*, pp. 454-500를 보라.

10) 그 단어는 히브리 원어로 '바사르'이다. 누가복음의 헬라어는 70인역을 따라서 '유앙겔리사스타이'이다.

11) Dickson, *Best Kept Secret*, pp. 114-115.

12) Christopher J. H. Wright, *The God I Don't Understand: Reflections on Tough Questions of Faith*(Grand Rapids: Zondervan, 2008), pp. 180-181.

13) 바울은 "하나님의 복음"을 일곱 번, "그리스도의 복음"을 열 번 말한다.

14) ESV조차 전자를 "새 사람"으로, 그리고 후자를 "새 자아"로 번역함으로써 의미를 모호하게 만든다.

15) Stott는 물론, 바울도 의심할 나위 없이 받아들였을 것처럼, 어떤 사람이 구원받는 그 믿음이 선행으로 나타날 가능성은 존재하지 않지만 회개와 믿음으로 그리스도를 의지하고 구원을 받게 되는 상황이 있음을 인정할 것이다. 십자가상에서 참회하는 도둑이 가장 분명한 예다. 그러나 그와 같은 예외적인 사례가, 우리가 에베소서에서 보는 믿음과 순종의 통합을 무효로 하지는 않는다. John Stott, *Christ the Controversialist*(London: Tyndale, 1970), p. 127. 「변론자 그리스도」(성서유니온선교회).

16) Jonathan Bonk, "The Gospel and Ethics"("온전한 복음"에 대해 로잔신학실행그룹의 한 모임에서 발표한 논문), *Evangelical Review of Theology* 33:1 (2009): 55

17) 나는 '엔 파세이 크티세이'의 번역으로 '모든 창조물에게'(in all creation)가 '만민에게'(to every creature)보다 낫다고 생각한다.

18) Stott, *Our Guilty Silence*, p. 57.

12장 보내고 보냄받는 백성

1) John Calvin, *The Epistles of Paul the Apostle to the Romans and to the Thessalonians*(trans. Ross Mackenzie: Grand Rapids: Eerdmans, and Carlisle: Paternoster, 1960), p. 231. 「로마서」(성경교재간행사)

2) 수 24:5; 삼상 12:8; 시 105:26; 사 63:12; 행 7:35을 보라.

3) Richard R. De Ridder, *Discipling the Nations*(Grand Rapids: Baker, 1971), p. 77.
4) 구약에 나타난 하나님의 영의 역할에 대해 광범위하게 조사한 책으로, Wright, *Knowing the Holy Spirit Through the Old Testament*를 보라.
5) Martin Goldsmith, *Matthew and Mission: The Gospel through Jewish Eyes*(Carlisle: Paternoster, 2001), pp. 92-93.
6) John Stott, *The Message of Acts*(The Bible Speaks Today; Leicester: IVP, and Downers Grove, IL: IVP, 1990), p. 122. 「사도행전 강해」(IVP). 또 John Stott, *The Living Church: Convictions of a Lifelong Pastor*(Nottingham, IVP, and Downers Grove, IL: IVP, 2007, 「살아 있는 교회」, IVP), "4장. 사역: 열둘과 일곱"을 보라.
7) Jason Hood, "Theology in Action: Paul and Christian Social Care", in *Transforming the World?*, pp. 129-146. 134에서 가져온 인용문. 원문 강조
8) Stott, *Living Church*, p. 122.

13장 공적 광장에서 살아가는 백성

1) Darrel Cosden, *The Heavenly Good of Earthly Work*(London: Paternoster, and Peabody, MA: Hendrickson, 2006)는 이 이분법적이고, 솔직히 말해서 비성경적인 관점에 대한 탁월한 비판을 하고, 또 그 과정에서 훌륭한 일터 신학을 제공한다.
2) Cosden의 책(*Heavenly Good of Earthly Work*)은 시간 내에 성취한 인간의 일의 영원한 중요성이라는 이 주제에 특히 유익하다. 또 Wittmer, *Heaven Is a Place on Earth*; N. T. Wright, *Surprised by Hope: Rethinking Heaven, the Resurrection, and the Mission of the Church*(London: SPCK, 2005, 「마침내 드러난 하나님 나라」, IVP)를 보라.
3) 벧후 3:12에서 언급된 "멸망"은 6-7절에 기록된 홍수에 의한 "멸망"(동일한 단어)에 비추어 읽어야 한다(우리말 성경은 12절을 "그날에 하늘이 불에 타서 풀어지고 물질이 뜨거운 불에 녹아지려니와"로 번역했다— 역주). 홍수에서 파괴된 것은 지구 자체가 아니라, 인간의 사악함과 반역의 "세계"였다. 마찬가지로, 최종적인 "멸망"은 창조세계 전체의 소멸이 아니라, 창조세계로부터 모든 사악함, 악 그리고 하나님에 대한 반대를 영원히 제거하는 정화의 심판일 것이다.
4) Wright, *The God I Don't Understand*, pp. 202-203.
5) Richard J Mouw, *When the Kings Come Marching In: Isaiah and the New Jerusalem*(Grand Rapids: Eerdmans, 1983), p. 26. 「미래의 천국과 현재의 문화」(두란노서원).

6) 우리는 다니엘이 예레미야서를 아주 잘 알고 있었다는 사실을 안다(단 9:2). 그렇다면 그는 예레미야서 한 부를 갖고 있었을 수도 있다.

7) John Stott, *The Message of Romans*(The Bible Speaks Today; Leicester: IVP, and Downers Grove, IL: IVP, 1994), pp. 343-344. 「로마서 강해」(IVP).

8) Bruce W. Winter, *Seek the Welfare of the City: Christians as Benefactors and Citizens*(Grand Rapids and Carlisle: Eerdmans and Paternoster, 1994), pp. 195-197.

9) Bruce W. Winter(*Seek the Welfare of the City*)는 바울 당시의 헬라 로마 세계에서 얻은 광범위한 입증 자료를 참고해서, 이 주제를 매우 상세하게 다룬다.

10) 나는 다음에 나오는 요점들을 John Stott가 이 본문을 갖고 여러 번 설교하는 것을 듣고 깨달았다. 그의 풍요로운 강해는 John Stott, *The Message of the Sermon on the Mount*(The Bible Speaks Today; Leicester: IVP, and Downers Grove, IL: IVP, 1978), pp. 57-68에서 음미할 수 있다. 「존 스토트의 산상수훈」(생명의말씀사). 또 Stott, *Living Church*, 8장. "영향: 소금과 빛", pp. 137-152를 보라.

11) 나는 *Mission of God*, pp. 136-190에서 선교와 관련하여 우상숭배에 대해, 그 종류, 원인, 결과, 그리고 하나님의 백성이 그것에 대해 반응하는 방법들에 대해, 더 광범위한 성경적 분석을 제공하려고 노력했다.

12) 많은 사람이 지나치게 '비신화화한' 해석이라고 비판하지만, Walter Wink의 3부작은 고전적인 연구서다. Walter Wink, *Naming the Powers: The Language of Power in the New Testament*(Philadelphia: Fortress, 1984); *Unmasking the Powers: The Invisible Forces That Determine Human Existence*(Philadelphia: Fortress, 1986) 「사탄의 가면을 벗겨라」(한국기독교연구소); *Engaging the Powers: Discernment and Resistance in a World of Domination*(Minneapolis: Fortress, 1992) 「사탄의 체제와 예수의 비폭력」(한국기독교연구소). 더 짧으면서 더 성경적으로 보수적인 접근을 하는 책은 Clinton Arnold, *Powers of Darkness: A Thoughtful, Biblical Look at an Urgent Challenge Facing the Church* (Leicester: IVP, and Downers Grove, IL: IVP, 1992)이다. 「바울이 분석한 사탄과 악한 영들」(이레서원). 또 Nigel G. Wright, *A Theology of the Dark Side: Putting the Power of Evil in Its Place*(Carlisle: Paternoster, 2003)를 보라.

13) Scott Hafemann, "The Role of Suffering in the Mission of Paul", in *The Gospel to the Nations: Perspectives on Paul's Mission*(eds. Peter Bolt and Mark Thompson; Leicester: Apollos, and Downers Grove, IL: IVP, 2000), pp. 131-146(특히 p. 140).

14) John Stott, *The Cross of Christ*(Leicester: IVP, and Downers Grove, IL: IVP, 1986), p. 322. 「그리스도의 십자가」(IVP).

15) Terence E. Fretheim, *The Suffering of God: An Old Testament Perspective*(Philadelphia: Fortress, 1984), p. 148. 심오하고 감동적인 책으로, 소홀히 취급받은 이 주제를 다루는 방식에서 견줄 만한 책이 거의 없으며, 성경적 강해가 풍부하다. Fretheim은 하나님이 그분의 백성 **때문에**(그들이 하나님을 거부해서) 어떻게 고난을 겪으시는지 탐구한다. 하나님은 그분의 백성과 **함께**(그들이 하나님 자신의 심판 아래 고난을 겪을 때) 고난을 겪으시며 또 그분의 백성을 **위해**(그들의 구원을 성취하시면서) 고난을 겪으신다. 이 모든 차원에서, 예언자들의 고난은 하나님 자신의 고난에 신비스럽게 들어가 그 고난을 나누는 것이었다.

14장 찬송하고 기도하는 백성

1) John Piper, *Let the Nations Be Glad: The Supremacy of God in Missions*(rev. ed.; Grand Rapids: Baker, and Leicester: IVP, 2003), p. 17. 「열방을 향해 가라」(좋은씨앗).
2) 롬 1:1-5과 16:25-27이 어떻게 의도적인 방식으로 대응 구절들을 사용하는지 주목해 보라.
3) 삼하 22:50.
4) 시 18:49.
5) 신 32:43.
6) 사 11:10.
7) Stott, *Message of Romans*, p. 53.
8) Samuel E. Balentine, *Prayer in the Hebrew Bible: The Drama of Divine-Human Dialogue*(Minneapolis: Augsburg Fortress, 1993), p. 199.
9) John Stott, *The Message of Ephesians: God's New Society*(The Bible Speaks Today; Leicester, IVP, and Downers Grove, IL: IVP, 1979), p. 50. 「에베소서 강해」(IVP).
10) Stott, *Our Guilty Silence*, pp. 27-28.
11) Dickson, *Best Kept Secret*, pp. 160-161, 163.
12) 실제로 유대인 디아스포라의 규모는 그보다 훨씬 넓었다. 중국, 인도, 아라비아와 예멘, 북아프리카 너머 북동아프리카를 거쳐, 로마 제국 치하 유럽의 먼 지역까지 유대인들이 정착했으며, 원주민들이 유대교를 받아들였다는 증거가 있다. 또 이러한 장소들 가운데 많은 곳에서, 이미 존재하던 유대인 공동체들이 초기 기독교가

전파될 수 있는 발판을 제공한 것도 틀림없는 사실이다(신약 성경에서 바울의 사역을 통해 보는 것처럼). 이에 대해 상세히 조사한 책으로 De Ridder, *Discipling the Nations*, pp. 58-87를 보라. 이방인들을 이스라엘의 하나님에 대한 회심과 믿음으로 인도하는 데 유대인 디아스포라가 끼친 영향에 대해, 특히 회당 예배의 영향에 대해 철저하게 조사한 책으로 Dickson, *Mission-Commitment in Ancient Judaism and in the Pauline Communities*, pp. 74-85를 보라. 그리고 이것이 바울의 선교 관례와 기대에 끼친 영향에 대해서는 같은 책, pp. 293-302를 보라.

13) Dickson, *Best Kept Secret*, pp. 158-159.
14) De Ridder, *Discipling the Nations*, p. 87.
15) Piper, *Let the Nations Be Glad*, p. 63.
16) 런던 랭함 플레이스에 위치한 올소울즈 교회 교구목사.
17) Dickson, *Best Kept Secret*, p. 73.
18) (전도를 명하는 분명한 가르침이 부족하다는 점에 대해) 바울은 특별히 그의 교회들이 전도에 관여하는 것을 기대하지 않았다는 견해를 정교한 논리로 반박한 글은 Peter T. O'Brien, *Gospel and Mission in the Writings of Paul*(Grand Rapids: Baker, 1993; Carlisle: Paternoster, 1995)에서 찾아볼 수 있다.
19) D. A. Carson, "Paul's Mission and Prayer", in *The Gospel to the Nations*, pp. 175-184(특히 p. 182).
20) O'Brien, *Gospel and Mission*, p. 125.
21) Piper, *Let the Nations Be Glad*, pp. 57, 59, 67(Piper 강조).
22) Timothy Chester, *The Message of Prayer*(The Bible Speaks Today; Leicester, IVP, and Downers Grove, IL: IVP, 2003), p. 231.
23) Balentine, *Prayer in the Hebrew Bible*, p. 295.

15장 이제까지의 여정과 앞으로의 여정
1) www.arocha.org를 보라.
2) Wright, *Mission of God*, pp. 412-420에서 발췌.
3) Mark Russell이 쓴 탁월한 책 *The Missional Entrepreneur: Principles and Practices for Business as Mission*(Birmingham, AL: New Hope, 2010)을 보라. 또 로잔 운동에서 나온 "Business as Mission Manifesto"를 보라. 이 자료는 www.lausanne.org/ all-documents/manifesto.html에서 찾아볼 수 있다. 그리고 Lausanne Occasional Paper No. 40, *Marketplace Ministry*는 www.lausanne.org/2004forum/documents.html에서 내려 받을 수 있다.

4) *Amity Newsletter*(April-June, 2009), p. 7.
5) *Evangelism and Social Responsibility: An Evangelical Commitment*.「복음전도와 사회적 책임」(두란노). 이 자료는 www.lausanne.org/all-documents/ lop-21.html에서 Lausanne Occasional Paper No. 21로 내려 받을 수 있다.
6) 이 진리로 말미암아 *Mission of God*에서 나는 복음전도의 수위성(primacy)보다는 '복음전도의 궁극성'(ultimacy)에 대해 말하기를 더 좋아한다고 진술한 바 있다. 그것이 우리가 해야 하는 마지막 일이기 때문이 아니라, 그것이 우리가 당연히 성경적으로 하는 모든 일들 중에서 "마지막 원수"인 죽음을 다루는 중요한 한 가지이기 때문이다. Wright, *Mission of God*, pp. 439-441를 보라.
7) *Evangelism and Social Responsibility*(저자 강조).
8) www.micahnetwork.org/en/integral-mission/micah-declaration에서 문서 전체를 찾아볼 수 있다.
9) 최근에 로잔신학실행그룹이 소집한 일군의 아프리카 신학자들이 번영 복음에 대해 간략하고 강력한 비판을 했다. www.christianitytoday.com/ct/2009/decemberweb-only/gc-prosperitystatement.html에서 그 자료를 찾아볼 수 있다.
10) 디다케는 2세기 교회의 가르침 및 훈련 지침서였다. *The Library of Christian Classics*, Vol. 1, *Early Christian Fathers*(trans. and ed. Cyril C. Richardson; London: SCM, 1953), pp. 176-177.
11) Gerhard Lohfink, *Jesus and Community: The Social Dimension of Christian Faith*(London: SPCK, 1985), pp. 146-147.「예수는 어떤 공동체를 원했나?」(분도). Eckhard Schnabel, *Early Christian Mission*, Vol. 2, *Paul and the Early Church*(Downers Grove, IL: IVP, and Leicester: IVP and Apollos, 2004), pp. 1577-1578에서 인용.
12) O'Brien, *Gospel and Mission*, pp. 42-43.
13) Newbigin, *Household of God*, p. 138.
14) 가사. James E. Seddon; (c) 1982 The Jubilate Group(Admin. Hope Publishing Company, Carol Stream, IL 60188). 판권 소유. 허락을 받고 사용함.

성구 찾아보기

창세기
1-11장 *80-84*
1-2장 *57, 68, 333*
1장 *61, 85, 333*
1:1 *55-56, 236*
1:26-28 *57*
1:29-30 *65*
2장 *333*
2:15 *60*
3-11장 *41, 86, 92, 103, 106*
3장 *46, 51, 55, 68, 82, 112, 284*
4-11장 *82*
9장 *68*
9:1-3 *85*
9:1 *82*
9:3 *65*
9:9-17 *85*
10장 *91-92, 100, 167*
11장 *42, 46, 50, 91, 167, 284*
12-50장 *104*
12장 *84, 86, 91, 95*
12:1-3 *42, 80, 84-85, 92-95, 171-172*
12:2 *92*
12:3 *91-92, 109*
13:13 *112*
15:6 *104*
18장 *110, 115, 121, 381*

18:2 *116*
18:10-13 *116*
18:10 *115*
18:14 *115*
18:17-19 *116, 121*
18:18 *92, 115, 124*
18:19 *109-112, 115, 118, 121-126, 128, 196, 215, 381*
18:20-21 *112*
18:20 *112*
18:22-33 *381*
19장 *110-112*
19:4 *112*
19:24 *114*
20장 *121*
22장 *103-105*
22:16-18 *103*
22:18 *92, 126*
26:4-5 *126*
26:4 *92*
28:14 *92*
30:27-30 *86*
39:5 *86*
39:7-10 *344*
41장 *344*
42:23 *344*

45장 *303*
45:4-8 *303*
45:7 *17, 86*
47:10 *86*
48:15-16 *86*
48:16 *29, 131*
48:20 *92*
50:20 *303*
50:19-20 *336*

출애굽기
1-2장 *140*
1장 *137*
1:11-14 *137*
1:22 *137*
2:23-25 *124*
2:23 *112*
3장 *304*
3:6 *167*
3:7 *124*
3:10-15 *304*
3:10 *17*
3:12 *163*
4:10-17 *306*
4:13 *304*
4:22-23 *140*
4:22 *165*
4:31 *164*
5:22 *304*
6:6-8 *137, 273*
6:6 *131, 136*
6:8 *29*
7:16 *304*
9:14, 16, 29 *165*
12:12 *140*
12:27 *164*
13:1-16 *136*
14:31 *164*
15장 *161*

15:1-21 *144, 164*
15:11 *229*
15:13 *29, 131, 136, 273*
15:18 *140*
16-18장 *161*
19장 *216*
19:1-6 *162*
19:1 *162*
19:3-8 *172*
19:3-6 *161*
19:4-6 *171, 180*
19:4 *162*
19:5 *165-167, 179*
19:6 *169, 172, 175, 178*
20장 *162*
20:16 *247*
21-23장 *121, 162*
21:1-11 *147*
23:1-3 *247*
23:9 *147*
24장 *164*
24:9-11 *165*
32-34장 *381*

레위기
1-7장 *171*
5:1 *247*
10:11 *169*
18:3-5 *352*
18:3-4 *175*
19장 *175-177, 179, 217, 352*
19:2 *175*
19:3-22 *177*
19:26-31 *177*
19:33-36 *177*
19:36 *121*
20:24, 26 *173-174*
21:8, 15, 23 *174*
22:31-33 *174*

25장 *134, 148-150*

민수기
6:22-27 *171*
12:8 *312*
16:28 *306*
20:16 *306*
35:6-34 *134*

신명기
4장 *185, 228, 235*
4:5-8 *185-186*
4:6-8 *381*
4:7 *186-188, 194*
4:8 *186-188*
4:32-39 *220*
4:32-34 *225*
4:33-34 *227*
4:35 *191, 227*
4:39 *191, 227, 230, 255*
6:4-5 *235*
6:4 *232*
6:7-9 *118*
6:11 *145*
8:17-18 *356*
10:12-19 *119*
10:12-13 *119*
10:14-15 *119*
10:16 *119*
10:17-19 *119*
13:1-5 *309*
15:1-18 *147*
15:7-11 *147*
15:13-15 *148*
15:14 *164*
17:7 *247*
18:17-20 *306*
18:18 *309*
19:16-21 *247*

22:24, 27 *112*
23:7-8 *137*
25:5-10 *136*
25:15 *121*
26 *89*
26:5-11 *145*
26:19 *198*
28장 *66*
28:1-14 *89*
28:37 *187*
29:22-28 *187*
29:23 *112*
30장 *89*
32:43 *368*
33:10 *169*

여호수아
24:5 *304*

사사기
2:16 *305*
6:14 *305*

룻기
3:9-13 *135*
4:1-8 *135*
4:9-11 *247*
4:11-12 *91*

사무엘상
2:2 *230*
8:7 *312*
12:1-5 *335*
12:8 *305*
25:39-41 *312*
31:9 *267*

사무엘하
7:22 *230*

10:1-5 *312*
18:19-32 *267*
22:50 *368*

열왕기상
8:14-21 *190-191*
8:22-53 *382*
8:23 *191*
8:41-43 *190-192, 378*
8:43 *382*
8:46 *382*
8:60-61 *190, 196*
8:60 *230*
10장 *192*
19:15-18 *17*

열왕기하
7:9 *267*

느헤미야
8:10-12 *145*

시편
9:11 *275*
9:14, 15 *374*
18:49 *374*
19:14 *136*
22:3 *145*
22:27-28 *96, 274*
23:3 *121*
33:13-15 *335*
34:17 *112*
46:9-10 *270*
47:8-9 *274*
47:9 *96*
49:1 *274*
57:9-10 *274*
65:9-13 *66*
66:8 *274*

67장 *96, 185, 274*
67:1 *185*
68:11 *267*
68:32 *274*
69:18 *135*
71:15 *375*
72장 *61*
72:14 *135*
72:17 *91, 96*
73:28 *375*
74:2 *135*
77:15 *135*
78:35 *135*
79:13 *375*
86:8-9 *230*
86:9 *96*
87장 *96, 205, 274*
89:6-8 *230*
96장 *47, 68, 75, 96, 231, 275, 377, 429*
96:1-3 *275, 377*
96:10-13 *69, 275*
96:10 *275*
98:2, 3 *275*
98:7-9 *69*
99:2-3 *275*
100:1-5 *371*
102:15 *96*
102:21-22 *96, 275*
103:4 *135*
103:6-7 *124*
104:27-28 *63*
104:30 *310*
105:1-2 *275*
105:17 *303*
105:26 *304*
106:10 *135*
107:2 *135*
107:22 *375*
108:3 *275*

117장 *96, 275*
119:154 *135*
122:6 *345*
126:2 *275*
137장 *346*
137:8-9 *345*
138:4-5 *275, 341*
139장 *382*
145장 *59*
145:9 *338, 405*
145:10 *63*
145:13-17 *405*
145:13 *405*
145:17 *405*
145:21 *63*
147:19-20 *225*
148장 *63*
148:11 *275*
150장 *63*
150:6 *63*

잠언
1:16 *269*
12:10 *62, 405*
29:7 *405*
31:8-9 *62*

이사야
1-39장 *201*
1:3 *250*
1:9-23 *113*
2:1-5 *205*
2:2-5 *170*
6장 *250*
6:1-7 *307*
6:5 *307*
6:6-7 *307*
6:9-13 *245*
6:9-10 *250*

6:11-12 *250*
7:9 *250*
8:1-2, 16-18 *247*
9장 *207*
9:2 *205*
9:5-7 *269*
11장 *207*
11:1-9 *69*
11:5 *197*
11:10 *368*
13:19-20 *114*
19:1-15 *337*
19:19-25 *96*
19:20-21 *304*
30:1-5 *250*
30:15-18 *250*
31:1-3 *250*
32장 *207*
35장 *69*
35:4-5 *246*
35:5-6 *277*
40-55장 *142, 201, 243, 266*
40장 *272, 276*
40:3 *271*
40:5 *243*
40:9 *267, 271, 276*
40:10-11 *272*
40:21, 28 *250*
41:8-10 *244, 248*
41:8 *246*
41:14 *136, 272*
41:21-24 *243, 247*
41:24 *247*
41:27 *266*
42장 *244*
42:1-9 *244*
42:1-4 *170*
42:1 *254, 312*
42:2-3 *248*

42:4 *312*
42:6 *244*
42:8, 12 *374*
42:18-25 *244, 248*
42:20-21 *250*
42:23-25 *250*
43:1 *135, 272*
43:7 *371*
43:8-13 *242, 246*
43:8 *246*
43:9 *247, 252*
43:10 *247-252, 242*
43:11 *252*
43:12 *242, 252*
43:14 *135, 272*
43:20-21 *371*
43:21 *371*
43:21 *373-374*
44:3 *254*
44:6 *135*
44:9-20 *244*
44:18 *244*
44:22-24 *135, 272*
45:5 *230*
45:6 *230, 244*
45:18 *230*
45:20-22 *253*
45:21-22 *232*
45:22-23 *96*
45:22 *244*
45:23 *233*
46, 47장 *244*
48:17 *272*
48:20 *135, 272*
49:6 *36, 209, 244*
49:13 *272*
49:19-22 *205*
51:3 *272*
51:5 *205, 273*

51:9 *205, 273*
52장 *268, 288*
52:7-10 *268-269, 274-276, 280*
52:7 *266-271, 280, 285, 299-301, 318, 357*
52:8 *271*
52:9-10 *272*
52:9 *135, 272*
52:10 *204, 272-273*
53:1 *204, 273*
53:10 *312*
55:10-11 *311*
56장 *201*
56:3-8 *97*
58-60장 *213*
58장 *208*
58:8-10 *208*
58:8, 10 *213*
58:9-10 *208*
59:9-10 *204*
59:12-15 *201*
59:15-20 *201*
59:16 *204*
59:20 *201*
60장 *97, 200, 207-208, 340*
60:1-3 *170, 200*
60:1-2 *200-201, 208*
60:3 *204*
60:4 *205*
60:5 *205*
60:6-7 *206*
60:9 *206*
60:11, 13, 16 *206*
60:17-22 *207*
60:17 *207*
60:18 *207*
60:19-20 *200, 207*
60:21, 22 *207*
61:1-3 *204, 277*

61:1 *17, 266*
62:12 *135*
63:7 *374*
63:9 *135*
63:12 *304*
64:4 *229*
65-66장 *69*
65:1 *393*
65:17-25 *71 339, 366*
65:17 *69*

예레미야
1:7 *17, 308*
1:9 *308*
4:1-2 *97*
4:23-26 *67*
7:9-11 *335*
7:25-26 *309*
10:6-7, 11-12 *229*
13장 *198*
13:1-11 *197*
13:1-2 *197*
13:3-8 *197*
13:10-11 *198*
13:11 *198, 371-373*
13:16 *269*
14:15 *309*
18장 *197*
18:18 *169*
23:21 *309*
25:21 *309*
25:4 *309*
26:5 *309*
26:15 *309*
28:9, 15 *309*
28:15-17 *309*
29장 *383*
29:4-6 *347*
29:4 *303*

29:7 *303, 347-348, 383*
29:9 *308*
29:14 *304*
29:20 *304*
32:10-12 *247*
33:8-9 *200*
35:15 *309*
49:19 *229*
50:44 *229*

에스겔
2:3-6 *309*
3:4-9 *309*
5:5-7 *190*
8-11장 *271*
16:48 *114*
26-28장 *338*
29-32장 *338*
36장 *198*
37장 *287*
37:1-14 *254*

예레미야애가
4:6 *114*

다니엘
1장 *344*
4장 *337, 384*
4:19-27 *346*
4:26 *338*
4:27 *337*
4:30 *337*
4:32 *338*
6장 *384*
6:4 *344*
6:10 *345, 384*
9장 *381*
9:2 *345*
12:3 *210*

호세아
4:1-9 *169*
4:1-3 *66*

요엘
2:27 *230*
2:32 *300*

아모스
3:1-2 *225*
3:2 *124*
5:10 *247*
5:12-15 *335*
8:4-7 *335*
9:11-12 *97*

요나
2:1 *383*

미가
6:4-5 *148*
6:8 *89, 148*

나훔
1:15 *269*

스가랴
2:10-11 *97*
2:11 *170*
8:13 *91*
9:9 *279*

말라기
2:6-7 *169*
3:1 *279*
4:5 *279*

마태복음
1:1-2 *97*

1:21 *72*
2:13-15 *142*
5:11-12 *358*
5:13-16 *178*
5:13-14 *426*
5:14-16 *209, 375*
5:16 *188*
5:44 *346*
7:21-27 *290*
7:21 *291*
9:35-36 *317*
9:36-38 *386*
10장 *317, 386*
10:1-7 *269*
10:1-2, 5 *317*
10:5-8 *18*
10:7 *317*
10:17-20 *259*
10:40-41 *312*
11:4-5 *278*
11:14 *279*
13:20-22 *427*
15:24 *313*
18:21-33 *149*
24:14 *279*
28장 *94, 317*
28:17 *430*
28:18-20 *18*
28:18-19 *236*
28:19-20 *239*
28:19 *103*
28:20 *290*

마가복음
1:1 *276*
1:3 *142*
1:14-15 *276*
1:15 *288*
1:35 *385*

1:38 *313*
3:13-15 *316*
4:35-5:13 *142*
12:1-12 *309*
13:9-11 *259*
16:15 *75*

누가복음
1:1-4 *257*
1:55 *97*
1:67-79 *142*
1:73 *97*
2:29-32 *97*
3:7-14 *288*
3:21 *386*
3:38 *97*
4:16-19 *18, 277*
4:18-19 *157, 314*
4:18 *312*
4:21 *205, 277*
4:23-30 *195*
4:43 *312*
6:12-14 *386*
6:12-13 *317*
6:27-28 *383*
6:36 *150*
7:1-5 *193*
9:31 *142*
10:17-21 *386*
11:4 *149*
11:20 *277*
11:28 *290*
13:10-16 *97*
16:19-31 *97*
19:1-10 *97*
19:1-10 *97*
21:12-15 *259*
22:31-32 *386*
24장 *37, 242*

24:13-27 *38*
24:19 *255*
24:21 *280*
24:27 *242*
24:44-48 *38*
24:45-47 *242*
24:46-47 *97*
24:48 *241, 255*
24:49 *255, 309, 312*
24:52 *430*

요한복음
1:7-8, 15, 19 *259*
1:32, 34 *259*
3:16 *161*
3:17, 34 *312*
4장 *259*
4:34 *312*
4:39-42 *260*
5-8장 *313*
5:23 *312*
5:39 *258*
11:42 *313*
13:16, 20 *312*
14:15 *403*
14:16 *313*
14:23-24 *290*
14:26 *313*
15장 *261*
15:7 *194*
15:12 *150*
15:18-21 *312*
15:26-27 *260*
15:26 *260, 313*
15:27 *260*
16:7-15 *313*
16:8-11 *261*
16:24 *194*
17장 *329, 386*

17:18　*18, 45, 164, 313*
17:20　*258*
19:35　*259*
20:8　*259*
20:21-22　*309*
20:21　*18*
20:22-23　*313*
20:28　*430*
20:29　*258*
20:30-31　*226*
21:24　*226, 259*

사도행전
1장　*35, 242*
1:8　*241, 255, 310*
1:11　*280*
1:12-14　*387*
1:21-22　*256, 316*
1:22　*241, 256*
2:32　*241, 256*
2:36　*232, 241*
2:42-47　*320*
2:42　*387*
2:44-47　*210*
3장　*223*
3:1-26　*97*
3:15　*241, 256*
3:20　*312*
3:25-26　*224*
4장　*224, 229*
4:1-22　*220*
4:8-10　*231*
4:12　*30, 231-232*
4:16　*224*
4:18　*318*
4:23-31　*387-388*
4:32-35　*320*
4:33　*241, 256*
5:17-42　*318*

5:27-32　*322*
5:32　*241, 256, 290*
5:40-42　*358*
6:1-7　*212, 318*
6:1-4　*319*
6:8-8:4　*318*
7:35　*304*
7:37　*306*
8:1　*321*
8:14-15　*386*
8:14　*321*
9:16　*358*
9:27　*321*
10장　*193*
10:36-38　*411*
10:36　*269, 296*
10:38　*314, 350*
10:39-41　*241, 256*
10:41　*258*
11:1　*321*
11:19-26　*322*
11:27-30　*18*
11:27-29　*320*
12:12　*386*
13장　*36*
13:1-4　*18*
13:1-3　*322, 386*
13:16　*193*
13:25　*386*
13:31　*241, 256*
13:32-33　*36*
13:46-48　*193*
13:47-48　*36*
14:14　*321*
15장　*36*
15:1-6　*321*
15:3　*326*
15:22　*321*
16:4　*321*

16:6-7 *314*
16:13 *386*
16:25 *379*
17장 *50*
17:7 *284*
17:11 *9*
18:24-27 *426*
18:27-28 *18*
19:22 *349*
20:24 *318*
20:27 *19, 50*
21:5 *326*
22:14-21 *317*
22:14-15 *288*
26:15-18 *317*
26:16-18 *288*
26:16 *249, 318*
28:23, 30-31 *284*
28:31 *45*

로마서
1:1-15 *427*
1:1-5 *367*
1:1 *317*
1:2-4 *284*
1:4 *314*
1:5 *79, 114, 289, 367, 411*
1:16 *286, 293*
1:18-32 *42*
3:21 *284*
3:22-23 *205*
3:29 *99, 166, 286*
4장 *99, 105, 111, 286*
4:16-17 *93*
8장 *155*
8:3 *312*
8:18-25 *143*
8:19-23 *75*
8:19-21 *340*

10:12-15 *281*
10:13-15 *299*
10:17 *300*
12:8 *329*
13:3-4 *349*
13:4-6 *347*
13:6-8 *351*
15장 *320*
15:7 *150*
15:8-12 *368*
15:14-16 *427*
15:15-19 *368*
15:15-16 *172*
15:16-21 *318*
15:18-19 *290, 412*
15:18 *411*
15:19-21 *288*
15:24 *326*
15:25-29 *205*
15:25-33 *320*
16:1-2 *326*
16:3-4 *323*
16:7 *323*
16:15 *321*
16:19 *290*
16:23 *349*
16:25-27 *367, 368*
16:26 *79, 114, 289, 367, 411*

고린도전서
3:5-9 *426*
3:6 *326*
3:9 *52*
5:18-19 *296*
8:4-6 *232*
9장 *328*
12:28-30 *241*
14:25 *379*
15:1-4 *265, 284*

15:5 *321*
15:7 *321*
15:58 *342*
16:1-4 *320*
16:6, 10-11 *327*

고린도후서
1:9-11 *388*
1:16 *339*
2:12-13 *427*
2:17 *328, 418*
4:7 *417*
4:16-18 *415*
8-9장 *320*
8:7-9 *150*
8:16-24 *18, 321*
8:23 *321*
9:12-14 *328*
9:12-13 *290*
10:4-5 *292*
10:13-16 *427*
11-12장 *358*
12:10 *358*

갈라디아서
1:1 *318*
1:6-9 *292*
1:11-2:10 *284*
1:15-16 *288, 318*
2:5 *292*
2:7 *288*
2:8-10 *318*
2:9-10 *320*
2:14 *292*
3장 *92, 99, 111*
3:6-29 *105*
3:8 *80, 81, 85, 109, 116, 266*
3:13-14 *89*
3:14 *93*

3:26-29 *286*
3:26-28 *205*
3:28-29 *80*
4:4 *44, 312*
4:13-14 *288*

에베소서
1-3장 *81, 287*
1:6 *372*
1:7 *143*
1:9-10 *19*
1:12 *372*
1:13 *372, 287*
1:14 *143, 287*
2:8-10 *290*
2:10 *288*
2:11-13 *195*
2:11-12 *286*
2:13-18 *286*
2:14-17 *296*
2:15 *288*
2:17 *269*
2:21-22 *373*
3:4-6 *99*
3:6 *286*
3:14 *286*
4:11 *241, 321*
4:12 *407*
4:24 *288*
4:30 *143*
4:32 *150, 164*
5:1 *60*
6장 *390*
6:10-20 *390*
6:12 *357*
6:15 *281, 357*
6:18-20 *388*
6:21-22 *326*

빌립보서
1:7 *292*
1:19-26 *388*
1:27 *292*
2:9-11 *232*
2:14-16 *210*
2:22 *287*
2:25 *321*
4:3 *292*
4:14-20 *324*

골로새서
1:5 *287*
1:6 *295*
1:13-14 *143*
1:14 *143, 282*
1:15-23 *73, 294, 354*
1:16-20 *339*
1:20 *404*
1:23 *287, 295*
2:15 *143*
3:5 *354*
3:22-24 *342*
4:2-4 *387*
4:2-3 *388*

데살로니가전서
1:4-5 *429*
1:7-8 *324*
2:8-9 *288*
2:10-12 *427*
2:13 *287*
2:17-3:13 *427*
3:2 *350*
4:11-12 *350*
5:14 *350*

데살로니가후서
1:8 *290*

2:12 *290*
3:1-2 *388*
3:6-13 *350*

디모데전서
1:15 *72*
2:1-4 *346*
2:1-2 *346*
2:4-6 *234*
2:6 *143*
2:8 *346*

디모데후서
1:8 *242, 292*
2:8 *284*
3:16-17 *156*
4:12 *326*

디도서
1:5 *18, 326*
2:9-10 *183, 210*
2:11-14 *211, 291*
3:13 *327*

히브리서
3:1 *312*
5:9 *290*
5:14 *314*
11:8-19 *105*
11:35-38 *362*
12:2-3 *362*

야고보서
2장 *290*
2:14-26 *290*
2:19 *228*
2:20-24 *105*

베드로전서
2:5 *373*
2:9-12 *173, 182, 373, 430*
2:9 *146, 373-376*
2:11 *373*
2:12 *209, 375*
2:14-15 *349*
2:21-22 *359*
3:1-4 *210*
3:1 *375*
3:13-17 *359*
3:15 *375*
4:12 *359*
4:17 *290*
4:19 *359*
5:1 *256*

베드로후서
1:16-18 *256*
2장 *338*
3:6-7 *76, 339*
3:12 *338*
3:13 *76, 339*

요한1서
1:1-3 *256*
1:1, 3 *223*
2:3 *290*
2:15-17 *354*
3:8 *354*
3:16 17 *150*
3:21-24 *290*
4:9, 14 *312*
4:19 *164*
5:1-3 *290*
5:19-21 *354*

요한3서
1-8절 *324*
3-4절 *324*
5-8절 *18, 324*
5절 *326*
6-8절 *427*
6절 *326-327, 329*
7절 *327*
8절 *328*
9-10절 *324*
13절 *326*

요한계시록
1:6 *173*
1:9 *262*
5:9-10 *100*
5:9 *381*
5:13 *369*
7장 *50*
7:9-10 *100*
7:9 *91, 381*
13:16-18 *361*
15:3 *42, 152*
20장 *41, 55*
21-22장 *83, 207, 366*
21장 *341*
21:1-4 *76*
21:1 *55*
21:3-5 *48*
21:23-27 *206*
21:24-27 *100, 340*
22장 *50*
22:2 *100*

주제 찾아보기

가난(poverty) 148, 157
가난한 자들을 위한 모금(poor, collection for the) 321
감사, 이신 하나님(auditor, God as) 334-335
거룩함(holiness)
   삶의 전 영역에서(in all of life) 175
   은 실제적이었다(was practical) 176
   은 주어진 것이었다(was a given) 173
거짓 예언자들(false prophets) 309-420
겸손, 우리의 ~을 회복함(humility, recovering our) 417
경건, 개인적(devotion, personal) 219
경제적 착취(economic exploitation) 138
계시(revelation)
   를 위해 보내심(sending for) 311
   하나님의(of God) 225
고난/고통(suffering)
   보내심과(sending and) 310
   하나님의 백성의(of God's people) 357-359
   하나님의(God's) 360
공동체에 의한 증거(community, witness by) 259
공적 광장(public square)
   에 선교적 참여(missional engagement in) 343
   에서 대결(confrontation in) 352-355
   에서 일(work in) 331-334, 343
   에서 일하는 그리스도인들(Christians in) 360-363
공적 봉사(public service) 348-350
공직에서 봉사하는, 신자들(political service, believers in) 347
관대함(generosity) 147
   을 명령하다(is commanded) 164
   주는 것의(in giving) 328
교리(doctrine) 11
교회(church)
   ~가 되어야 하는(meant to be) 28
   는 백성이다(is people) 93
   는 보여야 한다(must be seen) 24
   세상과 대조되는 사회로서(as contrast society) 426
   에 가입한 사람들(people joined) 209-210
   에 대한 이해(understanding of) 94-95
   의 결점(shortcomings of) 423-424
   의 사회적 차원(social dimension of) 412
   의 상태(state of) 127-128
   의 선교(mission of) 28
   의 역할(role of) 406-408

의 증거(witness of) 296
의 탄생(birth of) 45
의 확산(spread of) 323
출애굽 공동체로서(as an exodus) 155
하나님의 구속받은 백성으로(as God's redeemed) 131
구속(redemption)
  과 희년(and Jubilee) 1149
  모든 것의(of all) 338-340
  성경적 ~ 이야기(biblical story of) 44
  은 창조(창조세계)를 포함한다(includes creation) 66-70, 75
  의 모델(model of) 141
  의 언어(language of) 131, 134, 142
  하나님의 ~에 대해 반응을 보임 (responding to God's) 144-145
  하나님의 ~을 경험함(experiencing God's) 133
구약(the Old Testament)
  과 그 이야기(and the story) 43
  과 선교(and mission) 26-27
  에 근거하고 있음(rooted in) 43
  에서 기도(prayer in) 392
  에서 복음(gospel in) 29, 265-267
  에서 하나님의 영(Spirit of God in) 310
  을 알았던 자들(those who knew) 40
구원(salvation) 89
  을 위해 부르다(call for) 303
  의 조건(condition of) 178
  의 교리(doctrine of) 93
  의 사건들(events of) 225
  하나님의 ~을 선포하다(proclaim God's) 279
국가에 대한 섬김(service to state) 344-345
국제 아 로사(A Rocha International) 401
권위(authority) 305
  의 행사(exercise) 59
  있는 보내심(sending with) 311

그리스도(Christ)
  와 창조세계(and creation) 72-76
  의 다시 오심(return of) 46
  의 정체성(identity of) 294
  의 형상(image of) 58
기도(prayer)
  사도행전에 등장하는(in Acts) 387
  영적 전쟁으로서의(as spiritual warfare) 389-391
  와 선교(and mission) 385
  전복으로서의(as subversion) 384
  정부를 위한(for the government) 347-348
  표시로서의(as a mark) 379

노예 상태(slavery) 134, 137
노예(slaves) 147, 150, 212, 225

다니엘 이야기(Daniel, story of) 343-344
단수, 정의(singular, definition) 20
대위임령(the Great Commission) 33-37, 61, 94, 425-429
  만 있으면 된다(all you need is) 40
  의 윤리적 취지(ethical thrust of) 127-129
동물(animals)
  돌보기(care of) 404
  에 대한 관심(concern for) 62
  생물 종들의 손실(loss of species) 401
디아스포라(diaspora) 168, 378
땅(earth)
  은 우리에게 제공한다(provides for us) 65
  은 우리와 함께 고통을 겪는다(suffers with us) 66
  을 정복하라(subduing) 58
떠나감(leaving and going) 101-102

로잔 언약(the Lausanne Covenant) 21

로잔 운동(Lausanne movement) 413
룻 이야기(Ruth, story of) 136

명령, 하나님의(commands, of God) 119
모세(Moses)
  가 하나님 앞에 올라갔다(went up to God) 159-165
  를 보내심(sending of) 18, 25, 304, 306
목격자들(eyewitnesses) 255-256
목사, 를 후원하다(clergy, support the) 407
목적, 전체를 위한(purpose, for the whole) 19
문화(cultures) 340-342
믿음(faith)
  구원하는 ~의 대상(object of saving) 300
  의 반응(response of) 103-106
  의 순종(obedience of) 79, 289
믿음/행함(believing and living) 410

바빌론(Babylon)
  유수(exiles in) 268
  을 위한 기도(prayer for) 383
바빌론 포로들(exiles)
  에게 보낸 편지(letter to) 345
  을 위한 좋은 소식(the good news for) 266-271
바울(Paul)
  가장 위대한 선교사(the greatest missionary) 79
  과 가난한 자들(and the poor) 321
  과 기도(and prayer) 387-389
  사도(the apostle) 317
  을 보냄(sending) 17-18
  의 사역(ministry of) 259
  의 신학(theology of) 99
  이 이해한 좋은 소식(good news for) 282-284

바울의 대위임령(the Pauline Great Commission) 390
박해(persecution) 259, 360
반역(rebellion) 41
백성(people)
  끌어들이는(who attract) 183
  복음을 접하지 못한(unreached) 429
  선포하는(who proclaim) 265
  증거하는(who bear witness) 239-243
  하나님 ~의 선교(mission of God's) 219
  하나님의(God's) 168
보내시는 자로서의 성부 하나님(Father as senders) 313
보내심(sending)
  구원을 위해(for salvation) 311
  의 개념(concept of) 303-311
  의 개념(notion of) 17
  합당하게(in a manner worthy) 326
복(blessing)
  과 희망(and hope) 87
  구원의(of salvation) 88
  의 개념(concept of) 85
복음(gospel) 274
  과 윤리적 변혁(and ethical transformation) 288-291
  에 대한 어휘(vocabulary of) 266
  은 ~과 정면으로 부딪친다(confront things) 292
  을 거부(rejection of) 51
  을 전하는 것(sharing of) 265
  의 넓이(width of) 75
  의 메시지(message of) 28
  의 온전성(wholeness of) 409
  의 일부(part of) 45
  의 정의(definition of) 29
  의 조작(manipulation of) 418
  의 진리(truth of) 421
  의 핵심(core of) 226

이라는 용어의 사용(uses of term) 282
모든 열방을 위한(for all nations) 84
복음전도/전도(evangelism) 153, 265-266
   개인(personal) 376
   를 넘어서는 선교(mission beyond) 114
   를 방해하는 장애물(hindrance to) 185
   를 하도록 파송한 선교사들(missionaries for) 21
   와 사회적 책임(and social responsibility) 412-416
   와 사회적 활동(and social action) 28
   외에(beyond) 24
   의 목표(goal of) 289
   제사장적 과제(a priestly task) 172
복음주의 그리스도인들(evangelical Christians) 39, 265
부(wealth)
   언제나 표시(always a sign) 91
   에 대한 욕구(desire for) 420
부르심(calling) 407
부활(resurrection)
   베드로가 선포한(proclaimed by Peter) 224
   우리 몸의(of our bodies) 75
   을 가져올 것이다(would bring) 44, 49
빌립보, 교회(Philippi, church in) 324
빚(debt) 135, 148-150, 157
빛(light)
   구원의(of salvation) 206
   세상의(in the world) 353
   에 나아오다(come to) 204
   하나님 자신의(of God himself) 200

사도들(apostles)
   로 묘사되는(described as) 322
   은 "보냄받은 자들"이라는 뜻이다(means "sent ones") 315
   의 사역(ministry of) 315-323

사도행전(Acts, book of) 17, 25, 230, 387
사랑(love)
   에서 나온다(flows from) 403
   을 명령하신다(is commanded) 164
   의 관계(relationship of) 326
   필요가 없다(has no need) 211
사막화(desertification) 401
사사들, 세움받은(Judges, raised up) 305
사업, 가치가 있는(business, valuable for) 408-409
사역(ministry)
   또는 섬김(or service) 319
   말씀의(of the Word) 319-321
   하나님의 세상에서(in God's world) 401-403
사탄(Satan) 154
사회(society)
   를 섬김(serving) 405-408
   와 하나님(and God) 332
사회 윤리(social ethics) 153
사회 정의(social justice) 121, 137
사회적 책임(social responsibility) 411-417
삼위일체(the Trinity) 313
상황(context) 221
새 창조(new creation) 46, 340-341
생물의 다양성(biodiversity) 401
생태학적 관심(ecological concerns) 23, 57
생태학적 선교(ecological mission) 77, 401
선교(mission)
   공적 무대에서의(in the public arena) 352-354
   를 위한 기도(prayer for) 385-387
   를 위한 선택(election for) 92-93
   를 위해 구속받은(redeemed for) 131-132
   메시아와 선교(Messiah and) 37-38
   우리 ~ 의 한계(limits of our) 27-28
   우리의 ~ 모델(model for our) 101

윤리와(ethics and) 109-110
  의 기초(basis of) 125-126
  의 목표(goal of) 365-366, 370
  피조물 돌보기(of creation care) 77
  하나님 백성의(of God's people)
    240-241, 333
선교사들(missionaries)
  에 대한 신실함(faithfulness to) 325-328.
선교적 교회(missional church) 93-95
선교지(mission field) 23
선택(election) 87, 110, 118, 124-125
  교리(doctrine of) 92
선포(preaching)
  복음(the gospel) 411
  의 우선순위(priority of) 318
섬김, 사랑은 그저 섬긴다(service,
    expresses itself in) 210
성경(the Bible)
  근거로서(as foundation) 257
  떼어 버린(stripped of) 55
  에 대한 확신(confidence in) 226
  을 통한 여정(journey through) 397
성경(Scriptures)
  구약의(of the Old Testament) 26, 296
  을 통해 우리에게 주어진다(given to us in)
    228
  의 빛(light of) 282-284
  의 성취(fulfillment of) 142
  증언하는(that testify) 257
  환하게 아는(inside out) 39
성경신학(biblical theology) 12
  교회의 선교에 대한(of the church's
    mission) 48
  선교에 대한(of mission) 41
  의 정의(definition of) 220
성경 읽기(Bible reading) 39-40
성경적 정의(biblical justice) 62
성경적 이야기(biblical story) 39

성령(Holy Spirit) 429
  과 선교(and mission) 310
  보내시는 자로서(as sender) 314
  의 능력(power of) 40
  의 역할(role of) 261
  증거하다(bear witness) 259
성전(temple)
  솔로몬의(Solomon's) 190-195
  에서 기도했다(prayed in) 382
성화(sanctification) 85
세계교회협의회(World Councils of
    Churches) 22
세계 선교, 와 성경 이야기(world mission,
    and the Bible story) 33
세계적 문제들(global problems) 23
세계적인 활동(global outreach) 19
세례(baptism) 425
세상(세계)(world)
  과 대면(confrontation with) 343
  목표로서(as the goal) 22
  복음화(evangelization of) 116
  에 하나님을(God to the) 160
  영역으로서(as the scope) 23
  은 판단한다(is judging) 261
  이 하나님께 오다(is coming to God) 205
세속적 세계(secular world) 349
  의 그리스도인들(Christians in) 363
  일의 (of work) 331
소금과 빛(salt and light) 176, 354, 363
소돔(Sodom) 112-115, 118, 127
  을 위한 중보(intercession for) 381
소통, 모든 ~수단(communication, all
    means of) 287
순교(martyrdom) 359
순종(obedience) 88-91
  그분의 명령에 대한(to his command)
    403
  믿음의(of faith) 79, 95-106

열방 가운데서(among the nations)
　　114-115
열쇠로서(as key) 178
의 문제(a matter of) 289
시내 언약(Sinai covenant) 164
신명기(Deuteronomy) 224, 235
신약(New Testament)
　　에서 증인(witness in the) 254-258
　　은 우리에게 제시한다(presents to us)
　　44-45
　　심판, 하나님의(judgment, of God) 76,
　　112-114
　　의 실제(reality of) 46-47
십계명(Ten Commandments) 146, 162
십자가(the cross)
　　는 우리에게 ~할 수 있도록 한다(enable
　　us) 49
　　는 중심이다(is central) 45
　　에 의한 화해(reconciliation by) 72
　　와 구속(and redemption) 142-143
　　의 대가(cost of) 360
　　하나님의 승리(God's victory) 144

아볼로, 보냄받은(Apollos, sent) 18
아브라함(Abraham)
　　모델로서(as a model) 101-106
　　복음서에 나타난(in the Gospels) 97
　　성경신학에 나타난(in biblical theology)
　　95
　　에게 하신 약속(promise to) 80
　　을 통한 축복(blessing through) 85-87
　　의 공동체(community of) 111
　　의 메아리(echoes of) 95-99
　　의 부르심(call of) 84
　　의 자손(descendants of) 81
아브라함 언약(Abrahamic covenant) 91-
　　92, 106
악(evil)

과 맞서 싸움(confronting) 153
과 죄(and sin) 41
을 버리다(renounce) 406
의 목록(catalogue of) 82
의 파멸(destruction of) 42
이 세상에 있는(in this world) 361
안디옥(Antioch) 323-325
안식(rest) 85
안식일(Sabbath) 85
애굽, 신들(Egypt, gods of) 139
야웨(YHWH)
　　구속자로서(as redeemer) 136
　　구약에서는(in the Old Testament) 29
　　그분을 알고(knowing him) 132
　　는 구원이시다(is salvation) 281
　　는 그분 자신에게 적용시키신다(applies
　　to himself) 273
　　로 계시된(revealed as) 42
　　를 예배하기 위해 오거나(coming to
　　worship) 96
　　를 위해 말한다(speak for) 306
　　만이 하나님이시다(alone is God) 251
　　의 능력(power of) 254
　　의 도(the way of) 118-120, 124
　　의 이름(name of) 253
　　전적으로 유일한(utterly unique) 175
약속, 세상을 위한(promise, for the world)
　　115
억압(oppression) 112-114, 137-138
　　의 유형(forms of) 269
언약(covenant)
　　노예 상태에서 ~으로(slavery to) 139
　　시내 산에서(at Sinai) 163
　　아브라함과의(with Abraham) 103-104
　　이스라엘과의(with Israel) 43
　　창세기에 나타난(in Genesis) 81-82
언약 순종(covenant obedience) 178
에덴동산(Eden, garden in) 60

에스더 이야기(Esther, story of) 343
엘리야(Elijah)
  는 보냄받았다(was sent) 18
  는 와야 했다(was to come) 279
역사(history)
  구약의(of the Old Testament) 25
  선교의(of mission) 87
  속에서 모든 열방의(nations in all) 340
  속에서 역사하시는 하나님(God at work in) 293-294
  속의 희망(hope within) 87
  안에서 구속(redemption in) 43
  의 통제(control of) 252
  이스라엘의(of Israel) 43
연보의, 은사(giving, gift of) 329
열대 우림, 의 파괴(rainforests, destruction of) 401
열방(the nations)
  모든 ~에게 복을 주다(bless all) 91, 105-106, 109
  모든 ~을 위한 관심(concern for all) 178-179
  무지함(ignorance of) 244
  에게 기쁨(joy for) 367
  을 위한 복(blessing for) 79-80, 84-85, 381-382
  의 불순종(disobedience of) 112
  의 순종(obedience of) 114-115
  의 예배(worship of) 205-206
  이 모여드는 일(ingathering of) 205-206
  이 볼 수 있음(visibility to the) 186-187
  이스라엘 앞으로 나아오는(drawn to Israel's) 96
영광, 목표로서(glory, as the goal) 63
영적 전쟁(spiritual warfare) 356-357
  으로서의 기도(prayer as) 388-390
예레미야(Jeremiah) 197
  는 보냄받았다(was sent) 18, 25

바빌론 포로들에게(to the exiles) 347
와 기도(and prayer) 383
의 보냄(sending of) 308
의 이미지(imagery of) 198
예배(worship) 62
  그들 자신의 하나님을(their own God) 140
  끌어들이는(attracting) 203
  라는 틀 안에 넣어져 있다(framed in) 428-431
  목표로서(as the goal) 366, 368-370
  에서 절정(climax in) 164
  열방 가운데(among the nations) 373
  열방의(of the nations) 206
  이스라엘의(Israel's) 96, 379-381
  행위(acts of) 375
예수님(Jesus)
  나사렛(of Nazareth) 226, 231
  안에 있는 좋은 소식(good news in) 276
  은 기도하셨다(prayed) 385
  의 성육신하신 삶(incarnate life of) 30
  이 성령을 보내시다(sends the Spirit) 314
  이 제자들을 보내셨다(sent disciples) 18
  이야기(story of) 282-284
예언자들(prophets) 169, 296, 306, 420
  미래를 가리키다(point forward) 44
  을 무시해 버렸다(went unheeded) 244
  의 역할(role of the) 407
  하나님에 의해 보냄받은(sent by God) 309
  율법과(law and the) 142, 157
오염, 대기의(pollution, of the air) 401
요나(Jonah) 26
요셉(Joseph)
  보냄받은(being sent) 18, 302-303
  이야기(story of) 336, 343
요한계시록(Revelation, the book) 100
우상, 인종적 우월성의(idols, of ethnic

주제 찾아보기 467

superiority) 356
우상숭배(idolatry) 113, 175
　에 저항하도록 부름받는다(called to resist) 354-357
　열방의(of the nations) 384
유대인들, 예수님의 추종자들(Jews, followers of Jesus) 35
유월절(Passover) 133, 145
유일신론(monotheism) 51, 251, 279
　과 선교(and mission) 230-233
윤리(ethics)
　를 포함시키다(include) 27
　문제들(problems) 409
　와 복음(and the gospel) 288-291
　와 선교(and mission) 110
율법(law)
　과 예언자(and the prophets) 142
　선물로서(as a gift) 43
　이라는 응답(response of) 164
율법주의(legalism) 27
은사, 성령의(gift, of the Spirit) 429
은사/선물들(gifts) 323, 329
　서로 다른(different) 319
　열방의(of the nations) 205
은혜(grace)
　는 변화시킨다(transform) 150
　에 대한 응답(response to) 163
　와 선행(and good works) 288
　의 맥락(context of) 178
　하나님의 ~의 표시(marks of God's) 82
　현재의(present) 168
의(righteousness) 121-124, 128
이방 나라들(Gentile nations) 80
이방인(Gentiles)
　에게 좋은 소식을(good news to) 36
　유대인과(Jews and) 285-286
　의 포함(inclusion of) 45
　회당에 모이던(in the synagogues) 379

이사야(Isaiah)
　보냄받다(was sent) 18, 25
　의 부르심(call of) 307
　서(book of) 200, 208
이스라엘(Israel)
　과 언약(covenant with) 43, 198
　눈 먼(blindness of) 245
　에게 호소(appeal to) 89
　을 위한 거룩함(holiness for) 175-176
　을 통한 복(blessing through) 284
　의 사명(mission of) 25
　의 예배(worship of) 377-379
　의 제사장적 특징(priestly character of) 169
　의 지파들(tribes of) 316
　의 확장(expansion of) 45
　하나님의 종(God's servant) 248
이스라엘 사람들(Israelites)
　의 억압(oppression of) 161, 166
　의 죄(sin of) 169
이야기(story) 33-38
　를 기억함(remembering) 159
　성경은 ~를 말한다(Bible tells) 421
　예수님의(of Jesus) 283-284
　이제까지의(so far) 160
　전체로(as a whole) 39
인간(human) 41, 57, 65
인류, 구속받은(humanity, redeemed) 272
일(work)
　공적 광장에서(in the public square) 331-333, 343
　대대로(through the ages) 340
　일상적인 일을 해서 생계를 꾸림(living by ordinary) 351
일들(works) 289-290

자비량(tent-making) 408
자비의 균형(compassion, balance of) 404-

405
저주(curse)
    폐기처분되었다(has been set) 89
    때문에(because of) 82
전달자(messenger)
    가 치러야 하는 대가(cost to) 309
    는 대신해서 말한다(speak on behalf) 306
    좋은 소식을 가져오는(bringing good news) 299-301
전도자(evangelists) 265
정부(government)
    를 위해 기도하라(pray for) 345
    를 위해 일하라(work for) 343
    직책들(jobs in) 348
정의/공도(justice) 61, 120-124, 128, 404
    를 요구하신다(calls for) 335
    에 대한 강조(emphasis on) 152
정치계, 에서 소리(politics, voice in) 407
제사, 를 드림(sacrifices, bringing) 171
제사장들(priests) 169-173, 178-179
제자(disciples)
    가서 ~ 삼으라(go and make) 425-427
    그리스도의(of Christ) 209
    그분의 ~ 를 보내신다(sends his) 314
    기도하는 법(to pray) 386
    는 보냄받았다(were sent) 18
    를 삼으려면(to make) 239
    첫(the first) 315-322
제자도(discipleship)
    에 대한 순종(obedience of) 127
    에서 복음전도를 떼어내다(evangelism from) 427
족장들(the patriarchs) 86
종의 섬김, 을 통해 발휘되는(servanthood, exercised through) 248
좋은 소식(good news)
    모든 창조세계를 위한(for all creation)

75-76
    하나님에 관한(about God) 278
죄(sin) 41-42
    공적(public) 338
    억압으로서(as oppression) 112
    에 대한 해결책(solution to) 30
죄(transgression) 149
죄, 의 현실(sins, reality of) 148
주기도문(the Lord's Prayer) 386
죽음(death) 41
증거(witness)
    거짓 ~ 를 하는 것(to bear false) 247
    그분의 제자들의(of his disciples) 262
    하는 백성(people who bear) 243-246
    한다(bearing) 250
증거함, 찬송을 통해(witnessing, through praise) 377
증언(testimony)
    ~ 을 하다(give your) 262
    ~ 자의(of one) 259-261
    성경에서(in the Bible) 419
증인들, 신약에서(witnesses, in the New Testament) 255-256
지구 온난화(global warming) 402
직장(marketplace) 336-341
    에서 성도(saints in the) 352-354
진노, 하나님의(wrath, of God) 289
진리(truth)
    변호해야 할(to be defended) 290-291
    복음과(gospel and) 421
    에 대한 신실성(faithfulness to) 323
진실성(integrity) 354
    의 부족(lack of) 412
    자신의 ~ 을 지켰다(preserved their) 344

찬송(praise) 63
    을 뜻할 때 사용하는 단어(word for) 376
    을 통해 증거함(witnessing through) 377

하는 백성(people who) 360
하도록 창조됨(created for) 370-372
찬양(doxology) 375
창조/창조세계(creation)
　구속은 ~를 포함한다(redemption
　　includes) 67-71
　그리스도와(Christ and) 72-74
　돌보기(care for) 55-57
　로 시작한다(begins with) 41
　를 다스림(rule over) 61
　를 섬김(serving) 400
　속에 역사하는(at work in) 293-294
　의 목표(goal of) 63
　의 보존(preservation of) 82-83
　의 종(servants of) 60
　인간의 삶과(human life and) 65
　전체(whole of) 23
　통치(dominion within) 58-59
최후의 만찬(the Last Supper) 133
출애굽(the exodus)
　모델로서(as a model) 146, 151
　복음서에서의 언급(in the Gospels) 142
　은 제공한다(provides) 43
　의 영향(influence of) 133
　이야기(story of) 136-141
　하나님의 구원(God's salvation) 162
　하나님의 선교(God's mission) 165-167
충성(loyalty)
　완전한(undivided) 233-235
　의 문제(matter of) 30

타락(the fall) 41-42, 48
토라(Torah) 186
통치, 창조세계의(dominion, within
　creation) 58-59
통치, 하나님의(reign, of God) 276, 279

파멸, 우주의(destruction, of the cosmos)
　340
평화/화평(peace)
　가 온다(is coming) 207
　는 ~의 일부이다(is part of) 285-286
　안녕으로서(as welfare) 347
　의 통치(reign of) 269
포스트모더니즘(postmodernism) 321
표적과 기사(signs and wonders) 225

하나님(God)
　과 공적 광장(and the public square)
　　332-343
　과의 관계(relationship to) 215
　구속자로서(as "Redeemer") 29
　은 오신다(is coming) 271, 279
　을 본받는 것(imitation of) 119
　을 알기(knowing) 219
　의 백성(people of) 168
　의 선교(mission of) 19-21, 42, 50-51
　의 심판(judgment of) 112
　의 정체성(identity of) 227-228
　의 진노(wrath of) 290
　의 통치(reign of) 269-270
　의 형상(image of) 57-62
하나님의 가족(family of God) 284-286
하나님의 나라(kingdom of God) 44, 277
해방, 의 소망(liberation, hope of) 157-158
혼합주의(syncretism) 223
확신, 증인의(conviction, in the witness)
　249-250
환경(environment)
　이 우리를 돌본다(cares for us) 66
　훼손(rape of) 58
회개, 급진적인(repentance, radical) 422
희년(Year of Jubilee) 150, 157
희년, 구속과(Jubilee, redemption and)
　148, 155

옮긴이 한화룡은 경희대학교 경영학과를 졸업하고 IVP 간사를 역임했으며, 합동신학대학원대학교와 미국에 있는 웨스트민스터 신학교, 풀러 신학교에서 수학했다. 현재 백석대학교 선교학 조교수이며, 강변교회 교육 목사다. 저서로 「도시 선교」, 「4대 신화를 알면 북한이 보인다」(이상 IVP)가 있고, 역서로 「하나님의 선교」(공역), 「선교」, 「홍등가의 그리스도」, 「가난한 자들의 친구」(이상 IVP), 「도시 목회와 선교」(CLC), 「어반 헤일로: 캄보디아 고아들의 희망 이야기」, 「길거리 복음으로 돌아가라」(이상 예수전도단) 등이 있다.

하나님 백성의 선교

초판 발행_ 2012년 7월 30일
초판 13쇄_ 2024년 3월 25일

지은이_ 크리스토퍼 라이트
옮긴이_ 한화룡
펴낸이_ 정모세

펴낸곳_ 한국기독학생회출판부
등록번호_ 제2001-000198호(1978.6.1)
주소_ 04031 서울시 마포구 동교로 156-10
대표 전화_ (02)337-2257 팩스_ (02)337-2258
영업 전화_ (02)338-2282 팩스_ 080-915-1515
홈페이지_ http://www.ivp.co.kr 이메일_ ivp@ivp.co.kr
ISBN 978-89-328-1274-8

ⓒ 한국기독학생회출판부 2012

책값은 뒤표지에 있습니다.
무단 전재와 복제를 금합니다.